KB022620

| 중남미지역원 학술총서 |

라틴아메리카 지역통합의 정치성

이론과 비교를 통한 접근

올리비에 다베뉴 지음
이태혁 옮김

The Politics of Regional Integration in Latin America

Theoretical and Comparative Explorations

한울
아카데미

The Politics of Regional Integration in Latin America

Theoretical and Comparative Explorations

by Olivier Dabène

차례

감사의 말과 서문

라틴아메리카 지역통합 과정에 관한 필자의 흥미는 이 분야 연구에 대한 '불만족'에서 기인합니다. 1980년대와 1990년대에 필자는 정치 체제의 발전을 연구하면서 "눈덩이 효과snowballing effect"에 대한 제한적 연구를 제외하고는 "민주주의 이행론transitology" 분야에서 변화의 동시성에 대해서는 과소평가되었다는 사실을 접하게 되었습니다. 덧붙여, 민주화의 시기가 지역통합의 재활성화 순간이었다는 사실 또한 인지하게 되었습니다.[1]

예를 들어, 중미의 경우에서 보면, 위기 해결 노력crisis resolution efforts은 중미지협isthmus의 오래된 경험에 대한 고려 없이 중미통합의 연구가 진행되었음을 확인하게 되었답니다. 한마디로 말한다면, 기존 연구는 "연계 정치linkage politics" 관점이 극단적으로 배제되어 있다는 것입니다.

이러한 발전을 시간의 관점에서 살펴보면, 필자는 지난 20세기 동안 라틴아메리카는 주변으로부터 충분한 관심을 받지 못한 다양한 정치적 변동의 물결을 경험했다고 봅니다. 필자는 이와 같은 집단적 정치 변동의 물결을 지역통합의 종속변수로 고려하며 도서 두 권[2]을 통해 설명했습니다. 필자가 이 분야의 연구를 시작했을 때, 지역통합과 관련된 수많은 연구물이 정치적 차원을 고려하지 않았음을 알게 되었습니다. 그래서 필자는 특별히 통합 선구자들의 동기, 구현된 제도들 그리고 정책의 결과 등을 중심으로 해서 지역통합의 정치성을 체계적으로 연구하기로 결심했습니다. 그리고 필자는 이 연구가 자료의 부족 그리고 기존 수많은 연구물이 규범적 차원에 머물러 있음을 인지하며 쉽지 않은 도전임을 이내 확인하게 되었습니다. 피터 스미스Peter Smith가 언급한 것처럼, "작금의 논의는 실질적으로 경제성을 고려하고, 어조는 기술 관료적이며 논쟁은 불확실성의 경향"이 있습니다.[3]

이 책은 지난 20여 년간 중미, 남미 지역Southern Cone 그리고 안데스 지역에 대한 다양한 연구의 결과물입니다. 이 연구물은 라틴아메리카 통합의 포괄적인 비전을 제시하고 있지는 않습니다. 다만, 독자 여러분들에게 이론적 그리고 비교적 관점으로 라틴아메리카 통합을 접근할 수 있도록 안내하고자 합니다. 이 연구는 라틴아메리카 통합성에 대한 명백한 해석이 아니라, 이 분야에 대한 논의의 장을 제공하고자 합니다. 파리정치대학 사회과학원 시앙스포Science Po의 라틴아메리카·카리브 정치전망연구소OPALC의 학술물입니다.[4]

지난 20여 년간 라틴아메리카 전체에 걸쳐 필자의 우둔한 질문에 대해 적극적으로 호응하며 격려한 동료 연구자, 정부 관료자, 그리고 친구들의 진정한 도움 없이는 이와 같은 결과물을 얻을 수 없었을 것입니다. 이 분들 덕분에 라틴아메리카 통합에 대한 귀한 영감, 그리고 종종 비공개 문헌 등을 접할 수 있었습니다. 덧붙여, 필자는 수많은 세미나, 토론 그리고 학술 대회 등을 통해 필자가 생각하고 또 고민한 라틴아메리카 통합과 관련해 다양한 의견을 개진하며, 나눌 기회를 가졌습니다. 대학에서 교편을 잡으며 강의실에서 라틴아메리카, 스페인 그리고 프랑스 학생들과 주고받은 연구와 관련된 뜻깊은 피드백 또한 연구를 확장하는 데 중요한 밑거름이 되었습니다. 이 연구의 진행 그리고 이와 같은 결과물이 산출될 수 있도록 도움을 주신 모든 이에게 다시 한 번 깊은 감사의 말씀을 전합니다. 이 연구가 복잡다단한 라틴아메리카 통합의 이슈를 논의하는 데 미력하지만 조그마한 보탬이 되길 기대해 봅니다. 그리고 이 책이 출판되는 데 사려 깊은 노력을 기울여주신 레오 슈와르츠Leo Schwartz와 미리앙 페리에Miriam Perier에게도 감사의 말씀을 전합니다.

약어[5]

약어	우리말	원어
ACCP	카리브 공동체 의회	Assembly of Caribbean Community Parliamentarians
ACELCO	소비자 행동	Acción del Consumidor(Consumers' Action)
ACS	카리브 국가연합	Association of Caribbean States
ALADI	라틴아메리카 통합기구	Asociación Latinoamericana de Integración(Latin American Integration Association)
ALALC	라틴아메리카 자유무역연합	Asociación Latinoamericana de Libre Comércio(Latin American Free Trade Association)
ALBA	아메리카를 위한 볼리바르 동맹	Alternativa Bolivariana para las Americas (Bolivarian Alternative for the Americas)
ALIDES	지속 가능한 발전을 위한 동맹	Alianza para el Desarrollo Sostenible(Alliance for Sustainable Development)
AMFIM	남미공동시장 국경통합 도시연합	Asociación de Municipios de Frontera Integrados del MERCOSUR(Association of MERCOSUR Integrated Borders' Cities)
ANONG	우루과이 비정부기구 연합	Asociación de Organizaciones No Gubernamentales de Uruguay(Uruguayan Association of Non-Governmental Organizations)
APRA	미주인민혁명동맹	Alianza Popular Revolucionaria Americana (American Popular Revolutionary Alliance)
ARP	파라과이 지방연합	Asociación Rural del Paraguay (Rural Association of Paraguay)
ASOCODE	중미 소농인 협력 및 발전협회	Asociación de Organizaciones Campesinas Centroamericanas para la Conservación y el Desarrollo(Central American Peasants Association for Cooperation and Development)
AUDU	우루과이 대학연합	Agrupación Universitaria del Uruguay (University Group of Uruguay)
AUGM	몬테비데오 대학그룹 연합	Asociación de Universidades Grupo de Montevideo(Association of Universities Group of Montevideo)
AUPRICA	중미 사립대학교 연합	Asociación de Universidades Privadas de

약어	우리말	원어
		Centroamérica(Association of Central American Private Universities)
BCIE	중미경제통합은행	Banco Centroamericano de Integración Económica(Central American Bank for Economic Integration)
BID	미주개발은행	Banco Interamericano de Desarrollo(IADB: Inter-American Development Bank)
CACEC	중미 교육문화위원회	Central American Commission for Education and Culture
CACI	중미 부문 간 조정위원회	Comité Centroamericano de Coordinación Intersectorial(Central American Intersectoral Co-ordination Committee)
CAF	라틴아메리카 개발은행	Corporación Andina de Fomento (Andean Development Bank)
CAFTA	중미자유무역협정	Central American Free Trade Agreement
CAN	안데안 국가연합	Comunidad Andina de Naciones (Andean Community of Nations)
CAP	공동 농업 정책	Common Agricultural Policy
CAPRE	중미 음용수 조정위원회	Comité Coordinador de Instituciones de Agua Potable y Saneamiento de Centroamérica (Central American Co-ordination Committee for Drinkable Water)
CARCO	아르헨티나 상공회의소	Cámara Argentina de Comércio (Argentine Chamber of Commerce)
CARDI	카리브 농업개발연구소	Caribbean Agricultural Research and Development Institute
CARICAD	카리브 행정발전센터	Caribbean Center for Development Administration
CARICOM	카리브 공동체	Caribbean Community
CARIFTA	카리브 자유무역연합	Caribbean Free Trade Association
CARIPEDA	카리브 국민 개발청	Caribbean Peoples' Development Agency
CAT	아르헨티나 노동자연맹	Confederación Argentina de Trabajadores (Argentine Confederation of Workers)
CBD	생물다양성협약	Convention on Biological Diversity
CBI	카리브연안무역특혜제도	Caribbean Basin Initiative
CBTPA	카리브연안무역특혜 법안	Caribbean Basin Trade Partnership Act
CCAD	중미환경개발위원회	Comisión Centroaméricana de Ambiente y

약어	우리말	원어
		Desarrollo(Central America Commission on Environment and Development)
CCC-CA	중미-카리브협력연맹	Confederación de Cooperativas del Caribe y Centroamérica(Confederation of Cooperatives from Central America and the Caribbean)
CCCCC	카리브 공동체 기후변화센터	Caribbean Community Climate Change Center
CCE	경제협력위원회	Comité de Cooperación Económica (Committee for Economic Cooperation)
CCHAC	중미 석유협력위원회	Comité de Coordinación de Hidrocarburos de América Central(Central American Committee for Oil Cooperation)
CCJ	카리브 사법재판소	Caribbean Court of Justice
CCM	남미공동시장 무역위원회	Comisión de Comércio del MERCOSUR (MERCOSUR Trade Commission)
CCP	중미 마약밀수단속 영구위원회	Comisión Centroaméricana Permanente para la Erradicación de la Producción, Tráfico, Consumo y Uso Ilícito de Estupefacientes y Sustancias Psicotroípicas(Permanent Central American Commission against Drug Trafficking)
CCSCS	남미통합조정단	Coordinadora de Centrales Sindicales del Cono Sur(Southern Cone Coordination of Unions)
CCT	중미 노동자연맹	Confederación Centraoamericana de Trabajadores(Central American Confederation of Workers)
CCVAH	중미 주택 및 정착협의회	Consejo Centroamericano de Ministros de Viviendo y Asentamientos Humanos(Central American Council for Housing and Settling)
CDB	카리브 개발은행	Caribbean Development Bank
CPDC	카리브정책개발센터	Caribbean Policy Development Center
CDREA	카리브 재난안전대책본부	Caribbean Disaster Emergency Response Agency
CEC	환경협동위원회	Commission for Environment Co-operation
CECON	자문과 협상을 위한 특별위원회	Comisión Especial de Consulta y Negociación(Special Commission for Consultation and Negotiation)
CEHI	카리브 환경보건기구	Caribbean Environmental Health Institute
CENPROMYPE	중소기업진흥센터	Centro para la Promoción de la Micro y

약어	우리말	원어
		Pequeña Empresa en Centroamérica(Center for the Promotion of Small and Medium Size Business)
CEPAL	유엔 라틴아메리카-카리브 경제위원회	Comisión Económica para América Latina y el Caribe(Economic Commission for Latin America and the Caribbean)
CEPREDENAC	중미 자연재해방지 합동센터	Centro de Coordinación para la Prevención de los Desastres Naturales en América Central (Coordination Center for the Prevention of Natural Disasters in Central America)
CEPUCA	중미 전문대학협의체 동맹	Confederación de Entidades Profesionales Universitarias de Centroamérica(Central American Confederation of Professional University Entities)
CESCA	중미 경제사회공동체	Comunidad Económica y Social de Centroamérica(Central American Economic and Social Community)
CET	역외공동관세	Common External Tariff
CFC	카리브 식량공사	Caribbean Food Corporation
CFNI	카리브 식품영양연구소	Caribbean Food and Nutrition Institute
CFR-SICA	중미통합체제 일반회계사무소	Consejo Fiscalizador Regional del SICA (SICA General Accounting Office)
CGT	노동자 총연맹	Confederação Geral dos Trabalhadores (General Confederation of Workers)
CICA	중미 원주민위원회	Consejo Indígenas de Centroamérica (Indigenous Council of Central America)
CIM	남미공동시장 산업위원회	Comisión Industrial del MERCOSUR (MERCOSUR Industrial Council)
CIMH	카리브 기상학 수문연구소	Caribbean Institute for Meteorology and Hydrology
CIP	파라과이 수입업자센터	Centro de Importaciones de Paraguay (Paraguay's Center of Importers)
CIU	우루과이 상공회의소	Cámara de Industrias del Uruguay (Uruguayan Chamber of Industry)
CLAT	라틴아메리카 중앙노동자조직	Central Latinoamericana de Trabajadores (Latin American Central of Workers)
CLC	노동협력위원회	Commission for Labor Cooperation
CLE	법률교육협의회	Council of Legal Education

약어	우리말	원어
CLI	카리브 법연구소	Caribbean Law Institute
CMC	공동시장이사회	Comisión del Mercado Común (Council of the Common Market)
CMI	카리브 기상학연구소	Caribbean Meteorological Institute
CMO	카리브 기상학기구	Caribbean Meteorological Organization
CMPI	세계 원주민의회	Consejo Mundial de Pueblos Indígenas (World Council of Indigenous Peoples)
CMS	카리브 기상학서비스	Caribbean Meteorological Service
CNA	브라질 농림축산업동맹	Confederação da Agricultura e Pecuária do Brasil(Brazilian Confederation of Agriculture and Cattle industry)
CNC	국립상업연맹	Confederação Nacional do Comércio (National Confederation of Commerce)
CNI	국립산업연맹	Confederação Nacional da Indústria (National Confederation of Industries)
CNIRD	카리브 통합 농촌지역개발 네트워크	Caribbean Network for Integrated Rural Development
CNT	국립운송연맹	Confederação Nacional do Transporte (National Confederation of Transport)
COCATRAM	중미 해상운송위원회	Comisión Centroaméricana de Transporte Marítimo(Central American Commission for Maritime Transport)
COCECA	중미 소작농의회	Consejo Centroamericano Campesino (Central American Peasant Council)
COCESNA	중미 항공항법서비스	Corporación Centroaméricana de Servicios de Navegación Aérea(Central America Corporation of Air Navigation Services)
COCISS	중미 사회보장기관의회	Consejo Centroamericano y República Dominicana de Instituciones de Seguridad Social (Central American Council of Social Security Institutes)
CODESUL	남미개발통합의회	Conselho de Desenvolvimento e Integração Sul(Council for the Development and Integration of the South)
CODICADER	중미 스포츠의회	Consejo del Istmo Centroamericano de Deportes y Recreación(Central American Council for Sports)
COMECON	경제상호원조회의	Council for Mutual Economic Assistance

약어	우리말	원어
COMTELCA	중미 통신기술 지역위원회	Comisión Técnica Regional de Telecomunicaciones de Centroamérica(Regional Technical Commission for Telecommunications in Central America)
CONCADECO	중미 소비자보호의회	Consejo Centroaméricana de Protección al Consumidor(Central American Council for Consumer's Protection)
CONCAPE	중미 중소기업연맹	Confederación Centroaméricana de la Mediana y Pequeña Empresa(Central American Confederation of Small and Medium-Sized Business)
CONCATEC	중미 교육문화노동자협의회	Consejo Centroamericano de Trabajadores de la Educación y la Cultura(Central American Council of Education and Culture Workers)
CONCAUSA	중미-미국 공동협정	Conjunto Centroamérica-USA(Central America United States of America Joint Accord)
CONCENTRA	중미 노동자협의회	Coordinadora Centroaméricana de Trabajadores(Central American Coordination of Workers)
CONDECA	중미 방위협의회	Consejo Centroamericano de Defensa (Central American Defense Council)
CONFEPESCA	중미 소규모 어민연맹	Confederación de Pescadores Artesanales de Centroamérica(Central American Confederation of Small Fishermen)
CONMEBOL	남미축구연맹	Confederación Sudamericana de Fútbol (South American Confederation of Football)
COOPERAR	아르헨티나 협동조합연합	Confederación Cooperativa de la República Argentina(Argentine Confederation of Cooperatives)
COPA	미주의회연맹	Confederación de Parlamentos de las Americas(Parliamentary Confederation of the Americas)
CORECA	중미 농업지역협력의회	Consejo Agropecuario Centroamericano (Regional Council for Cooperation in Agriculture in Central America)
CO. SUP. EM.	비즈니스 최고의회	Consejo Superior Empresarial (Superior Council of Business)
COTA	카리브 조세행정기구	Caribbean Organization of Tax Administration

약어	우리말	원어
CPC	카리브 정책개발센터	Comisión Parlamentaria Conjunta (Joint Parliamentary Commission)
CRECENEA	대외무역 동북해안지역위원회	Comisión Regional de Comércio Exterior Litoral: del Noreste Argentino y el Litoral (North East and Costal Region Commission for External Trade)
CRFM	카리브 지역 어업 메커니즘	Caribbean Regional Fisheries Mechanism
CRICAP	중미-파나마 자산등록의회	Consejo Registral Inmobiliario de Centroamérica y Panamá(Council of Property Registrars of Central America and Panama)
CROSQ	카리브 표준기구	CARICOM Regional Organization for Standards and Quality
CRPM	남미공동시장 영구대표위원회	Comisión de Representantes Permanentes del MERCOSUR(MERCOSUR Commission of Permanent Representatives)
CRRH	유압자원 지역위원회	Comité Regional de Recursos Hidráulicos (Regional Committee for Hydraulic Resources)
CSCAC	중미-카리브 통합조정	Coordinadora Sindical de Centroamérica y Caribe(Union Coordination of Central America and the Caribbean)
CSUCA	중미 고등교육의회	Consejo Superior Universitario Centroamericano(Central American Council for Higher Education)
CTCA-ORIT	중미 노동자연맹	Confederación de Trabajadores de Centroamérica(Confederation of Central American Workers)
CTCAP	중미 과학기술개발위원회	Comisión para el Desarrollo Científico y Tecnológico de Centroamérica(Commission for the Development of Science and Technology in Central America)
CTU	카리브 통신기구	Caribbean Telecommunication Union
CUDECOOP	우루과이 협동조합연합	Confederación Uruguaya de Entidades Cooperativas(Uruguayan Confederation of Cooperatives)
CUSTA	미-캐나다 자유무역협정	Canadian-U.S. Trade Agreement
CUT	노동자 중앙통합	Central Única dos Trabalhadores (Unitary Central of Workers)
CXT	카리브 시험위원회	Caribbean Examinations Council

약어	우리말	원어
DR CAFTA	도미니카공화국-중미 자유무역협정	Dominican Republic-Central American Free Trade Agreement
EAI	범미주 자유무역 구상	Enterprise for the Americas Initiative
EAPCA	중미 경제활동계획	Economic Action Plan for Central America
EC	행정위원회	Executive Commission
ECCM	동카리브 공동시장	East Caribbean Common Market
ECLA	유엔 리틴아메리카-카리브경제위원회	Economic Commission for Latin America and the Caribbean
ECSC	유럽 석탄철강공동체	European Coal and Steel Community
EDC	유럽방위공동체	European Defense Community
EEC	유럽경제공동체	European Economic Community
EFC	경제통상위원회	Economy and Finance Commission
ERDF	유럽지역개발기금	European Regional Development Fund
ESAPAC	중미 공공정책 고등교육원	Escuela Superior de Administración Pública para Centroamérica(Advanced School of Public Administration for Central America)
ESF	유럽사회기금	European Social Fund
EU	유럽연합	European Union
FCCR	남미공동시장 도시·연방·주 간 협력포럼	Foro Consultivo de Municipios, Estados Federados, Provincias y Departamentos del MERCOSUR(MERCOSUR Consultative Forum of Cities, Federated States, Provinces, and Departments)
FCES	경제사회 포럼	Foro Consultivo Económico y Social (Economic-Social Forum)
FECABOLSA	중미 무역센터연맹	Federación Centroaméricana, Panamá y el Caribe de Puestos de Bolsas(Central American Federation of Trade Centers)
FECAICA	중미 상공회의소-산업협회	Federación de Cámaras y Asociaciones Industriales Centroamericanas(Central American Federation of Chambers and Associations of Industry)
FECAMCO	중미지협 상공회의소	Federación de Cámaras de Comércio del Istmo Centroamericano(Central American Chambers of Commerce Federation)
FECATRANS	중미 운송연맹	Federación Centroaméricana del Transporte (Central American Federation of Transporters)

약어	우리말	원어
FECOP	중미 공동체기구연맹	Federación Centroaméricana de Organizaciones Comunales(Central American Federation of Community Organizations)
FEDECATUR	중미 관광산업연맹회의소	Federación de Cámaras de Turismo de Centroamérica(Central American Chambers of Tourism Federation)
FEDEPRICAP	중미-파나마 민간협의체연맹	Federación de Entidades Privadas de Centro América y Panamá(Federation of Private Entities of Central America and Panama)
FEDEPRODIS	장애인 편의동맹 네트워크	Federación Red Pro Personas con Discapacidad(Federation Network in Favor of Handicapped Persons)
FEM	남미공동시장 교육기금	Fondo de Financiamiento del Sector Educacional del MERCOSUR(MERCOSUR Fund for Education)
FEMICA	중미 지자체연맹	Federación de Municipios del Istmo Centroamericano(Central American Federation of Municipalities)
FENASEG	민간보험회사 국가연맹	Federação Nacional das Empresas de Seguros Privados e de Capitalização(National Federation of Private Insurance Companies)
FIESP	상파울루주 산업연맹	Federação das Industrias do Estado de São Paulo(Federation of Industries from the State of São Paulo)
FIPA	미주 의회 간 포럼	Foro Interparlamentario de las Americas (Inter-Parliamentary Forum of the Americas)
FLAR	라틴아메리카 준비기금	Fondo Latinoamericano de Reservas (Latin American Reserve Fund)
FMIC	중미통합 여성포럼	Federación de Mujeres para la Integración Centroaméricana(Women Forum for Central American Integration)
FOCEM	구조조정기금	Fondo de Convergência Estructural del MERCOSUR(Fund for the Structural Convertgence of MERCOSUR)
FS	연합세력	Força Sindical(Union Force)
FS	라틴아메리카 커피 소규모 생산자 연대	Asociación Latinoamericana de Pequeños Caficultores, Frente Solidario(Latin American Association of Small Café Producers, Solidarity Front)

약어	우리말	원어
FTA	자유무역협정	Free Trade Agreement
FTAA	미주 자유무역협정	Free Trade Area of the Americas
FTASA	남미 자유무역협정	Free Trade Area of South America
FUNDEHUCA	중미 인권보호기구	Fundación para la Defensa de los Derechos Humanos en Centroamérica(Central American Foundation for the Defense of Human Rights)
FUSADES	엘살바도르 경제사회개발재단	Fondación Salvadoreña para el Desarrollo Económico y Social(Salvadorian Foundation for Economic and Social Development)
G3	G3	Group of Three
GANASIM	남미공동시장 불균형 극복을 위한 고위급 회담	Grupo de Alto Nivel para la Superación de las Asimetrías en el MERCOSUR(High Level Group for Overcoming Asymmetries in the MERCOSUR)
GANCEFI	구조적 수렴과 통합금융 고위급 회담	Grupo de Alto Nivel sobre Convergência Estructural en el MERCOSUR y Financiamiento del Proceso de Integración(High Level Group on Structural Convergence and Integration Financing)
GDP	국내총생산	Gross Domestic Product
GMC	공동시장그룹	Grupo Mercado Común (Common Market Group)
GRAN	안데스 협약	Grupo Andino(Andean Pact)
IADB	미주개발은행	Inter-American Development Bank
ICA	*지식정보 격차 해소를 위한* 미주연결성 연구소	Institute for Connectivity in the Americas
ICAITI	중미 공업연구소	Instituto Centroamericano de Investigación y Tecnología Industrial(Central American Institute of Research and Industrial Technology)
ICCAR	중미 난민국제회의	International Conference on Central American Refugees
ICIC	중미통합 민간구상	Iniciativa Civil para la Integración de Centroamérica(Civil Initiative for Central American Integration)
IICA	미주 농림협력기구	Inter-American Institute for Cooperation on Agriculture

약어	우리말	원어
IIRSA	남미 인프라 지역통합 구상	Iniciativa para la Integración de la Infraestructura Regional Suramericana(Initiative for Integration of Regional Infrastructure in South America)
ILO	국제노동기구	International Labor Office
IMF	국제통화기금	International Monetary Fund
IMPACS	카리브 범죄 및 안보구현기관	CARICOM Implementation Agency for Crime and Security
INCAP	중미 공공정책기구	Instituto Centroamericano de Administración Pública(Central American Institute of Public Administration)
IOM	국제이주기구	International Organization for Migration
IVFC	국제검증 및 후속조치위원회	International Verification and Follow-up Commission
MAI	다자간 투자협정	Multilateral Agreement on Investments
MCCA	중미공동시장	Mercado Común Centroamericano (Central American Common Market)
MERCOSUR	남미공동시장	Mercado Común del Sur (Common Market of the South)
MNR	민족혁명운동	Movimiento Nacional Revolucionario (Nation Revolutionary Movement)
NAFTA	북미자유무역협정	North American Free Trade Agreement
NATO	북대서양조약기구	North Atlantic Treaty Organization
NGO	비정부기구	Nongovernmental Organization
NRC	국가화해위원회	National Reconciliation Commission
OAS	미주기구	Organization of American States
OCAM	중미 이주기구	Comisión Centroaméricana de Directores de Migración(Central American Organization for Migration)
OCAVI	중미 폭력전망기구	Observatorio Centroamericano sobre Violencia(Central American Observatory of Violence)
OCB	브라질 협력기구	Organização das Cooperativas Brasileiras (Brazilian Cooperatives Organization)
OCCEFS	중미-카리브 상급 회계감사기구	Organización Centroaméricana y del Caribe de Entidades Fiscalizadoras Superiores (Organization for the Superior Audit Insti-

약어	우리말	원어
		tutions of Central America and the Caribbean)
ODECA	중미기구	Organización de Estados Centroamericanos (Organization of Central American States)
OECD	경제협력발전기구	Organization for Economic Cooperation and Development
OECS	동카리브기구	Organization of Eastern Caribbean States
ONECA	중미 흑인기구	Organización Negra Centroaméricana (Black Central America Organization)
ONUCA	유엔 중미옵서버그룹	United Nations Observer Group in Central America
OPALC	라틴아메리카-카리브 정치전망기구	Observatorio Político de América Latina y el Caribe(Political Observatory of Latin America and the Caribbean)
OPAS	범미주 보건기구	Organismo Panamericano de la Salud (Pan-American Health Organization)
OPESCA	중미 어류활동기구	Organización del Sector Pesquero y Acuícola del Istmo Centroamericano(Central American Organization for Fishing Activities)
ORAS	안데스 보건기구	Organismo Andino de Salud (Andean Health Organization)
OTCA	아마존협력조약기구	Organización del Tratado de Cooperación Amazónico(Amazon Cooperation Treaty Organization)
PAHO	범미주 보건기구	Pan American Health Organization
PAL	자유자치당	Partido Autonomista Liberal (Liberal Autonomist Party)
PARLACEN	중미 의회	Parlamento Centroamericano (Central American Parliament)
PARLMAZ	아마존 의회	Parlamento Amazónico (Amazon Parliament)
PARLANDINO	안데안 의회	Parlamento Andino(Andean Parliament)
PARLATINO	라틴아메리카 의회	Parlamento Latino Americano (Latin American Parliament)
PDT	민주노동당	Partido Democrático Trabalhista (Democratic Worker Party)
PFL	자유전선당	Partido da Frente Liberal (Liberal Front Party)

약어	우리말	원어
PIA	미주 원주민 의회	Parlamento Indígenas de America(Indigenous Parliament of America)
PIDS	사회개발 통합계획	Plan Integral de Desarrollo Social(Integral Plan for Social Development)
PIT-CNT	국제 노동자총회연맹-노동자 전당대회	Plenario Intersindical de Trabajadores-Convención Nacional de Trabajadores (Inter-union Plenary of Workers-National Convention of Workers)
PJ	페론당	Partido Justicialista(Peronist Party)
PMDB	브라질 민주운동당	Partido do Movimento Democrático Brasileiro(Party of the Brazilian Democratic Movement)
PN	신당	Partido Nuevo(New Party)
POP	오우로 프레토 의정서	Protocolo de Ouro Preto(Protocol of Ouro Preto)
PP	진보당	Partido Progressista(Progressive Party)
PPHCAP	중미-파나마 보건우선계획	Priority Plan for Health in Central America and Panama
PPP	푸에블라 파나마 계획	Plan Puebla Panamá(Puebla Panama Plan)
PRI	제도혁명당	Partido Revolucionario Institucionalizado (Institutionalized Revolutionary Party)
PSDB	브라질 사회민주당	Partido da Social Democracia Brasileira (Brazilian Social Democratic Party)
PT	노동당	Partido dos Trabalhadores(Workers Party)
REPAHA	동물보건, 공공보건 및 훈련지역센터	Regional Center for the Education and Training of Animal Health and Public Health Assistants
ROCAP	중미-파나마 지역사무소	Regional Office for Central America and Panama
SAI	안데스 통합시스템	Sistema Andino de Integración (Andean System of Integration)
SAM	남미공동시장 행정사무국	Secretaría Administrativa del MERCOSUR (MERCOSUR Administrative Secretariat)
SAT	기술조력 부문	Sector de Asistencia Técnica (Technical Assistance Sector)
SC	안보위원회	Security Commission
SE-CCAD	중미 환경과 개발위원회 사무국장	Secretaría Ejecutiva de la Comisión Centro-

약어	우리말	원어
		américana de Ambiente y Desarrollo (Central American Environment and Development Commission's Executive Secretary)
SE-CEAC	중미 기술위원회 사무국장	Secretaría Ejecutiva del Consejo de Electrificación de América Central (Electricity Central American Council's Executive Secretary)
SE-CMCA	중미 금융위원회 사무국장	Secretaría Ejecutiva del Consejo Monetario Centroamericano(Central American Monetary Council's Secretary)
SELA	라틴아메리카 경제시스템	Sistema Económico Latino-Americano(Latin American Economic System)
SG-CAC	중미 농업위원회 사무국장	Secretaría General del Consejo Agropecuario Centroamericano(Central American Agricultural Council's General Secretary)
SG-CEEC	중미 교육문화 담당 사무국장	Secretaría General de la Coordinación Educativa y Cultural Centroamérican(General Secretary for Coordination of Education and Culture in Central America)
SGT	실무 그룹	Sub-Grupo de Trabajo(Working Group)
SICA	중미통합체제	Sistema de la Integración Centroaméricana (Central American System of Integration)
SIECA	중미경제통합사무국	Secratariado de la Integración Económica Centroaméricana(Central American Economic Integration Secretariat)
SIRG	정상회담 이행 검토 그룹	Summit Implementation Review Group
SISCA	중미 사회통합사무국	Secretariado de la Integración Social Centroaméricana(Secretariat for Central American Social Integration)
SITCA	중미 관광통합사무소	Secretaría de la Integración Turística Centroaméricana(Secretary of Central American Integration of Tourism)
SRA	아르헨티나 지방사회	Sociedad Rural Argentina(Argentina's Rural Society)
TCP	민중무역협정	Tradato de Comércio de los Pueblos(Trade Agreement of the Peoples)
TIFA	무역과 투자체제협정	Trade and Investment Framework Agreement
TRIPS	무역 관련 지식재산권에 관한 협정	Trade-Related Aspects of Intellectual Property Rights

약어	우리말	원어
UCR	급진적 시민연합	Unión Civíca Radical(Radical Civic Union)
UIA	아르헨티나 산업연합	Unión Industrial Argentina(Argentina Industrial Union)
UIP	파라과이 산업연합	Unión Industrial Paraguaya (Paraguayan Industrial Union)
ULAC	라틴아메리카-카리브 대학	Universidad Latino-Americana y del Caribe (University of Latin America and the Caribbean)
UNASUR	남미국가연합	Unión de Naciones Sur Americanas (South American Union of Nations)
UNHCR	유엔 난민고등판무관 사무소	United Nations High Commissioner for Refugees
UNO	유엔기구	United Nations Organization
UNTF	FOCEM 국별기술단	Unidad Nacional Técnica del FOCEM (FOCEM National Technical Unit)
UPROCAFE	멕시코-중미-카리브 중소형 커피생산자조합	Unión de Medianos y Pequeños Productores de Café de México, Centroamérica y el Caribe(Union of Small and Medium-Sized Café Producers of Mexico, Central America and the Caribbean)
UTF/SM	남미공동시장사무국 FOCEM 국별기술단	Unidad Técnica FOCEM de la Secretaría del MERCOSUR(FOCEM Technical Unit of the MERCOSUR Secretariat)
USAID	미국 국제개발처	United States Agency for International Development
WHO	세계보건기구	World Health Organization
WTO	세계무역기구	World Trade Organization

PART 1

도입

일러두기

1 이 책은 다음을 완역한 것이다. Olivier Dabène. 2009. *The Politics of Regional Integration in Latin America: Theoretical and Comparative Explorations*.

2 원서에서 출처는 미주로 표기되어 있고 각주는 없다. 따라서 모든 각주는 옮긴이 주다.

3 원서에서 이탤릭체로 표기한 것은 고딕체로 표기해 구분했다.

4 맞춤법과 외래어 표기는 국립국어원 표준국어대사전과 외래어표기법을 따랐다.

Chapter 1

역사적 그리고 이론적 길잡이

불확실성uncertainty과 불확정성indeterminacy이 라틴아메리카 지역통합regional integration의 '본게임'을 설명한다고 볼 수 있다. "유럽통합"의 관점에서 본다면, 라틴아메리카의 지역통합과 지역주의regionalism는 불안정하며 실패의 역사이다. 그러나 의심의 여지 없이, 라틴아메리카는 제2차 세계대전 이래 지속된 근현대 지역통합의 긴 역사를 품고 있는 "다른" 대륙이다. 이미 1948년 중미Central America 국가들은 중미 고등교육의회Central American Council of higher Education: CSUCA의 창설로 고등교육 영역에 대한 기능적 협력을 이행했다. 그 이후 1951년엔 중미 국가들이 중미기구Organization of Central American States: ODECA를 출범시켰으며, 1958년에는 경제통합을 위한 다자조약협정을 체결했다. 1960년대에는 라틴아메리카 자유무역연합Latin American Free Trade Association: ALALC(1960), 카리브 자유무역연합Caribbean Free Trade Association: CARIFTA(1965), 그리고 안데스 협약Andean Pact: GRAN(1969)에 이르기까지 라틴아메리카 내 다른 지역에서 협정의 첫 물결들이 일어나기 시작했다. 1973년에 카리브 자유무역연합CARIFTA이 카리브 공동체Caribbean Community: CARICOM로 발전되었지만, 1970년대는 전반적으로 라틴아메리카 지역주의의 위기로 10년간 교착상태가 지속되었다. 지역주의협정의 두 번째 물결은 1990년대에 일어나기 시작했는데 특히 남미공동시장Common Market of the South: MERCOSUR(1991) 그리고 북미자유무역협정North American Free Trade Agreements: NAFTA(1994)이 대표적이다.

라틴아메리카 통합의 역사를 되짚어 본다면, 19세기 초 라틴아메리카의 독립 쟁취 이래로 라틴아메리카 통합의 이미지는 지속적으로 재현되어 왔음을 엿볼 수 있다. 이 기간에 중미 지역은 적어도 25차례 지역 내 재결합을 시도했고, 1907년과 1942년 각각 두 차례씩 교육시스템의 통합을 계획한 바 있다.

라틴아메리카는 "다른" 대륙의 지역통합으로 북미의 NAFTA, 중미통합체제 SICA, 카리브의 CARICOM, 안데스 지역의 CAN 그리고 남미 지역의 MERCOSUR 등 주요 지역 다섯 곳의 지역별 권역 협정을 통해 오늘날 역내 통합에 대한 풍부한 그림을 그려내고 있다. 또한, 라틴아메리카의 다른 국가들은 수많은 양자 간 그리고 다자간 합의를 통해 서로 협력하고 있다. 전 지구적 통합 기구가 지속적으로 대두되면서 역내 통합 프로젝트인 미주 자유무역협정Free Trade Area of the Americas: FTAA, 아메리카를 위한 볼리바르 동맹Bolivarian Alternative for the Americas: ALBA, 남미국가연합South American Union of Nations: UNASUR 간 경쟁적인 역내 통합의 복잡한 모습도 보인다. 지역통합의 프로세스는 되풀이되는 위기를 경험하며 다시금 부상하는 양상을 보인다. 일례로 안데안 국가연합CAN•은 30년간 네 차례의 큰 위기에 봉착했고, 이러한 위기 시 이 지역 기구의 존망에 대한 암울한 예측들이 있었다. 안데안 국가연합을 통한 통합의 열망이 시작된 지 7년 후인 1976년에는, 칠레가 이 협의체에서 탈퇴했다. 그리고 1986년에는 부채 위기로 자유무역 진행이 마비되었으며, 그리고 1991년

• Comunidad Andina(CAN)을 한국에서는 안데안 국가연합, 안데안 공동체 등으로 표기하고 있다. 이 책에서는 각 국가 단위의 연합이며 지역통합을 지향하는 바, 안데안 국가연합으로 표기한다 — 옮긴이.

과 1994년 사이 페루의 후지모리Fujimori 권위주의 정권은 안데안 국가연합의 관세동맹에서 탈퇴했다. 한편, 2006년에는 베네수엘라 우고 차베스Hugo Chávez 혁명주의 정부가 안데안 국가연합에서 탈퇴했다. 매번 처해지는 위기는 10년 정도의 주기로 반복되었고, 새로운 경로를 제시하며 안데안 국가연합의 지속성이 재현되었다. 1960년과 1965년 사이 역내 무역의 인상적인 급성장에 기인해 전 세계 저개발 국가들 가운데 가장 성공적인 지역통합의 노력[1]으로 치부된 중미가 1960년대 후반에 수차례 위기에 봉착하기도 했다. 위니아Wynia는 이를 아래와 같이 회상한다.

> 1966년 이래 안데안 국가연합CAN의 행정 관료들은 매해 회원국의 탈퇴 그리고 수차례 지역 협정의 일방적unilateral 위협을 접했다. 예를 들어, 1966년에는 온두라스가 지역산업 인센티브 협정으로 특별한 혜택이 주어지지 않으면 탈퇴하겠다고 위협했으며, 1967년에는 코스타리카가 이중 환율 제정으로 안데안 국가연합에 적잖은 위기를 초래했다. 또한 중미경제통합사무국Central American Economic Integration Secretariat: SIECA 소속의 행정 관료들은 니카라과가 본국의 재정 부담을 덜기 위해 공동시장의 상품에 대해 일방적으로 내수 소비세internal consumption taxes를 공포하는 등의 지역 협정을 위반하는 심각한 도전에 직면하기도 했다. 결과적으로, 1960년대 초반의 초기 통합에 대한 성취는 통합의 확장보다는 지역통합의 총괄적 구조를 유지하는 임무를 지속할 리더십이 주요한 이슈이자 관건이었다.[2] 남미공동시장MERCOSUR 역시 짧은 통합의 역사 가운데 중미통합체제SICA와 카리브 공동체CARICOM가 직면했던 큰 난관을 간신히 타개muddle through 했다.

이러한 배경에서, 학자들이 라틴아메리카 지역통합에 대한 복잡한 실체를 온전히 이해하는 것이 어려웠음은 당연한 귀결이다. 1971년 한 흥미로운 논문집의 서문에, 레온 린드버그Leon Lindberg와 스튜어트 샤인골드Stuart Scheingold는

"갈수록 더 규정하기 힘든 종속변수를 찾고 있다"며 당혹감을 내비쳤다.[3] 그리고 10년 후 라틴아메리카 통합에 관한 도서들을 재조명한 앤드류 엑슬린Andrew Axline의 개정판에서 라틴아메리카 지역통합의 가장 두드러지는 특징들 중 하나는 지역통합이 수많은 난관과 결점 그리고 연속된 실패에 직면해 있던 가운데서도 생존했으며, 역동적으로 그 이념과 실체의 존재라고 피력했다.[4] 거의 30년 지난 후에도, 이런 분석은 상당히 유효했음을 확인할 수 있다. 1990년대 전반기 동안의 인상적인 지역통합의 재점화는 20세기가 저물며 역동성을 잃어갔고, 진전된 통합의 흐름은 21세기에 들어서도 역행하게 되었다. 중미 국가들은 개별적으로 미국과 자유무역협정에 대한 협상을 진행하겠다는 결정과 회원국인 베네수엘라의 이탈로 안데스 지역의 안데안 국가연합이 위기에 봉착한 가운데 새롭고 그리고 아주 전도유망하던 남미공동시장MERCOSUR은 2001년 아르헨티나 외환위기와 같은 심각한 도전에 직면하게 되었다. 그러나 남미공동시장은 신속히 이러한 위기를 극복했으며, 중미는 유럽연합EU과 공동 협상을, 안데안 국가연합Andean Community은 1976년에 탈퇴한 칠레를 준회원으로 위촉하며 위기에 대처했다.

이와 같은 일련의 부침은 통합 관련 이론화 및 전망을 매우 난해하게 한다. 이러한 라틴아메리카 통합 관련 부침의 사이클은 이 지역통합의 설명하기 힘든 부분 중 하나로, '불안정 속에서의 지속성, 위기 가운데서의 탄력성'에 대한 학문적인 연구를 진행하게 한다.[5]

이 책의 도입부에 더 많은 문제제기를 하고자 한다. 더불어 이 책이 어떤 방식으로 라틴아메리카 지역통합에 대한 연구를 진행할지에 대한 몇 가지 지표 또한 제시하고자 한다. 하지만 먼저, 무엇을 전하고자 하는지 명확하게 밝히고, 개념적 벤치마킹과 몇 가지 용어를 다음과 같이 정의한다.

용어 정의를 하며

몇몇 학자들은 통합을 매우 단순히, 그리고 논리적으로 "부분을 가져오거나 부분을 합쳐 전체화되는 과정"으로 용어를 정리했다.[6] 그럼에도, 유럽 경험에 근거한 통합의 고전적 정의는 국가는 주권의 일부를 양도하고, 정치적 권위를 통합하고, 목적, 갈등 해소 그리고 평화 구축 등의 방법을 강조하는 경향이 있다. 에른스트 버나드 하스Ernst Bernard Haas가 언급하듯이 지역통합 연구는 어떻게 그리고 왜 개별 국가가 모든 주권을 포기하는지에 중점을 둔다. 그리고 특히, 지역통합 연구는 이웃 국가들과의 분쟁 해결을 위해 새로운 설명력을 확보하고자 노력하는 가운데 실질적인 주권을 내어놓으며, 어떻게 그리고 왜 국가들이 자발적으로 이웃 국가들과 어우러지고, 통합되는지에 대한 설명을 하고자 한다.[7]

지역통합의 고전 이론 창시자들 대부분은 기본적으로 국제 관계의 평화적 해결 방법을 모색하는 데 관심이 있었다. 최근 몇몇 학자들은 시장의 힘을 지역통합 연구에 추가했다. 예를 들어 월터 매틀리Walter Mattli는 "통합은 두개 또는 그 이상의 예전 개별 독립국가들이 경제 영역에서의 자발적인 관계가 국내 주요 규제와 정책의 권한까지 초국가 단위로의 전이"를 의미한다.[8] 목적은 변화되었다. 하지만 지역통합의 정의는 개별 국가가 주권을 양도하는 것이 핵심 내용이다.

스탠리 호프만Stanley Hoffmann과 같은 현실주의자들은 "민족국가 너머beyond the Nation-State"가 존재하는 것에 대한 의구심을 가졌으며, 그래서 지역 단위로 그룹화되는 것을 국제 레짐regime으로 바라보길 선호했다. 그래서 현실주의자들은 지역통합에 대한 정의의 필요성을 느끼지 못했다.[9] 레몽 아롱Raymond Aron은 공동시장이 "마술적으로" 정치적 통합으로 이행된다는 희망사항에 불과한 지역통합 이론가들의 생각을 "은밀한 연방주의clandestine federalism"라고 부르며 상당히 냉소적인 태도를 취했다.[10] 요컨대, 비록 기능주의자와 현실주의자는 "국가의 운명"을 평가하는 방식이 상호 철저히 다르다는 것을 인정하지만, 현실주의자처럼 하스Haas와 그의 동료 학자들도 국가의 이전pooling of 혹은 주권의 양도에 초점을 두었다.

다른 학자들은 비非국가 행위자들에 대해 더 큰 관심을 기울였다. 확실히 하스는 초기에 "여러 다양한 국가별 상황 가운데 행위자들은 자신들의 충성, 기대 그리고 정치적 활동들이 기존 국가의 관할권jurisdiction을 넘어서는 새롭고 더 큰 중심이 있는 제도로의 움직임에 설득된다"는 방식에 관심을 가졌다.[11] 그러나 하스는 이후(다른 행위자의 역할과 활동보다는) 국가라는 행위자에 대해 거의 배타적 관심을 갖게 되었다. 칼 도이치Karl Deutsch와 연구팀은 지역통합을 사회학적으로 접근하며 "한 영토 내에서 '오랜' 기간 '평화로운 변화'에 대해 신뢰할 수 있는 국민의 기대를 공동체 의식, 그리고 제도, 강력하고 활발하며 광범위한 제도적 활동practice을 통해 확고히 해주는 성취이다"라고 정의했다. 그리고 칼 도이치는 "공동체 의식"은 공통적 사회문제가 '평화적 변화'의 과정을 통해 해결되어야 하고 또 적어도 그렇게 될 수 있다고 동감하는 그룹 내 구성원들의 믿음이라고 했다.[12] 도널드 푸찰라Donald Puchala 역시 사회학적 접근으로 보면 지역통합은 "개인이 초국가적 사회와 정치적 조직체로 합병되는 것"으로 정의했다.[13] 1972년 도널드 푸찰라는 중요한 한 논문에서, 지난 15년 이상 '국제 통합'을 개념화하고 모델링하며 또 학설화하는 일련의 과정을 거쳐왔지만, 정확하며 또 만족스러운 개념 정의를 하지 못했다고 일축했다.[14] 그는 국제 통합을 "국제 수준에서 일치적concordance 체제를 생산하고 또 유지시키는 과정의 일체"라고 정의했다. 그는 일치적 체제를 "행위자들이 이익을 추구하며 일관되게 조화를 이루고, 행위자 간 차이점에 대한 타협점을 모색하며, 그들 간의 상호작용으로 통해 서로 이득을 취할 수 있도록 하는 국제 시스템"으로 보았다.[15] 또한 브루스 러셋Bruce Russet은 집단적 전쟁 회피 전략을 강조했을 뿐 아니라 더욱 광범위하게 상호 문제 해결을 강조했다. 그래서 러셋은 통합 과정을 "짐을 싣는 능력에 비유해, 대응에 대한 능력을 증가시키는 과정"으로 정의했다.[16] 이와 비슷한 맥락에서, 레온 린드버그는 "정치적 통합은 개별 국가의 집단적 의사결정 시스템이 시간의 흐름에 따라 진화한 것으로 정의할 수 있다"고 간주했다.[17]

이러한 몇몇 고전적인 정의는 학자들이 위로부터의 통합과 아래로부터의 통합에 초기부터 관심을 가졌음을 보여주는 흥미로운 점이다. 실제로 우리가 곧 확인할 부분이지만 통합은 공식적 제도·기구나 혹은 정부가 논쟁 해결을 위한 협상이나 상업적 유대 관계 증진을 위한 노력일 뿐 아니라, 커뮤니티 혹은 시민사회가 초국가적으로 대부분 비공식적 상황 속에서 교류하는 것을 의미하기도 한다.

이러한 통합에 대한 고전적 정의들이 라틴아메리카에 적합한가? 이러한 정의가 라틴아메리카 대륙에서 확인할 수 있는 것에 대한 이해를 증진시키는 데 도움이 되는가? 이런 정의들이 좋은 연구 질문을 개발하는 데도 도움을 주는가? 넓은 범위에 걸친 이러한 고전적 통합에 대한 정의가 중남미에 적합한지 의구심이 있다. 두 가지 의견을 잠시 언급한다. 먼저, 라틴아메리카는 상대적으로 평화로운 대륙으로서 통합 과정의 동기와 이유가 평화 구축 혹은 전쟁 예방의 공통된 목적으로 보긴 어렵다. 비록 이 점에 대해 중미 혹은 MERCOSUR에 대해 좀 더 구체적으로 알아보겠지만, 지역통합과 평화 구축에 대한 연결 논리는 라틴아메리카 지역에는 적합하지 않다. 더욱이, 라틴아메리카의 몇몇 국가가 어느 한 시점에 유럽통합을 흉내 내며 초국가적 파워가 있는 기구들을 창설하는 데 동의했지만, 이들이 결코 통합 과정에서 실질적인 지배권을 내놓지는 않았다. 그러므로 통합에 대한 라틴아메리카의 질문은 어떻게 그리고 왜 국가들이 온전히 주권을 양보하느냐에 대한 것이 아니라, 어떻게 그리고 왜 온전한 주권 양보 결정에 라틴아메리카 국가들이 지배권을 잃지 않으려 하고 확보하는지에 대한 것이다. 이런 제한적인 부분을 고려하더라도 고전적 정의들은 역시 일회성 물품처럼 치부할 수 없다. 결국, 지역통합은 국제 협력 그리고 집단적 의사결정에 관한 것이며, 지역통합에 관여한 행위자들을 합법적으로 확인하고 밝혀가는 실행이며, 그리고 행위자들의 통합에 대한 동기, 사용한 방법 그리고 목표 대상에 대한 연구이다. 이후에 확인할 것이지만 지역통합에 대해 단순하고 느슨한 정의가 필요하다.

신지역주의에 관한 최근 연구 문헌들이 지역통합에 대한 이해의 폭을 넓혀주는가? 신지역주의가 라틴아메리카 지역통합 연구에 도움을 주는가? '지역주의의 개념을 서로 다른 5개로 범주화'하고 지역주의 이론화에 학문적으로 상당히 공헌한 앤드류 허렐Andrew Hurrell의 연구를 고찰해 보도록 하자(〈표 1.1〉).[18]

허렐의 분류는 사회적 상호작용과 국가 간 협력, 혹은 공식적·비공식적 지역주의 간의 근본적 차이에 대한 연구물이어서 흥미롭다. 지역의 경제적 통합은 단순히 지역 협력의 하위 범주라는 사실 또한 강조한다. 더욱이 이 분류는 행위자들의 인식을 담고 있다. 쇠데르바움Söderbaum에 따르면, 신지역주의는 다차원성, 복잡성, 유동성, 비순응성 그리고 국가라는 행위자와 다소 비공식적 다중 행위자 연합체인 비국가 행위자 간 상호작용의 특성을 확인할 수 있다.[19] 신지역주의에 대한 이렇게 구분된 특성에 대해 도이치 혹은 푸찰라가 비판하지는 않는다. 왜냐하면 도이치와 푸찰라 또한 시대가 달라졌음을 인지하고 있기 때문이다. 의심의 여지 없이 국제적 환경은 변화했고 따라서 그 변화된 환경 속의 행위자들, 협력의 유형, 아울러 그들의 주요 관심 사항이 바뀌었다. 장 그루겔Jean Grugel과 윌 하우트Wil Hout는 "이전 시기와는 대조적으로, '신지역주의'는 근본적으로 1980년대 "저개발 밀집 지역인" 가칭 남부South 지역의 수많은 국가의 경제적 주변부화marginalization에 대한 소극적 방어이다. 그리고 냉전 말엽의 정치경제적 혼란 상황에서 정치적 재구성으로 글로벌화되는 경제체제의 경향성에 대한 두려움의 표시이자 이에 대한 반응"이라고 설명했다.[20]

〈표 1.1〉 앤드류 허렐의 지역주의의 다섯 가지 분류

구분	내용
지역화	역내 사회적 통합의 성장 그리고 사회적·경제적 상호 관계의 우회적 과정을 종종 언급함
지역 내 인식과 정체성	특정한 커뮤니티에 속하는 공유된 지각
지역 내 국가 간 협력	국가 간 협상과 구성 또는 정부 간 협정 또는 체제
국가 주도형 지역통합	지역 협력의 하위 범주: 지역 경제통합
지역 내 결속	이러한 첫 네 가지 과정의 조합은 결속과 통합의 지역 단위의 출현을 유도함

자료: 저자 재구성; Andew Hurrell, "Regionalism in Theoretical Perspective," in Louise Fawcett and Andrew Hurrell(eds.), *Regionalism in World Politics. Regional Organization and International Order* (Oxford: Oxford University Press, 1995), pp.39~45.

그러나 새로운 종류의 지역주의는 필연적으로 다른 접근이 필요한가? 신지역주의 문헌은 모든 이러한 변화에 주목한다. 지속적으로 지역통합에 관해 연구해온 학자들(매틀리Mattli 제외)은 지역통합에 대해 정의하는 것에 불편함이 없는 만큼, 신지역주의 이론이 냉전 이후 전 세계에 대한 설명에 더 충실한 것으로 보인다. 그럼에도 신지역주의의 정의에서 학문적 가치가 있는지는 의심스럽다.

비에른 헤트네Björn Hettne가 5단계로 구분한 "지역성"을 고려해 보자(표 1.2). 헤트네는 비록 진화를 너무 문자 그대로 취하지 말라고 언급하지만 하스의 분류에서 제시된 진화적 편향성과 유사한 맥락이다. 더욱이 헤트네가 구분한 각각의 분류는 고전주의 학자들에 의해 설명된 바 있다. 헤트네는 안보적인 용어로, 그가 구분한 마지막 2개의 분류는 도이치가 제시한 "다중적 안보 공동체pluralistic security community"와 "통합안보공동체amalgamated security community"를 의미한다.[21]

신지역주의라는 애매모호한 용어의 사용을 제외하고, 신지역주의 문헌은 너무 다양화되어서 다른 학자들 간의 공통점을 찾기가 불가능하다. 아마도 다른 차원의 이론적 기여들 가운데 구성주의 접근이 가장 혁신적인 것으로 치부

〈표 1.2〉 비에른 헤트네의 지역성 5단계

구분	내용
지역 내 공간	물리적 장벽으로 대략적으로 구분된 지리적 영역
지역 내 복잡성	인간 집단들 사이에 점점 넓어지는 초지역적 상호 관계성을 암시함
지역 내 사회	조직적이거나 자발적일 수 있으며, 문화적·경제적·정치적 또는 군사적 분야일 수 있음
지역 내 커뮤니티	영구적인 지역적 프레임워크(형식적 또는 비형식적)이 사회적 커뮤니케이션을 촉진하고 증진시킬 때, 지역 전역의 가치와 행동의 수렴이 다국적 시민사회를 창출함
지역 내 정치제도체제	보다 고정된 구조 또는 의사결정과 보다 강력한 행위자 역량을 가지고 있음

자료: 저자 재구성; Björn Hettne, "The New Regionalism Revisited," in Frederik Söderbaum and Timothy Shaw(eds.), *Theories of New Regionalism* (New York, Palgrave Macmillan, 2003), pp.28~29.

되었고 지역주의의 새로운 영역을 표출했다. 지역은 실질적으로 사회적 구성이고 또한 정치적 프로젝트이다. 따라서 지역은 자유무역 형태를 양산한다.[22] 불Bull과 보아스Boas가 언급한 것처럼 국가뿐만 아니라 비국가 행위자들이 사회적 실천과 담론을 통해 지역을 형성하는 과정에 참여하고 그것의 특정한 의미를 부여함으로써 지역은 항상 형성되고, 만들어지고, 해체되고 그리고 재형성된다.[23]

비국가 행위자들의 일부는 지역개발은행의 역할을 연구한 뒤 다음과 같은 결론을 내린다.[24] "지역화의 모든 행동은 지역 행위자인 자신들의 비전을 증진시키고 지역 어젠다의 접근을 도모하는 것으로 이는 모두 정치적 행동에 기인한다." "상상화된" 혹은 증진된 방식으로의 지역 구성은 이전의 경험으로부터 완벽하게 분리될 수 없다고 본다. 이와 같은 사회적 구성은 성공이든 실패든 과거 경험의 산물이다. 그와 마찬가지로 지역이 만들어진 것은 지역의 "객관적"존재로부터 분리될 수 없다. 그러므로 필자는 역사성, 정치성, 경제성 그리고 문화성의 연결로 인한 상호 의존성이 확대된 집합으로서의 지역과 그리고 협력 정치의 산물로서의 지역주의는 구분되어야 한다고 본다.

조지프 나이Joseph Nye는 "제한된 수의 국가들이 지역적 관계와 상호 의존의 정도에 의해 함께 연결된 것"을 지역이라고 정의하곤 했다.[25] 나이Nye는 상호 의존성에 입각해 안보의 영역 또한 고려했다. 필자는 상호 정치적 영향과 국제 환경에 유사한 역사적 노정에 기인해 반응하고 적응하는 유사성 정도를 포함하여 과거 연구에서 상호 의존성을 좀 더 포괄적으로 정의를 내렸다. 이러한 맥락에서 라틴아메리카는 지역이라고 칭할 수 있는데 이는 서로 다른 국가들이 많은 공통적 특징을 공유하고 더욱이 정치적 변화의 물결이 항상 수렴과 분산의 산물이기 때문이다.[26] 반대로, 국가 주도형 전략의 결과이거나 혹은 시민사회 활동가들의 활동에 따른 의도하지 않은 결과로 인해 역사에서 관계 확대와 이에 따른 상호 의존성이 증가하는 특정한 시기가 있다. 필자는 이러한 과정을 지역화 혹은 지역통합이라고 정의한다. 만약 필자가 이 책에서 지역통합이라는 개념을 선호한다면 이것은 1950년대 경험에서 현재에 이르기까지의 지속성을 단순히 지목하는 것이고, "구舊"지역주의와 "신新"지역주의로의 과도한 구분을 거부하는 것이다. 지역통합 혹은 지역주의에 대한 실질적 진행은 있지만 이것들 사이에 급진적 간격은 없다. 더욱이 신지역주의 문헌에는 지역통합과 결부된 역사성의 배제가 있는 만큼, 역사적 측면이 있는 지역통합의 지속적이며 장기적 과정을 주의 깊게 살펴보아야 한다.

그러므로 이 책에서 지역통합은 정치적 단위(지방정부, 국가, 혹은 초국가) 간의 증진된 관계로서 공통적 생각, 목표 설정, 이를 달성하기 위한 방법의 합의 그리고 이렇게 함으로써 지역을 건설하고자 하는 역사적 과정으로 정의된다. 지역통합은 세 가지로 귀결된다. (1)이 과정은 수많은 다양한 행위자(개인 그리고 공공), 수준(아래로부터 그리고 위로부터) 그리고 어젠다를 모두 아우른다. (2) 신중하게 의도된 전략 혹은 사회적 상호작용의 의도하지 않은 결과로서 출현한다. (3)특히, 제도적 구성(구축)으로 이어진다.

이 장의 다음 절에서는 라틴아메리카의 통합의 특징인 불안정성, 목적과 방법 그리고 결과들 사이의 괴리 등을 돌아보고, 통합의 역사를 조명한다. 국제 환경 그리고 역사적 분기점의 중요성을 확인해 본다. 그리고 그 이후의 시점과 이에 따른 지역통합으로 이어지는 일련의 과정을 담고자 한다. 그다음 절에서는 이론으로 돌아가서 라틴아메리카 지역통합의 역사적 진화에 대해 가장 적절한 설명력을 끌어낼 수 있는 이론적 틀을 마련한다. 이 책의 핵심은 제1장에 제시했다.

라틴아메리카 지역통합과 분열의 역사적 경로

아메리카 대륙이 정복된 이래 국경선을 구분 짓는 것은 복잡한 이슈였다. 비록 스페인 정복자들이 전체 통합으로 진행하지는 못했지만 16세기 중반의 뉴스페인New Spain과 페루 각각의 부왕청에 새롭게 소유한 영토에 행정기구를 두고 지역통합의 역할을 담당하게 했다. 첫 업적들을 돌아보면 포르투갈 혹은 영어권 식민지 통합과 비교해 그리 훌륭하지는 않았다. 특히, 브라질 부왕청은 해산된 바도 없었다.

3세기 동안 식민지 행정기구들은 대체적으로 안정적으로 유지되었다. 스페인 당국은 무역 루트를 체계화했고 식민지에서 정치적 안정성을 유지했다. 하지만 스페인 당국은 제국의 일정한 동일성을 유지하는 데 어려움을 겼었으며, 다른 지역의 특수한 진보적 통합을 저지할 수 없었다. 그 임무 자체가 쉽지 않다는 건 인정한다. 뉴스페인 부왕령은 캘리포니아부터 필리핀까지 그리고 과테말라에서 멕시코의 거대한 영토를 포함해서 플로리다에 이르기까지 통치했다. 페루 부왕령은 브라질을 제외한 남아메리카 전체를 담당했다. 더욱이 식민지 간의 무역 금지는 지방 장려 정책이었다. 식민지 고립과 상업에 대한 엄격한 규제에도 불구하고 식민지들은 불법적 무역 루트를 발전시키고, 아래로부터의 지역통합 과정을 시작했다.[27] 카리브, 안데스, 대서양 그리고 태평양 지역에서 밀수입과 밀거래 등에 지역화폐 사용을 통한 상권이 형성되어 일종의 공동시장 형성에 일조했다. 다른 메커니즘, 가령 부유한 지역에서 빈곤한 지역으로의 자원을 안내하는 역할 담당이 목적인 재분배 기관, 시투아도스situados가 라틴아메리카의 지역 건설을 도왔다. 전형적으로 금 혹은 은을 생산하는 지역, 가령 멕시코와 페루 등은 카리브 도서 혹은 칠레와 같은 국경 지역에 주둔지를 마련했다.

18세기 초, 스페인은 합스부르크 왕가에서 부르봉 왕가로 권력 변화가 있었다. 이런 정치적 변화에 따른 자유 개혁 가운데 식민지 행정구역 개편을 들 수 있다. 세 번째와 네 번째 부왕령은 각각 1717년 보고타Bogotá를 수도로 하는 뉴그라나다New Granada와 1776년 부에노스아이레스를 수도로 하는 리오 데 플라타Rio de Plata에 설립되었다. 좀 더 낮은 수준에서의 식민지 행정 개편의 예로, 부르봉 왕가는 라틴아메리카에 고전적 아우디엔시아audiencias 시스템을 통합하고 프랑스 시스템인 인텐덴시intendency를 약 40개 정도로 제도화했다.

국경 구분이 구현되는 가운데, 라틴아메리카는 다채로운 상황과 더불어 독립의 시기에 도달했다. 3세기 간의 고립 기간 동안 주변국 그리고 기타 세계 국가들과 제한된 관계를 형성했으며 스페인에 대한 상업적 의존으로 지역에 대한 소속감이 발전되었다. 그럼에도, 행정상 토지 구획과 관료주의적 통치 스타일에 반감을 품고 있던 엘리트들에 의해 독립의 움직임이 태동하기 시작했다.

18세기 말엽, 미국과 프랑스의 혁명이 학식 있는 엘리트에게 환영받았다. 일부 지식인은 라틴아메리카 혁명을 꿈꾸었는데 단순히 혁명을 통한 자유의 획득이 아니라 라틴아메리카 전체의 통합이었다.

베네수엘라 출신의 프란시스코 데 미란다Francisco de Miranda(1750~1816)가 선구자였다. 그는 이미 1790년, 히스패닉 아메리카를 "국가"로 간주하고, 대륙 내 스페인어를 사용하는 모든 영토를 하나의 독립국가로 형성하자고 제안했다. 다른 사람들은 통합된 영토 내에 어디를 포함해야 할지에 대해 명확하지 않았다. 나폴레옹의 스페인 점령 이후 유럽의 침략 가능성에 대해 두려워했던 페루 출생의 유명한 칠레인 변호사 후안 에가냐Juan Egaña(1768~1836)는 미국과 아메리카 내 스페인어 사용 국가 그리고 스페인까지 포함한 연방체제를 담은 "미주방위 계획"을 제시했다. 중미, 온두라스의 호세 세실리오 데 발레 José Cecilio Díaz Del Valle(1780~1834)는 무역관계 확충을 고려하며, 역시 미주 지역 전체를 아우르는 연방체를 주장했다.

물론, 자유를 열망한 전쟁은 통합에 대한 꿈을 이루는 데 어느 정도의 일관성을 보였다. 통합에 대한 요구는 외부 위협에 대한 고전적 응대였다. 일부 국가들, 가령 1810년 칠레는 아르헨티나와 더불어 "종합방어계획" 설립과 같은 방어전략 구상을 위해 동맹국을 모색했다. 대륙의 모든 위대한 지도자는 자신들의 본국을 작은 국가patria chica 그리고 대륙을 일컬어 큰 국가patria grande로 언급하기 시작했다. 그들 모두는 미주연합체를 마음속에 그리고 있었다. 통합에 대한 이와 같은 요구를 가장 잘 담고 있는 이가 1812년 카르타헤나Cartagena 선언과 전역戰役 캠페인으로 유명한 시몬 볼리바르Simón Bolívar(1783~1830)였다. 그가 이 임무의 어려움에 대해 지각하지 못한 것은 아니었다. 시몬 볼리바르는 자메이카로부터의 편지(1815)에서 그의 희망은 "아메리카가 전 세계에서 가장 위대한 국가로 거듭나는 것을 보는 것"이다. 하지만 "신세계New World가 하나의 국가로 연합된다는 생각은 단지 영화로운 상상일 뿐이라는 것을 인지했다". 그리고 그는 "기후 차이, 서로 다른 상황, 대립된 이해관계, 그리고 불평등한 특징이 아메리카를 분리한다"고 덧붙였다.[28]

동시에 그는 1819년 앙고스투라Angostura 의회에서 채택된 식민통치 당시의 행정 경계선을 국경선으로 인정한다는 점유보호명령uti possidetis juris 원칙에 영감을 제공했다. 볼리바르는 전쟁을 정당화할 때는 이상주의자였고, 그 후 정치

질서 변화에 대한 기대에 대해서는 현실주의자였다. 그는 프랑스 혁명을 주로 참고했으나 온전한 혁명과 공화국 설립을 계획하지는 않았다. 수많은 그의 추종자는 볼리바르의 애매모호함을 잊어버린 채 그의 생각을 바탕으로 통합을 진행했다. 볼리바르는 궁극적으로 그가 자유화한 베네수엘라, 콜롬비아, 파나마, 에콰도르를 대상으로 그란Gran 콜롬비아를 1819년 형성하고 영토에 대한 통합을 이끌어냈다. 하지만 그는 거대한 히스파노 아메리칸Hispano American 동맹 프로젝트에 대한 지지를 규합하는 데는 실패했다. 단지 멕시코, 페루, 콜롬비아 그리고 중미만이 1826년 6월 22일부터 7월 15일 사이에 파나마에서 열린 제1차 라틴아메리카 전권위원회의에 참석했다. "통합, 연맹, 영속적 연합"이 담긴 방위조약이 서명되었고, 단지 그란 콜롬비아에서만 비준되었다.

독립전쟁은 식민지 행정구역의 재활성화를 초래했다. 어떤 면에서는 통합을 의미했다. 식민지 기간에 오랫동안 과테말라 총독령에 통합되어 있던 중미는 1821년에 독립을 쟁취했고 그리고 잠시 동안 멕시코의 이투르비데Iturbide 황제(1821~1823)의 통치하에 있었다. 그 이후 1825년부터 1838까지 지속된 연방체제를 설립했다. 그러나 다른 지역들은 분리되었다. 독립 후 첫 50년 동안, 라틴아메리카는 원자재 수출을 통해 유럽과 상업 관계가 깊었고 정치적 분열이 증강되는 가운데 라틴아메리카의 통합 계획이 동시에 지속되었다.

향토주의와 민족주의는 국경선을 지우거나 주권을 포기하는 그 어떠한 시도에도 완고한 장애물이었다. 각 국가마다 생산 제품을 둘러싼 지방 토착 유지의 가족들 간 경쟁, 자유와 보수 간 충돌 등의 내전이 격렬했다. 새롭게 전개되는 정치질서 가운데 전자인 자유주의자들은 자유무역과 사회의 세속화를 선호했고, 후자인 보수주의자들은 보호무역론자로 가톨릭교회의 역할에 우호적이었다.

파라과이는 부에노스아이레스로(1811)부터, 볼리비아는 페루(1825)에서, 그리고 우루과이(1828)는 브라질에서 지역 분리 과정이 진행되었다. 1830년, 그란 콜롬비아는 개별 국가인 베네수엘라, 콜롬비아, 에콰도르로 각각 해체되었다. 1838년 코스타리카, 니카라과, 온두라스, 엘살바도르 그리고 과테말라로 중미연방도 분리되었다. 마침내, 1839년 칠레 전쟁 선포 후, 페루-볼리비아 연합체도 붕괴되었다. 그리고 동시에 멕시코, 아르헨티나, 콜롬비아 혹은 베네수엘라와 같은 몇몇 일부 국가는 통합을 연방 시스템을 통해 유지했다.

이러한 현상에 대처하기 위해 수많은 외교 정상회담이 대륙의 연대성을 고양시키고 강화하기 위해 개최되었다. 1847~1848년 페루 리마Lima에서 제1차 페루 회의로도 알려진, 제2차 라틴아메리카 전권위원회의가 콜롬비아, 에콰도르, 볼리비아, 칠레 그리고 페루의 참석으로 진행되었다. 이 정상회담의 목적은 연맹체에 관한 논의였다. 연맹체 협약에 서명하며 참가했던 국가들 가운데 어떤 국가도 비준을 하지는 않았다. 1856년 2개의 협약이 서명되었는데, 그중 하나는 '대륙 협약'으로 칠레에서 개최되어, 페루, 칠레 그리고 에콰도르 간의 협약이었고, 또 다른 하나는 워싱턴에서 있었던 '동맹과 연맹의 협약'으로 코스타리카, 엘살바도르, 과테말라, 멕시코, 페루 그리고 베네수엘라 간에 이뤄졌다. 그 후 1864~1865년 제3차 라틴아메리카 전권위원회의, 혹은 제2차 리마회의라고 불리는 회담이 베네수엘라, 콜롬비아, 칠레, 엘살바도르, 에콰도르, 페루 그리고 볼리비아가 참석한 가운데 진행되었다. 회의가 진행되는 가운데 방위조약이 서명되었다.

또 다른 라틴아메리카 정상회담이 볼리바르의 사상을 부활시키고자 하는 열의를 가지고 카라카스Caracas에서 진행되었다. 콜롬비아, 볼리비아, 페루, 엘살바도르, 멕시코 그리고 아르헨티나가 대표단을 보냈다. 또한 이전의 회의와 덧붙여, 일련의 사법회의가 리마(1877~1880)와 몬테비데오Montevideo(1888~1889)에서 개최되었는데 원칙과 실천(국제 중재, 범인 인도, 노예제 폐지 등)을 조화시키는 데 일조했다. 하지만 히스파노-아메리카니즘의 균형이 다소 떨어졌다. 비록 비정치적 문제에 대해서는 대륙 내 협력이 활발했지만, 수많은 선언은 강제력이 없는 것들이었고, 자유무역이나 정치적 통합을 향한 진전은 전무했다.

1882년 미국이 모든 아메리카 국가를 회의에 초청하며 범아메리카주의Pan-Americanism가 히스파노-아메리카니즘을 대체하는 경향을 보였다. 그 회의의 목표는 "볼리바르가 품은 바와 다름"이었다. 비정치적 협력에 국한하고 경제적 관계에 우선하는 것이었다.[29]

역설적으로, 범아메리카주의는 비제국주의라는 새로운 영역의 '장착'으로 20세기 초 라틴아메리카 연대를 강화시키는 새로운 동력이었다. 확실히, 북미와 남미 사이의 긴장감 조성의 시발점은 먼로Monroe 대통령이 1817년 플로리다 침략을 지시하면서부터이다. 당시는 볼리바르의 군대가 아멜리아Amelia섬을 막 점령하고, 플로리다 공화국을 세웠을 시점이다. 그 후 미국은 이 지역을 스페인으로부터 구입했다. 그리고 나서 1823년 유명한 먼로 독트린이 선포되면서 유럽으로부터 안전을 확보하기 위해 열망하던 라틴아메리카 지도자들은 환영의 의사를 내비쳤다. 하지만 이들은 미국이 미주 대륙 전체에 대한 군사적 지배권 행사의 기회를 가질 수 있을 것이라는 두려움으로 인해 우려 또한 표명했다. '명백한 운명'이라는 미명하에 자행된 라틴아메리카 내에서의 미국의 군 침략 역사 가운데 1845년 텍사스 합병을 필두로, 이후 1848년 멕시코와 평화협정을 체결해 멕시코 영토의 1/3을 차지한 것이 두드러진다.[30]

제1차 범미주회의International American Conference(1889.10.2~1890.4.19)는 라틴아메리카 집단 외교의 성공적인 실험이었다. 라틴아메리카 대표단이 미주공화국 상업청Commercial Bureau of American Republics 신설에 동의했지만 관세동맹을 도입하고자 하는 미국 주도의 계획은 저지했다. 그럼에도, 이러한 성공은 연대성을 고취시키는 것으로 이어지지 않았다. 범미주회의 기간에 라틴아메리카의 이익을 대변하는 가장 유명한 인물 가운데 쿠바의 호세 마르티José Martí가 쿠바섬에서 독립전쟁을 이끌었고, 1895년 결국 살해당했다. 그리고 미국이 3년 후에 미-스페인 전쟁을 일으키며 쿠바를 침공했을 때 라틴아메리카에서는 그 어떠한 라틴아메리카 차원의 집단적 반응에 대한 징후도 없었다.

20세기의 첫 30년간 새로운 정당이 출현하여 반제국주의 운동에 적극적으로 참여했고, 대륙 전체를 아우르는 정치적 통합을 위한 새로운 프로젝트들이 등장했다. 미주인민혁명동맹American Popular Revolutionary Alliance: APRA, 멕시코 제도혁명당Mexican Institutionalized Revolutionary Party: PRI, 볼리비아 민족혁명운동Bolivian National Revolutionary Movement: MNR은 연대가 혁명적 변화를 이끄는 것이라는 이념을 지지했다. 그러나 비록 라틴아메리카 형제라는 신화가 지속적으로 살아 있지만 라틴아메리카 전체를 아우르는 주요 정치적 움직임을 시작하는 데는 실패했다.

범미주회의International American Conference는 1889~1890년 개최된 제1차 이후 아홉 차례에 걸쳐 멕시코(1901~1902), 리우데자네이루Rio de Janeiro(1906), 부에노스아이레스(1910), 칠레 산티아고Santiago(1923), 하바나Habana(1928), 몬테비데오(1933), 리마(1938), 보고타(1948), 그리고 카라카스(1954)에서 각각 진행되었다. 그 가운데 보고타에서 개최된 아홉 번째 범미주회의가 중요한 이유는 미주기구Organization of American States: OAS 헌장이 개정되었고, 더불어 3개의 특별 회담인 평화유지 회담(1936년 부에노스아이레스 개최), 전쟁과 평화 회담(1945년 멕시코 차풀테펙Chapultepec 개최), 그리고 대륙 평화와 안정 유지를 위한 회담(1947년 리우데자네이루 개최)에 대한 쌍무적 지원 조약(리오 협약) 체결이 이뤄졌기 때문이다.

제2차 세계대전 여파가 지역통합 역사의 주요한 사건이다. 즉, 정치면에서는 미주기구 OAS 그리고 안보 측면에서는 리오 협약으로 구성된 미주 간 체제가 실시되었을 뿐 아니라, 라틴아메리카가 제2차 세계대전에서 승전한 연합국에 속했다는 것이 중요하다. 유엔UN 기구를 창설한 1945년 샌프란시스코 회담에 라틴아메리카의 적극적 참여는 없었다. 하지만 이 회담에 참여한 50개국 가운데 라틴아메리카 국가는 모두 20개국으로 인권 이슈에 대해 상당한 영향을 끼쳤다.[31] 제2차 세계대전 동안 아르헨티나가 주축국을 지원했다고 소련이 이의를 제기한 것에 대해 라틴아메리카 국가들은 미국의 협력으로 아르헨티나가 승전국에 포함되도록 집단적으로 행동을 취하며 이를 방어했다. 또한 라틴아메리카 대표단은 유엔의 국가별 경제와 사회 협력 부문에 대한 다방면의 관여intervention 및 조치에 대해 상당히 적극적이었다.

3년 후, 유엔 라틴아메리카-카리브 경제위원회UN Economic Commission for Latin America and the Caribbean: CEPAL의 설립은 지난 1945년 차풀테펙 회담에서 창립된 미주 간 경제사회이사회Inter-American economic and social council의 라틴아메리카 역내 영향력 부족을 반영한다. CEPAL 설립 당시 역사적 상황, 첫 번째 단계와 문건이 수차례 기술되었다.[32] 초기 유엔의 의도는 저개발 지역에 대한 국제경제협력 제공이었다고 해도 과언이 아니다. 이러한 다소 기능적 역할에도 불구하고, 아르헨티나 출신의 라울 프레비시Raúl Prebisch의 지도력 아래 CEPAL은 점차 영향력 있는 싱크탱크로 입지를 확장해 나갔다. 라울과 한스 싱어Hans Singer는 원자재와 제품 간 교역 조건은 하락세의 경향이 있다고 지적했다. 라틴아메리카가 경제개발을 시작한다면, 먼저 산업화 과정부터 자극해야만 했다.[33] 1949년, 허쉬만Hirschman이 들여다본 CEPAL 성명서에 따르면, 프레비시는 라틴아메리카의 산업 생산력를 위해서는 라틴아메리카 자체 시장을 통합하는 것이 더 좋다고 언급했음을 확인 할 수 있다. 이듬해 라틴아메리카 경제 상황에 관한 연구는 지역 경제통합과 관세 보호의 필요성에 대해 강조했다.[34]

당시 한국전쟁Korean War 상황 가운데 소위 프레비시-싱어Presbisch-Singer 제안은 라틴아메리카의 원자재 가격이 국제시장에서 다소 높은 가격으로 거래되었던 만큼 큰 반향을 이끌지는 못했다. 하지만 1950년대 후반기의 교역조건 악화로 인해 프레비시의 제안이 다소 두각을 보였다. 한편, 라틴아메리카 역내 무역 촉진 등을 위해 1955년 무역위원회가 설립되었으며, 이 위원회는 CEPAL이 역내 지역통합 프로젝트를 면밀히 연구할 것을 당부했다. “CEPAL 원칙”에 따르면 라틴아메리카는 수입 대체와 보호무역주의를 바탕으로 하는 산업화 전략을 추구해야 한다는 것이다. 또한, 규모의 경제를 통한 이득을 취하기 위해서는 라틴아메리카가 공동시장을 조성해야 한다는 것이다.[35] 이러한 원칙이 각 국가의 경제부처에서 근무하는 테크니코스técnicos라는 수많은 젊은 관료 등에 의해 널리 퍼지게 되었다. 1950년대가 끝나갈 무렵, 신세대 정치지도자들이 어떤 형태든지 통합에 대해 강력히 반대해온 독재자들(브라질의 바르가스Vargas, 아르헨티나의 페론Perón, 도미니카공화국의 트루히요Trujillo, 페루의 오드리아Odría, 베네수엘라의 페레스 히메네스Pérez Jiménez)을 대체했다. 아르헨티나의 아르투로 프론디지Arturo Frondizi, 브라질의 주셀리노 쿠비셰키Juscelino Kubitschek, (미주기구의 초대 사무총장을 역임한) 콜롬비아의 알베르토 예라스 카마르고Alberto Lleras Camargo 또한 베네수엘라의 로물로 베탄코트Rómulo Betancourt 등의 새로운 문민정부가 등장하며 통합에 대해 훨씬 더 많은 관심을 보였다. 그들 가운데 몇몇 지도자는 통합을 증진하는 정치적 색깔을 품고 있는 유럽 분파인 기독민주Christian Democrat 패밀리에 속했다. 1950년대 말, 미국은 라틴아메리카 통합의 변화를 감지했다. 미국이 수많은 독재자를 지지했기 때문에 리처드 닉슨Richard Nixon 부통령은 1958년 라틴아메리카 순방에서 리마와 카라카스에서 학생과 노동자로부터 격렬히 적대적인 반대 시위에 직면했다.[36] 미 행정부는 라틴아메리카 대륙 내에서 자신들이 얼마나 적대적이며 인기가 없는지를 깨달았다. 주셀리노 쿠비셰키 브라질 대통령은 이러한 기회를 포착하고 빈곤 퇴치를 위한 주요 협력 전략의 시작을 제안했다. 오퍼레이션 팬 아메리카Operation Pan America•는 드와이트 아이젠하워Dwight Eisenhower 미 대통령의 적극적 지지를 받지 못했지만 1959년 쿠바 혁명이 발생하면서 미 행정부는 라틴아메리카 정책 변화가 주요 과제임을 인지했다. 결과적으로, 미국은 [개발]은행 설립의 제안을 받아들

• 빈곤 퇴치 프로그램 — 옮긴이.

이며, 1959년 4월 미주개발은행Inter-American Development Bank: IADB을 설립했다. 그 후 1961년 3월 케네디 대통령은 '진보를 위한 동맹Alliance for Progress'을 발표하기에 이르렀다. 10년간의 노력이 1961년 8월 몬테비데오에서 개최된 미대륙 간 회의Inter-American Conference에서 승인되었다. 한편, 지난 1951년 유럽 석탄철강 공동체Coal and Steel Community: ECSC를 결성하며 진행한 지역통합이 1950년대 말엽 6개 유럽 국가들의 참여로 급진전되었다. 1957년 3월 25일 로마 조약으로 유럽경제공동체Economic European Community: ECC가 설립됨으로써 전 세계에 복잡다단한 의미를 전달했다. 통합과 평화 구축에 대해 프랑스, 독일, 이탈리아, 벨기에, 네덜란드 그리고 룩셈부르크가 주도했지만 이들 국가는 무역전환을 야기하는 블록 또한 구축했다. 이러한 새로운 역사적 상황이 라틴아메리카에는 새로운 기회였고 유럽통합 과정으로부터 영감을 받았다.

이러한 기류에 편승한 첫 번째 지역은 중미이다. 이 책 제2장에서 좀 더 구체적으로 보겠지만, 제2차 세계대전 이후 국제 환경의 변화로 인해 새로운 차원의 연대성이 부각되었다. 이전에 언급한 대로, 이미 1948년에 중미는 고등교육 분야에서 협력을 시작했고, 1951년 중미기구ODECA가 설립되었다. 이와 같은 정치적 주도initiative는 1960년에 출범한 중미공동시장Central American Common Market: MCCA만큼 성공적이지는 못했다. 한편, 같은 해 라틴아메리카 11개국은 몬테비데오 협정Treaty of Montevideo을 체결하며 라틴아메리카 자유무역연합ALALC을 설립했다.[37] 이 협정에서 무역장벽 유예 기간은 12년으로 상정했다. 이 기간의 말엽에는, 생산의 단 10%만이 협상 대상이었었다. 생산품 항목을 바탕으로 진행된 협상은 충분하지 못했다. 따라서 1969년 그 일정이 재조정되었다. 그해, 안데스 지역의 여섯 개 저개발 국가들은 대국(즉, 아르헨티나, 브라질, 멕시코)이 자유무역에 주요 수혜자라고 불편함을 드러내며 자신들만의 길을 갈 것을 결심했다. 그 후 볼리비아, 콜롬비아, 에콰도르, 칠레, 페루, 베네수엘라(1973)는 그들만의 새로운 길을 개척했다. 자유무역협정보다 훨씬 더 포괄적인 안데스 협약Andean Pact: GRAN이 1969년 체결되었다. 유럽경제공동체EEC의 모델을 바탕으로, 이 협약은 효율성 면에서 문제점이 제기되었지만 상당히 제도화된 체제다. 또한, 1969년 카리브 국가들이 카리브 자유무역연합CARIFTA을 창설하고 이는 1973년 CARICOM으로 대체되었다. 수년 뒤에는, 카리브 국가 내 발전국가와 저발전국가 간의 분리가 CARICOM에 영향을 주었다.[38] 한편 이미 1967년에 동카리브 공동시장ECCM을 설립한 카리브 동쪽의 저개발 국가들은 1981년 동카리브기구OECS를 설립했다.[39]

전후postwar 지역통합의 첫 번째 물결의 중요한 측면은 지역별 통합이 진행되는 참여 국가 간의 특화 산업화의 육성을 통한 산업의 상보적 정책이었다. 이 정책은 내부적 이유(권위주의 정부들이 주권의 부분적 양도에 반대)와 외부적 요인(자유시장화를 가로막는다고 치부한 미국의 반대)으로 명백히 실패했다.

1970년대에 라틴아메리카 통합 지지자들은 통합 과정이 계획한 대로 진행되지 않음을 인정해야 했다. 정치적 구상, 개발의 도구, 무역 증진을 위한 간소한 도구로 간주되며, 지역통합은 초기의 염원을 채우는 데 실패했다.[40] CEPAL 사무총장은 라틴아메리카의 문제는 서로 다른 국가별 민족주의를 하나의 통합된 라틴아메리카 민족주의로 승화하며 녹아들어가게끔 하는 적합한 전략의 부재라고 보았다.[41] 역설적으로 이와 같은 초기 통합 염원의 실패와 더불어 닉슨 행정부 시절 라틴아메리카를 철저히 무시하는 인상이 "라티노-아메리카니즘Latino-Americanism"의 재활성화를 이끌었다. 1969년 4월, 라틴아메리카 외교장관 회담은 소위 비냐 델 마르 합의Consensus of Viña del Mar를 승인했다. 이 회담 참여자에 따르면, "이전에는 결코 라틴아메리카 전체 외교장관이 미국이 참여하지 않은 가운데 한자리에 모여 라틴아메리카의 대미對美 문제를 논의하며, 공통의 입장으로 동의한 적이 없었다".[42] 합의는 모든 국가가 "비가역적이고 적법하며" 내정 불간섭과 무조건적 협력으로 법률상 동등한 라틴아메리칸 개별성을 확언하는 그와 같은 원칙들을 강조했다. 종국에는 이 합의가 자문과 협상을 위한 특별위원회Special Commission for Consultation and Negotiations: CECON 출범으로 이어졌으나 미국과의 협상으로 관세를 낮추지는 못했다.

1970년대 초반에는 국내외 상황이 암울했다. 즉, 역외적으로는 오일가격 상승, 역내에서는 볼리비아, 칠레, 우루과이, 페루, 아르헨티나 그리고 에콰도르 등의 민주주의 국가들이 붕괴했다. 그렇지만 군사정권은 안보와 근대화에 관심을 가졌으며 다소의 지역 간 협력 확충을 위해 노력했다. 1969년, 브라질, 아르헨티나, 볼리비아, 파라과이 그리고 우루과이는 강물이 범람하는 지역의 통합적 대응 등의 협력 내용이 담긴 플레이트강 조약River Plate Basin을 체결했다. 그리고 1978년에는 볼리비아, 브라질, 에콰도르, 가이아나Guyana, 페루, 수리남Surimane, 그리고 베네수엘라가 아마존강 범람을 방지하기 위한 조처로 아마존 협정Amazon Pact에 서명했다. 지역 경제통합에 관해서는, 1970년대는 재조정과 '수정주의'[43]가 탄력을 받았던 시기로 1975년에는 라틴아메리카 경제시스템Latin American Economic System: SELA의 설립, 그리고 1980년에는 몬테비데오 조약의 체결로 1960년대 통합의 물결에 생기를 불어넣으며 라틴아메리카 자유무역연합ALALC이 라틴아메리카 통합기구Latin American Integration Association: ALADI로 대체되었다. SELA는 회원국 간 경제 및 사회개발을 증진하기 위한 "영구적 지역 협의체"로 "지역 내 협력 증진"과 "공통적인 위치를 점하고, 국제체제 내의 경제 사회적 문제들에 대한 전략을 제공하기 위한 협의와 조정, 더불어 양자 혹은 다자와의 회의 공간 등을 제공하는 영구적 시스템"으로 창설되었다.[44] 베네수엘라 카라카스에 본부를 둔 SELA는 26개국이 참여했다. ALADI는 이전의 ALALC와 비교해 자유무역에 대해 상대적으로 소극적이므로 훨씬 더 완만하고 유연한 기구였다.[45] 새로운 협의체는 특별한 협정 방법이나 어떠한 스케줄 혹은 기한을 도입하지 않았다. 다른 통합체 가운데 특히 안데스 협약GRAN과 중미공동시장MCCA은 목적을 하향 조정하며 발전을 모색했다.

1980년대의 정치적 상황은 대륙 전체에 지속적으로 퍼지던 민주화의 물결로 급작스럽게 변했다. 라틴아메리카는 두 가지 심각한 위기에 집단적으로 직면하면서, 동시에 좀 더 완숙한 협력을 위한 초석 그리고 지역통합 시도의 중요한 재개의 발판을 마련했다.[46]

첫 번째 위기는 1982년 대륙을 강타하기 시작한 소위 채무 위기로 민주주의 이행을 위험에 빠뜨렸다. 1984년 6월, 멕시코, 아르헨티나, 브라질, 콜롬비아는 채무 위기로 사회적·경제적으로 잠정적 엄청난 손상을 입게 될 상황에 직면함에 따라 채권 국가들의 주의를 환기시키고자 콜롬비아 카르타헤나 회의 개최를 주도했다. 그러나 채무 위기의 집단적 조치를 이행하기에는 어려움에 봉착했다. 라틴아메리카 국가들은 각각 특별한 채무 구조를 가지고 있었으며 이에 대해 국가마다 개별 채권국과의 채무 구제에 대한 협상을 시도했다. 실질적으로, 1984년 브라질, 페루, 에콰도르, 멕시코, 베네수엘라, 아르헨티나, 칠레는 잇따라 채무 감축에 대한 타협점을 찾았다. 그럼에도 불구하고 "카르타헤나 합의"는 채권국가, 은행 그리고 다국적 기구가 채무 문제를 다루는 방식에 큰 영향을 끼쳤다. 악성 채무 라틴아메리카 국가들은 어떠한 사회적·경제적 비용 없이 변제를 받았다. 결과적으로 1989년에 브래들리 계획Bradly Plan은 유연한 정책을 펼칠 것을 은행에 요구한 것이다.

다른 외교적 계획initiative이 좀 더 성공적이었다. 1983년, 멕시코, 베네수엘라, 콜롬비아 그리고 파나마는 콘타도라Contadora섬에서 회합을 가지며, 중미 분쟁의 중재를 요구했다. 1985년 아르헨티나, 브라질, 페루 그리고 우루과이가 전 세계의 지지를 받으며 중미의 평화와 협력을 위한 콘타도라 법률을 작성했다. 이 법률은 니카라과 산디니스타Sandinista 정부를 제외하고는 중미 국가들로부터 지지를 받지 못했으며 단지 종국에 이 지역에 평화를 확산시킨 1987년 아리아스Arias 평화 계획에 영감을 주는 것으로만 사용되었다. 이러한 2개의 외교적 계획은 레이건 행정부로부터 맹렬한 공격을 받았으나 명백히 라틴아메리카에 새로운 풍토를 조성했다. 대륙의 새로운 민주주의 지도자들은 집단적으로 불안정한 변동을 강화하기 위한 방식으로 민주주의 체제 클럽club 같은 것을 만들 준비가 되어 있었다. 그들은 또한 협력을 제도화하는 데 관심이 있었다. 1986년, 리우데자네이루 미팅에서 8개국 외교장관들은 중미의 위기를 공동으로 해결하기 위해 영구적인 기관을 만들 것을 결정했다. 리오 그룹Rio Group은 1987년 11월 29일 아카풀코(멕시코)에서 첫 번째 정상회담을 개최했으며, 라틴아메리카 국가들 간의 이해와 가치를 존중하는 커뮤니티의 공존을 강조하는 평화, 개발, 그리고 민주주의를 위한 타협안을 채택했다. 협의의 영속적인 메커니즘이 실시되었고 리오 그룹은 다른 라틴아메리카 국가를 회원으로 가입하도록 했으며 회의를 매해마다 개최할 것을 결정했다. 공통 문제의 집단적 해결책들이 이와 같은 유연하며 비구속적인 정치적 협의체에서 그 접점을 찾았다.

1990년대 세계화 상황에서 지역주의의 경제적 이득을 기대할 만한 새로운 정치적 풍토와 유럽 블록의 공고화 그리고 미국의 새로운 프로젝트, 부시 대통령이 제시한 '아메리카를 위한 구상Enterprise for the America Initiative'이 여러 새로운 지역협의체 확산을 야기했다(〈표 1.3〉). 1991년 아르헨티나, 브라질, 파라과이, 그리고 우루과이는 남미공동시장MERCOSUR 창설에 합의했으며, 동일한 해에 멕시코, 콜롬비아, 그리고 베네수엘라로 구성된 G3가 형성되었고, 중미가 SICA협의체로 이행하는 새로운 통합 과정을 시행했다. 다음 해, 북미 자유무역협정이 서명되었고 1994년과 1996년 연속적으로 카리브와 안데스 지역은 각각 통합의 열망이 재점화되었다. 마침내, 1994년 실시된 미주 마이애미Miami 정상회담에서 미주 지역 전체를 아우르는 미주 자유무역을 2005년에 실시하는 것에 대한 협상이 진행되었다. 추후 확인하겠지만 이 프로젝트는 2002~2003년에 중단되었다.

지역통합의 마지막 물결은 이전의 통합과는 사뭇 다르다. 1990년대 신자유무역협정들은 이전의 보호무역주의 무역협정과 거리를 두었다. 라틴아메리카 국가들은 통합을 세계 경제에서 그들의 적극적 개입의 한 방법으로 이해했다.

〈표 1.3〉 1990년대의 통합 물결

지역 그룹	연도	회원국
G3	1991	콜롬비아, 멕시코, 베네수엘라
MERCOSUR: 남미공동시장	1991	아르헨티나, 브라질, 파라과이, 우루과이
SICA: 중미통합체제	1991	과테말라, 벨리즈, 코스타리카, 니카라과, 온두라스, 파나마, 엘살바도르
NAFTA:북미자유무역협정	1992	캐나다, 멕시코, 미국
ACS: 카리브 국가연합	1994	앤티가 바부다(Antigua and Barbuda), 바하마(Bahamas), 바베이도스, 벨리즈, 콜롬비아, 코스타리카, 쿠바, 도미니카, 도미니카공화국, 엘살바도르, 그레나다, 과테말라, 기아나, 아이티(Haiti), 온두라스, 자메이카, 멕시코, 니카라과, 파나마, 세인트키츠 네비스, 세인트루시아, 세인트 빈센트, 그레나딘스, 수리남, 트리니드 토바고, 베네수엘라 준회원국: 아루바, 프랑스, 네덜란드, 안틸레스, 터크스 케이커스
CAN: 안데안 국가연합	1996	에콰도르, 볼리비아, 페루, 콜롬비아, 베네수엘라

자료: 저자 재구성.

지역통합은 라틴아메리카 산업화를 증진시킬 목적을 달성하기 위한 더 이상의 도구가 아니다. 라틴아메리카가 신자유주의로 유턴하며 워싱턴 합의consensus를 받아들였기 때문에 수입대체 산업화는 더 이상 목표가 될 수 없다. CEPAL은 지역주의와 다자주의 간의 잠정적 화해를 담고 있는 아시아 태평양 경제협력체APEC 원칙인 "열린 지역주의"를 받아들였다.[47] 신지역주의는 멤버십에 관해서도 열려 있다. 그래서 실질적으로 이 기간에 많은 지역 기구가 새로운 회원 혹은 준회원으로 참여했다. 제3장에서 설명하겠지만, 이런 신지역주의의 물결을 정치적 관점에서 볼 때 다른 부분들을 확인할 수 있다. 새로운 지역 협의체들은 명백히 민주주의의 공고화를 목표로 설정한 만큼, 더 이상 정치적 "중립"을 취하지 않았다. 이러한 새로운 지역통합의 마지막 물결은 주요 정치적 변화의 시기와 밀접한 관련이 있으며 가장 두드러진 것은 민주화와 신자유주의 개혁으로의 이행이다.

〈표 1.4〉 지역기구의 도입, 재도입, 회원

지역 공동체(기구)	연도	초기 회원국	주요 위기와 재활성화	회원국의 변화와 확충
영국령 서인도제도	1958/1962	**카리브 공동체(CARICOM)**	1979 그레나다의 혁명	**카리브 공동체(CARICOM)** **신규 회원국** - 바하마(1983) - 수리남(1995) - 아이티(2002) **준회원국** - 영국령 버진 군도(British Virgin Islands) - 터크스 케이커스 제도(Turks & Caicos, 1991) - 앵귈라(Anguilla, 1999) - 케이만 군도(Cayman Islands, 2002) - 버뮤다(Bermuda, 2003)
카리브 자유무역연합 (CARIFTA)	1969/1973	**독립국** - 바베이도스(Barbados) - 가이아나 - 자메이카 - 트리니다드 토바고(Trinidad & Tobago)		
카리브 공동체 (CARICOM)	1973	**카리브제도의 속령(Territories)** - 앤티가 바부다(Antigua and Barbuda) - 영국령 온두라스(British Honduras) - 도미니카(Dominica) - 그레나다(Grenada) - 세인트루시아(St Lucia) - 몬트세랫(Montserrat) - 세인트키스-네비스(St Kitts & Nevis) - 세인트빈센트-그레나디네스(St Vincent & Grenadines)		
동카리브 공동시장 (ECCM)	1967	그레나다 도미니카 세인트빈센트-그레나디네스 세인트루시아 세인트키스-네비스몬트세랫 앤티가(Antigua)	1979 그레나다의 혁명	
동카리브기구 (OECS)	1981			
안데스 협약(GRAN)과 안데안 국가연합(CAN)	1969	볼리비아 콜롬비아	1976, 1986, 1991~1994	**신규 회원국** - 베네수엘라(1973)

지역 공동체(기구)	연도	초기 회원국	주요 위기와 재활성화	회원국의 변화와 확충
		에콰도르 칠레 페루		**탈퇴** - 칠레(1976)
안데안 국가연합 (CAN)	1996	볼리비아 콜롬비아 에콰도르 페루 베네수엘라	2006	**탈퇴** - 베네수엘라(2006) **준회원국** - 아르헨티나 - 브라질 - 파라과이 - 우루과이(2005) - 칠레(2007)
남미공동시장 (MERCOSUR)	1991	아르헨티나 브라질 파라과이 우루과이	2000/2001	**신규 회원국** - 베네수엘라(2006)* **준회원국** - 칠레(1996) - 볼리비아(1997) - 페루(2003) - 콜롬비아 - 에콰도르 - 베네수엘라(2004)
북미자유무역협정 (NAFTA)	1994	캐나다 멕시코 미국	1994	
중미기구(ODECA)	1951/1962	코스타리카	ODECA	**중미통합체제(SICA)**

지역 공동체(기구)	연도	초기 회원국	주요 위기와 재활성화	회원국의 변화와 확충
		엘살바도르 과테말라 온두라스 니카라과	1954	**신규 회원국** - 벨리즈 Belize(2000) **준회원국** - 도미니카공화국(2003)
중미공동시장 **(MCCA)**	1960	엘살바도르 과테말라 온두라스 니카라과	MCCA 1969, 1980s	
중미통합체제 **(SICA)**	1991	코스타리카 엘살바도르 과테말라 온두라스 니카라과 파나마	SICA 1998	

주: *로 표시된 베네수엘라의 정회원 여부는 2008년 8월 당시 브라질 상원에서 비준통과가 되지 않은 상태임.
자료: 저자 정리.

〈표 1.5〉 라틴아메리카통합기구 ALADI가 주관한 협정(2007)

협정 종류	(발효된) 현행 협정 수
지역 단위의 협정	7
- 개도국 시장 대상 시장 개방(볼리비아, 에콰도르, 파라과이)	3
- 지역 관세 특혜	1
- 과학기술 협력	1
- 문화, 교육 그리고 과학 분야의 상품 교환 및 협력	1
- 기술 장벽을 극복하며 무역 촉진	1
일부 항목(품목)별 협정	77
- 경제보완 협정(안데안 국가연합, 남미공동시장, 칠레/베네수엘라, 칠레/콜롬비아, 볼리비아/멕시코, 칠레/에콰도르, 콜롬비아/멕시코/베네수엘라, 남미공동시장/칠레, 남미공동시장/볼리비아, 칠레/페루, 칠레/멕시코, 남미공동시장/페루, 남미공동시장/콜롬비아/에콰도르/베네수엘라, 멕시코/우루과이)	14
- 과거 협정의 재협상	9
- 1980년 몬테비데오 협정 제12조(농업 부문)	3
- 1980년 몬테비데오 협정 제13조(무역 촉진)	16
- 1980년 몬테비데오 협정 제14조(관세 특혜)	16
- 1980년 몬테비데오 협정 제25조(비ALADI 회원국들과의 협정 조항)	19

주: ALADI 회원국은 아르헨티나, 볼리비아, 브라질, 칠레, 콜롬비아, 쿠바, 에콰도르, 멕시코,파라과이, 페루, 우루과이, 베네수엘라.

자료: 저자 정리.

5개 주요 지역통합 과정의 현재의 상황은 어떠한가? 이 책에서 좀 더 구체적으로 다루겠지만 일단 다섯 가지의 특징에 대해 알아보도록 하자.

첫째, NAFTA를 제외하고, 불안정성이 라틴아메리카 및 카리브 통합의 명백한 구조적 특성이다. 〈표 1.4〉는 단지 지역통합 기구들이 해결해야만 하는 주요 위기들을 명시하고 있으나, 다른 수많은 관찰자는 중미, 안데스, 그리고 MERCOSUR 지역의 통합을 묘사하는 영구적인 위기 상태를 언급해야 한다고 주문한다.[48]

〈표 1.6〉 지역 간 협정

<table>
<tr><th>그룹</th><th>제안 연도</th><th>추진국</th><th>회원국</th></tr>
<tr><td>남미 자유무역협정
(Free Trade Area of South America: FTASA)</td><td>1993</td><td>브라질
(프랑코)</td><td rowspan="4">아르헨티나
볼리비아
브라질
칠레
콜롬비아
에콰도르
기아나
파라과이
페루
수리남
우루과이
베네수엘라</td></tr>
<tr><td>남미 인프라 지역통합 구상
(Initiative for the Integration of Infrastructure in South America: IIRSA)</td><td>2000</td><td>브라질
(까르도주)</td></tr>
<tr><td>남미공동체
(Community of South American Nations: CSN)</td><td>2004</td><td>브라질
(룰라)</td></tr>
<tr><td>남미국가연합
(Union of South American Nations: UNASUR)</td><td>2007</td><td>베네수엘라
(차베스)</td></tr>
<tr><td>남주 자유무역협정
(Free Trade Area of the Americas: FTAA)</td><td>1994</td><td>미국
(클린턴)</td><td>34개 회원국: 쿠바를 제외한 모든 미대륙 국가</td></tr>
</table>

자료: 저자 재구성.

둘째, 상업적 상호 의존성 혹은 경제적 수렴에 관해 균형은 다소 부실하다. 의심의 여지 없이, 경제통합 과정은 역내 무역이 60%를 상회하는 유럽의 경제통합과 비교했을 때 라틴아메리카에는 큰 자극이 되지 않았다. 역내 무역이 가장 높은 지역은 중미로, 전체 무역량의 30% 미만이다.[49]

셋째, 수많은 법이 존재하지만 법 이행과의 큰 간극, 그리고 통합의 범위와 통합 수준 정도의 부조화로 제도화가 여전히 미흡하다.

넷째, 이러한 제약과 제한에 덧붙여, 양자, 다자 혹은 지역 간 협정을 통해 합의된 결정문에 근거한 수많은 협상 때문에 다른 지역통합 기구들은 개연성 있는 내부적 파열 혹은 희석dilution의 도전에 직면해야만 했다. 멤버십은 멤버십의 중첩과 관련하여, "일부다처"의 확산 전략으로 더 이상 배타적이지 않다(〈표 1.5〉와 〈표 1.6〉).[50]

마지막 다섯째, 유럽연합 혹은 미국과 같은 외부 행위자들은 중요하지만 서로 대비가 되는 역할을 한다. 전자인 유럽연합은 항상 통합 모델 수출에 관심이 있었으며 수년간 중미, 안데스, 또는 MERCOSUR 국가들에게 지역 간(역외) 통합 이전에 역내 통합 추진을 권고했다. 후자인 미국은 라틴아메리카에 노골적인 적대성을 보였지만, 1950년대 CEPAL의 계획된 통합의 개념 공감, 1960년대 자유무역 지역의 창출에 대한 지지, 그리고 그 후 2000년대에 다시금 양자주의로 회귀하기 이전인 1990년대에는 서반구 전체를 아우르는 통합의 접근으로 대對라틴아메리카 정책에 변화가 있었다.

더욱이 최근에는 베네수엘라 우고 차베스 대통령이 최근의 통합 형태인 신자유주의 경향에 도전을 가하며, "아메리카를 위한 볼리바르 동맹ALBA"을 제안했다. 그런 가운데 외부 행위자들이 협상을 제시했다. 미국은 칠레, 중미, 도미니카공화국, 페루, 콜롬비아, 파나마와 양자 간 자유무역협정을 체결했다. 유럽은 멕시코와 칠레와의 협정 체결 이후 MERCOSUR, CAN 그리고 SICA와 협상 중이다.

이론적 도구 선택하기

어떻게 역사적 변화와 더불어 현재의 지역통합 기구들의 주요 특징을 설명할 수 있는가? 라틴아메리카 통합의 경험은 기존의 문헌에서 충분히 설명되지 않은 다양한 요소에 의해 특징지을 수 있다. 본질적으로 수사학적이지만 오랫동안 지속된 상상의 정치적 통합, 수많은 장애물에도 불구하고 아래로부터의 경제적·사회적·문화적 통합, 주요 역사적 시점 가운데 위에서부터 시작된 통합, 불안정과 위기의 상황임에도 지역통합제도의 탄력성과 지속성; 통합의 범위와 정도 간의 부조화, 부실한 정책 결과 등으로 확인할 수 있다.[51]

이 절에서 필자의 의도는 지난 50년간 연구되어 온 지역통합에 대한 주요 이론들을 제시하고 토론하기 위함이 아니다. 이와 같은 부분에 대해 잘 정리된 연구물들이 이미 존재한다.[52] 이 때문에 이전 절에서 언급한(라틴아메리카 지역통합) 역사적 발전 정도를 가장 잘 설명할 수 있는 이론적 도구들을 선택하는 일을 곧바로 진행하고자 한다. 이 책의 나머지 부분에, (라틴아메리카) 지역통합의 특수한 부분을 설명하기 위한 새로운 접근을 궁극적으로 제시하고자 한다.

먼저 이 책에서 의도하지 않은 부분에 대해 간략히 명시하고자 한다. (1)이 책은 명백히 결코 끝나지 않는 지역통합의 전반적인 과정을 묘사하기 위해 활용하는 거시적 렌즈와 제한된 변수 혹은 비유와 유추 등과 같은 모든 전통적 접근과 거리를 두고자 한다. (2)또한, 유럽의 통합을 라틴아메리카 통합의 경험을 평가하기 위한 기준으로 활용하는 것과 같은 규범적 편향성을 거부한다. 라틴아메리카는 유럽의 사례를 가끔 따라했기 때문에 '수입'과 채택의 과정은 실질적으로 분석될 수 있다. 그리고 유럽통합 과정의 연구로 수많은 이론이 형성되었고 유용하게 이를 라틴아메리카에 적용할 수 있다. 그럼에도 각각의 과정은 그 자체로 특수성이 있으며 이 때문에 그 자체의 표준에 맞춰 평가되어야 한다. (3)이 책은 지금까지 명백히 연역적인 접근을 활용하지 않았다. 우선적으로 라틴아메리카 통합 혹은 분리를 설명하기 위한 방법으로 이론적 접근을 활용하는 것이지 이를 기존의 이론들을 입증하거나 재확장 혹은 거부하기 위함이 아니다. 이런 가운데 일반화하거나 기존 이론을 한 단계 진일보시킬 수 있다면 그렇게 하도록 하겠다.

이 책은 강력하게 중범위mid-range 이론화에 대해 주장하며 푸찰라가 언급했듯 "실증적 세계 가운데 있는 것"이 무엇인지를 설명하도록 시도한다.[53] 그렇게 하기 위해 비록 통합에 대한 회의적인 시각을 품고 있는 학제가 있겠지만, 주어진 시대적 상황에서 통합의 제한과 가능의 변증법적 상호에 대한 인지를 바탕으로 이론적이며 경험적인 발전을 요구하고 학파 간 교차 수정이 필요하다.[54]

라틴아메리카적 지역통합을 이해하기 위해서는 세 가지 주요 고전적 질문을 던져보고, 이를 통해 분석틀을 형성하는 것이 도움이 될 것이다. 어떻게 그리고 왜 지역통합 과정이 시작되었는가? 어떻게 진행되었는가? 그리고 그것의 정치적 그리고 정책적 특성은 어떠한가?

지역통합의 착수

단기간에 연방체제를 유지한 중미를 제외하고, 실질적으로 통합 과정이 시작되기 전 지난 150여 년간 라틴아메리카는 위로부터의 통합이 자극되었다. 그리고 제2차 세계대전 이후 다시금 중미로부터 통합의 과정이 시작되었다. 상상의 정치적 통합과 이러한 통합이 처음 실질적으로 구체화되기까지의 긴 역사적 간극 사이에 명백히 왜 이렇게 긴 시간이 소요되었는지에 대한 질문을 던지며 시작해야 한다.

비록 신고전 기능주의 학자들은 역사적 간극의 의문에 대한 설명에 관심이 없겠지만, 그들은 단순히 "배경 조건들"이 오랫동안 불리했다 정도로 설명했을 것이다. 1960년대 라틴아메리카 자유무역연합ALALC에 관한 연구에서, 하스와 필리프 슈미터Philippe Schmitter는 유형변수를 통한 ALALC의 이해와 설명은 적절하지 않다고 보았다. ALALC의 결과는 단위의 사이즈, 거래의 비율, 다원성 그리고 엘리트의 상보성 등 모두 네 가지 배경 조건이 "혼합"된 것이다.[55]

칼 도이치는 "이전의 행정연합 및 왕권연합의 정치 형태, 인종적 혹은 언어적 동화, 긴밀한 유대관계 정도, 대외의 군사적 위협 정도가 도움이 될 만하지만 근본적인 조건이 아님"에 주의를 기울였다.[56] 더욱이 최근 월터 매틀리는 수요(경제적 이득을 위한 잠재력과 시장 참여자들에 의한 규정요구) 조건, 그리고 공급(리더 국가와 적극적 제도들) 조건에 대해 주장했다.[57]

대부분 조건과 관련된 연구는 심각한 결함에 시달리는데, 특히 통합의 과정을 연구하기 위해 유럽의 경험을 척도로 사용하곤 한다. 혹은 애매한 연관성을 가지고 사후(이후)를 합리화하는 경향이 있다. “왜 이렇게 오랜 시간이 소요되었는가? 혹은 왜 마침내 발생했는가?”와 같은 질문을 제시하기 위해서는 구성주의와 역사제도주의의 혼합이 훨씬 더 적절한 접근이라고 본다.

첫째, 구성주의 접근은 라틴아메리카에서 사용되는 용어들을 명확하게 하는 데 큰 도움이 된다. 라틴아메리카가 필사적으로 하나의 국가를 언급하며 국가통합을 추구할 때, 지속적인 영향을 줄 것이라는 오해가 있었던 듯하다. 라틴아메리카인들은 근본적으로 식민지 기간 동안 지방 도시local towns에 대한 소속감이 있었기 때문에 민족(국가)에 대한 담론은 단지 발명일 뿐이다.

“스페인령 아메리카로 확장된 영속적인 민족주의 생성”인 스페인령 아메리카의 실패를 설명하기 위해 베네딕트 앤더슨Benedict Anderson이 제공한 고전적 설명을 회상하는 것은 흥미롭다. “순례자Pilgrim 크리오요 관료들”과 “지방 크리오요 인쇄업자들이 결정적인 역사적 역할”을 수행했다. 전자인 순례자 크리오요 관료들은 식민지 행정 단위의 의미를 부여하고, 후자인 지방 크리오요 인쇄업자들은 “구체적인 모임에 속한 동료들fellow-readers에게 상상의 공동체”를 형성하는 데 큰 역할을 했다. 따라서 앤더슨에 따르면 실패는 “18세기 후반의 자본주의와 기술 개발의 일반적 수준과 비교해 스페인 제국주의 행정적 확장에 기인한 스페인식 자본주의와 기술의 ‘지역적’ 후발성의 반영”이다.[58]

“스페니시 아메리카Spanish America로 확장된 민족주의”가 없다면, 결코 어떠한 민족주의도 없을 것이다. 독립전쟁은 민족에 기댄 바 없는 국가 세우기state-building의 과정이었다. 만약 민족이 태생적으로 제한된 주권으로 상상되는 정치적 공동체[59]이고 오래된 역사의 산물이라면, 라틴아메리카에는 민족이 없다. 유일한 예외는 중미다.[60] 그러나 어디서든지 애국심은 독립을 고취시키는 더 큰 동력이다. 볼리바르 자신은 민족nations과, 조국patrias 그리고 국가countries를 매우 혼동했다.

만약 민족주의가 없다면, 영토를 바탕으로 한 정체성은 있었을 것이다. 카발레로Caballero는 독립 기간에 공고화된 작은 조국patria chica(신생국)과 큰 조국patria grande(라틴아메리카 전체)을 담고 있는 "양분화된 정체성"으로 표현한다. 필자는 로컬에 뿌리를 둔 작은 조국을 고려해야 한다고 주장한다.[61] 왜냐하면, (스페인령 아메리카) 지방 카우디요caudillos, (브라질) 코로넬레스coroneles의 통치 역사 때문에 라틴아메리카는 지방, 국가 그리고 지역(초국가) 소속감에 바탕을 둔 "삼원의 정체성ternary identity"을 발전시켰다. 이러한 세 가지 정체성에는 층위가 있는데 지방 정체성이 국가보다 그리고 국가는 지역에 대한 소속감보다 더 강하다. 이와 같은 정체성은 지리적 결정주의의 산물이 아니며 역사성에 훨씬 더 기인한다.

"아메리칸" 정체성에 관한 중요성은 아무리 강조해도 지나치지 않다. 독립 전쟁은 첫 번째 "역사적 분기점" 혹은 창립founding 사건이었다. 스페인 왕국에 대항하여 결합한 수많은 라틴아메리카 국가는 독립을 위해 함께했다. 루이스 테하다Luis Tejada의 회상에 따르면, 라틴아메리카 대륙 전체의 수많은 사람이 스페인 제국 통치의 중심부인 페루에 집결해 마지막 전쟁을 치뤘다. 이 때문에 페루는 라틴아메리카의 대표성을 띠는 국가로 자리매김했다. 페루의 초기 대통령들은 아르헨티나(산마르틴San Martin), 베네수엘라(볼리바르Bolivar), 에콰도르(라마르La Mar), 볼리비아(산타크루스Santa Cruz) 출신이었다.[62] 테하다는 "대륙 시민권continental citizenship"이라 불리며 대륙 전체에 걸쳐 결정적 역할을 한 군인들, 즉 자유 군대armies of liberation를 언급했다. 아메리카니즘 신화는 지역통합의 추진체 역할을 했다.

우리는 신화의 중요성에 대해 좀 더 상세히 전달할 많은 기회가 있을 것이다. 그러나 사건들이 어떻게 전개되었는지 언급하는 것 또한 중요하다. 통합의 성공과 실패에 관한 수사학적 출처의 역사적 괴리, 또는 이를 확인하기 위한 온전한 단계의 부족함은 통합의 정치성을 역사적 분기점, 연속적인 사건들과 시기 등을 확인함으로써 설명될 수 있다.[63] 이 장의 역사 관련 절에서 확인한 바대로, 통합을 요구한 첫 번째 사건은 국가 그리고 민족 세우기 과정이 끝나지 않은 시기에 발생했다. 전반적으로 민족 세우기라는 결코 끝나지 않는 과정이 초국가적 정치적 조직체 형성을 막았다. 미완성의 민족 세우기와 초국가적 협의체에 관한 상상 사이의 간극에 대한 설명에 좀 더 주목해야 한다. 정치 발전은 시간이 경과함에 따른 과정으로 이해되어야 한다는 인식 그리고 이러한 일련의 시간적 과정 가운데 당대의 수많은 함의, 즉 – 공식적 규칙이든, 정책 형태든 혹은 규범이든 간에 – 이러한 제도상에 내재화된 것을 강조하는 역사적 제도주의가 이 부분에 대해 가장 적합한 설명을 부여하는 것 같다.[64]

또한 역사적 제도주의는 초기의 역사적 분기점의 중요성을 강조한다. 추후에 언급하겠지만, 하스 그리고 슈미터와 같은 고전주의 학자들도 "창조적 위기"가 통합 과정을 촉발시킬 수 있다고 인식했다.[65] 조지프 나이는 이를 "촉매제"로 보았다. 그는 지역통합에 상대적으로 우연하고 그리고 좀 더 특이한 역사적 요소들의 역할에 주의를 기울였다. 그렇게 함으로써 그는 외부적 상황에 대해 강조했다. 통합이 이뤄지고 있는 세계 정치의 외부적 상황에 더 많은 주의가 기울여져야 한다는 것이다.[66] 특히 그는 가능한 촉매제로 군사력(졸베린의 비스마르크 모델)과 경제원조를 언급했다. 특별한 경로의 선상에서 진행되고 있는 지역통합 과정이기 때문에 창조적 위기, 촉매제 또는 역사적 분기점에 대해서는 당연히 관심을 기울여야 한다. 경로 의존성의 논쟁을 따르면, "일련의 과정 가운데 초기 단계들은 정치 시스템의 특별한 면을 별개의 트랙으로 상정하며 이러한 것들이 시간이 경과함에 따라 강화된다"는 것이다.[67] 역사적 분기점은 스냅사진을 찍거나 초기의 조건이 강하게 혹은 약하게 상호 의존한다는 차원으로 보는 것보다는 역사적 관점에서 분석되어야 하며 이렇게 함으로써 훨씬 더 깊게 이해의 폭을 확장시킬 수 있다는 것이다.

또 다른 변수로 우리의 분석을 한층 더 강화할 수 있다고 증명할 수 있는 것은 국제 환경 혹은 외적 유인들이다. 지역통합, 특히 라틴아메리카 지역통합의 진실은 무엇인가?[68] 국내와 국제정치의 통합에 대한 복잡한 관계의 이해도를 높이기 위해 연계 정치linkage politics,[69] 양날의 외교[70] 혹은 국제화[71]와 같은 이론적인 도구를 활용할 것이다.

한편, 우리는 통합 참여자들의 의도를 명백히 해야 한다. 그렇게 하기 위해서는 목적과 결과, 정치와 경제 사이의 이중 구별double distinction을 사용해야 한다. 대부분의 경우 지역통합과 관련해서 많은 분석가가 단순한 자유무역 혹은 좀 더 복잡한 공동시장의 과정에서 경제적 목적을 성취하기 위한 도구로 묘사한다. 그럼에도 자유무역의 예상된 비교 우위와 국가 이득의 보호에 관한 협상으로서 통합에 집중하는 것은 매우 환원주의적 관점이다.

우리가 연구하고자 하는 모든 통합 과정은 협상의 대상이었고, 각각 협정이 이뤄졌다. 이 책에서는 이러한 협상을 연구하기 위해 앤드류 모라브직Andrew Moravcsik이 활용한 것처럼, 합리주의 틀rationalist framework을 사용하지는 않을 것이다.[72] 그 대신에 역사적 분기점, 환경 그리고 의도에 대해 주의를 기울이며 연구를 진행하고자 한다.

지역통합 과정의 시작은 평화 세우기 혹은 민주주의 수호 등과 같은 (상위의)정치적 목적과 분리해서 생각할 수 없다. 비록 가시적인 지역통합이 자유무역에만 국한하고 정치적인 측면을 포함하고 있지 않더라도, 정치적 의도를 채우기 위한 도구(제도)로 항상 간주되었다.[73]

프란체스코 두이나Francesco Duina가 제시한 것처럼 자유무역은 각각의 다른 협정마다 세상의 특별한 비전을 아우른다.[74] 우리는 경제적 통합의 정치적 도구화로 불리는 것에 대해 좀 더 구체적으로 분석할 것이다.

초기 목적과 표현들은 특별한 트랙 가운데 통합 과정 그리고 제도화되어가는 과정에 영향을 주기 때문에 중요하다. 그러나 그것이 불변의 것들로 치부되어서는 안 된다. 통합 과정이 전개됨에 따라 정치적 목적을 달성할 수 있고, 수정되고 또는 폐기되기도 한다. 그리고 통합 과정이 다시금 재정치화될 때까지 본래 경제적 도구로 간주되기도 한다. 그러므로 목적과 결과가 종종 치환되기도 하고, 통합이 정치적·경제적 측면 사이에 교차 도구화될 수 있다.[75]

지속되는 과정

통합의 정치화, 즉 통합이 어떻게 진전되는가와 관련된 이슈는 앞서 언급된바 있는 통합 목적의 정치성 또는 경제성의 상호 교차성으로 설명될 수 있다.

고전 이론의 관점에서 본다면 라틴아메리카는 유럽과 아프리카 중간 정도이다. 도널드 푸찰라가 제시한 지역통합이론에 따르면 "국가 주권은 평화로운 방법으로 점차 감소되어야 하는 것"을 주요 내용으로 한다. 더욱이, 그가 제시한 이론은 "지역 정치 권위체의 단계적 출현" 그리고 "엘리트와 대중조차도 점차 그들의 가치관, 열정, 정치적 선호 그리고 보편적 세계관 등이 합일화 된다".[76] 하지만 이 이론은 유럽의 경우만 고려한 것이다. 하스와 슈미터도 라틴아메리카 통합 관련 연구에서 유럽통합의 첫 단계와 결부된 개념을 토대로 살펴보았다.[77] 즉, 하스와 슈미터에 따르면 정치화는 행위자들이 공통의 이익을 높이기 위해 문제를 해결하고자 하는 과정에서 더 많은 권위를 중앙정부에 위임하는 것을 고려한다는 것이다.[78] 그러나 조지프 나이는 대부분의 저개발 지역의 문제 중 하나는 미성숙한 '과도 정치화'라고 언급하며,[79] 동아프리카 정치엘리트들은 국가 건설에 너무나 바빠 지역통합에 관심을 둘 여지가 없다고 설명했다. 이때 그는 아마도 1960년대 아프리카의 상황을 제대로 이해하고 있었고 이는 19세기 라틴아메리카에 적용할 만했다. 하지만 그의 설명은 현재 라틴아메리카에는 적용할 만하지 않다. 조지프 나이는 신기능주의neo-functionalism가 "의식적인 정치적 행동에 대해 너무나 협소하게 강조하고 있다고 개탄한 것"은 좋은 지적이다. 그리고 그가 "복지 혜택과 경제적 이득 관련 결정을 할 때 정치적 프레임 중 이해관계가 상호작용하는 것을 당연한 일"로 치부한 것 또한 적절하다.[80]

중요한 세 가지 측면이 있다. 첫째, 지역통합 과정의 진행선상에서 행위자들은 다양한 범위의 이슈에 대해 지역 단위 수준에서 논의하고 또 다뤄야 한다. 하스와 슈미터의 정치화 개념 파트는 유용하다. 그들은 일부 "논쟁적인" 주제에 대한 공통적인 행위를 포함시키는 지역통합 과정이 있다고 정확히 지목했다. 그러나 얼마만큼이나 국가의 자치권을 통합 기구에 위임해야 하는가에 대한 정치적 선택을 요구하는 추가적인 행동 영역으로 "논쟁적인 요소들"에 대한 정의 대신에[81] 스탠리 호프만이 정치를 두 종류로 구분한 것 – 정치는 "공공의 이익을 극대화하는 것에 목표를 두거나 그렇게 하게끔 독려하는 것"과 "엄격한 상호주의 혹은 제로섬"으로 나눌 수 있다 – 이 라틴아메리카 "현실"에 더 적합하다고 본다.[82] 그가 제시한 대안은 상당히 중요하다.

이슈가 한쪽 또는 다른 쪽의 범주로 포함되는 것은 찰나의 긴박한 상황에 기인하는 것으로, 국민의 생존을 위한 국가의 중요성 또는 국가 자체의 생존 그리고 이슈의 특성 그리고 경제적 국면에 따라 그 포함되는 범주가 달라지게 된다.[83]

두 번째 중요한 측면은 바로 공동 이익이다. 통합 과정에서 주요한 단계는 지역 차원의 공동 이익 혹은 개별 국가 단위의 이해를 넘어선 상호 보완성 고려이다. 정부 간 협상을 면밀히 살펴보면 이와 같은 고려를 했는지 여부를 확인할 수 있다. 필자는 어떤 한 단계를 넘어서는 것은 특별한 역사적 사건이 있는 경우에만 가능하다고 주장한다. 위기의 상황들은 이해관계자(행위자)들을 설득시킴으로써 집단적 해결책을 구하고 정치적 협력을 진행하도록 한다. 또는 하스와 슈미터의 설명을 빌리자면, 단지 "창조적 위기가 당사자들(회원국들)을 집단적 자원에 의지하게끔 상황을 몰아가고 이로 인해 확장 가설이 우세한 행동양식으로 이어질 것을 기대할 수 있다."[84] 어떠한 이유이든지 공동의 이익 고려는 상당히 설득력이 떨어지며, 비가역성은 없다. 정부는 지속적으로 개별 정부 차원의 참여 정도를 평가하며 그들이 "실패자"그룹에 소속되었다고 느낄 때마다 한 발자국 물러설 수 있다. 따라서 공동 이익 고려는 비효율적인 제도(기구)에서는 유효하지 않다.

그리고 세 번째이자 가장 중요한 측면은 제도화 정도이다. 제도 구축에 대한 여러 다른 관점으로 알아보자. 먼저, 제도적 프로젝트를 세우기 위해 사용한 "통합의 이념" 혹은 "커뮤니티 모델"[85] 혹은 "현실의 지침서"[86] 를 강조하며 확인할 것이다. 관념 이론ideational theory은 제도의 형태와 정도를 이해하는 데 아주 큰 도움이 된다. 그러나 신제도주의 프레임은 지역통합제도들과 관련해서 국내 제도(이형동질) 혹은 외국 제도의 흉내(모방)의 전위transposition를 통한 방식으로 연구하는 데는 상당히 괜찮은 도구로 여전히 가치가 있다. 그럼에도 필자는 "수확체증increasing returns" 혹은 "포지티브 피드백positive feedback"[87] 개념이 지역통합을 이해하는 데 많은 도움을 준다고 보지 않는다. 그래서 신제도주의 논쟁(관점)에다 상징성을 덧붙이고자 한다. 즉, 상상의 지역 커뮤니티 관점을 활용하며 제도의 상징적 도구의 면을 강조하고자 한다. 이런 면에서, 필자는 지역 단위의 제도화는 "좀처럼 갑작스럽거나 혹은 현존하는 실재에서 크게 벗어나지 않는다고 주장"하는 두이나Duina의 정치제도적 설명에 크게 벗어나지 않는다. 그 대신에 지역통합 제도화는 통합 앞에 대부분 혹은 모든 국가는 초국가적 단계 조건과 역동성으로 전이하면서 현실의 많은 지속성을 제공한다.[88]

동시에, 신기능주의 이론들의 일부 접근이 제도 구축의 역동성을 설명하는 데 활용될 수 있다. 그러나 이런 맥락에서, 지체 효과spill-around[89]와 같은 고전주의적 논쟁은 라틴아메리카 지역통합의 구조적 특성인 역내 의사결정 수준의 증가 없이 확장되는 통합의 확장성 정도를 설명하기 위해서는 상징성 관점이 추가되어야 한다. 우리는 대통령들이 대화 어젠다를 부풀리고 정상회담에서 담당 기관을 만들어 개별 국가의 국민들에게 메시지를 전달하는 것을 볼 것이다.

통합의 정치와 정책

통합과 민주주의

지역통합화를 설명하기 위한 방법을 찾는 가운데 두 가지 주요 이유로 민주주의 이슈를 언급하고자 한다. 첫째, 통합 프로젝트의 형태와 내용이 정치체제와 밀접하게 연관성이 있기 때문이다. 이 책의 제2장에서 확인할 수 있듯이, 통합 신세대는 1980년대 민주주의 전환기에 발생했다. 1960년대의 통합 세대는 권위주의체제와 결부하지 않고서는 이해할 수 없다. 둘째, 1980년대와 1990년대 지역통합 과정이 민주주의 공고화의 도구로서 인식되었을 뿐만 아니라 가칭 민주주의 결핍 등장으로 민주주의에 대한 도전이 팽배해 이에 대한 대응이 필요했던 시기이기 때문이다.

이 책에서 지역통합의 민주주의적 결핍에 관한 이슈를 언급하기 위해 세 가지 다른 그러나 호환이 되고 상호 보완적인 이론을 사용하고자 한다. 첫째, 의회의 중요성을 강조하기 위해 민주주의 결핍 논쟁의 "표준 버전standard version"을 사용한다.[90] 또한 시민사회의 참여 정도를 강조하기 위해 민주주의 참여 이론을 사용하고자 한다. 그리고 마지막으로 고전적인 이슈인 "누가 무엇을 얻는가"라는 질문에 답하기 위해 결과 지향형 민주주의 이론을 사용할 것이다.[91]

이와 같은 서로 다른 이론적 접근이 라틴아메리카 지역통합에 대한 여러 질문에 대한 답을 구하는 데 큰 도움이 될 것이다. 지역 정치 시스템 안에 민주정치적 요소의 결핍 그리고 회원국 대통령체제의 문제점이 확인될 때, 지역 의회가 이를 해결할 수 있는가? 효율적 의사결정권이 결핍된 의회가 통합 과정의 민주화에 기여할 수 있는가? 통합 과정의 민주화가 아래에서부터 발전할 수 있는가? 무엇이 규제와 분배 사이의 선택을 설명하는가? 통합 과정이 지역 차원의 공공재를 생산할 수 있는가? 재분배 혹은 할당 메커니즘이 있는가?

이와 같은 질문은 서반구 차원의 거버넌스에 대한 고려 없이 온전한 답을 구할 수 없다. 1994년 이래 미주 정상회담 과정은 현존하는 지역통합 기구들을 포함하고자 하는 규정화 노력을 해왔다. 통합의 이러한 다면체적 성격을 연구하기 위해서는 유럽통합체제 의사결정 과정을 설명하기 위해 사용된 다층 거버넌스의 이론을 사용하는 것과 더불어 3개의 다른 접근을 소개하려고 한다. 거버넌스 프레임을 만든 협상을 설명하기 위해 "합리적 프레임"[92]과 국가의 선호도들이 합일점에 도달할 수 있다는 데 초점을 두는 인식론적 접근을 둘 다 사용할 것이다. 마지막으로, 정상들 외교의 중요성을 평가하기 위해 상징적 논쟁 또한 활용할 것이다.

지역통합 기구는 성공과 실패 또는 통합 정도를 지표화하는 객관적 기준으로 적용되지는 않는다. 1981년 엑슬린은 아래와 같이 언급했다.

라틴아메리카 통합의 목적은 회원국들의 사회경제적 상황 변화, 세계경제 상황의 특성 변화, 경제개발에 대한 정책적 생각에 대한 변화에 따라 발전하며 전개되었다. 통합 연구를 위한 다른 상황들을 고려한 이와 같은 발전은 통합의 주요 요소(무역과 투자에서의 증가)를 위한 상황 창출이 분석의 관점에 따라 성공 혹은 실패로 해석될 수 있다.[93]

이와 같은 관점은 타당하다. 통합 과정의 성공 여부는 조약에 언급된 초기 목적에 따라 부합되어야 한다. 그럼에도 불구하고 공개 연설에 따라 공식적 목표들이 사뭇 변화할 수 있으며, 목표를 설정함으로써 협정들이 "다른 무언가를 하고자" 시도할 수 있다. 그리고 우리는 이것들을 설명해야 한다.[94]

상대론자relativist 접근은 통합의 정도에도 동일하게 적용된다. 칼 도이치가 서로 다른 "통합의 진입 장벽"을 제시하고 안보 공동체의 존재와 부재에 2개의 서로 다른 테스트(검사)를 적용했다는 것은 회고할 만한 가치가 있다. 하나는 "주관적"인데, 이는 "정치적 의사결정자의 의견 혹은 각 국가별 정치적 계층화와 관련해서이다. 또 다른 하나는 "객관적"인 것으로 "가시적 약속(헌신)과 자원의 분배"를 측정하는 것으로 전쟁 준비를 위한 것이다. 도이치에게 국가는 한때 전쟁의 상황을 하나의 선택 사항으로 전쟁 발발의 상황으로 치닫는 선택을 할 수도, 아니면 그와 반대의 선택을 할 수 있다. 이렇듯 불가역성, 즉 돌이킬 수 없는 상황은 없다. 그가 언급한 것처럼, "통합은 협소한 진입 장벽보다는 변화의 꽤 넓은 영역을 포함한다". 그래서 그는 "국가들은 서로 이러한 진입 장벽 혹은 변화의 영역의 불확실성에 노출된 가운데 수차례 진입 혹은 재진입하고 그러는 가운데 수십 년 혹은 수 세대에 걸쳐 발생했다"고 덧붙였다.[95] 이러한 관점·개념은 너무나 자주 소외시 되어 왔다.

한편 통합의 정치·정책과 관련해 종종 강조된 영역이 내부와 외부 역동성 간의 상호작용이다. 라틴아메리카에서, 외부자적 유인 가령(대부분 유럽의 경우로) 모방, 채택 그리고 모델의 수입 등이 항상 중요한 부분이었다. 일부 지역 협정은 해외 원조에 의해 온전히 유지되었으며, 그들이 시행하기로 선택한 프로그램의 종류는 국제 협력 지원에 민감한 것들이다. 더욱이 좀 더 확실한 증거들이 있는데 미국의 영향은 근대 라틴아메리카 통합의 전 역사를 통해 결정적인 역할을 해왔다. 가끔씩, 이러한 영향은 국내 논쟁과 연관이 있는 것으로 최근의 두 가지 예로 확인할 수 있다.

2007년 7월 18일 미 국무부 서반구 담당 토머스 섀넌Thomas Shannon 차관보는 SICA 회담 가운데 반-범죄anti-gang 전략에 지원하겠다고 선언했다.[96] 수 주 후에 찰스 랭글Charles Rangel 미 하원 대표가 의원 대표단을 이끌고 페루와 파나마를 방문한 가운데 미국이 이들 국가와의 자유무역협정을 발효하기 위해서는 먼저 페루와 파나마가 더욱 강력한 노동과 환경 기준을 마련해야 한다고 명백히 밝혔다. 2007년 미국의 민주당은 노동 총연맹 산업별 조합회의AFL-CIO의 보호무역주의 강요에 상당히 민감했지만 그와 동일하게 우고 차베스의 오일 달러 외교에도 신경이 곤두서 있었다.

유럽연합이 중미와 안데스 간 블록을 위한 협정에 협상하도록 압력을 가한 것이 실상 의미하는 바가 크다. 따라서 SICA와 CAN은 유럽연합과 그 어떤 협상을 하기 전에 SICA와 CAN 간 관세동맹을 마무리 짓도록 하는 회의가 진행되었다.

1988년 한 논문에서 엑슬린은 "통합의 정치적 이론은 지역 협력 과정에 영향을 주는 역외의 요소들을 설명하는 데 실패했다"[97]고 정확하게 지적했다. 그러나 일부 통합 과정은 지난 20년간 진전되기도 했다. 가장 설득력 있는 것은 국내외 요소들이 서로 연동되어 영향을 준다는 것이다. 다시 말해, 필자는 다시 한 번 프란체스코 두이나의 구성주의적 접근이 굉장히 적합하다고 생각한다. 비록 그는 외부적 요소보다는 내부적 "파워 배치power configuration"에 방점을 찍었지만, 그는 내·외부 변수들이 지역통합의 "사회적 구성"을 설명하는 데 기여했다고 본다.[98] 호세 카바예로José Caballero가 지역통합을 "사회적으로 내재화된 국가"로 연결시킨 방법 또한 상당히 의미가 있다.[99]

이와 같은 토론이 필자의 초기 지역통합에 대한 정의를 보충한다. 즉, 지역통합과 관련된 이전의 정의는 다음과 같다. 역사적 과정에서 행위자들 간에 공통의 아이디어를 나누며, 목표를 설정하고 그리고 이를 이루기 위해 방법을 정하는 등의 상호작용이 증가하고, 이는 궁극적으로 지역 세우기building a region로 진행되는 것이다. 이러한 정의에 세 가지 필연적인 결과가 있다. (1)과정은 많은 수의 행위자(개인과 공공), 수준(아래에서부터와 위에서부터) 그리고 어젠다를 포함할 수 있다. (2)계획적 전략으로부터 혹은 사회적 상호작용 가운데 의도하지 않은 결과로서 등장할 수 있다. 그리고 (3)마침내 제도 구축을 수반한다.

따라서 지역통합 과정에 대해 아래처럼 좀 더 세밀화 할 수 있다고 생각한다. 통합 과정의 시작과 관련해, 다음의 부분들을 발견했다.

- 상호작용 단계의 증가 요인은 무無에서부터 발생하는 것이 아니다. 역사적 상황(역사적 분기점, 특별한 환경 그리고 주요한 협상)에 기인하는 것이다.
- 정치와 경제적인 면에서 초기의 목적과 방법은 다양하다.
- 수많은 행위자 간의 이해관계의 수렴에 따른다.
- 외부적 그리고 내부적 유인 요소들이 있다.

통합 과정의 진보(발전)와 관련해서, 다음과 같이 덧붙일 수 있다.

- 목적들의 치환, 즉 재배치되거나 우선순위가 바뀔 수 있으며, 경제와 정치 사이에 상호 교차하며 도구화할 수 있다.
- 통합 과정은 정치화를 포함하며 특별한 역사적 분기점 가운데서 공통의 이익을 고려한다. 하지만 불가역성이 없는 것은 아니다.
- 지역통합 제도 세우기는 사상과 모델에 의해 다듬어진다.
- 통합의 범위와 단계 사이의 부조화가 상징적 기능을 이행할 수 있다.

마지막으로, 통합의 정책과 정치와 관련하여 지역통합 과정은 국제기구의 민주주의와 책임에 대한 전 지구적인 요구와 책임성 맥락에서 예외는 아니다. 이와 같은 이슈는 두 가지 모습에서 확인할 수 있다.

- 다른 지역통합 기구들은 제도의 개혁을 시도함으로써 훨씬 더 대표적이고 참여적이며, 재분배적인 모습을 추구한다.
- 지역 간 단위 관계에서는(라틴아메리카와 미국, 라틴아메리카와 유럽연합 등), 다층적 거버넌스가 만들어졌다.

이러한 역사적·이론적 프레임은 다음의 '탐험'에 로드맵의 역할을 할 것이다. 이 책은 네 부분으로 나뉜다. (1)통합을 이끈 지도자의 의도와 관련해, 두 가지 방식으로 분석할 수 있는데 하나는 경제적 통합이며 또 하나는(평화 세우기와 민주주의)의 정치적인 도구화로 나누어 볼 수 있다. (2)그 후 이 책은 통합기구(제도) 세우기 과정을 연구하고 통합의 범위와 단계 사이의 부조화를 설명하도록 시도하며 제도적 동형설의 가설에 대해 논의한다. (3)지역 단위의 의회와 시민사회가 정책결정 과정에 포함되었는지 여부 그리고 지역 단위의 공공재의 생산과 재분배 등을 살펴보며, 통합기구 제도화의 민주주의적 결핍에 대해 다룬다. 그리고 (4)지역통합 과정과 서반구, 즉 지역 단위의 다층적 거버넌스 강화와의 양립성에 질문을 던진다.

각각의 장은 이론적 '탐험'과 함께 사례 연구 방식의 비교 분석의 방법으로 유럽의 통합 경험 내용이 필요하거나 또 적당하다면 그 부분들 또한 담아냈다. 각 장을 통한 이 책의 궁극적인 목적은 라틴아메리카 통합에 대한 좀 더 나은 이해를 추구하는 것이며 아울러 몇 가지 이론적 교훈(도구)을 제시하므로 추가적인 학문적 논의의 장으로 연결되길 기대한다.[100]

PART 2

지역 경제통합의 정치도구화

Chapter 2

지역 위기 해결하기

교역은 국제관계의 주요 단면dimension으로 고려되어 왔다. 중상주의자들이 16세기에 보호무역주의, 개입주의, 식민지 경제체제를 도입한 이래, 교역이 평화 혹은 전쟁의 요소인지, 아니면 "국가의 부"에 긍정적인 영향 혹은 부정적인 영향을 미치는지에 대해서는 지난 수세기에 걸쳐 끊임없이 논의되어 온 질문이다. 애덤 스미스Adam Smith가 18세기에 중상주의 이론을 비판한 이래, 자유시장을 선호하는 고전 경제가 주류를 이뤘다. 자본주의의 팽창으로 야기된 모순을 지적하는 마르크스 전통주의 사상, 그리고 이것의 라틴아메리카 버전인 주변부 종속 사상(일명, 종속이론)을 제외하고는 무역은 국제관계의 평화에도 기여했다는 생각이 만연했다.

지역통합 과정은 자유무역 지역 개방을 목적으로 하기 때문에 일반적 통념은 이런 지역통합 과정은 국가들 사이의 평화로운 환경을 조성하는 도구로서의 역할을 한다고 본다. 20세기 후반기 동안 유럽의 경험을 바탕으로 지역통합이 적국(프랑스와 독일) 간의 화해를 조성하며 평화로운 관계를 공고히 한다는 생각이 주류를 이뤘다. 자유주의이론은 민주주의, 무역, 상호 의존 그리고 평화를 주요 요소로 보며, 고전적 지역통합 이론은 국가 간 집단이 공동 안보

라는 커뮤니티 의식 발전에 대한 논의를 추가한다.[1]

그러나 두 가지 쟁점이 있다. 인과관계는 양방향으로 진행된다. 첫째, 유럽 통합의 경우, 성공적 지역통합 경험은 마셜플랜 및 북대서양조약기구NATO에서 확인한 유럽 창립자들의 영리함만큼이나 중요하다고 믿을 만한 확실한 근거가 있다. 미국은 실질적으로 경제적 지원과 핵 보호 정책을 초기의 과정 중에 제공했고, 케네스 왈츠Kenneth Waltz와 같은 현실주의자들이 강조했던 바와 같이 유럽경제공동체EEC는 평화를 세우는 데 도움을 줬다.

둘째, 의도는 결과로부터 유추되어서는 안 된다. 서유럽의 50년간의 평화는 부분적으로는 1950년대 지역통합을 이끈 선도자들에 의한 것으로 볼 수 있다. 하지만 1957년 지역통합의 선도자들의 의도는 정치적일 뿐만 아니라 그만큼의 경제적인 동인들도 있었다. 그들은 유럽 석탄철강공동체ECSC와 처음부터 무리한 계획이었던 1954년의 유럽방위공동체EDC 설립에 대한 협상 시 프랑스와 독일 간의 화해를 1952년 명백히 염두에 두고 있었다. 하지만, EEC는 좀 더 복잡한 이야기를 가지고 있다. 어떤 경우든 유럽통합 건설의 아버지들에 대한 설명을 하고자 할 경우 그들이 처한 역사적 상황에 주의를 기울여야 한다. 유럽 건설은 중개변수intervening variable보다 더 심한 설립 트라우마인 제2차 세계대전이 있다. 더 일반적으로, 지역통합 과정은 단순히 자유무역과 같은 기술적 목표를 이루기 위해 디자인된 제도적 형태가 아니다. 그들의 목적, 범위, 그리고 정도level는 그들의 협상과 첫 번째 단계를 특징짓는 역사적 맥락의 명백한 이해 없이는 파악될 수 없다.[2]

이 장의 목적은 통합과 평화 사이의 이론적 혹은 역사적 연관성을 논의하고자 하는 것이 아니라, 두 차례에 걸친 위기와 통합을 경험한 중미통합의 역사적 사건에 대한 연구이다. 이 토론은 역사적 위기 상황이 어떻게 지역통합 과정의 도구화를 제약하고 만들어가는지를 보여줄 것이다. 모든 통합 과정은 초기 협상을 도모하는 역사적 분기점과 같은 시점들이 있다. 중미 같은 경우는 굉장히 재미있는 경우로 지역 위기와 지역통합 사이의 복잡한 관계를 다룰 두 가지 실례가 있다.

이 장은 기존의 연구물에 대해 간략히 언급하며 역사적 분기점에 관해 학문적 기여할 바를 찾는다. 그리고 그다음의 2개의 절은 1950년대 중미 지역통합 과정에서 지역 위기를 해소하기 위해 제도화되기 시작했으며, 순차적으로 1980년대에는 지역 위기를 해소하기 위한 노력이 지역통합을 재점화시켰다고 주장한다.

위기와 지역통합

이론적 검토

이 절에서는 지역통합의 시도와 재시도의 방식에 대한 이론서에 초점을 맞출 것이며, 이를 위기해결 노력crisis-resolution efforts 접근을 활용하여 전개할 것이다.

유럽 혹은 라틴아메리카 통합 등장 그리고 차후 진행된 변화에 대해 적잖은 연구가 있다. 이와 같은 연구물은 상당히 다양하지만, 다양한 이슈에서의 정부 역할, 그리고 특별한 역사적 상황 가운데 제정자들founding fathers 역할의 중요성에 대해서는 광범위한 합의가 있다. 유럽에 관해서는 안보가 제2차 세계대전 종전에 주요한 유인으로 언급되어 왔다. 라틴아메리카의 경우는 그렇지 않았다.

신기능주의자들에 의한 초기 연구물은 통합 과정의 시작보다는 통합 과정의 진행에 대해 더 많은 관심을 가졌다. 그러나 에른스트 하스Ernst Haas는 통합에 함몰된 세대(통합이 활발하게 진행되기 시작된 세대)에 의해 기억된 일련의 생생한 트라우마적 사건이 통합을 시작하게 하고 통합 과정을 자극한다고 보았다.[3] 그는 "예기치 않은 두 차례 전쟁으로 인한 파괴 그리고 혁명적인 전체주의적 운동의 승리로 인한 위협이 의심의 여지 없이 서유럽에서 특별한 자극들 가운데 주요한 것으로 사람들이 신화 작가들의 역사문화적 논쟁을 잘 받아들이게 했다. 이러한 환경들의 조합은 어디에서나 쉽게 반복되지는 않는다"고 덧붙였다. 그는 또한 분쟁 해결에 대해 세 가지 다른 종류로 구분했는데, 이는 "가장 덜 요구하는", "절반씩 절충해서 합의를 통한 조절" 그리고 "의도적으로 혹은 우연히 당사자 공통의 이익을 향상시키는 것을 기반으로 하는 조절"로 분류했다. 이러한 각각의 종류는 다른 경로와 통합의 강도를 포함하고, 마지막 종류는 정치 공동체에 가장 호의적인 것이다.

유럽통합의 등장 "환경들"에 대한 이러한 간략한 설명을 제외하고, 하스와 다른 신기능주의자들은 초기의 통합 과정에 대해 이론화하지는 않았다. 에른스트 하스와 필리프 슈미터가 정치통합에 대한 전망을 시도했던 것처럼 그들은 "환경 조건" 혹은 "경제적 통합 시기의 조건"들에 대해 구체화하는 것에 더욱 흥미가 있었다.[4] 그들은 정부의 목적(우연의 일치 혹은 수렴) 그리고 연합의 힘을 포함했지만 정부가 상황에 대한 평가에 영향을 주었을 역사적 맥락에 대해서는 주의를 기울이지 않았다. 그들은 더불어 지역통합 과정 가운데 국제 환경에도 별반 신경을 쓰지 않았다. 이와 같은 동일한 허점은 칼 도이치의 문헌에서도 찾아볼 수 있는데, 그는 다원적 혹은 통합된 안보 공동체의 출현 조건, 가령 상호 관련성, 상호 대응성 혹은 공통 이념 혹은 공통 충성심에 더 많은 관심이 있었다.[5]

후기 연구물 가운데 하스는 라틴아메리카 통합에 적극적 참여를 막는 요소가 민족의식이라고 주장했다.[6] 더욱이 그는 대칭적 이질성 및 국가 간 동종의 구조적 관계의 부재 그리고 기능적이고 점진적 지역통합의 장애물로서 대륙의 과도한 정치화를 지적했다. 그러나 그는 라틴아메리카 자유무역연합ALALC의 가시적 진전의 결여를 라틴아메리카 지역통합의 방식과 연관시키고자 하지 않았다.

한편 신기능주의자들이 이해하고자 시도한 것은 유럽통합의 변동에서 특징화된 불규칙적인 유형이었다. 1965년 유럽의 위기는 "룩셈부르크의 타협"으로 이어졌고 이로 인해 '순진한' 신기능주의자는 하나의 교훈을 얻었다.[7]

자동적이며 불가역적인 것으로 하나의 분야에서 다른 하나로 전이된다는 통합 과정의 아이디어는 심각하게 부인되었다. 결과적으로, 수많은 학자는 통합 과정의 위기를 극복하는 방식에 대해 이론화하기 시작했다.

예를 들어, 필리프 슈미터는 1964년 하스와 함께 작성한 논문에서 제시한 신기능주의적 가설에 대한 정확성을 높이기 위해 노력했다. 그는 "국내에서 행위자들 간의 분쟁은 일어날 개연성이 높지만 중앙기구 범위 혹은 단계의 확장으로 해결될 수 있을 것"이라고 상당히 설득력 있게 설명했다.[8] 슈미터는 후기 연구물에서 지역통합은 정부 간 동의한 목표를 이루기 위해 지역 기구 설립을 통한 과정으로 이해했다.[9] 그러나 이러한 통합 과정은 형평성, 연쇄화engrenage,[10] 외향화externalization 혹은 선망과 관련해 모순을 양산했다. 그는 "지역 기구 간 야기된 결과와 외적 긴장 또는 프로세스에 의해 생성된 모순이 지역 기구에 피드백한다"고 간주한다. 궁극적으로 행위자들은 전략 수정 그리고 대안적 의무, 즉 예를 들어, '행위자들은 지역 기구에 대한 참여 단계 그리고/혹은 범위를 재평가할 수 있도록' 강요당할 수 있다. 그렇게 함으로써 행위자들은 과거의 경험으로부터 학습하며, 그들의 전략을 조절한다. 슈미터는 위기로 야기된 결정 주기를 기술하고, 그의 모델이 "통합운동의 시작에 대한 매우 나쁜 예측변수라고 인정하며 일련의 가설을 만든다. 더욱이 그 모델은 과정 자체의 역동성을 중심에 두며, 통합이 진행됨에 따른 외부적 환경의 쇠퇴 역할을 요구하기 때문에 상대적으로 외부 환경에 대해 묵인하게 된다. 중미 관련 그의 연구물에 따르면, 그는 지역통합 자체의 역동성에 크게 의존하는 지역통합의 "지체 효과spill-around"를 묘사한 반면, 초기의 역사적 상황에 대해서는 주의를 기울이지 않았다.[11] 그는 기본적으로 기술 관료ténicos 와 정치 관료políicos

사이의 모순을 언급하며 지역 단위 의사결정단계 증가 없이 지역통합 범위의 확장을 설명했다. 기술 관료는 과거와 해외 경험의 학습으로 통합의 범위를 확장하기 위해 합리적으로 행동하고, 반면에 후자인 정치 관료는 통합 단계 업그레이드를 의심하고 마지못해 한다. 기술 관료와 정치 관료의 출현에 호의적인 조건들을 평가할 때 그는 오직 통합 과정의 초기 단계에 주의를 기울인다.

대부분 최근의 기능주의자들 가운데서도 여전히 (역사적) 환경을 고려하지 않는 합리적 행위자의 설명이 주류를 이룬다. 단순히 예를 하나 들자면, 도레테 코르베이Dorette Corbey에 의해 제시된 통합 전진의 "스톱 앤드 고stop and go" 유형의 설명은 몰역사적이고 비문맥(상황)적이다.[12]

진보의 주기와 유럽통합의 부진을 주도하는 국내(내부) 역동성을 설명하고자 할 때, 코르베이는 유럽의 통합이 한 분야에서 진행될 때, 배제된 이해집단은 회원국 정부가 외부 간섭으로부터 인접한 정책 영역을 보호하고 국가의 개입이 이러한 영역으로 이동하도록 압력을 가함으로써 '중지stop' 단계의 징조를 나타낸다고 본다. 정부가 행동함에 따라 정책 경쟁을 초래하고 이는 궁극적으로 자멸로 이어진다. 이 점에서 각 국가는 새로운 유럽통합으로 전환함으로써 경쟁의 비용을 피할 수 있는 동기 부여를 받게 되는, '진행go' 단계로 이행하고, 이때 이익집단에 맞서는 연합을 결성한다.[13] 이러한 형태의 설명은 시대 및 지역을 막론하고 쉬이 적용할 수 있다.

1980년대 중반의 유럽통합의 재시도는 단순히 조정 이상의 것으로 보이는 것을 설명하는 도전에 직면함으로써 새로운 이론적 정진을 자극했다. 1986년 유럽 단일 법안Single European Act은 내부 시장의 완성을 위한 길을 열었고 제도적 개혁은 1992년 마스트리히트Maastricht 조약에서 승인되었다. 신기능주의자들이 설명한 것처럼 "정상적인" 위기와 재통합 사이에서 분계선을 긋는 것은 미묘하고 위험한 비즈니스다. 그러나 어떤 기준에 비추어 보더라도 1980년대 중반의 유럽은 개혁의 중요한 순간을 대표한다.

이 상황을 설명하는 초국가주의와 정부간주의intergovermentalism 주요 접근 방식은 상당히 다양하다. 예를 들어, 웨인 샌드홀츠Wayne Sandholtz와 존 지스만John Zysman의 주장에 따르면, 1980년대 말 유럽 국가들은 세계 정치 상황 가운데 자국의 글로벌 위치에 대해 고민했으며 이로 인해 통합에 적극적 참여하며 경제적 동맹economic union을 목표로 설정했다.[14] 유럽 국가들에게 1992년은 "괴리", "극적인 새로운 시작"의 해이고 그들은 이것을 "국제구조 변화와 유럽위원회의 정책기업가 정신에 대응하여 형성된 엘리트 협상과 관련해" 설명한다. 이와 상당히 다르게, 앤드류 모라브직은 "1992년"이 영국, 프랑스 그리고 독일 간 협상에 의한 산물이라고 주장했다.[15]

1장에서 살펴보았던 것처럼, 라틴아메리카 또한 유럽이 변화한 것처럼 1980년대 하반기에 중미 지역에서 통합 과정의 인상 깊은 재활성화와 남미공동시장MERCOSUR과 같은 새로운 통합체제의 출현이 있었다. 각 지역은 자체 통합발전 경로가 있고 이러한 다른 이유들은 통합 과정의 재활성화를 설명할 수 있다. 그럼에도 불구하고, 세계 정치경제의 압력에 대한 적응을 담고 있는 정치경제 영역은 여전히 주요한 설명 변수이다. 중미에 관한 좀 더 복잡한 가정은 이 장에 제시된 위기 해결이다. 다음 장에서는 정치적 선호-수렴 가정이 MERCOSUR의 기원을 설명하는 데 더 적합하다고 주장한다.

수많은 학자들은 어떤 경우든 라틴아메리카와 관련한 역사, 제도 그리고 아이디어에 대해 충분한 주의를 기울이지 않았다. 1980년대 통합 과정의 재활성화에 대한 대부분의 설명은 합리주의에 바탕을 두고 경로 의존 논쟁은 부인한다.

이 장에서 언급하고자 하는 이론적 핵심은 다음과 같다. (1)통합 과정(시도 혹은 재시도)을 자극하는 역사적 분기점을 강조하는 것은 경제적·정치적 목적 사이의 균형을 추구하는 통합 종류의 이해를 증진시킨다. (2) 역사적 분기점은 "연계 정치linkage politics"로 설명되어야 한다. 그리고 국제적 환경, 국내 정치, 국내외 간의 상호작용은 중요하다. (3)사건의 연속성은 매우 중요하다. (4)역사적 분기점은 주로 제도와 대표성을 통해 역사적 유산을 멀리한다. 제도는 대개 시간이 흐름에도 유지되는 "접착성"이 있지만, 제도는 어떠한 영향에 의해 없어질 수 있다. 그래서 과거 경험으로부터의 학습효과가 점차적으로 사라진다. (5)위기 해결은 경로 의존성에 의해 제약을 받지만 그럼에도 제도는 부분적으로 과거의 것을 지우며 새로운 역사적 분기점으로 작동하고 새로운 경로에서 지역통합을 이룬다. 이와 같은 이론적 논점을 중미 지역에 적용하며 살flesh(생각)을 좀 붙일 것이다.

냉전 기간 중미통합

두 차례 흥미로운 중미 역사의 기간을 설명하기 전에 밝히고 싶은 것은 평화, 통합, 외부 개입의 관계와 관련된 연구에 따르면 중미 지역은 전 세계에서 다소 특별한 지역이라는 것이다. 독립 이래 중미 대부분의 역사는 전쟁과 통합의 지속적인 반복이었다. 중미는 1838년 연방제 해체 이후 19세기 동안 연방federation, 연합confederation, 혹은 동맹의 재건으로 이 지역에 평화가 올 것이라 생각했었다.[16] 19세기 말이 되어서야 중미는 평화가 먼저임을 이해하기 시작했다.[17]

예를 들어, 1906년 미국의 프랭클린 루스벨트Franklin Roosevelt 대통령은 코스타리카 산호세San José의 평화 회담을 후원했으며 그다음 해에는 워싱턴에서 회담이 개최되었고 평화, 우정 그리고 상업 조약의 서명을 통해 국제 중미국International Central American Bureau, 교육연구소, 중앙아메리카 법정이 설립되었다. 비록 이것들이 오래 지속되지는 않았지만 이러한 협정은 이 지역의 긴장을 완화시켰다. 중앙아메리카 법정은 1916년 미국과 니카라과가 법정의 판결을 무시하면서 신뢰성을 잃었다. 법정은 니카라과와 미국이 서명한 브라이언-차모로Bryan-Chamorro 협정이 이전의 지역 협정을 위반했다고 판결했기 때문이다. 1918년 법정은 해산되었다. 국제 중미국은 1923년까지 소소한 일들을 감당했으며, 교육연구소는 제대로 운영조차 되지 못했다.

1904년 중미통합정당Unionist Party의 설립은 지역의 재통합이라는 과제에 상당히 헌신적으로 참여한 새로운 행위자를 등장시켰다. 니카라과 살바도르 멘디에타Salvador Mendieta의 지도 아래 학생 그룹에 의해 설립된 당은 중미 독립 100주년을 기념하기 위해 1921년 채택된 재통합 계획을 지지하는 집회를 주도했다. 이 계획은 무산되었다. 하지만 이로 인해 발생한 혼란은 다시 한 번 미국의 기획으로 1922년 워싱턴에서 개최된 회담으로 해결되었다. 평화와 우정이라는 또 다른 협정이 서명되고 중미 재판소가 설치되었다. 이 협정은 1934년 잔혹한 에르난데스 마르티네스Hernández Martínez 체제를 인정하는 미국(의 거절)에 시위하는 코스타리카와 이후 엘살바도르의 규탄이 있기 전까지 유효했다.

"중미에서의 '워싱턴 시스템'의 두 번의 설치 시도가 실패했다"는 카르네스Karnes의 주장은 적절하다. 비록 미국의 후원으로 진행된 두 차례의 협정이 중미 국가를 각각 10여 년 정도 평화롭게 살도록 한 것은 부인할 수 없다. 하지만 협정 실패로 야기된 맹렬한 비난이 규정 변화의 필요성을 야기했다는 그의 주장 역시 적절하다. 중미는 미국의 어떠한 도움 없이도 다시 한 번 시작할 준비가 되어 있었다.[18] 한편, 1934년 루스벨트 미 대통령은 "선한 이웃 정책"을 전면에 내세우며 라틴아메리카 지역에 대한 "다른"접근을 시도했다.

그다음 계획initiative은 과테말라가 미국을 제외한 다른 중미 국가들을 회담에 초대한 1934년이다. 중미협회의 새로운 협정이 당시 회담에서 진행되었다. 그러나 시기가 냉혹했다. 제2차 세계대전 이전에 코스타리카를 제외한 중미는 대체적으로 수년간 권력을 가지며 무자비한 독재자, 카우디요Caudillo가 통치했다. 또한, 민주주의 수호를 위한 세계 차원의 전쟁에 참여는 했지만, 실상 중미 대부분의 국가들은 권위체제 통치에 의구심을 제기하기도 했다.

예를 들어, 이미 1941년 과테말라에서는 학교와 학생들 사이에서 반대 세력이 등장했다. 1943년은 중미 전체 사회운동 발생으로 중요한 해이다. 사회불안이 상반된 결과를 야기하며 한 국가에서 다른 국가로 퍼졌다. 1944년에 과테말라와 엘살바도르 사회운동은 호르헤 우비코Jorge Ubico와 막시밀리아노 에르난데스 마르티네스Maximiliano Hernádez Martíez 각각의 독재자를 축출하기 위한 것이다. 니카라과와 온두라스 정권은 임금 인상 혹은 관대한 사회입법화 등의 변화를 통해 통치를 연장시켰다. 코스타리카에서는 정부에 대항하는 세력이 생겼으며, 1948년에는 짧은 기간의 내전이 발발하기도 했다. 예외로, 후자인 코스타리카 정권의 민주주의적 특성 때문에 대립의 문제는 사회문제와 부패를 어떻게 대처하며 처리해야 하는지에 관한 것이 주를 이룬다.

한 국가의 이러한 혼란이 궁극적으로 1944년 급진적 체제 변화로 이어졌다. 학생과 도시 근로자의 거대한 운동에 직면한 과테말라 독재자 호르헤 우비코는 1944년 7월 1일 사임했다. 추가 혼란이 발생한 수개월 이후, "거리(시민)"는 우비코의 후임 역시 10월에 내몰았고 새 대통령이 12월에 선출되었다. 후안 호세 아레발로Juan José Arévalo가 노동자와 농민들을 위한 우호적인 정책을 발표하며 1945년 3월 정권을 장악했다.[19] 과테말라 혁명은 어떤 기준에 비추어 보더라도 멕시코와 같은 전면적인 혁명은 아니었다. 그러나 전후 미국의 민주화 지원, 냉전 반공 운동에 이르기까지 급속히 변화하는 국제정세에서 급진적 정치 변화로 이행된 프로젝트는 공산주의에 대한 동정으로 비쳤다. 실제로, 과테말라 혁명은 이 지역의 정치적·사회적 개혁 부재의 극적인 결과였다. 새로운 정권이 엘살바도르와 코스타리카 야당을 지지하고, 이 지역 공산주의 운동에 도움을 주면서 지역 위기를 낳았다. 1945년과 1950년 사이에 후안 호세 아레발로는 상당한 변화를 시작했다. 멕시코 사례를 준용하며, 헌법을 따라 노동자에게 새로운 사회 권리를 부여하도록 1945년에는 헌법이 개정되었고, 전통적

과두정치 질서 지지자의 맹렬한 반대에도 불구하고 복지국가로의 변모를 지속적으로 추진했다. 수많은 정치 망명자가 본국으로 돌아왔으며 공산주의자들이 노동운동을 주도했다.

1950년 아레발로 정부의 국방장관 하코보 아르벤스Jacobo Árbenz가 대선에서 승리했다. 아르베스 정권 때 과테말라 혁명은 더욱 급진화되었다. 1952년 시작된 농업개혁은 미국의 다국적 기업인 유나이티드 푸루트United Fruit의 이해관계에 직접적으로 영향을 주었다. CIA의 조력으로 온두라스가 침략했을 때 과테말라 군대가 대통령 명령을 거부했고 아르벤스 대통령은 사임 말고는 다른 방안이 없었다. 냉전의 시작은 중미 국가를 심각하게 제약했다. 라틴아메리카는 미국으로부터 제2차 세계대전에 적극적인 참여 압력을 받았으며, 그들은 한국전쟁 상황에서 공산주의에 약점을 보이지 않아야 했다. 1954년 미국이 아르벤스르를 축출시킨 사건은 명백한 구분점breaking point이다. 20년 전에 프랭클린 루스벨트 대통령은 선한 이웃 정책을 시작했고 공산주의 억제라는 미명하에 미국은 처음으로 민주적으로 선출된 대통령을 축출시켰다. 물론, 과테말라 농업개혁이 미국의 다국적기업 유나이티드 푸루트사에 벌금을 부과함에 따른 전통적 경제 이해관계도 살펴보아야 한다.

제2차 세계대전의 여파로 돌아가 본다면 새롭게 민주화된 엘살바도르와 과테말라 국가 사이에 연대 기류가 형성된 것을 되짚어보는 것이 중요하다. 살바도르 까스타네다 카스트로Salvador Castañeda Castro 대통령과 그의 동료 아레발로는 1945년 5월 산크리스토발San Cristóbal 회담에서 중미통합정당Central American Unionist Party이 초안을 잡았던 중미동맹Central American Union 프로젝트에 대해 논의했다. 1946년 9월 12일 양국은 산타아나 협정Santa Ana Pact에 이르렀다. 이 회담의 목적은 중미의 정치적 연합을 위한 조건을 마련하는 것이었다.[20] 1년 후, 양국은 산살바도르San Salvador에서 중미 국가의 동맹연합을 위한 협정에 서명했다. 하지만 어떤 협정도 실체를 나타내지는 못했다. 중미 지역의 다른 국가들은 서로를 믿지 못하는 관계였으며, 솔직히 적대적인 관계로 남아 있는 일부 국가도 있었다. 이 시기에 중미는 지역통합으로 결정적으로 진행하기 위한 대내외적 어떠한 동기부여(인센티브)가 없었다. 이 지역은 유럽 국가들의 긴밀한 협력뿐 아니라 주권의 핵심 통합pooling을 받아들이게 하는 외상적 통합 충격이 결여되어 있었다. 그러므로 정상회담 시 통합에 대한 언급은 수사적인rhetoric 것 그 이상의 것이 되지 못했다. 더욱이, 수많은 국가는 분절된 상태였고 전체 지역에 전쟁 위험이 도사리고 있었다.

그럼에도, 이러한 노력은 다른 계획을 위한 단계를 마련했고, 이러한 시기는 외부 동인에 의해 추동되었다. 이러한 외부적 관계에서 UN의 설립을 이끌었던 1945년 4~6월에 중미는 샌프란시스코 회담에서 처음으로 취약성을 드러냈다. 51개 참여국 가운데 라틴아메리카는 20개국이었고 중미 국가들의 목소리는 좀처럼 전달되지 못했다. 그 후 1948년 4월 보고타 회담에서 중요한 협정이 있었는데, 이때 미주기구OAS가 발족되었다. 미주기구는 중미 국가에 큰 격려가 되었고 정상회담 유치에 3년의 시간이 소요되었다. 엘살바도르의 주도로, 중미 5개국 외교장관이 1951년 10월 8일과 14일에 각각 회담을 갖고 산살바도르 헌장에 서명함으로써 중미기구ODECA를 출범시켰다. 이 기구 출범의 동기는 유럽연합 협상에서 중미국의 목소리를 대변할 수 있는 외교적 도구로 사용하고자 함이었다. 공식적으로 중미 5개국이 참여한 이 헌장은 중미 국가를 통합하는 링크(매개체)의 역할로, 우호적 관계를 강화시키는 상호협의체로, 그리고 어떠한 불일치든 조절하며 함께 건실히 이끌어가고, 더욱이 연대와 공동 액션을 증진시킴으로써 분쟁의 평화적인 해결을 도모하고자 하는 골자가 포함되어 있었다.

이 지역 기구는 5개 주요 기관으로 이뤄져 다소 간소하다. 비정기적 국가원수 모임(최고 기관), 외교장관 회의(주요 기관), 비정기적 타 부처 장관 회의, 중미사무국(사무총장) 그리고 경제위원회이다. 1952년 1월 9일 발효 이후,

〈표 2.1〉 중미기구(마나과 선언 1953년 7월 12일)

각국 정부는 다음과 같은 일련의 권고 사항을 채택 및 준수하길 요청한다. 공산주의 행위자들의 파괴적인 활동을 예방, 격리 그리고 제재해야 한다. 특히, 여행 문서의 과도한 사용을 방지해야 한다. 체제 전복적인 선전의 확산과 유포를 저지해야 한다. 공산권 국가에 전략적 산품의 수출을 금해야 한다. 공산주의 행위자들에 의해 전개된 그 어떠한 형태의 정보도 공유해야 한다.

자료: 중미기구(ODECA).

ODECA는 즉각적으로 첫 번째 정상회담을 준비하면서 중대한 현안과 맞닿게 되었다. 엘살바도르와 과테말라 사이의 정치적 결탁이 지역 전체 통합의 동력으로 작동하는 가운데 엘살바도르 국가는 지역 내 국제공산당 전복을 질타하는 선언의 채택을 제안했다. 과테말라 아르벤스 대통령은 이 부분을 상당히 적절하게 개인적으로 받아들였다. 그리고 그는 중미의 다른 정부 수반들에게 이와 같은 공격적인 선언문에 부질없이 서명하지 말 것을 권고한 이후, 1953년 4월 4일 ODECA에서 탈퇴했다. 이 선언은 과테말라 농지개혁이 주변 국가의 기대치 상승을 도모할 것이며 중미 전체의 사회동원(운동)을 불러일으킬 것이라는 중미 국가의 두려움이 팽배하던 상황에서 공포되었다.

ODECA 4개국은 즉각적으로 미국에 충성을 맹세하고 공산주의 억제 전략을 전달하는 역할을 했다. ODECA 주요 기관의 초기 두 차례 회담은 반공이념을 조소했는데 특히 1953년 7월 12일 니카라과 마나구아Managua에서 개최된 두 번째 회담에서는 "중미에서의 민주주의 원칙 재확인 그리고 공산주의 규탄"이라는 표제의 최종 선언문이 발표되었다. 코스타리카를 제외하면 어떤 면에서는 1953년 중미 국가들은 민주주의 체제로 볼 수 없지만 ODECA는 반공주의와 더불어 민주주의로 동화를 추구하며 미국의 입장을 추종했다(〈표 2.1〉 참조).[21]

ODECA는 공산주의에 대항하는 OAS(미주기구)의 입장을 명백히 따랐다. 1954년 3월 1일부터 28일간 베네수엘라 카라카스에서 개최된 제10차 범汎미주

회담에서 존 포스터 덜레스John Foster Dulles 미 국무장관은 국제공산주의 등장에 대한 대항으로 과테말라 군부 개입의 합법화를 위해 "미주 국가들의 정치적 통합의 보전을 위한 연대 선언문 승인서"를 제출했다.

압력과 협박 그리고 군 개입은 1954년 6월 27일 아르벤스 대통령의 사임을 이끌기에 충분했다. 그의 후계자이자 쿠데타 지도자인 카스티요Castillo 대령은 재빨리 ODECA에 다시 재진입하고자 지원했으며 곧바로 회원국으로 승인되었다.

ODECA는 초기 수년간 매우 특별한 상황에 처해 있었다. 1950년대 전반기에 중미는 이 지역 패권국으로부터 위기 탈출 방식에 대해 전달받은 명백하고 전형적인 냉전의 상황에 직면해 있었다. 제2차 세계대전 전후 초기 민주화 기간에 형성된 중미기구ODECA는 국제 반공 환경의 여파로 초기 목적에서 벗어났다. 공산주의로 의심되는 체제 존재가 패권국으로부터 용인될 수 없는 상황에서 ODECA는 지역 단위로 미국이 주도하는 반공 캠페인을 확산시키고 그러한 활동에 정당성을 부여함으로써 위기 해결에 기여했다.

아르벤스의 사임 이후, 1948년 내전으로 인해 권좌에서 물러난 코스타리카의 라파엘 앙헬 칼데론Rafael Ángel Calderón 전 대통령이 이웃 국가인 니카라과의 소모사Somoza 독재자의 지지로 본국의 침략을 감행하여 중미는 1955년 1월 두 번째 위기에 직면했다. 이 사건은 실패로 돌아갔지만, 상당히 흥미로운 것은 코스타리카가 ODECA 대신 OAS에 재정거래arbitrage를 요구했다는 점이다. 니카라과와 그 주변 국가 사이의 또 다른 위기가 미국과 OAS에 의해 1957년과 1959년에 해결되었다. ODECA의 정치적 신뢰도는 당시 그렇게 낮지는 않았다. 하지만 추가적으로 확인되는 정치적 취약성은 그 시기 후반기에 명백하게 드러났다. 원칙적으로 2년마다 개최하도록 예정된 외교장관 회담은 비생산성을 여실히 보여줬다. 1955년 8월 27일 과테말라 안티구아Antigua에서 개최된 첫 정기 회담에서 사무총장 지명의 지지 부진함, 아울러 상당히 일반적인 선언문의 결과 도출만 이뤄졌다. 1957년 3월 30일 비정기 회담에서는 니카라과와 온두라스 간 영토 분쟁에 대해 논의되었다. 그 후(1959년 10월 12~14일) 두 번째 정기 회담에서는 신임 사무총장의 문제점을 다뤘으며, 이 문제점은 1960년 2월 15일 제4차 비정기 회담에서 해결점을 찾았다. 마침내 제5차 비정기 회담(테구시갈파Tegucigalpa, 1961년 7월 21~23일)에서 선언문이 채택되었는데 단지 반공주의에 대한 재확인 정도의 내용이 담겼으며, (1953년 7월 12일) 마나과Managua 선언에 명시된 이행 조치를 추천하는 정도에 그쳤다. 이후 10년이라는 시간이 흘렀지만, ODECA는 어떤 진전도 보이지 못했다.

그럼에도 불구하고 1961년의 회담이 전환점이라고 볼 수 있는데 과테말라 미겔 이디고라스Miguel Ydígoras 대통령이 이 기구의 새로운 출발을 권고하며 대대적인 개혁을 제안했다. 수차례 기술적 예비회담 이후 1962년 12월 12일 산살바도르 제6차 비정기 외교부장 회의에서 새로운 헌장을 승인했다. 이 새 헌장에는 작은 변화가 담긴 것이 아니다. 비록 목적이 매우 구체적이지는 않았지만 상당히 야심찼다. 헌장의 모두 성명에는 다음과 같이 명시했다. "5개국이 경제적·사회적 발전을 증진시킬 국가들 사이를 갈라놓은 장벽을 제거하고 회원국별 국민 생활 조건의 지속적인 향상 및 산업의 안정과 확장의 보장 그리고 중미 연대의 강화를 담당할 기관 설립을 통한 좀 더 효율적인 도구가 필요하다." 그리고 제1조는 "코스타리카, 니카라과, 온두라스, 엘살바도르, 과테말라는 경제 및 정치적 커뮤니티로 중미통합을 열망한다"고 명시되어 있다.[22] 제도적 장치는 5개 기관 대신 8개로 구성된 상당히 복잡한 배치를 보인다. 정상회담(최고위 기관), 외교장관 회담(주요 기관), 행정위원회(영구 기관), 사법위원회, 중미사법재판소, 경제위원회, 문화교육위원회 그리고 중미 방위협의회CONDECA이다. 흥미롭게도 중미 방위협의회는 1961년 중미 국가 전쟁 장관들에 의해 상당히 독립적으로 조성되었다.

이러한 새로운 배치는 입법, 사법 그리고 행정부 간의 고전적 힘의 분배 형태의 진정한 초국가적 정부 형태의 모습을 구현한 것처럼 보였다. 그러나 어떠한 모습의 초국가적 권력도 이 기구에 부여되지 않았기에 초국가성은 단순히 환상이었다. 두 기관은 언급할 가치가 있다. 첫째로, 행정위원회가 중미 사무소를 대체했다. 외교장관으로 구성된 것은 명백하게 주요 기관을 반복하지만 사무총장의 해임 또한 포함한다. 이전에 언급된 것처럼 중미사무소Central American Office는 그 자체를 통합하는 데 힘든 시간을 보냈지만 좀 더 진행했더라면 초기 단계의 초국가 기관의 모습으로 변화했을 텐데 그렇게 진행되지 않았다. 엄격한 정부 간 체제로의 대체는 특정한 경로의 담보를 의미한다. 이 지역은 온두라스와 엘살바도르 간 1969년 단기간 "축구" 전쟁으로 야기된 또 다른 심각한 위기를 대처해야 할 상황에 직면했을 때 중미사무소의 부재가 상당히 아쉬움으로 남았다. 또 다른 한편으로 경제위원회는 새로운 것이 아니었으나 이 기관의 특성이 폭넓게 재평가되었다. 산살바도르 새 헌장 제17조에 따르면 경제위원회는 "중미 경제통합의 계획, 조정 그리고 실행"의 책임이 있다고 명시하고 있다. 또한 경제통합의 모든 기관은 이 위원회에 소속되어 있다. 새로운 ODECA 제도적 틀 내에서 경제적 통합 과정을 포함하고자 한 의도는 문제가 있으므로 자세히 살펴봐야 하는데, 그 이유는 제1세대 중미통합의 심각한 모순을 반영하기 때문이다.

제17조의 중요성을 이해하기 위해 1950년대 초 특히 1951년으로 돌아가야 한다. 그해 첫 번째 ODECA 헌장이 모습을 드러내며 제도화가 시행되었고 CEPAL의 멕시코 사무소는 경제협력위원회CCE 설립을 지원했고 1952년 8월 온두라스 테구시갈파에서 개최된 첫 번째 ODECA 회담을 조직했다. 새롭게 창설된 ODECA는 지역의 국별 경제장관으로 구성된 경제위원회를 조성하고 "개발과 중미 경제통합을 증진"하기 위해 추천하는 책임을 맡고 있으며, 동일한 각료로 구성된 CCE는 명백히 같은 기능을 반복한다. 그러나 ODECA는 시작부터 명백하게 기능의 마비가 있었고, CCE는 CEPAL의 기능적·정치적 지원

을 이용하여 1954년 중미 공공정책 고등교육원ESAPAC와 1955년 중미 공업연구소ICAITI을 신설하며 즉각적인 성공을 이끌어냈다.

1958년 6월, 다자간 무역과 중미 경제통합에 대한 서명이 있었다. 중미는 1960년 12월 13일 제7차 CCE 정기회담 동안 마나과에서 중미 경제통합에 관한 일반협정과 추가적으로 다른 중요한 합의서(그중 하나가 중미경제통합은행의 설립)를 체결함으로써 통합 과정이 진일보했다. 차후 10년 동안 실질적으로 중미 지역의 경제통합에는 성공적이었다. 역내 지역 교역이 5년 내에 자유화되었고 성장이 급속도로 진행되었으며, 역외공동관세Common External Tariff: CET가 채택되었다. 역내 교역이 1960년 전체 교역의 6.8%로 무시할 정도의 작은 수치에서 1968년 무려 26%로 급성장했다(〈그림 2.1〉, 〈그림 2.2〉).[23]

이러한 성공이 완벽하게 ODECA의 존재를 무색하게 했고 이 기관의 성장 동력을 잃었다. 중미경제통합사무국SIECA은 통합 과정의 척추 역할을 했으며, ODECA의 존재는 무색해져갔다. ODECA의 1962년 헌장은 실질적으로 결코 비준되지 못했다.

요컨대, 경제적 범위를 포함한 정치통합의 프로젝트는 실패했다. 어떤 면에서는 CEPAL의 탈정치적 통합 구상이 만연했다. 1967년, 조지프 나이는 "과거의 실수로부터 학습한 교훈과 정치적 이상 모두 정치통합의 과거 역사 그리고 그것의 현존하는 잔여물이 중미 경제통합 성공의 부분적인 설명을 제시한다고 주장한다. 그러나 1950년대에 ODECA와 CCE의 비교 경험이 포함되는 150년간의 역사는 정치적 통합의 이상ideal은 조금 '복용'할 때를 제외하고는 건강에 해로운 약임이 드러났다"[24]는 평가가 상당히 적절했다. 1961년 하스가 언급한 대로, "만약 분쟁 해결이 통합의 도정path과 함께 발전을 판단하는 특별히 흥미로운 지표라면,[25] 엘살바도르와 온두라스 간 1969년 7월 전쟁은 정치적 실패의 분명한 표징이었다. 분열의 전쟁으로 불리는 것이 적절했다.[26] ODECA 헌장 제1조에 따르면 이 기관의 목적 가운데 하나는 지역 내에서 발생할 수 있는 어

〈그림 2.1〉 중미 역내 수출 추이(1960~2006) (단위: %)

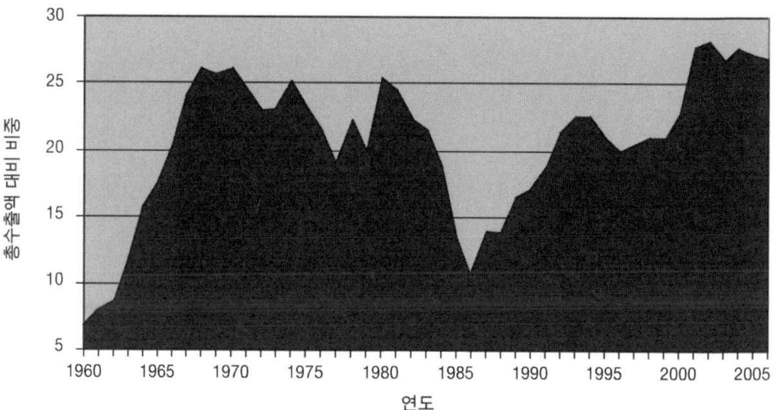

자료: 중미경제통합사무국(SIECA) 온라인 자료(http://www.sieca.org.gt/site/)를 활용하여 저자 작성.

〈그림 2.2〉 중미 수출 추이(1960~2006) 〔단위: 1000페소(중미)〕

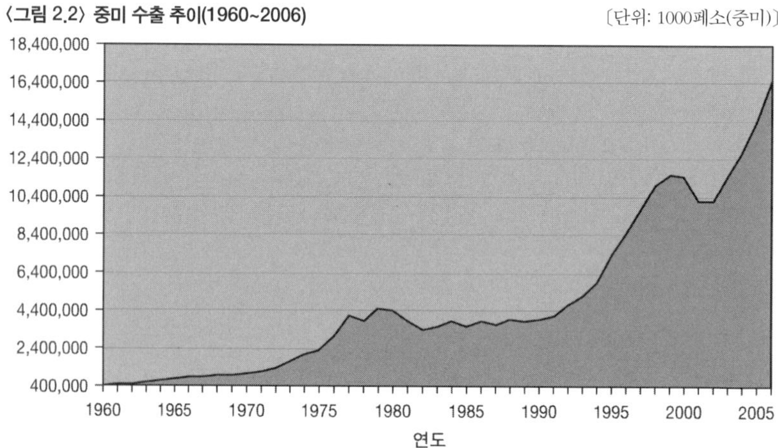

자료: 중미경제통합사무국(SIECA) 온라인 자료(http://www.sieca.org.gt/site/)를 활용하여 저자 작성.

떠한 분쟁이든 평화로운 해결책을 모색하는 것이다.

전쟁은 온두라스 지역에 엘살바도르 이민자가 유입되면서 이들이 국영지를 차지했고 온두라스 정부의 일부 과도한 반응에 기인한 것이었다. 1968년 온두

〈그림 2.3〉 온두라스 교역 이윤 추이(1960~2006) (단위: %)

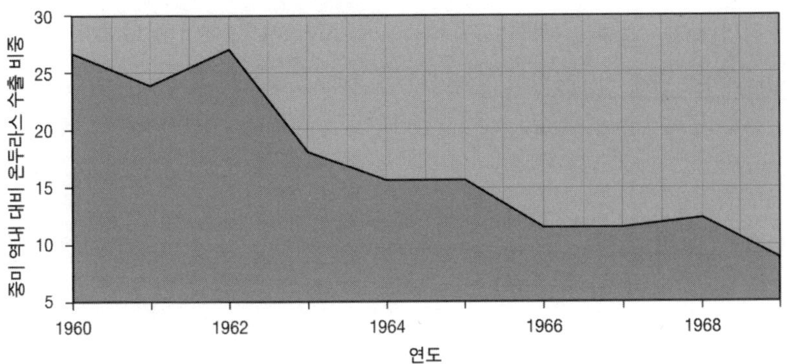

자료: 중미경제통합사무국(SIECA) 온라인 자료(http://www.sieca.org.gt/site/)를 활용하여 저자 작성.

라스가 농업개혁을 통해 토지 재분배 혜택 과정에서 외국인을 배제했다. 이에 수많은 엘살바도르인이 극심한 인구과밀 지역인 본국으로 돌아가야만 했다. 엘살바도르 군대는 7월 14일 온두라스 영토의 침략을 시작했고, 휴전은 4일 후였다.

단기간이지만 피비린내 나는 전쟁(사망자 3000명, 강제 이주 10만 명)은 통합과 평화의 관계를 고려해 회상한다면 상당한 의미가 있다. 온두라스와 엘살바도르는 1969년 이전에는 항상 상당히 "통합"되었었다. 1916년 이래 양국은 제한적 자유무역협정이 이행되었다. 그러나 1960년대 상반기에 무역 확대로 인해 유발된 공동시장의 혜택은 고르지 않게 분배되었다. 온두라스는 명백하게 패배자였다. 온두라스의 수출은 1960년 역내 전체 수출의 26% 이상을 차지했다. 하지만 1969년에는 10% 미만으로 수출 비중이 낮아졌다(〈그림 2.3〉 참조).[27]

"패권" 기간에[28] CEPAL은 온두라스 그리고 니카라과와 같이 발전이 뒤처진 국가들이 이상적으로 혜택을 받을 수 있는 통합 산업 정책을 제안했다. 통합 산업체제는 실질적으로 1958년 채택되었지만 이 체제는 중미 지역에서 결코 온전한 지지를 받지 못했다. 또한, 이 산업체제는 자유무역 정신에 상충하고 오히려 독점체제를 창출하는 바 미국의 적극적 반대가 있었다. 전쟁과 경제 성과의 심각한 좌절의 결과로, 온두라스는 1970년 MCCA에서 탈퇴하기로 결정했다. 이로 인해 지역통합의 계획이 1992년까지 진행되지 못했다.

1980년대의 중미

지역 위기의 해결

1980년대에 중미는 다층면적 위기에 봉착했다. 이 절의 의도가 이와 같은 위기에 대해 세부적인 분석을 내어놓고자 함은 아니다.[29] 하지만 기억해야 할 것은 1950년대와 비교해 다른 차원의 위기다.

1960년대 경제통합이 역내 무역 활성화를 주도했을 때 산업화와 근대화 과정의 부산물로서 일련의 문제가 발생했다. 목축업과 같은 새로운 "생산"의 제시는 토지보유권의 극단적 집중화를 야기했다. 이와 같이 산업 생산의 대량화로 소상업이 무너지기 시작했다. 이러한 경제적 변화로 인해 사회 불안이 여기저기에서 발생했으며, 1970년대에 모든 중미 국가는 여러 차원의 이와 같은 형태의 위기에 봉착했다.

대체로 이러한 위기가 발전하게 된 이유는 각국별 역사적 노정의 산물 때문이다. 내전이 니카라과와 엘살바도르에서 발발했다. 과테말라에서는 이미 1960년대 이래 발발했다. 코스타리카와 온두라스에서 발생한 사회운동은 비폭력적이었지만 그들은 고통을 소리 높여 외쳤다.

각 국가별 위기는 1979년 니카라과 산디니스타의 승리가 있기까지 국별 노정에 따랐다. 산디니스타 혁명은 이웃 국가의 전통적 항상성(항상 같은 상태를 유지하려는) 정치질서를 거부한다는 맥락에서 1944년 과테말라 혁명에 상당히 비견할 만하다. 유사하게 산디니스타 혁명은 냉전 부활의 상황에서 발생했다.

로널드 레이건Ronald Reagan은 선거 캠페인에서 미국이 지난 4년간 나약함과 치욕의 시간을 보냈다고 토로하며, 전 세계에서 미국의 리더십 재확립을 주장했다. 미 행정부는 특히 1978년 소련의 아프간 침략과 테헤란 미 대사관에서의 인질극 소동으로 자극을 받았으며, 이렇듯 자신의 헤게모니에 도전하는 어떤 세력이든 더욱이 미국의 뒷마당에서는 더 이상의 관용을 용납하지 않고자 했다.[30]

그러나 과테말라 혁명과 달리, 산디니스타 혁명은 경제적 성장의 호시기가 아니라 오히려 1980년대 대륙 전체의 외채위기 시기로서 심각한 경제적 악조건에 대응해야 했다. 그 10년 동안 중미는 미국과 동맹국 그리고 쿠바와 소련의 지원 아래 니카라과가 분쟁의 초점이었다. 산디니스타는 공공연하게 엘살바도르와 과테말라 게릴라들을 도왔고 미국은 온두라스의 반혁명 세력을 후원하고 니카과라에 경제적 블록을 시행했다.

그때까지의 개별적 국가 위기는 지역 또는 전 지구적으로 확산되었다. 산디니스타 혁명은 다른 중미 국가들에게 영향을 끼쳤을 뿐만 아니라 역내 미국의 동맹국들은 위기 상황을 이해하고 또 해결하기 위해 협력했다. 1950년대처럼 역내 발생한 모든 문제는 산디니스타에 의한 것이라는 해석이 주를 이뤘다.

좀 더 구체적으로 본다면 1980년대에 서로 다른 세 가지 시각이 상충한다.

첫째, 라틴아메리카 4개국은 전면전all-out war으로 확장되는 것을 막기 위한 목적으로 중재를 시도했다. 멕시코, 파나마, 베네수엘라 그리고 콜롬비아는 1983년 1월 3일 파나마의 콘타도라섬에서 회담을 갖고 UN 헌장의 기본 원칙을 바탕으로 한 평화 계획안을 제시하며, 다른 국가들이 비무장화 과정에 참여할 것을 촉구했다. "중미의 평화와 협력을 위한 법률" 콘타도라는 1986년 만장일치로 니카라과를 제외한 모든 중미 국가에 전달되었다.[31]

둘째, 미 행정부가 외교적 주도권을 가졌다. 국가안보 이슈로 간주된 상황에 직면한 레이건 행정부는 정책 제안을 위해 헨리 키신저Henry Kissinger가 주재

하는 초당적 위원회 설립을 지시했다. 헨리 키신저가 주관한 본 위원회의 보고서에 따르면 지역의 사회적 문제와 민주주의 결핍이 지역 주민의 사회적 운동을 통한 그들의 목소리를 전달하는 것이 저해되므로 공산주의자들이 이와 같은 상황을 이용해 자신들의 입지를 확고히 한다는 것이다. 로널드 레이건 대통령은 이러한 분석을 자신의 사상과 결부시킴으로써 산디니스타들의 축출을 위한 빌미로 이 보고서를 이행 및 활용했다. 레이건 대통령은 근본적으로 전쟁을 계획하고 있었으며, 이에 대해 중미 국가들은 담대하게 거절했다.

셋째, 평화계획안은 중미에서 진행되었다. 1986년 5월 24~25일 과테말라 비니시오 세레소Vinicio Cerezo 대통령은 중미 4개국 국가 정상들을 과테말라 에스키풀라스Esquipulas에서 개최한 지역 정상회담에 초대했다. "민주적"이며 반反산디니스타 국가 4개국은 위기 극복을 위한 최고의 방법을 강구하기 위해 이미 "민주적 연합" 구성을 위한 시도를 한 바가 있었다. 하지만 1986년 에스키풀라스 회담에서 니카라과 다니엘 오르테가Daniel Ortega 대통령도 포함되었다. 흥미롭게도 정상들은 회의 동안 역내 평화 관계를 회복하기 위한 도구로서 지역통합을 증진시킬 필요성에 모두 동의했다. 이 부분은 추후 다시금 논의하겠지만, 에스키풀라스 선언은 지역 의회 설립을 언급했으며 정상회담을 제도화했다. 1987년 8월 7일 제2차 중미정상회담 기간에 5명의 정상은 제2차 에스키플라스 협정 혹은 아리아스Arias 평화 계획에 서명했다. 코스타리카 오스카르 아리아스Óscar Arias 대통령은 코스타리카 자체의 정치적 체제의 민주화를 통한 지역 평화의 필요성을 강조하는 거대한 평화 계획을 가지고 있었다. 1987년까지 엘살바도르, 온두라스, 과테말라는 이미 민주주의 이행 과정을 경험한 가운데 대체적으로 미국의 개입 아래 계획이 진행되었고,[32] 코스타리카는 민주적 제도가 견고히 정착되었다. 그러므로 아리아스 평화 계획의 암묵적인 목적은 산디니스타들이 선거에서 질 수도 있지만 자유선거를 실시할 수 있도록 설득하고자 한 것이다.

궁극적으로, 아리아스 평화 계획은 성공적이었다. 산디니스타들은 선거 예정일 9개월 전인 1990년 9월 선거에 동의했다. 혁명적 지도자에게는 매우 예외적으로 다니엘 오르테가가 비올레타 차모로Violeta Chamorro 대선 후보에게 석패하며 권좌에서 물러났다. 비록 오르테가가 선거의 패배는 인정하고 권력의 패배는 인정하지 않았지만, 11년간의 니카라과 산디니스타 혁명의 종지부를 찍으며 중미 지역 단위의 위기가 사라진 것으로 간주되었다.

이 절의 나머지 부분에서 아리아스 평화 계획이 지역통합에 영향을 주었다는 효과성 부분에 대해 강조하고 싶다.

계획 혹은 "중미 지역의 확고하고 영속적인 평화의 수립을 위한 절차"는 국가 차원의 화해, 게릴라 집단에 대한 외부 원조의 종식, 전반적인 휴전, 각 국가별 평화회담 그리고 한 국가를 다른 국가에 대한 공격기지로 사용하는 것에 대한 금지를 요구했다. 이 계획은 특별한 지침과 일정표가 이러한 목적과 부합하도록 마련되었다.

1980년대 상반기 동안 지역 단위의 외교는 항상 능동적이었지만 아리아스 평화 계획의 이행은 협력의 관계를 명백히 한 단계 업그레이드하며, 수많은 국가가 지역 단위 협력 수행을 격려하는 자극으로 작용했다. 각 계획의 목표 이행은 오래된 지역기관의 재활성화 또는 새로운 제도적 기관의 설립을 포함한다. 필자가 언급하고 싶은 점은 이와 같은 위기 해결을 위한 집단적 노력이 의도치 않게 지역통합의 과정을 재개시켰다는 것이다. 정상회담, 부통령 회담의 제도화, 협상기관의 팽창화가 촉발제 역할을 했다.

계획의 목표가 다소 일반적이었기 때문에 이러한 목표들이 안건별 협상을 통해 좀 더 구체화되어야 했다. 그러므로 이행은 연속적 유형으로 진행되었다. 예를 하나 들자면, 아리아스 평화 계획 가운데 가장 주요한 목표 중 하나는 국별 화해이다. 고전적으로 이 부분은 정치적 혹은 군사적 의미를 지닌다. 이 시기 중미의 정치적 화해는 민주화와 난민의 귀환을 포함한다. 군사적 화해는 비

〈그림 2.4〉 에스키풀라스 II 협정, 국가 화해에 관한 첫 번째 항목: 연속적인 시행의 첫 번째 실례

목표	첫 번째 단계	두 번째 단계	시행기관
화합	정전	무장해제	IVFC, EC, SC
		비정규군과 반란군 지원중단	ONUCA
		전사동원해제	ISVC, ONUCA
	정치적대화	체제의 민주화	NRC
		난민의 귀환	ICCAR, UNHCR

EC: 행정위원회(중미 외교장관들로 구성됨). 1988년 1월 제3차 정상회담 이후 국제검증 및 후속조치위원회(IVFC)를 대체함.
ICCAR: 중미 난민국제회의
ISVC(International Support and Verification Commission): 국제 지원과 검증 위원회(유엔과 미주기구 사무총장)
IVFC: 국제검증 및 후속조치 위원회(유엔과 미주기구 사무총장 및 중미 5개국의 외교장관 그리고 (멕시코, 베네수엘라, 파나마, 콜롬비아로 구성된) 콘타도라그룹 그리고 (아르헨티나, 브라질, 페루, 우루과이로 구성된) 지원 그룹
NRC: 국가화해위원회(각 국가별: 행정부의 대표 1인, 에피스코팔 회담의 1인, 야당에서 1인 그리고 '저명한 인사' 1명으로 구성됨)
SC: 안보위원회(중미 내무부 및 국방부 장관 그리고 외교부 차관으로 구성됨)
ONUCA: 유엔 중미옵서버그룹(1989년 11월~1992년 1월)
UNHCR: 유엔 난민고등판무관 사무소
자료: Olivier Dabène, *La Région Amérique Latine. Interdépendance et Changement Politique*(Paris, Presses de Sciences Po, 1997), p.221.

무장, 외부적 군 지원의 종식 그리고 군사동원 해제를 말한다. 이러한 2차적 단계의 각 목적은 중미 국가가 기존의 집행기관(주로 UN에 소속되어 있는)을 활용하거나 〈그림 2.4〉에서 확인할 수 있듯이 새로운 기관을 만들어야 했다.[33] 의심할 여지 없이 중미평화협정Central American Peace Accord의 항목들을 준수하는 것은 복잡하다. 그러나 다시 한 번, 모든 활동으로 발생된 부수적인 협력의 역동성을 강조했으면 한다.

또 다른 중요한 예가 있다. 중미가 해결해야 할 가장 중요한 당면 과제 가운데 하나는 아마도 난민과 강제이주자의 복귀일 것이다. 제2차 에스키풀라스 협정의 제8항은 "자발적인 특성이 있으며 개별적 형태를 취한다는 규정하에서 중미 국가들은 절박감을 가지고, 중미 위기로 만연된 난민과 강제이주자들에

〈그림 2.5〉 에스키풀라스 II 협정, 난민과 강제이주자에 관한 여덟 번째 항목: 연속적인 시행의 두 번째 실례

대상	난민과 강제이주자			
단계(영역)	보건	교육	고용	안보
이행 기관	PPHCAP PAHO-WHO	CACEC	EAPCA EFC	SC

CACEC: 중미 교육문화위원회
EFC: 경제통상위원회(중미 경제통상장관들로 구성됨)
WHO: 세계보건기구
PAHO: 범미주 보건기구
EAPCA: 중미 경제활동계획(1990년 출범)
PPHCAP: 중미-파나마 보건우선계획
자료: Olivier Dabène, *La Région Amérique Latine. Interdépendance et Changement Politique*(Paris, Presses de Sciences Po, 1997), p.222.

대한 문제를 보호와 지원, 특히 보건, 교육, 일자리, 안보 그리고 본국 송환, 재이주 혹은 재정착 등의 프로그램을 통해 해결하기 위해 노력한다"고 명시되어 있다.

이러한 항목을 각각 준수하기 위해 몇 가지 제도적 방식을 요구한다. 다시 한 번 〈그림 2.5〉에서 확인할 수 있듯이, 중미는 기존의 국제기구를 활용해 꾸준히 새로운 기구들을 조성했다.[34] 또한 다른 예도 논의할 수 있다. 제2차 에스키풀라스 협정 항목의 준수를 위한 노력들이 이 지역의 정치적 협력을 증진시켰다. 중미가 어떻게 협력적 역동성에서 통합 프로세스의 재활성화로 진화했는지에 대해서는 다음과 같은 일련의 요소가 있다.

첫째, 정상회담 차원에서 본다면, 1986년 시작된 정상회담은 2년에 한 번씩 개최하는 것으로 제도화되었다. 제2차 에스키풀라스 협정에 의거하여 정상들은 계획의 이행 정도에 대해 국제 검증과 후속 위원회로부터 작성된 보고서를 전달받게 되어 있지만, 이 책 제4장에서 확인할 수 있듯이 그들은 통합 과정의 모든 제도적 틀의 재수립을 재빨리 결정했다. 부통령 회담 역시 제도화되었다.

둘째, 각국의 정상들은 1986년 5월 25일에 에스키풀라스 선언(제1차 에스키

풀라스 협정)에서 제시된 "의회 조직을 구성하며 더욱 진전되길 희망한다"고 표명한 것이 제2차 에스키풀라스 협정 제4항에 담겨 있다. 그들은 심지어 "1988년 상반기 동안 중미 전체 국가가" 동시다발적으로 선거를 치를 것을 요구하기도 했다. 그러므로 아리아스 평화 계획은 지역통합을 활성화시켰을 뿐만 아니라 의회 설립을 통해 그 영역을 확장했다.

셋째, 지역 단위의 새로운 주제들이 등장했다. 보건, 문화, 교육 면에서 중미 지역통합은 비활성화된 것이 아니었다. 실제로 중미는 이미 통합과 관련해 1950년대에는 몇 개의 기관을 설립하고 아울러 매우 다양한 어젠다를 다루고 있었다. 그러나 의심의 여지 없이 중미 지역에서 가장 중요하며 우선시된 쟁점 영역은 난민문제였다.

넷째, 1991년 7월 15~17일에 엘살바도르의 산살바도르에서 개최된 제10차 정상회담에서 각국 정상들은 지역통합 기구의 새 출발을 결정했다. 산살바도르 정상회담에서 "ODECA의 개선과 활성화"로 중미통합체제SICA의 창설을 공표했다. 이러한 중미 지역통합의 노력에 대해 이 책 제4장에서 좀 더 구체적으로 설명하도록 하겠다.

다섯째, 중미 지역의 위기 기간에 지역통합의 유지와 활성화를 위해 민간 영역이 중요한 역할을 담당했다. 전쟁 시 지역의 무역을 일부 담당했을 뿐 아니라 중미 주요 민간 영역의 포괄적 기관으로 중미 민간기업 단체 연맹인 FEDERCIAP는 각 정부에 위기 해결을 위한 협력적 도움을 제시했다.[35] 물론 1990년대 민간 영역은 역내 평화로운 환경으로 역내 사업 활성화의 이점을 취하기도 했다. 역시 이 책 제4장에서 통합의 재활성화에 대해 자세히 설명하도록 한다.

마지막은 주의를 해야 할 부분이다. 비록 1969년과 같이 전쟁으로 이어지지는 않았지만 1980년대는 국경분쟁이 갑작스럽게 증가했다. 지역 단위의 위기 해결에 집단적인 노력으로 야기된 지역통합의 재활성화가 모든 국경분쟁을 해소시킨 것은 아니었다.

주요 긴장 요소는 다음과 같다. 과테말라가 벨리즈 영토 일부를 자국 영토라 주장했다(실질적으로, 1981년 영국으로부터 독립을 승인받은 벨리즈는 과테말라로부터 독립에 대한 인정을 받는 데 10년이 소요되었다). 엘살바도르, 온두라스, 니카라과는 포네스카Fonesca만에 대한 분쟁이 있었다. 니카라과, 온두라스, 콜롬비아는 카리브섬에 대한 분쟁이, 니카라과와 코스타리카는 국경을 마주하고 있는 산 후안San Juan강을 두고 정기적으로 의견 충돌이 있어 왔으며, 파나마는 콜롬비아의 난민유입 제재에 대한 문제가 있다. 1995년 국경지속개발 계획의 서명으로 분쟁의 종식을 끝내지 못했으며 더욱이 접경 지역 다양한 협력 계획들이 진행되지 않았다.[36]

1990년대와 2000년대 지역통합 과정이 재활성화되었음에도 대부분 국내 정치적 이유로 국경분쟁은 가끔씩 재출현했다. 이러한 문제들이 지역통합을 위험에 빠트리지는 않지만 "안보 공동체"로 진화하는 것을 방해하는 확실한 요소다.

결론

지금 결론지을 수 있는 것은 1990년대 중미 지역통합 과정의 재활성화는 집단적 위기-해결 노력의 잔여물이라는 것이다. 제2차 에스키풀라스 협정은 지역통합 과정의 새로운 여정을 연 역사적 분기점이다. 집단적 문제 해결 노력은 명백하게 통합 수준의 증가를 이끌어냈다.

1950년대와 비교해 볼 때 명백한 차이가 있음을 확인할 수 있다. 1950년대에 통합 과정은(미국이 중미 지역의 반공산화 전략을 위해 대리인proxy 성격의 ODECA를 통한) 위기 해결의 도구로 사용된 반면, 1980년대의 위기 해결 도구인 아리아스 평화 계획은 지역통합의 재활성화를 위한 매개체 역할을 했다.

조금 더 비교한다면, 1950년대의 외부적 간섭(과테말라 혁명을 저지한 미국)은 중미 스스로 역내 문제를 해결하는 집단적 노력을 방해했다. 그와는 반대로, 1980년대에 위기 해결의 내부적 노력(아리아스 평화 계획)은 중미가 스스로 계획을 함께 이행할 수 있도록 유도했다. 전자의 외부적 위기 해결은 통합 과정을 비정치화하는 경향이 있고, 1960년대에 통합의 정치적 측면은 사라진 반면 상업적 통합은 성공적이었다.[37] 후자에서는 내적 위기 해결이 통합을 정치화하는 경향을 보였는데, 이후에 확인하겠지만 1990년대 중미는 중미통합체제 SICA를 발족시키며 통합 과정에 새로운 정치적 의미를 부여하고자 노력했다.

폭넓은 역사적 관점하에 이러한 두 가지 경험으로 본다면, 미국 주도 화해의 유형과 지속적으로 실패한(1907~1922) 잠정적인 재통합을 볼 수 있다. 비록 서명한 협정들이 일시적인 평화를 가져올 수 있지만 미군의 위협이 억제 요소였으며 따라서 지속적인 역내 정치적 안정화는 없었다.

세 번째 단위의 잠정적 비교가 있을 수 있다. 1960년대에 통합 과정의 비정치화는 국가 개입 시기에 발생한 반면, 1990년대의 정치화는 신자유주의 시대에 발생했다. 모든 차원의 협력을 포함하는 종합적인 프로젝트로 발전시키는 것을 정치화라고 의미한다면, 이 부분은 놀라운 것이 아니다. 1960년대에 코스타리카를 제외하고 중미 모든 나라가 군부의 통치하에 있었으며 통합의 영역이 활발한 부분은 단지 국가 차원의 주권 보호에 한정되어 있었다. 1990년대에 민주적으로 선출된 중미 대통령들은 지역 단위의 프로젝트를 수행하면서 상대적으로 열악한 국내 정치적 힘의 반등을 열망했다. 이러한 보상적 전략에 대해서는 이 책 제4장에 좀 더 구체적으로 밝히겠지만, 정치화에 대해서는 이 두 기간의 상반된 부분이 과대평가되어서는 안 된다. 1960년대에 군부체제하의 민족주의 분위기는 중미 정보처리기관Clearing House, 중미 화폐위원회, 지역 통신 위원회Telecommunications 또는 중미 항공서비스 법인과 같은 중미 지역 단위의 제도화를 막지는 못했다. 또한, 1990년 통합 과정의 정치화는 새로운 의정서를 채택하는 등 동기부여로 작용했지만 에스키풀라스 협정 과정의 모멘텀momentum이 지속적으로 실추됨에 따라 좀 더 성숙된 통합을 위한 노력은 사라졌다.

Chapter 3

집단적 민주주의 방어 구축하기

'제1부 도입'에서도 언급했듯이, 라틴아메리카 지역통합의 과정과 민주화는 1980년대와 1990년대에 동시에 전개되었다. 1979년과 1990년 사이에 13개 라틴아메리카 국가들은 민주주의로 이행을 경험했으며, 동시에 지역 협정을 다시금 활성화하거나 새로운 지역기관을 출범시켰다.

이와 같은 역내의 역동성이 단순히 부수적인 결과물인가? 각국 정부는 정치·경제로 분리해 서로 다른 형태의 목표를 추구했는가? 또는 어떤 면에서 민주화와 지역통합을 연결했는가? 이 장은 1990년대에 서명한 몇 가지 협정이 분명히 정치적인 목적이 있다고 본다. 아이디어는 민주주의가 역내 상호 의존성 확장에 기회를 제공하고 집단적 기구를 만들어 이로 인해 역내 상호 의존성 증대에 기여한다는 것이다. 지역통합은 경제적 번영을 수반하며, 차례로 경제적 성장은 민주주의를 공고화하는 데 도움을 줄 것이다.

이와 같은 주장에 대해 주로 MERCOSUR의 경우를 중점으로 하는 실증적인 예시를 제시하기 전에 약간의 이론적 접근에 대해 알아보자. 지역통합과 민주화와의 연관성에 대해서는 기존 연구에서 상당히 도외시되었다.[1] 유럽연합의 예 또한 언급할 만한 가치가 있는데 그 이유는 라틴아메리카 통합 과정에 지속적인 영감을 주는 경우이기 때문이다.

통합과 민주화

이론적 반영

이 책의 제2부에서는 지역통합의 정치적 도구화에 관심을 두고, 이 장은 특히 민주화에 주목하지만 수많은 학자가 인지해야 할 부분은 지역통합이 민주주의 정권에서 가장 잘 이뤄진다는 것이다. 어떤 국가는 심지어 민주주의가 통합의 선결 조건이다. 만약 이 사례라면 우리의 관심은 관련성을 잃는다. 지역통합은 이미 민주화된 국가들로 이루어지며 따라서 민주화에 기여하지 않는다는 것이다.

이와 같은 주장을 이론적인 틀에서 논의하기 전에 먼저 상기해야 할 것은 다른 지역과 마찬가지로 라틴아메리카의 지역통합도 민주주의 국가와 항상 연관이 있는 것은 아니다. 1960년대 첫 번째 지역화의 물결 기간에 라틴아메리카에는 민주주의 정부가 매우 적은 수였다. 그리고 경제상호원조회의COMECON는 유럽 공산주의 국가 간의 통합에 관한 흥미로운 경험이었다.

기존 연구 문헌들은 유사한 크기와 영향력(벨기에, 네덜란드, 룩셈부르크)을 가진 민주주의 국가 가운데 분야별 협력이 점차적으로 정치화된 유럽의 사례에 특별히 관심을 보였다. 이러한 경우, 수많은 학자가 성공적인 지역통합을 위해서는 민주주의가 필요조건이라고 주장한다.

예를 들어, 하스와 슈미터가 이미 언급한 배경 조건은 단위 크기와 영향력, 거래 비율, 다원성의 정도와 종류, 국가 엘리트의 상보성을 포함한다.[2] 그들은 민주주의에 대해 언급하지 않았지만 "산업화의 내부적 논리와 다양화, 민주주의가 접목되어 형성된 자동화의 요소가 경제공동체의 성공적 정치화의 유형화와 관련이 있다"고 생각했다. 그래서 그들은 라틴아메리카에서 "명백히 부족한 유럽 특성의 기능적 대체물"을 찾았다.[3] 즉, 그들의 눈(관점)에는 민주주의가 필요조건은 아니지만 기능적 대체물이라는 것이다. 따라서 하스와 슈미터는 "과도기"의 라틴아메리카 정치에서 이를 찾을 수 없기 때문에 라틴아메리카 통합 전망에 대해 상당히 회의적이었다.

더욱이 신기능주의자들은 각각의 서로 다른 행위자에게 적당한 권력이 할당되면 지역 기구의 제도화 및 활성화에 협상력을 갖게 되어 파급 메커니즘이 더욱 잘 작동된다고 강조한다. 그와 같은 상황은 각각의 행위자들이 자국 내 정치문제에 대해 활동의 여지를 확보하게 되며 이로 인해 그들이 다른 국가와의 동맹과 연합으로 이어진다는 것이다. 이와 같은 관점에서 권력의 집중은 명백한 장애물이며, 가장 이상적인 정치적 환경은 민주주의 체제이다. 이 같은 맥락에서 더 많은 사회 집단이 이와 같은 과정에 참여한다면 더 나을 것이라고 첨언할 수 있다. 혹은 다시 말하면, 더 "근대화" 그리고 더 다원적 사회 계층이 참여한다면, 수많은 그룹이 지역 단위의 어젠다를 정교화하는 데 기여하는 만큼 더 확장된 통합의 범위가 될 것이다. 이러한 면에서 지역통합은 지역 단위의 참여 민주주의 혹은 중앙기관의 형태가 있는 다두제polyarchy의 모습을 띨 것이고 다양한 층위별 행위자들이 결정의 과정에 참여하게 된다.

신기능주의자의 논리로 본다면, 신의(충성)에 대한 이전transfer은 민주주의 체제에서 더 쉽게 상상할 수 있다. 이동의 자유로움은 자유 체제에서 더욱 쉽게 확인할 수 있다. 엘리트의 상보성과 관련하여 하스와 슈미터는 "국가 체제에서 대응 그룹은 유사한 혹은 다른 가치들에 의해 영감을 받는다"고 생각했다.[4] 비록 그들은 민주주의 가치에 대해 특별하게 언급한 바는 없지만 이 부분을 포함한다.

민주주의는 신기능주의자들이 품고 있는 지역통합의 형태를 위해 상당히 우호적인 환경을 제공한다. 그러나 그들은 모순에 직면하게 된다. 한편에서는 민주주의 체제로만 구성된 지역에서 행위자들은 가치를 나누고 제도를 구축하기 위한 유용한 기반을 가진다. 다른 편에서는 민주주의 선거가 통합 절차를 늦추는 정치화가 가능할 뿐만 아니라 그 자체를 마비시킬 수 있는 다각의 거부권이 행사된다. 이와 같은 경우에도 민주주의는 그나마 나은 것이다. 왜냐하면 권위주의 정권은 비정치화를 보장하지 않기 때문이다. 권위주의 정권하에서는 외교 정책 결정에 대한 공론화가 어렵지만 지역통합 혹은 통합의 반대에 우호적인 정치적 방향성은 있을 수 있으며, 군 제도권 내에서 주권 양도에 따른 위기와 관련된 토론이 있을 수 있다.

요컨대, 신기능주의자들의 논쟁에서 민주주의는 조심스럽게 통합에 우호적인 조건으로 간주할 수 있지만, 명백히 필요조건은 아니다.

그럼에도 이 장에서는 이와 같은 논쟁을 뒤집어, 지역통합이 민주화를 확산시키는 역할을 한다는 부분의 설명에 관심을 둔다. 이것은 두 가지 서로 다른 방식의 사례가 될 수 있다. 한편으로, 지역통합은 제도적 장치의 제약을 수반할 수 있다. 또 한편으로 지역통합은 행위자들의 행태에 영향을 줄 수 있다.

제도적 장치로 민주주의의 기여 정도를 평가하기 위해, 우리는 먼저 통합 과정의 초기 단계에 주목해야 한다. 발전하는 제도는 과정을 시작하는 초기 시점과 기획자들의 의도로 기원을 찾는다. 모든 통합 과정은 종종 협약에서 구현된 통합의 첫 번째 단계에 대한 기억을 가지고 있다. 즉, 협약은 국가 이익들 간의 타협의 산물이다. 모든 국가의 선호는 그 자체로 부문별 사적 이익의 타협의 산물이다. 그런 면에서 민주주의와 지역통합은 동전의 양면과도 같다. 모든 부분은 종종 협정으로 진행되는 협상의 산물이다. 이 부분은 둘 다 경쟁적 이익 사이에서 타협에 도달하는 규칙에 정치적 제안을 제출하는 것으로 구성된다. 그러나 내부적 혹은 국내 협정(민주화)과 외부적 혹은 국제적 협정(지역통합) 사이의 잘못된 양분이 있다. 이중의 게임 논리를 따른다면 서로 다르지만 동시에 관련 영역에서 동일한 행위자들이 협상하는 만큼 양쪽 사이를 나눌

수 있는 엄격한 구분은 없다.[5]

만약 이러한 생각을 받아들인다면, 우리는 이러한 더블 협정의 기억(메모리)이 얼마만큼 지속되고 그리고 얼마만큼의 억제 효과가 지속될 것인지를 궁금해 해야 한다. 수많은 중개 변수가 언급될 수 있으며 이러한 변수들 가운데 국제화는 기회에 영향을 주고 사회와 경제적 행위자들을 제한함으로써 그들의 정책적 선호에 영향을 준다.[6] 국제화는 새로운 행위자를 정치적 영역의 전면으로 몰아가며 궁극적으로 정치체제의 특성에 영향을 준다. 새로운 정치적 형태는 통합에 대한 다른 약속commitment으로 선거 과정에서 출현한다. 마침내, 재활성화를 요구하며 통합 과정 속에 위기와 정체가 있다. 재출범과 심화 혹은 확대는 원협약과 겹칠 수 있는 새로운 협약의 역할을 할 수 있다. 요컨대, 제도적 장치가 제한적 효과가 있다고 믿는 수많은 이유가 있다. 그러나 이러한 효과에는 수많은 가소성plasticity이 있다. 지역통합 과정은 민주주의로 이행을 "고정lock in"할 수 있다. 그러나 이러한 "고정 효과"는 여러 방안들이 협상될 때 우위를 차지했던 조건과 관련되어 있기 때문에 깨지기 쉬운 상태로 남아 있다.

신기능주의 논쟁과 관련하여, 만약 파급 효과가 있다면 과정의 점진적 정치화가 회원국들의 주권을 양도하게 유도하고 궁극적으로 정치체제의 조정을 야기해 상호 의존하게 된다. 연방과 같은 정치 연합을 형성하는 경우에는 이러한 부분이 더하다. 다시 말해, 이러한 표준화가 과장되어서는 안 되지만 통합의 역동성은 정치체제의 점진적 조화를 포함한다. "민주주의 무대" 또는 그 반대의 "권위주의적 고립장"에 관한 문헌은 지역 수준에서 민주적 체제에 관해 상당한 다양성이 있을 수 있음을 보여주었다.[7] 국제 환경과 관련하여 달리 생각할 이유가 없다.

마침내, 유럽의 경우에서 나타난 바와 같이 제도적 장치가 민주주의에 기여한 것은 민주적 조건의 형태를 취할 수 있다. 다음 절에 이러한 부분에 대해 간략히 논의할 것이다.

우리는 지역통합이 민주화에 미치는 세 가지 상이한 구조적 영향인 초기 분기점, 파급, 자격 조건을 확인했다. 이러한 영향 중 어느 것도 행위자들의 개입 없이는 작동할 수 없다. 행위자들의 행태는 신제도주의의 확산이 있기 수년 전에 필리프 슈미터가 언급한 관점 중 하나인, 제도에 의해 형성되었다고 보았다. 그에 따르면, "정치적으로 관련 있는 행위자들"이 종종 지역 제도에 대해 범위와 확약commitment의 정도를 재평가한다.[8] 그는 행위자들이 과거 경험으로부터 배우는 "위기 유발 결정 사이클"에 대해 설명했다. 슈미터와 하스는 행위자들이 결정의 종류에 의해 제약받으며 이슈 영역 사이에서 구분을 짓는다고 정확히 지적했다. 제1장에서 언급한 것처럼 몇 가지 주제가 더욱 논쟁적인데 이러한 몇 가지 주제는 국가 자주성의 다른 손실을 수반한다. 라틴아메리카와 관련하여 이미 결정된 결정 사항들의 준수 정도를 고려할 필요가 있다고 덧붙여야 한다. 매우 위험한 활동 분야와 관련된 몇 가지 중요한 결정 중 일부는 결코 시행될 수 없으며 그러므로 매우 수사학적으로 남을 수 있다. 라틴아메리카에서는 "법리학에 의한 정치적 통합"이 별로 없다.[9]

이와 같은 제약적인 부분이 있음에도 불구하고, 지역통합은 관련 행위자들을 사회화하는 경향이 있다. 상호 신뢰, 공감, 배려, 충성, 연대 등과 같이 서로 다른 양상이 면밀히 검토될 수 있다. 사회적 행동의 표준화는 오래된 협상에 의한 결과이며 혹은 더 일반적으로는 통합 프로세스가 진행되면 상호 관계의 촉진으로 확산되고, 결국 사회 간의 상호 의존 관계를 심화시킬 수 있다. 이러한 관점에서 통합 과정이 어떻게 정치적 가치의 표준화와 민주적 가치에 대한 공통적인 국경 간 결탁의 공고화에 기여할 수 있는지 상상하기 더욱 쉬워진다. 칼 도이치가 언급했듯이, 통합의 이러한 아이디어들의 통용circulation의 정도를 평가하기 위해 무역, 관광, 이주, 여행 등과 같은 지표에 주의를 기울이는 것은 흥미로운 일일 것이다. 민주적 공고화는 공적인 협상뿐 아니라 아래로부터의 의사소통과 거래의 흐름 정도로 진전된다.

통합과 민주화

유럽의 모범 사례?

다음 절에서 확인할 수 있는 것처럼 아르헨티나와 브라질 지도자 몇몇은 민주주의로의 이행 속에서 양국 간 협력을 증진시키려 할 때 유럽의 사례를 염두에 둔다. 그러므로 아주 간략하게라도 그들의 통합 의지 혹은 적어도 이러한 의지에 바탕을 둔 인식을 평가하기 위해서라도 유럽의 사례를 살펴보는 것이 중요하다.

남부 유럽, 특히 스페인, 그리스, 포르투갈은 통합과 민주주의가 서로 얽혀 있는 방식을 보여준다. 스페인의 경우를 고려해 보자.[10] 프란시스코 프랑코Francisco Franco 총통은 1960년대의 경제성장을 촉진하는 매우 자유주의적인 방향을 1957년에 선택했다. 1961년에는 그리스가 유럽경제공동체EEC의 협정서에 서명한 첫 번째 유럽 국가가 되었다. 같은 해에 사회민주주의와 유럽 의회의 독일 회원인 윌리 비르켈바흐Willi Birkelbach가 EEC는 회원 자격에 민주주의의 포용성을 포함해야 한다는 정치적 조건이 언급된 보고서를 의회 정치 위원회 이름으로 제출했다. 이 보고서가 법적 구속력이 있는 것은 아니기 때문에 프랑코 총통의 협회 협정의 서명을 위한 협상 요구를 막을 수 없었다. 그는 조건conditionality에 관한 한 원조약들이 특수성을 담고 있지 않음을 인지하고 있었다. 1957년 로마 조약의 237조항은 단순히 "어떤 유럽 국가도 공동체 구성원으로 지원할 수 있다고" 명시되어 있다.

1970년대에 경제적 성장이 둔화되면서 회원 자격에 대한 스페인의 요구가 점점 더 이슈화되었다. 스페인 경제의 근대화된 영역을 대표하는 일부 그룹은 정권의 민주화를 촉구하기 시작했는데, 신념에 의해서가 아니라 EEC 내에서 드리워지고 있는 멤버십을 위한 정치적 조건에 대한 우려를 감소시키기 위한 전략이었다. 1972년 파리 정상회담 기간에 EEC 국가의 정상들은 "커뮤니티의 발전이 민주주의, 자유로운 의사 표현, 이주와 생각의 자유, 그리고 시민의 참여를 통한 자유로운 대표의 선출로 결정됨을 재확인"했다.[11] 다음 해 코펜하겐에서 EEC 외교장관 9명은 공통 외교관계로 "유럽 정체성"의 개념을 소개했다. 1973년 12월 14일 자 문서에 "유럽 정체성의 근본적 요소들"의 일부로서 "대의민주주의, 법치주의, 사회정의, 인권 존중의 원칙들이" 포함되었다. 더욱이, 그들은 "9개국이 미래에 타 국가와 집단적으로 협상할 때 선택된 제도와 절차가 유럽 정체성의 독특한 특성으로 존중되어야 한다"는 부분을 분명히 했다. 또 다른 진전은 1978년 유럽이사회가 유럽 의회의 직접선거 내용이 포함된 민주주의 선언 채택도 같은 도시에서 이뤄졌다. 선언문에는 9명의 정상들이 "각 국가 간의 대의민주제 유지와 인권 존중이 유럽공동체 멤버십의 주요 요소"라고 명시되어 있다.

유럽위원회는 무역특혜 협정을 1970년 스페인과 체결했지만 정회원을 염두에 두지는 않았다. 1975년 프랑코 총통이 사망하자 후안 카를로스Juan Carlos 국왕이 민주주의로의 전환을 주도하면서 시류에 편승했다. 찰스 파월Charles Powell은 "카를로스 국왕이 1975년 11월 왕위 대관식 연설에서 스페인은 유럽의 주요 기구에 온전히 참여하기 위한 재확인을 시사"했다고 설명했다. 그리고 파월은 "그렇게 함으로써, 스페인 내부 정치 권력자들은 EC가 자국의 발전 정도를 모니터하고 언제 그리고 어떻게 회원 자격을 위한 정치적 요건을 갖출 수 있는지에 대한 판단을 전가pass했다"고 덧붙였다.[12] 1977년 몽클로아Moncloa 협상과 30년 만의 스페인 최초의 자유선거가 협상의 문을 열었다. 1985년 스페인은 마침내 유럽공동체의 회원국이 되었다.

스페인이 지역통합과 민주화 연계의 상징적 예를 제공한다는 것은 의심의 여지가 없다. 슈미터가 언급했듯이 "다른 어떤 국제 확약commitment보다 EU 정회원이 정치와 경제의 기대치를 안정화하는 데 기여했다. 이는 민주주의 공고화를 직접적으로 확증하는 것은 아니다. 그러나 국가 행위자들이 규칙과 관행의 범주 안에서 간접적으로 더욱 쉬이 동의할 수 있도록 한다."[13]

1990년대는 역시 흥미로운 부분이 있다. 냉전 이후 유럽은 통합 과정(단일 시장, 단일 통화) 심화의 맥락 속에서 재통합이라는 도전에 직면했다. 중부 유럽과 동유럽의 새로운 후보 국가들은 민주주의로의 이행을 경험할 뿐만 아니라 시장경제 건설을 위해 부단한 노력을 경주했다. 1993년 유럽 의회는 코펜하겐 회담에서 개혁을 지지한 가운데 신규 가입에 대한 정치경제적 조건을 상정하기로 결정했다. 유럽 의회는 "회원 후보국이 민주주의, 법치제도 확립, 인권 보호, 소수자 존중 및 보호, 시장경제 제도의 확충, 시장경제에 대한 적극적 참여와 더불어 유럽연합 내 시장의 경쟁적 안정성을 도모할 수 있는 역량을 포함한 제도의 안정성 확보"를 요구했다.

이와 같이 명시된 유럽연합 가입 조건에 따라 EU는 개별 준회원국의 제도화 정도를 면밀히 검토하여 1998년 헝가리, 폴란드, 체코, 슬로베니아, 에스토니아 등 단 5개국만 회원국으로 선정했다. 2004년 10개국이 새로운 회원국으로 참여했고 불가리아와 루마니아는 2007년에 EU 통합 회원국으로 인정받았다.

회원국 자격 기준이 변화되었지만 약간의 유연성 또한 제시되었다. 유럽 내 지역통합은 정치뿐 아니라 경제적 개혁을 합병화하기 위해 고안된 새로운 도구다. 우리는 라틴아메리카 지역통합이 신자유주의 개혁을 고정시키기 위한 도구화가 될 것임을 또한 보게 될 것이다.

라틴아메리카 통합의 정치화

앞에서 논의한 바를 토대로, 논리적으로 지역통합이 민주화에 기여할 수 있는 다양한 유형의 양상dimension(초기 단계, 확장, 자격 조건, 그리고 사회화)에 대한 평가부터 시작한다. 이와 같은 양상들 가운데 일부분은 다음 장에서 조금 더 구체적으로 논의하고자 한다. 제3부는 제도 구축 연구에 초점을 맞출 것이며 확장의 역동성에 대해 서술할 것이다. 제7장은 아래로부터의 통합과 사회화 과정에 대한 설명으로 이뤄져 있다. 라틴아메리카 통합 과정을 진행하는 제도 중 어떤 통합화도 자격 조건을 포함하지 않는다고 말할 수 없다. 그럼에도 라틴아메리카 통합화의 모든 제도는 상당히 다른 민주주의 조항을 포함하고 있는데 이는 이 장의 후반에서 확인할 수 있다.

잠시 동안 이 절에서 초기 단계와 의도에 대한 의견 개진을 자제하고 정권 유형에 초점을 맞출 것이다. 필자의 목표는 라틴아메리카 통합과 관련된 협정의 정치화 정도에 대한 평가이다. 〈표 3.1〉에서 확인할 수 있듯이, 통합의 서로 다른 물결은 구분되어야 한다.[14] 1950년대와 1960년대에 라틴아메리카에는 매우 적은 수의 민주주의 국가가 존재했다. 1968년과 1975년 사이의 페루 군정부처럼 몇몇 진보적 군정부가 반제국주의 미명하에 지역통합을 적극적으로 지지하고 주의를 환기시킨 것은 체제의 다양성이었다. 이 책의 제1장과 제2장에서 이미 언급한 대로, 이러한 다양성으로 인해 라틴아메리카 정부들은 가령, 냉전이 시작되었을 때 중앙아메리카에서 공산주의와 싸우는 것 외에는 집단적 정치 목표를 수립하지 못했다. 더욱이, 이미 언급한 대로 지역통합의 주요 장려자인 유엔 라틴아메리카-카리브 경제위원회ECLAC는 지역통합에 대한 탈정치화된 기술적 개념을 가지고 있었다.

라틴아메리카 자유무역연합을 출범시킨 1960년의 몬테비데오 조약과 같은 일련의 협정들은 영원한 라틴아메리카의 형제애 같은 것조차 언급 없이, 어떠한 정치적 이상의 제시도 없이 기능적인 부분에만 충실했다. 20년 후, 라틴아메리카 자유무역연합ALALC을 라틴아메리카 통합기구Latin American Integration Association: ALADI로 전환시킨 1980년의 또 다른 몬테비데오 조약은 "현재의 조약 이행서"가 포함된 제3조에는 회원국이 다음과 같은 원칙을 염두에 두어야 한

〈표 3.1〉 남미공동시장 우수아이아(Ushuaia) 의정서 민주주의 "헌신" 관련 일부 내용 발췌(1998.7.24)

1조 본 의정서 당사국 간 통합 과정의 발전을 모색하는 데에는 민주주의적 제도의 온전한 기능적 조건이 필수불가결 하다.
2조 본 의정서는 당사국의 민주주의가 결렬되는 경우에도 당사국 간 시행중인 통합 협약으로 도출된 관계에 적용된다.
3조 본 의정서 당사국의 민주주의 붕괴는 다음 조항에 제시된 절차에 따라 적용된다.
4조 본 의정서 당사국 가운데 민주주의가 붕괴된 경우, 다른 당사국들은 다른 당사국과의 긴밀한 협조와 협력을 당부한다.
5조 이전 조(article)에서 언급한 협의가 성공적이지 못할 경우, 현 상황의 심각성을 고려하여 이 의정서의 다른 당사국들은 발효 중인 통합 협정의 특정한 틀 내에서 적절한 관련 조치를 취할 수 있다. 이러한 조치는 통합 과정의 다양한 영역의 참여 권한의 중단부터 이러한 과정에서 파생된 권리 및 의무의 중단까지 그 범위가 포괄적이다.

자료: http://untreaty.un.org/unts/144078_158780/20/3/9923.pdf(자료 접근 및 확인: 2008.5.15).

다고 작성되어 있다. 즉, 본 조약의 3조 a항에는 "정치와 경제적 문제에 존재할 수 있는 다양성 위에 회원국 간 통합하고자 하는 의지에 의해 유지된 다원성"이라고 조심스럽게 명시되어 있다. 1969년 카르타헤나 협정서(안데스 협약) 역시 정치적 성향을 띠지 않았다. 중앙아메리카만이 이와 같은 탈정치화의 유형에서 예외였다. 1951년의 ODECA 헌장이 실질적으로 "형제 공동체"성에 반향을 일으켰으며 이러한 움직임의 확대에 대한 열의가 담겨 있었다.

제6장에서 추가적으로 논의해야 할 부분이지만, 또 다른 예외가 있다. 1964년 12월 7일, 14개국 약 160여 명의 국회의원이 "통합을 향한 증진과 조화 움직임에 대한 적극적 참여"의 기치를 내건 라틴아메리카 의회Latin American

Parliament: PARLATINO의 출범을 위해 리마에서 회합을 가졌다. 라틴아메리카 대륙 전체의 대표적인 회의 기구로서, "자유의 온전한 이행과 사회정의, 경제적 독립, 대표민주주의와 참여민주주의의 실천"에 대한 수호를 목표로 했다.[15] 이 의회는 정부 간 계획이 아니라 오히려 14개 참여 국가의 국회의원들이 라틴아메리카 전역에서 불고 있는 군부 쿠데타의 소용돌이 속에서 민주주의를 지속하기 위한 필사적인 몸부림이었다. 라틴아메리카 의회의 제도화는 1987년 조약이 체결되며 시작되었다.

어떤 면에서 1980년의 몬테비데오 조약은 탈정치화된 협정의 마지막 세대로 간주될 수 있다. "다양성 가운데서의 통합" 혹은 "통합적 다원주의"에 관한 아이디어는 1970년대 말과 1980년대 초반에 민주주의로의 전환기가 시작됨에 따라 곧 사라지게 될 것이다.

좀 더 정치화된 새로운 세대의 첫 번째 협정이 안데스 지역에서 체결되었는데, 이는 이 지역의 민주주의로 이행 정도와 더불어 지역통합의 경험에 비춰볼 때 놀라운 일은 아니다. 안데안 의회Andean Parliament 설립을 일궈낸 1979년 10월 25일 체결된 조약은 민주주의 시대의 첫 번째 산물이었다. 이 조약은 다음과 같이 명백한 의도를 제시하며 시작되었다. "① 안데스 지역 국가들의 글로벌 통합 과정의 공고화와 미래 전망의 확실성을 위해 대중 참여가 필요함에 대한 설득, ② 효과적인 민주적 권력 행사와 결부되어 있는 원칙과 가치, ③ 목표를 표명하기 위해 공통의 행동 방식 창출이 필수적이라는 인식."[16] 이러한 의도 외에도 안데안 의회 설립 조약 제2조에 따르면, 각 회원국이 직접선거를 통해 대표를 선출하는 만큼 안데스 5개 국가들은 민주주의에서 이탈하는 일은 없을 것이라고 명시되어 있다. 또한, 제2조는 회원국들이 대표성 기준이 포함된 추가 의정서를 채택한다고 언급하며, 제3조는 각국 의회가 회원국들 가운데 대표를 선출할 것이라고 규정했다.[17] 잠재적으로 이러한 특징들이 민주주의를 공고화할 수 있도록 한다. 하지만 이 책 제6장에서 확인할 수 있듯이, 실질적으로 안데안 의회는 오랫동안 유명무실했다.

우리의 주의를 끄는 부분은 회원국의 의도와 더불어 이와 같은 조약의 상징적 적절성이다. 타이밍과 연속성이 특히 중요하다. 즉, 유럽 의회를 위한 첫 번째 선거를 실시했던 해에 안데안 의회 조약이 체결되었다. 그럼에도, 더욱 흥미롭고 또한 강조해야 할 부분은 조약 체결 당시 안데안 회원국별 국내 상황이었다. 1979년 10월, 베네수엘라와 콜롬비아는 민주적인 선거를 쉽게 실시할 수 있었는데, 그 이유는 1950년대 말 이래 각국 정부의 민주주의 체제가 공고화되었기 때문이다. 에콰도르의 경우 1976년에 민주주의로의 이행이 시작되었고, 1978년 7월과 1979년 4월 두 차례에 걸친 선거 이후 군부정권이 막을 내리게 되었는데 라틴아메리카 민주화의 제3의 물결 속에서 1979년 8월 10일 첫 번째 문민정부의 출범을 축하했다. 1979년 10월, 새롭게 선출된 하이메 롤도스 아길레라Jaime Roldos Aguilera가 조약에 서명했다. 군 출신의 프란시스코 모랄레스 베무스Francisco Morales Bermúdez 페루 대통령은 1977년 7월 민주주의로의 이행을 발표한 이후, 1978년 7월 18일에 제헌의회를 위한 선거가 실시되었으며, 1979년 7월 12일 새 헌법이 공포되었다. 새로운 민주주의의 시대의 첫 번째 대통령 선거는 1978년 6월 18일에 실시되었다. 이에 따라 페루는 1979년 10월에 상대적으로 평화로운 민주주의로의 복귀가 이뤄졌다.[18] 이에 반해 볼리비아의 경우는 다소 복잡하다. 1978년 11월에 발생한 쿠데타로 군대 내 일부 진보세력이 권력을 장악했다. 이와 같은 사회 불안정 속에서 파디야Padilla 장군은 1979년 선거를 요구했다. 그 후 볼리비아는 1979년, 1980년, 그리고 1981년 3년 연속으로 선거가 치러졌고 온전한 승리자가 아무도 없는 선거로 인해 그 이후 매번 쿠데타가 발발했다. 1979년 선거에서 승리한 문민 출신 좌파 정치인 에르난 실레스 수아소Hernan Siles Zuazo 대통령 당선인은 결국 1982년 10월 권좌에 등극했다. 볼리비아는 1979년 10월 문민 출신의 게바라 아르세 Guevara Arce 임시 대통령이 안데안 의회 조약에 서명하고 같은 해 8월 8일에 권좌에 올랐으나 2개월도 채 되지 않은 11월 1일에 물러났다. 이러한 불안정한 상황에서 잠재적으로 민주화에 영향을 끼치게 될 국제 조약의 서명은 기껏해야 희망사항이었고, 최악의 경우 이러한 문서들에 대한 경멸을 의미하기도 했다.

그다음 해인 1980년 9월 11일 안데안 국가연합은 각국 정상들이 에콰도르 리오밤바Riobamba에서 윤리 강령을 제정하며, "대표민주주의와 참여민주주의 근간 아래 지역의 정치질서 확립을 목표"로 밝힌 가운데 "인권, 정치 참여, 경제 그리고 사회적 권리 등의 존중을 재차 강조함으로써 안데안 국가들의 국내 정치 실천의 근본적인 원칙이자 규범"으로 삼았다.[19] 이 문건은 에콰도르 하이메 롤도스 대통령이 집권하던 시기여서 '롤도스 주의Roldos Doctrine'로 알려졌고 국제사회 보편적 인권수호의 약속이 최초로 담겨 있다.

1980년대 후반으로 접어들어 민주화로의 이행이 더욱 진행되면서 1987년 11월 16일, PARLATINO 제도 조약의 제2조에는 본 제도에서 가장 우선시 되는 "영속적이며 불가한" 원칙은 "민주주의의 수호"라고 명시되었다.[20]

통합을 통한 민주주의 수호하기

다른 라틴아메리카 국가들은 1980년대에 어려운 시기를 보냈는데 이는 이들 국가가 민주화로의 이행 시기에 경제적으로 위기 상황에 직면해 있었기 때문이다.

첫 번째로 남미공동시장MERCOSUR 이야기를 고려해 보도록 하자. 기존 문헌은 남미공동시장 설립 기원의 정치적 상황을 충분히 묘사하지 않았다.[21] 1980년대 초반 아르헨티나에 극적인 상황이 발생했다. 1976년 이사벨 페론Isabel Perón 정부에 대한 쿠데타가 발발해 군사 독재정권이 출범했고 군정부는 사회 전체를 "재편성"하려는 야망을 가지고 있었다. 군정부는 이를 이루기 위해 초기의 "더러운 전쟁" 기간에 잔인한 방법을 자행했다. 이윽고, 군정부는 경제 침체기에 접어들며 1980년 이후 강력한 사회운동에 직면하게 된다. 포클랜드 전쟁(1982년 3~6월)은 국내에 집중되어 있던 이목을 감소시키는 극적인 시도라고 볼 수 있다. 하지만 이 전쟁에서의 패배는 아르헨티나 민주주의로의 이행을 가속하게 하는 결과를 초래했다. 갈티에리Galtieri 장군은 권좌에서 물러났으며 국민투표가 실시되었다. 아르헨티나 경제가 최악의 상태에 직면한 가운데 1983년 10월 30일 급진적 시민연합UCR의 라울 알폰신Raú Alfonsín 후보가 대선에서 승리하며 새로운 민주주의 정부가 출범했다. 1982년 멕시코의 채무불이행에 기인한 국가 부도 사태가 '눈덩이 효과snowball effect'로 라틴아메리카 전역에 영향을 미쳤으며 특히 재정 상태의 취약성이 극명하게 드러난 아르헨티나에도 적잖은 영향을 줬다. 지난 수년간 친親시장 정책으로 노동계급의 구매력이 크게 감소하여 이를 상쇄하기 위해 재분배 정책을 실시하고자 했지만, 부채 위기로 인해 어떠한 시도도 가로막혔다. 알폰신은 임금 인상에 대한 노동조합의 주장을 완화시키고 전반적인 화해 합의를 촉진하기 위해 스페인의 "몽클로아Moncloa 협정"[22]을 마음에 두고 있었다. 하지만 그는 인플레이션을 통제할 수 없었고 6년의 임기 동안 모두 13차례의 총파업에 직면해야 했다. 더욱이, 인권과 관련해서 알폰신은 "캐치 22Catch 22", 즉 진퇴양난의 상황에 직면했다. 알폰신은 3만 명의 실종자 가족이 요구하는 정의사회 구현에 따른 요구에 응해야 했고, 동시에 이로 인해 보복적 상황이 발생하지 않도록 주의를 기울여야 했던 것이다. 군부는 어떠한 법정 소송에도 확고한 반대를 표명했으며, 재판이 시작된 1987년과 1988년 각각 권력 찬탈을 시도했다.

이와는 반대로, 1964년 권력을 거머쥔 브라질 군부는 이미 1974년에 막사로 돌아갈 계획을 세웠다. 브라질의 민주 정권으로의 이양에는 긴 이야기가 있었지만 아르헨티나의 포클랜드 전투와 같은 극적인 사건은 없었다. 브라질의 민주주의로의 점진적 진화는 정치체제에 대한 군사 정당의 통제를 강화하기 위해 고안된 일련의 선거 개혁에 의해 간간히 확인될 정도였다. 그러나 이러한 움직임은 야당의 성장과 정치적 공간 확보를 위한 움직임을 막을 수는 없었으며, 군부의 장성들은 1985년 1월 5일 대통령 간접선거에서 승리할 수 있는 "티켓"만을 협상할 수 있었다. 경제성장과 관련해 권위주의 정권은 아주 인상적이었다. 브라질 경제는 1960년대와 1970년대에 급속히 성장했고 채무 위기는 단지 1982~1983년에만 발생했다. 민주주의로의 이행을 저해하는 유일한 불안정성의 요소는 탄크레두 네베스Tancredo Neves 브라질 대통령 당선인 서거로 그는 권좌에 오르기도 전에 사망했다. 호세 사르네이José Sarney 부통령이 대통령직을 수행했는데 그는 네베스 대통령 당선인과 동일한 신뢰감이나 정당성이 없었다. 그 이유는 사르네이 대통령 권한 수행은 군부에 의해 지목된 정치인으로 네베스 대통령 당선인을 견제하기 위해 내세운 정치적 인물이었기 때문이다. 아르헨티나와 브라질은 20세기 동안에 민주주의 시기가 길지 않은 가운데 일부 소수의 분석가들만이 이 시기에 민주주의가 공고화될 것이라고 전망했다. 아르헨티나의 알폰신은 정치적으로 매우 유약한 상태였는데 그는 국내 정치적 이슈를 염두에 두고 외교 정책은 명확하게 제시했다. 알폰신 내각의 단테 카푸토Dante Caputo 외교장관은 "우리의 외교 정책은 민주주의 체제를 강화하기 위해 명백하게 표현될 것"이라고 언급한 바 있다.[23] 이와 같은 목적으로 그는 스페인의 사례를 마음에 품고 있었다. 1984년 12월, 알폰신은 브라질의 대선 후보 탄크레두 네베스를 초대해 민주주의 수호를 어떻게 할 수 있는가라는 주제로 첫 번째 담화를 가졌다. 그 시기 증언들에 따르면 "민주주의 강화 모색은 모든 대화의 주요 이슈였다". 이와 같은 대화에서 하나로 귀결된 아이디어는 라틴아메리카 민주주의 보호를 위한 네트워크의 창출이다. 민주주의 사망 이후 이를 소생시키기 위한 장치를 만드는 것이 아니라 그 대신에 민주주의가 자리를 잡고 더욱더 공고화될 수 있도록 하는 것이다.[24] 네베스와 알폰신이 오찬을 함께 하며 민주주의 수호를 위한 네트워크 설립의 필요성에 대해 대화를 나눴다.

아르헨티나의 또 다른 증인은 "EEC의 역할이 남부 유럽 민주화에 영향을 끼친 것과 유사한 경험을 우리도 항상 가지고 있다"고 했다. 이 증인은 "아르헨티나와 브라질 간 정치경제적 커뮤니티 설립은 동일한 역할을 수행할 수 있는데 이는 협동적 양자체제로 각각의 개별 국가가 잠정적으로 군부의 손으로 정권이 회귀하는 위험적 요소를 제거할 수 있다"고 덧붙였다.[25]

여하튼 이러한 대화는 남미공동시장MERCOSUR 출범의 초석이 되었다. 그다음 해인 1985년 11월 29일 30일 양일간, 브라질과 아르헨티나의 대통령, 사르네이와 알폰신은 아르헨티나, 브라질, 파라과이의 국경인 포스 두 이구아수Foz de Iguazu에서 역사적 양자 회담을 가졌다. 회담의 목적은 세 가지였다. 양국의 대통령은 양국을 잇는 다리 개통을 축하하고 다리를 탄크레두 네베스로 다리를 명명했으며, 두 가지 공동성명서에 서명했다.

이 공동성명서는 분명 아주 중요한 기초 문서로, 이 문서는 양국을 새로운 관계로 설정하고 양국 간 관계 증진의 시발점이 되었다. 그 이전까지만 해도 아르헨티나와 브라질, 양국 간 관계가 썩 좋지 않았다. 잠시 남미 지도를 보면 이해할 수 있는데 브라질에 군사적 공격을 가한 것은 아르헨티나가 유일했다. 아르헨티나에게 북쪽의 거인은 항상 잠정적 위협이었다. 양국은 오랫동안 경쟁적 관계를 유지했으며 1825~1828년에 전쟁이 있었다. 1950년대 초반, 양 국가는 핵기술 개발에 경쟁적으로 임했고 1970년대에 양국의 군정부는 파라나Paraná강의 행정권으로 인해 충돌하기도 했다.

1970년대 후반, 양국 간의 긴장관계는 1979년 에너지와 물 분쟁 관련 조약에 서명하며 완화되었다. 1980년 5월 양국의 군정부인 브라질의 피게레이두Figuereido와 아르헨티나의 비델라Videla가 핵에너지의 평화로운 사용·개발·적용을 위한 협력의 협정서에 서명했다.

1980년대 초반의 새로운 정치적 풍토가 민주적 연대의 새 시대를 열었다. 민주주의로의 이행 시기 이전인 포클랜드 전쟁 기간에 NATO의 "거만함"에 분개하는 등 양국은 새로운 연대감을 확인했다. 이와 같은 경험은 외교적 협력을 증진시켰으며 간접적으로 양국 간 교역의 확대를 불러왔다. 런던 주재 브라질 대사관은 아르헨티나와 영국 간 포클랜드 전쟁이 양국 간 외교관계 단절로 이어졌을 때 아르헨티나의 이해관계를 대변하는 데 노력했다. 그리고 EEC가 아르헨티나에 무역제제를 가했을 때 아르헨티나의 일부 주요 생산품을 브라질로 수출할 수 있었다.

사르네이와 알폰신이 이구아수에서 서명한 1985년 선언을 회상해 보면, 이 첫 번째 양자 간 선언은 핵 정책의 공동선언문이었다. 이 선언문이 양자 간 상호 신뢰로 진입하게 하는 큰 버팀목이 되었고 "안보 공동체"를 건설하게 했다. 이 선언문은 배타적으로 핵에너지의 평화로운 사용을 강조하고, 양국 간 공동실무 그룹의 설치가 명시되어 있다. 마찬가지로 이 선언문은 국가 안보 독트린을 강화하기 위해 군정부가 자주 사용하던 분쟁의 가설을 쓸모없게 만들었다.

종종 이구아수 선언이라고 종종 불리는 이 중요한 선언문은 경제적 발전과 민주주의의 공고화에 관한 것이었다. 흥미롭게도 이 선언문은 민주주의, 발전 그리고 지역통합에 관한 선순환적 사고의 문을 열었다.

이 선언문의 9항은 양국 정부가 "국민의 복지와 발전을 위한 기본적인 임무를 수행하고 그렇게 함으로써 민주주의의 공고화에 기여하는 영속적인 해결책을 찾기 위해 노력한다"고 명시하고 있다. 각국의 정상들은 "라틴아메리카 대륙에서 진행되는 민주화 과정이 역내 국민의 결속과 통합을 가능하게 할 것이라는 점을 재차 강조했다". 다시 말해, 각국의 수반들은 CEPAL에 의해 제안된 바 있는 지역통합을 경제발전의 도구로 간주하고, 발전은 민주적 공고화의 도구로 여긴다. 그렇다면 순차적으로, 민주주의는 지역통합을 강화시키는 매개체로 생각할 수 있다.

1986년과 1990년 사이 이러한 선순환적 논리가 수많은 다른 선언문에 포함되었다. 알폰신과 사르네이 대통령은 1986년 12월부터 1988년 11월까지 모두 네 차례 회동을 가졌으며, 우루과이가 회담에 참석했을 때 어떠한 수정이나 변화가 없었다. 우루과이는 9년간의 권위주의 정부를 청산하고 1985년 민주주의로 돌아섰다. 특히, 우루과이는 과거에 민주주의 정권의 전통성이 있었으므로 역내 민주주의 수호를 위해 이웃 국가와 협력할 것을 밝혔다.

몬테비데오 협약과 더불어, 1987년 5월 26일 공포된 아르헨티나-우루과이 간 선언문을 살펴보도록 하자. 이 선언문의 제2항은 "통합 과정은 … 민주적 제도화와 밀접한 관련이 있는 것으로 과거에는 이러한 민주적 제도화가 온전히 이뤄지지 않아 실패를 했던 것이고 우리의 경제적·사회적 발전 가능성의 기본 조건이다"라고 명시되어 있다.[26] 선언문은 또한 대통령들이 "민주적 연대 정책"을 입안하고자 하는 의지가 언급되어 있다. 그리고 선언문은 지역통합을 위한 필요조건이 민주화임을 밝히고, 지역통합은 민주주의 공고화를 확립하는 개발의 도구로 제시되어 있다.

지역통합, 발전, 민주주의의 선순환적 논리는 자유무역의 경계를 넘나들기 때문에 어떤 면에서는 CEPAL의 지역통합에 관한 개념을 연상시킨다. 이 부분에 관해 이 책의 제7장, 통합의 방법론에서 좀 더 부연 설명을 할 것인데 통합의 방법론은 1986년과 1990년 사이 아르헨티나와 브라질의 양자 협정으로 특징지을 수 있다. 이런 부분은 명백하게 CEPAL의 개념이 투영된 것으로 통합개발 프로젝트, 분야 간 협력, 거시경제 정책의 조화, 불균형의 제거 등의 특징이 포함되어 있다. 그러나 이 협정문에는 민주주의 공고화의 궁극적 염원이 내포되어 있는 새로운 차원(영역)이 추가되었다.

1980년대 말에서 1990년대 초, 이 지역의 3개 국가에서 동시다발적으로 새로운 정치 세력이 대선에서 승리하는 대규모의 정치적 변동이 발생했다. 1989년에서 1991년은 역사적 분기점으로 이 지역에 신자유주의가 휩쓸고 갔다. 아르헨티나 페론주의자Peronist인 카를로스 메넴Carlos Menem이 1989년 12월 10일, 국민당 출신의 우루과이의 루이스 알베르토 라카예Luis Alberto Lacalle가 1990년 3월 1일, 그리고 브라질의 페르난도 콜로르Fernando Collor가 1990년 3월 15일에 권좌를 차지했다.

이 지역 다른 국가들은 민주주의로의 이행을 마무리했다. 자유무역협정에 관해 최근 논의를 진행하고 있는 파라과이는 1989년 2월 3일 쿠데타의 발발로 1954년 이래 파라과이를 좌지우지했던 스트로에스네르Stroessner 장군의 통치가 막을 내렸다. 1989년 3월 1일 콜로라도 정당의 대선 후보이며 쿠데타를 이끈 장본인인 로드리게스Rodríguez 장군이 선거를 통해 정권을 거머쥐었다. 칠레의 경우 1988년 10월 5일 아우구스토 피노체트Augusto Pinochet의 선거 패배로 민주주의 이행을 이끌게 된 국민투표가 진행되었다. 1989년 12월 14일 기독 민주당의 파트리시오 아일윈Patricio Aylwin 후보가 1970년 이래 첫 번째 자유선거에서 승리했다. 그러므로 1991년 민주주의는 5년 혹은 6년 전보다 훨씬 덜 호전적이었다. 민주적 연대를 위한 네트워크 구축의 실현 여부에 관한 걱정은 사라졌다.

이 책의 제9장에서 확인할 수 있지만, 1990년 6월 27일 미국이 주도하여 제안한 범미주 자유무역 구상Enterprise for the Americas Initiative: EAI을 살펴볼 텐데 이 구상은 자유무역을 역점으로 하는 역내 관계의 새 지평을 열고자 하는 의지가 반영되어 있었다.

이러한 세 가지 이유(신자유주의의 부상, 민주주의의 지역적 확산 그리고 EAI 등장)가 1991년 3월 26일에 체결된 아순시온Asunción 조약이 왜 더 이상 민주주의 수호에 관심을 보이지 않는지를 설명한다. "민주주의"라는 단어는 아르헨티나, 브라질, 파라과이, 우루과이가 맺은 공동시장 헌법 비준안에 단 한 차례도 삽입되지 않았다. 이 조약에는 "통합은 사회정의 실현과 함께 경제 발전의 과정을 가속화하기 위한 근본적인 조건이다"라고 명시되어 있다. 혹은 이 조약에는

"통합의 정치적 의지는 통합 국가 국민이 매 순간마다 협력할 수 있는 기틀을 마련하는 것"이라고 제시되어 있다. 하지만 지역통합과 민주주의와의 연계성에 대한 언급은 사라졌다. 1994년 12월 17일, MERCOSUR를 명백하게 제도화한 오우로 프레토Ouro Preto 의정서 역시 민주주의라는 말을 찾아볼 수 없다.

그러나 흥미롭게도 MERCOSUR의 민주주의에 관한 이슈가 곧 표면화되었다. 1996년 4월 22일 파라과이에서 발생한 쿠데타 시도가 지역통합 과정에 큰 도전이 되었다. 리노 오비에도Lino Oviedo 장군은 직위 박탈에 대한 와스모시Wasmosy 대통령의 결정에 따를 것을 거부했다. 4월 위기와 관련한 세부 내용은 몇몇 학자에 의해 연구된 바 있다.[27] 오비에도의 의한 쿠데타의 시도는 MERCOSUR 회원국, 그리고 미국과 같은 다른 국가들 모두에게 거부반응을 일으켰다. 즉, 위기가 발생한 날에 와스모시 대통령은 미 대사관에서 하룻밤을 보냈는데, 엄밀히 말하자면 망명자 신분이었다. 곧이어, 와스모시 대통령은 오히려 오비에도를 국방부 장관으로 지명하기로 결정했고 이에 대한 반발로 아순시온 거리에서 학생들의 시위가 발생했다. 마침내 와스모시 대통령은 결정을 번복하고 오비에도를 군사법정에 회부하여 10년형을 언도받게 했다. 그러나 2년 후 새롭게 권좌에 오른 쿠바스Cubas 신임 대통령은 오비에도의 형량을 줄이고 이후 석방했다. 1999년 3월 아르가냐Argaña 부통령은 암살당했는데 오비에도는 이 암살을 주도한 배후 인물로 심각한 의심을 받았다. 오비에도와 쿠바스 대통령은 브라질로 망명했다. 2000년 5월 18일 오비에도에 충성하는 군내부의 소수가 권력 찬탈을 시도했으며 이에 대해 국제사회의 극렬한 성토가 이어졌다.

이와 같은 두 차례의 위기 동안 몇몇 행위자는 불쾌함을 드러냈으며 제재 위협을 가하기도 했다. 이러한 행위자 가운데 브라질의 페르난도 카르도소Fernando Cardoso 대통령과 국제기구 OAS, UN, EU 등이 있었다.[28] 1996년 4월의 위기는 MERCOSUR가 성공 가도를 달리고 있을 때였다. 통화 안정과 관세 인하 정책 덕분에 역내 교역은 1991년 50억 달러에서 1994년 119억 달러로 증가했고, 전체 수출 대비 역내 수출 비율이 11.1%에서 19.25%로 상승했다. 파라과이는 이미 주변 인근 국가에 상당히 의존적인 상태였지만 1991~1994년에 MERCOSUR는 전체 수출 대비 35%에서 47%로 증가했고 이 중 37%가 브라질로 수출되었다. 수많은 관찰자는 상업적 유대와 정치적 영향력을 동일시하며 파라과이가 브라질에 의존적 상황이 되었다고 경솔하게 결론을 내렸다. 이와 같은 관계적 해석은 이론적·경험적 문헌에서 많은 주목을 끌었다. 파라과이 경우에는 실제가 고려되어야 한다. 이 국가의 경제는 항상 공식적 교역보다 밀무역에 의존하므로 파라과이는 주요 교역 대상국들에게 잠정적으로 정치적 영향력 행사가 위축될 수밖에 없는 형국이었다.

어쨌든 스트롬버그Strömberg는 "4월 위기 상황에 대해 글로벌 단위 행위자와 지역 단위 행위자의 영향을 분리하는 것은 불가능하다고 결론" 내렸다. 위기 상황에서 MERCOSUR와 글로벌 행위자들 간의 밀접한 상호 교류가 위기를 극복했는데 이는 절대적으로 외부 행위자의 영향력이 반영된 결과다.[29] 외부 행위자 가운데 하나를 언급한다면, 보니파세Boniface는 "새로운 민주주의 시대의 미주기구OAS는 민주주의 수호와 관련해 명백하게 중요한 역할을 하고 있음을 국내 행위자들에게 각인시켰다"고 덧붙였다.[30]

당시 라틴아메리카 대륙 전역에 걸쳐 민주주의를 이롭게 하자는 진정한 선호에 대한 수렴이 있었고 협정을 통한 정치적 시도가 뒤따랐다.

MERCOSUR 회원국들은 민주주의의 공고화를 시도했던 초심으로 돌아갈 때가 되었다. 아르헨티나는 타국과의 관계를 설정할 때 민주적 조건에 대해 이미 소개 한 바 있다. 포르니에르Fournier는 "아르헨티나 알폰신 행정부가 서유럽 국가와 관계를 재설정하기 위해, 특히 1987년 스페인, 1988년 이탈리아와 체결한 협력 조약에 성공적으로 계약해제 조항을 상정함으로써 민주적 방해 가능성의 응수였다"고 회상했다.[31]

파라과이의 4월 위기는 MERCOSUR의 정치화를 한 단계 격상시켰다. 위기 발발 2개월 후, MERCOSUR 회원국의 대통령들은 1996년 6월 25일 '민주주의 약속에 관한 대통령 선언문'을 아르헨티나의 산루이스San Luis에서 서명하고 1998년 7월 24일 민주주의 약속에 관한 우수아이아Ushuaia 의정서에 조인했다(〈표 3.1〉).[32]

이 의정서는 민주주의와 관련된 조항이 MERCOSUR 회원국에게 적용되는 것으로 라틴아메리카 통합의 역사 가운데 하나의 중요한 분기점이 되었다. 라틴아메리카 국가는 처음으로 하나의 정치체제 영역 내에 묶이게 되었다.[33] MERCOSUR의 사례를 위시로 하여, 1990년대의 후반 이래 대륙 전체의 다른 국가 간 연합체에도 민주주의 항목이 확산되고 포함되는 것을 확인할 수 있었다.

안데안 지역에서 정치체제의 이질성은 초기 통합 과정의 비정치화에 기인한다. 1979년 안데안 의회를 설립하기 위해 회원국 간 합의한 조약은 회원국들이 자유선거를 실시할 의무가 있음을 명시한 최초의 협정서다. 하지만 이전에 언급한 대로, 이 의무가 제대로 이행되는 데에는 제법 오랜 기간이 소요되었다. 그다음 해, 안데안 지역의 대통령들은 "행동 수칙"에 서명했고 이는 지역 정치 시스템의 민주성을 확립하도록 했다.

안데안 지역의 대통령들은 1989년 5월 26일 카르타헤나 협정서 비준 20년을 축하하고, 1989년 2월 27일 "카라카소Caracazo"[34]•의 영향을 받아 아마도 같은 도시인 카르타헤나에서 성명서를 발표했을 것이다. 이 협정서 제2조항에는 "민주적 체제는 깨지지 않는 규범이자 삶의 방식으로서 평화를 유지하고 발전

• 산유국임에도 국민의 대다수가 빈곤 계층을 형성할 정도로 사회적 모순이 심각한 상황에서 베네수엘라 수도 카라카스를 중심으로 이러한 모순이 거리의 '아우성'으로 터진 사건이다. 이 민중항쟁을 일컬어 카라카소(Caraczo) 사건이라고 칭한다. 이를 시발점으로 당시 군인이었던 우고 차베스가 베네수엘라의 대안으로 등장하는 계기가 되었다 — 옮긴이.

을 이루며 사회정의를 실현하고 인권 존중의 가치를 높이고 우리 민족 간의 협력과 통합을 이끄는 올바른 도구"라고 명시되어 있다.[35]

1990년대 페루의 알베르토 후지모리Alberto Fujimori 대통령의 권위주의적 추세가 이와 같은 민주주의 노정 속에서 통합 과정을 어렵게 했다. 그럼에도, 1998년 8월 7일 MERCOSUR의 우수아이아 정상회담 실시 며칠 뒤, 안데안 지역의 대통령들은 안데안 국가연합이 민주국가들의 커뮤니티임을 명시한 민주주의와 통합의 선언문을 채택했다. 그들은 이 선언문을 1998년 10월 17일 의정서로 전환했다(〈표 3.2〉).[36] 〈표 3.1〉과 〈표 3.2〉의 영어 번역본은 두 의정서 사이의 차이점을 분명히 드러내지는 않았다. 예를 들어, 두 의정서 모두 "민주주의 결렬"이라는 표현을 사용하고, 그 부분에 대응하여 같은 범위의 조치가 포함되어 있는 프로그램 또한 두 의정서 모두 동일하게 포함하고 있다. 그러나 일부 차이가 있다. CAN은 다른 여러 조치들 가운데 안데안 금융기관의 혜택 또는 금융 대출의 접근 방식을 활용하여, 비협조적인 회원국들에게 처벌을 가할 수 있다. MERCOSUR는 아직 이와 같은 통합 수준에는 도달하지 못했다. 2년 후인 2000년 9월 1일 브라질리아에서 개최된 MERCOSUR와 CAN 회원국 간의 회담에서 각국 정상들은 남미의 민주주의 조항이 포함된 코뮈니케communiqué를 승인했다.

미주 대륙의 나머지 지역, 중미 지역통합의 재활성화는 카리브 연안의 민주화와 맥을 함께했다고 언급할 수 있다. 그렇다면 1990년대 새롭게 비준된 조약들은 모두 민주주의 공고화의 중요성을 강조하는 것이 전혀 이상하지 않다. 1991년 10월 28일에 설립된 중미통합체제SICA는 중미를 "평화, 자유, 민주주의 그리고 발전의 지역으로 변화시키는 것을 목표"로 하여 출범했다. 1995년 12월 15일에 체결한 중미 민주적 안보 조약은 "민주주의 확약, 법 준수, 기본적 자유권의 보장, 경제적 자유, 사회정의 그리고 국가 간 민주주의 가치 실현을 위한 커뮤니티 활성화"를 재확인했다. 그럼에도, 중미는 MERCOSUR와 CAN

〈표 3.2〉 안데안 국가연합 민주주의 "확약" 관련 일부 내용 발췌(1998.10.27)

1조 민주주의 제도와 입헌국은 정치적 협력과 경제·사회·문화적 통합을 카르타헤나 협정과 안데스통합 시스템 등의 틀 내에서 가장 효율적으로 수행할 수 있는 필수불가결한 체제다. 2조 본 의정서의 규정은 모든 회원국에서 민주주의 질서가 중단되는 경우 적용 가능하다. 3조 본 회원국 가운데 민주주의 질서의 중단이 간주될 경우, 본 공동체 회원국들은 서로 협력과 협의하여 민주주의 질서의 훼손 여부 등을 검토 및 조사를 할 것을 권고한다. 4조 만약에 이전 조항(article)에서 언급한 협의가 이뤄진다면, 국별 외교장관은 민주주의 질서의 훼손 정도를 파악하기 위해 협의회를 소집함과 아울러 조속한 회복을 위해 적절한 조치가 수반되어야 한다. 이러한 조치는 특별히 안데스 지역통합 과정의 관계, 확약과 결부되어야 한다. 민주주의 질서 훼손 여부로 심각하게 고려되는 당사국은, 다음과 같은 내용을 포함한다. 1. 안데안 통합 시스템의 모든 기관의 참여를 중단함 2. 회원국들이 수행하는 모든 국제협력 프로젝트의 참여를 중단함 3. 안데안 금융기관으로 부터의 대출을 포함한 안데스 지역 기구의 다른 모든 체제의 참여를 중단함 4 .카르타헤나 협정에 따른 권리 행사의 중단 및 다른 외부 영역의 활동 협력에 대한 권리 역시 중단함 5. 다른 조치 및 행동은 국제법에 따라 준용함

자료: http://www.unionsudamericana.net/ingles/tratados/can/can_06.html(자료 확인: 2008.5.15)

그리고 카리브 지역과 유사한 정도의 의정서를 채택하지는 않았다.

2001년 4월 퀘벡에서 개최한 미주 정상회담에서 각국 정상은 민주주의 조항을 채택함으로써 민주주의의 집단적 안보는 미주 대륙 전체의 어젠다로 바뀌었다. 이 회담 이전에 미주기구OAS는 1991년 6월 4~5일 양일간 칠레 산티아고에서 개최된 제21차 총회에서 "민주주의 확약"과 결정문 1080Resolution/1080을 채택했는데, 이 결정문의 내용은 다음과 같다. 지역기구 내 합법적으로 선출된 정부에서 갑작스러운 또는 변칙적 상황이 발생할 경우 사무총장이 상임이사국의 회담을 즉각적으로 소집 요구하여 급박한 상황을 조사하고 외교장관을 대상으로 하는 특별 회의나 총회의 특별 회기를 10일 이내에 열수 있도록 하는 권한 부여가 명시되었다. 2개의 중요한 의정서가 1992년 12월 14일 워싱턴과 1993년 6월 10일 마나과에서 각각 채택되었다.

OAS(미주기구)의 1948년 헌장 원본에는 민주주의 조항이 포함되어 있는 만큼 이와 같은 내용은 OAS에게 새로운 것이 아니었다. 하지만 냉전이 이 조항을 실질적으로 활용하지 못하도록 수십 년간 막았다. 새 헌장은 1997년 9월 25일 발효되었는데 새 헌장에는 민주주의의 증진과 수호가 중점적으로 포함되어 있다. 1997년의 새 헌장 제7장에는"필수적인 발전"이라고 명시되어 있는데 이는 민주주의 질을 특징짓는 다양한 요소로 이해될 수 있다. 2001년 9월 11일 OAS는 미주 민주 헌장Inter-American Democratic Charter을 채택했다. 이 새 헌장은 OAS 회원국이 민주주의를 수호하고 증진할 것을 명시하고, 민주주의 조항 또한 포함하고 있다(〈표 3.2〉).[37] OAS는 두 차례 이 특권을 사용을 한 바 있다. 2000년 페루의 위기 상황이었던 후지모리 당시 대통령의 세 번째 대권 도전에서 불법적 투표에 따른 혼란 시, 그리고 2002년 베네수엘라의 우고 차베스가 잠시 동안 권좌에서 축출되었을 때 OAS는 "개입 없이 중재하고 안정화를 이루는 데 기여했다."[38]

민주주의에 대한 OAS의 확약은 명백하게 역내 민주주의 조항을 강화하므로 폭넓은 지지의 확신과 더 강력한 합법성을 제공한다. 1990년대에 채택된 민주주의 조항의 효율성을 평가하는 것은 가능한가? 지역통합은 민주주의를 공고화하는 데 기여하는가?

집행 가능성은 분명히 보복 조치의 신뢰성과 각 회원에 대한 단체 소속의 인지된 중요성에 달려 있다. 방출의 위협은 브라질보다는 파라과이에게 훨씬 더 나쁜 뉴스다. 하지만 제1장에서 언급한 대로, 안데스 지역에서 상업적 의존성은 매우 낮아 회원국이 퇴출을 두려워하는 부분은 의심스럽다. 페루의 알베르토 후지모리 대통령은 의회를 해산하고 모든 재판관의 권한을 철회하고 민주주의를 심각하게 훼손했을 때도 결코 어떠한 퇴출의 위협에 직면 하지 않았다. 실질적으로 CAN이 민주주의 조항을 채택하기 이전인 1992년에 이와 같은 상황이 발생했다. 그러나 1990년대 말에 어떤 다른 것이 있었는지를 의심할 만한 많은 이유가 있다. 사실은 1991년과 1994년 사이에 자국의 편의를 위해 후지모리는 관세동맹에서 탈퇴를 결심했다. 그리고 우리가 아는 것처럼, CAN이 아니라 OAS가 2000년 페루, 2002년 베네수엘라 각국의 위기 상황 직면 시 적극적으로 대응했다.

앞선 상황과 더 최근의 사건을 고려해 볼 때 두 가지 모순된 그림이 등장한다. 한편에는 민주주의 단체에 속해 있다는 것은 회원들에게 상징적인 영향을 미칠 수 있다는 것을 의미한다. 상업적 상호 의존성을 뛰어 넘는 중요한 요소는 일반적으로 스스로 부과된 규칙의 규범적 영향이다. 만약 이 가설이 사실이라면 정치체제에서 정치적으로 관련 있는 행위자들은 제재의 가능성보다 버림받는 상태를 더 두려워한다. 또는 예측하면, 그들은 평판적 비용과 비즈니스 신뢰의 손실로 미래 투자의 회피를 두려워한다. 이와 같은 경우, 지역통합은 소프트파워를 행사해 민주주의의 공고화를 돕는다. 라틴아메리카는 1990년대에 지역통합이 성공적으로 이루어져 민주주의를 공고히 했다. 다른 한편으로는, 민주주의 조항은 2000년에 접어들어 새로운 정치적 불안정성으로 인해 시대에 뒤처지게 되었다. 즉, 2000년 1월 에콰도르 하밀 마우아드Jamil Mahuad 대통령이 축출된 것을 시발점으로, 2001년 12월 아르헨티나의 페르난도 데 라 루아Fernando De la Rua, 2003년 10월 볼리비아의 곤살로 산체스 데 로사다Gonzalo Sánchez de Lozada, 2004년 2월 아이티의 장베르트랑 아리스티드Jean-Bertrand Aristide, 2005년 5월 또다시 에콰도르의 루시오 구티에레스Lucio Gutierrez 대통령이 정치의 불안정성으로 권좌에서 물러났다. 이러한 사건들의 평가는 쉬운 일이 아니다. 이와 같은 사건 가운데 그 어떠한 경우도 민주주의 조항에 적절히 적용되지는 않았다. 민주주의 조항은 현재로서는 사라진 위협에 대한 늦은 답변일 수 있다. 2000년 초반의 민주주의는 어떠한 군사 위협에 노출되지 않았지만 민주주의 자체의 조악한 품질로 인해 더욱 악화되었다. 결과는 파탄 없는 민주주의 회귀다. 라틴아메리카의 통합 과정은 제8장에서 확인할 수 있듯이 분배적이거나 할당된 차원의 특성을 가지고 있지 않아서 민주주의를 저해하는 사회적 문제에 대해 적절히 응대하지 못한다.

지금으로서는 지역통합 과정이 매우 조악한 상태의 민주주의와 다소 불안정한 민주주의 형태를 안정화하는 데 도움을 준다고 결론지을 수 있다. 이와 같은 역사적 임무가 인식이 되어야 한다. 한편, 통합의 역동을 유지시키는 또 다른 "엔진"이 있다.[39]

PART 3

제도의 디자인과 발전

Chapter 4

제도적 동형설

라틴아메리카 지역통합의 제도는 어떠한 주요 특징이 있는가? 이러한 지역통합 기구들은 초기에 온전히 계획된 구성의 산물인가? 연속적인 기능적 적응의 파생에서 기인하는가? 지역통합 운영 방식은 국가 정치 기관의 기능 방식을 반영하는가? 이 장은 제도 만들기building 과정과 관련해 일련의 가설들을 검토하고 이와 같은 질문에 대한 답을 구하고자 한다.

라틴아메리카 지역통합 기구에 대해 언급하고 있는 문헌 대부분은 비효율적이고 비용이 많이 소요되며, 흡사 바로크 양식처럼 호화롭게 묘사한다. 이 책 제8장에서 효율성의 이슈와 관련해 좀 더 구체적으로 살펴보고자 한다. 하지만 먼저 이러한 지역통합 기구가 어떻게 출범했는지 그리고 어떠한 모습으로 진화했는지에 대해 이해하는 것이 필요하다. 따라서 다음 절에서 이론적인 부분을 돌아보고 실증적·비교적 탐구를 진행하도록 한다.

통합과 제도

제도가 등장하고 발전하는 방식에 대해 우선 이론적으로 다른 세 가지 유형을 상상할 수 있으며 실제적·실증적으로도 관찰 가능하다.

첫째, 국가 또는 역내 그룹은 명백한 정치적 목표, 가령 정치연합 세우기, 그리고 이를 성취하기 위한 가장 가능성 있는 제도적 설계에 대한 협상 등에 동의할 수 있다. 18세기 말 미국의 사례는 아마도 이와 같은 전략을 가장 잘 보여주며 연방주의 문서들은 그 복잡성을 드러내는 매우 흥미로운 기록이다.

둘째, 국가 그룹은 그들의 차이점을 이어주는 것을 목표로 하는 방법에 동의할 수 있다. 그들은 서로 멀리 떨어져 있는 '정치적 지평선'을 가지고 있는 가운데 너무 분주해 그들 상호 간 교류를 한 단계 격상시키고자 하는 노력하는 등 복잡한 제도적 장치에 대해 신경 쓸 여유가 없다. 또는 그들은 그 같은 장치·조치는 점진적인 기능 적응의 최종 결과물이라고 볼 수 있다. 그것은 장 모네Jean Monnet의 "구체적인 연대성" 방법에 의해 주도된 1950년대의 유럽 시나리오다. 유럽의 상호 의존-통합-제도화로의 순서를 수많은 학자가 하나의 기준점으로 이론화했는데 이는 제도의 자동 생성을 예견한 신기능주의자들과 회원국 간 협상의 중요성을 강조하는 정부간주의자Intergovernmentalist 사이에서 약간의 차이가 있다.

세 번째이자 마지막으로 국가 그룹은 제도적 방식에 대해 동의할 수 있는데, 이는 지역에 대한 제도적 방식의 적절성과 그들이 시작하고자 하는 협력의 유형에 대한 많은 논의 없이도 진행될 수 있다. 제도적 방식은 단순히 받아들여지거나, 모방 그리고 다소 조절되는데, 이와 같은 경우 부적합이 있을 수 있다. 이 부분을 라틴아메리카 통합의 경험에서 확인할 수 있으며, 특히 1960년대 통합의 첫 번째 물결에서 목도된다. 유럽의 경우 수많은 학자로부터 압도적인 주목을 받았지만 그에 반해 라틴아메리카는 관심 정도가 미흡했다. 이와 같이 제도 만들기 유형의 매우 일반화된 특징을 대략적으로 살펴본 결과 지역통합 지지자들의 초기 의도 그리고 제도 만들기 유형에는 몇 가지 두드러지는 특징이 있다. 지역 경제통합은 역사적으로 제도화의 매우 다양한 유형을 이끌어냈다.[1] 가장 낮은 단위의 통합은 보통, 그룹 내 국가들 간의 무역 촉진을 주된 목표로 한다. 자유무역 지역의 유일한 제도적 요구 사항은 분쟁 해결 절차이다. 맥콜 스미스McCall Smith가 언급한 대로, 논쟁을 해결하고 순응을 강요하는 메커니즘이 포함된 수많은 법정주의가 있다.[2] 그는 법정주의의 정도로 나뉜 5개의 다른 이슈를 검토한다. 항의에 대해 제3자의 검토가 있는가? 있다면 판결은 구속력이 있는가? 판사는 어떻게 선별되는가? 누가 고소를 하는가? 법 위반의 경우, 판결은 직접적으로 적용 가능한가? 그에 따르면, 기본 이슈는 기존의 분쟁 해결 메커니즘이 얼마나 효율적으로 작동해 모든 조약 위반 혐의에 대해 공정하고, 일관되며 그리고 법적 구속력을 갖는 제3자 판결을 이끌어내느냐는 것이다.[3]

맥콜 스미스는 흥미로운 연계정치linkage politics 이론 형태를 제시하는데 이는 조약 순응과 정책 재량 사이에서의 국내 정치적 거래를 바탕으로 하고 있는 다른 단계의 법정주의를 설명하기 위한 것이다.[4] 한편, 법률적 무역 분쟁 해결이 정치 지도자들의 재량에 달려 있다는 '위협'은 세 가지로 나눠볼 수 있다. 첫째, 예상하지 못한 조정 비용을 관리할 수 있는 능력을 제약하므로 무역 자유화로 손해 입은 특정 집단을 구제 또는 보호하는 데 더 많은 비용이 들도록 한다. 둘째, 무역에 관한 비관세 장벽을 제거하기 위한 조약 약속에 반하는 국내 규정 전반에 걸쳐 일반적 정책 자치권을 제한할 수 있다. 세 번째이자 마지막으로 고려할 부분은 제3자에 대한 권한 위임인데, 분명한 정치적 이점의 전략을 가지고 양자 간 무역 정책을 추구하는 능력을 제약할 수 있다.[5]

다른 한편으로, "법적 논쟁 해결"은 두 가지 주요 방법을 통해 무역협정 가치를 개선시킨다. 첫째, 규정 준수를 정의하고 관찰하고 그리고 시행함으로써 외국 정부가 자국민을 보호하고자 하는 기회주의적 행태에 제약을 가한다. 둘째, 정책 안정성에 대한 제도적 약속으로서, 민간 부문의 신뢰를 촉진하여 거래자와 투자자가 자유화의 총이익을 증가시키는 위험을 감수하도록 유도한다.[6] 맥콜 스미스는 무역협정을 협상하는 국가들은 불균형적이지 않고, 심도 깊은 지역통합을 목표로 하며 역내 무역 협정에 크게 의존하므로 법적 논쟁 해결 메커니즘을 채택하는 경향이 있다는 가설을 제시한 바 있다. 그가 인정한 대로 체제 형태와 같은 어떤 변수들은 세세히 검토하는 데 한계가 있다. 그는 단지 "민주주의 정부는 상대적으로 고립된 권위주의 지도자들보다 정책적 결정권을 더 중요하게 간주한다"고 확언했다.[7]

라틴아메리카는 어디에 속하는가? 맥콜 스미스가 지역통합 기구의 법적 구속력의 정도에 따라 세 가지로 분류했다. CARICOM은 매우 낮은 정도, MERCOSUR, NAFTA 그리고 OECS는 중간 정도의 수준이며, CAN과 MCCA는 매우 높은 수준이다. 대체로 라틴아메리카는 그의 가설을 확인해 주었다. 높은 수준의 비대칭성이 포함된 지역 협약은 매우 법적이지 못한데 가령 MERCOSUR와 NAFTA 정도이다. 그에 반해 통합 수준에서 보았을 때 적극적인 역내 협의체, 예를 들어 CAN과 MCCA는 그 반대가 성립된다.

맥콜 스미스 분석의 문제점은 시행이나 정책 결과에 대한 관심이 없고 제도의 진화를 이론화하지 않았다는 것이다. 그럼에도, 그의 법정주의 척도scale는 제도주의 단계의 매우 신뢰할 만한 예측변수이다.

자유무역 지역 회원 국가에 의해 시행되는 서로 다른 법률 시스템을 구별하는 또 다른 방법은 두이나의 정치제도적 설명을 사용하는 것이다.[8] 두이나는 또한 기존의 관습법 전통을 고수하며 최소한의 무역협정을 지지하는 국가와 민법 전통을 지지하고 개입주의 무역을 주장하는 국가를 구분 짓기 위해 국내 정치적 특징과 정부 간 협상을 연결한다. 그는 또한 기존의 법적 상황에 더해, NAFTA와 MERCOSUR의 차이를 설명하기 위해 정치적으로 힘이 있는 행위자들의 선호도를 고려한다. 전자는 세계 인지의 표준화를 피하고 NAFTA가 발전하는 데 인지적 갈등을 다루기로 선택했고,[9] 반면에 후자는 다양한 주제에 적용할 수 있는 명확하고 규범적인 개념으로 2차 법칙의 복잡한 웹에 의존한다.[10]

자유무역협정에서 사회적 노력이라는 두이나의 논쟁은 매우 큰 설명력을 가지고 있다. 가정하면 "세상을 표준화"하기 위한 희망처럼 지역통합에 대한 더 많은 열정이 있을수록 그것의 제도화는 점점 더 복잡해질 것이다. 수많은 위원회 혹은 실무 그룹은 새로운 정책 영역이 어젠다화 됨에 따라 점진적으로 구성된다. 최소한으로 제도화되었다고 볼 수 있지만, 우리는 라틴아메리카 통합의 적잖은 열망을 품은 MERCOSUR의 변천 과정을 통해 이와 같은 추세를 분석하도록 한다.

각각의 특정 부분을 강조한 맥콜 스미스와 두이나는 흥미롭게도 지역통합 특징과 국내 정치를 연결시켰다. 이 장에서는 지역제도(장치)화가 국내 제도의 투영이라는 가설을 테스트하는 "연계 정치" 접근을 조금 더 알아보도록 한다. 다시 말해, 통합지지자들은 지역제도화를 구축하는 데 있어 근본적으로 아주 색다른 것을 추구하지 않는다. 그렇게 함으로써 그들은 통합 과정에서 정치적으로 영향 있는 행위자들이 통합제도의 모델에 참여함으로써 어떠한 형태든 그들이 그 결과에 익숙한 느낌이 들게끔 한다.

제도적 동형이성 이론은 시작하기에 상당히 좋은 기반을 제공한다. 폴 디마지오Paul DiMaggio와 파월Powell의 연구물은 국제기구와 관련이 없으며, 더욱이 지역 기구가 국내 제도를 반영하는 방식 등이 연구되어 있지 않다.[11]

그럼에도, 동형 변화의 세 가지 메커니즘은 라틴아메리카 지역 제도 장치에 대한 이해를 증진시키는 데 유용한 도구이다(〈표 4.1〉).

라틴아메리카의 지역주의의 두 가지 물결과 다음 절에서 조금 더 구체적으로 다루게 될 제도적 장치 등과 관련해 강제적이고 모방적이며 규범적 동형이

〈표 4.1〉 디마지오와 파월의 제도적 동형 변화의 세 가지 메커니즘을 라틴아메리카 제도적 합의에 적용

동형 변화의 세 가지 메커니즘	정의	라틴아메리카 내 실례
강제적	그들이 의존하는 다른 조직들에 의해 행해지며 조직이 작동하는 사회 내 문화적 기대치에 의해 가해지는, 공식적·비공식적 압력	1990년대와 2000년대 안데안 국가연합 그리고 중미지역기구에 가해진 EU의 압력
모방적	조직 기술이 제대로 이해되지 않을 때, 목적들이 애매할 때, 또는 환경이 상징적 불안정성을 만들 때, 조직이 다른 조직을 모델로 삼을 수 있음	1960년대 안데스 협약과 중미 지역기구
규범적	전문화에 기인함 그리고 직업 구성원의 집단적 투쟁으로서의 전문화는 인식론적 근간과 직업적 자율성의 정당성을 설립하기 위함	1960년대의 유엔 라틴아메리카-카리브 경제위원회(CEPAL) 기술 관료들

자료: 저자 재구성; Paul DiMaggio and Walter Powell, "The Iron Cage Revisited: Institutional Isomorphism and Collective Rationality in Organization Fields," *American Sociological Review*, 48(2), April 1983, pp.150~152.

성의 예시를 확인할 수 있다. EU가 자신들의 모델을 확산시키고자 노력하고 제도적 변화를 위해 협정 서명을 강요할 때 강제적 동형이성이 있다. 안데안 국가연합과 2000년대의 중미가 이 범주에 속한다. 불확정성 상황에서 모방적 동형이성이 존재한다. 1969년에 출범한 안데스 협약의 기원을 보면 이 지역기구는 명백하게 유럽 제도를 모방하고자 했다. 그리고 마침내 규범적 동형이성이 등장하는 데 이는 1960년대에 저명한 CEPAL의 기술관료자들(테크니코스 tecnicos)에 의한 것이다.

물론 이러한 모든 주장에 대해 고려할 만한 논의의 범주가 있다. EU의 압력은 실증적인 측면에서 입증하기가 어렵다. 하지만 2000년에 CAN이 생존할 수 있었던 일부 이유는 공통 관세를 근거로 하여 그룹들과의 협상에서 강경한 유럽의 주장이 있었음을 부인할 수 없으며 이는 베네수엘라의 CAN 탈퇴 배경 그리고 대안적인 무임승차 해결의 제시(MERCOSUR, 미국의 자유무역협정 제안) 등도 함께 고려해야 한다.[12] 이와 마찬가지로, 모방이 있다고 증명하는 것도 어렵다. 제도적 디자인 레퍼토리(목록)는 제한적인 가운데 이러한 제도적 모델의

"수출"과 "수입"업자 구분이 글로벌적 순환으로 모호하다. 그와 대조적으로 젊은 기술관료인 테크니코스의 역할은 수많은 학자에 의해 강조되었다.[13] 세 가지 메커니즘은 이상적인 타입이다. 우리는 "실질 삶"에서 특별한 혼합을 조우하게 될 것이고, 하부 유형들이 등장한다.

MERCOSUR의 경우를 고려해 보자. 1990년대 초, 모방적·규범적 동형이성의 혼합 형태가 있었다. 그럼에도, MERCOSUR 장려자들은 자발적으로 CAN 혹은 유럽의 고비용 제도화의 관료화를 막기 위한 결정에 따라 "반모방적"이라고 불릴 수 있는 모방의 특별한 형태가 출현한다. 이와 비슷하게, 규범적 동형이성주의는 전문성에서 기인하는 것이 아니라 학자, 재단 설립 관계자, 그리고 국제기구로 구성된 인식 공동체의 역할에 오히려 의존한다.

디마지오와 파월이 제안한 동형 변화의 개념을 개선하는 또 다른 방법이 있다. 이전에 언급된 대로, 필드field 구조와 정치적 실습에 관한 지역통합제도는 국내 제도의 투영으로 여겨질 수 있다. 지역 단위에서의 게임의 법칙과 방법은 행위자들에 의해 오랜 기간 국내 수준에서 내재화된 규칙과 실습에 기인한다. 이런 면에서, 공식적·비공식적 제한들을 검토해야 한다.[14] 다시 말해, 국가의 형식적·비형식적 제도들의 특징은 행위자들이 지역통합 제도를 디자인할 때 그들의 선택을 제한한다는 것이다. 이와 같은 동형이성은 국내에서 영감을 얻은 것이라고 볼 수 있다.

유럽에서 EU 연방화에 대해 논의된 가설은 국내에서 영감받은 동형이성의 예이다.[15] 공동체 제도는 가령, 독일과 같은 모습에서 확인할 수 있다. 제도의 다양성이 훨씬 더 희박한 라틴아메리카에서 정부 간 대통령주의는 모든 국가가 채택한 제도의 유형을 반영한다.

지금까지 제도를 디자인하고 만드는 것에 초점을 뒀다. 더욱이, 제도적 변화에 대해 많은 집중을 했다. 이에 더욱 주의를 환기하고 집중할 것은 폴 피어슨Paul Pierson의 제도적 복원력resilience으로, "강력한 이론적 설명력이 있는데 이는 많은 상황에서 제도적 복원력을 고려해야 할 상황이 있다"는 것이다.[16] 사실, 라틴아메리카의 수많은 지역 제도는 상식을 거부하는 제도적 복원력의 교과서라고 할 수 있다. 그럼에도, 피어슨이 고려한 변화해야 할 네 가지 장애물은 조정 문제, 거부권 주장, 자산 특이성, 양성 피드백positive feedback으로 이들은 다섯 번째로 보완되어야 한다. 이는 피어슨이 비판한 "행위자 중심의 기능주의" 방법론 형태로 유형화된 상황을 설명하기 위해 1970년 필리프 슈미터에 의해 제시된 것이다. 슈미터는 "무관심의 영역"을 "사회화 효과가 소수의 관료주의적 파벌에 국한"되어 있는 수많은 실존하는 "압축된encapsulated 기능주의 기관들"로 묘사했다. 그리고 이 영역은 대부분, "기존 절차에서 변화를 회피하고자 하며, 미비하지만, 종종 중요하게 그들의 정치적 이해관계자들에게 서비스를 제공"한다.[17] 중미와 안데안 지역의 케이스는 이와 같은 설명에 부합한다.

라틴아메리카 통합의 또 다른 중요한 특징은 기관의 증식인데, 이들은 통합과정과 연관된 정책 이슈의 확장을 담당한다. 이 부분에 대해서는 이 책의 다음 장에서 좀 더 확인해 보겠지만, 1950년대 개발 시대에 이와 같은 경향은 다른 국가들을 연구하는 많은 학자에 의해 확인되었다.[18]

다음 절에서, 안데스와 카리브 지역의 라틴아메리카 지역통합 관련 2개의 오래된 지역통합 기구(제도)에 대해 설명하고 나서 MERCOSUR에 대해 좀 더 초점을 둘 것이다. 그런 다음 동형이성에 관한 이론적 설명으로 돌아올 것이다.

제도적(기구) 번성

안데안과 카리브 경우에서

중미 지역의 지역주의 첫 물결과 관련해서는 다음 장에 소개하는 것으로 하고 안데스와 카리브 지역의 제도적 구조화 경험에 대해 전반적으로 설명할 것이다. 중미 지역을 제외하고 라틴아메리카에서 가장 오래된 2개의 지역통합 과정은 매우 다른 제도적 변천을 경험했다. 하지만 점차적으로 하나로 통합되었다.

1966년 8월 칠레의 에두아르도 프레이Eduardo Frei와 콜롬비아의 카를로스 예라스 레스트레포Carlos Lleras Restrepo 그리고 베네수엘라의 라울 레오니Raúl Leoni가 참석한 보고타에서 개최된 회담에서 안데안 통합 과정의 기원을 찾을 수 있다. 에콰도르와 페루 대통령이 보낸 대표단 또한 회담에 참여했다. 안데스 지역의 통합 과정이 시발된 이유와 같은 좀 더 구체적인 부분에 대해서는 이 책 제8장에서 알아보도록 한다. 아무튼 회담의 다음 해에, 안데안 통합 아이디어는 폭넓은 지지를 받았다. 예를 들어, 1967년 4월 14일 서명한 "미주 대통령 선언"은 하부 지역 단위의 통합 과정 발전의 필요성을 인지한 것이다.[19]

1969년 설립된 안데안 공동시장은 가장 준수한 제도였다.[20] 각국 대표단으로 구성된 위원회가 주요 기구로서 통합 과정의 정치적 지침을 담당했다. 또한 위원회 추천으로 선발된 3인으로 구성된 이사회는 위원회의 회의 준비 및 권고 사항 정리, 결정 사항의 집행을 담당했다. 조약서에는 이사회가 초국가적 형태로 회원국의 공통 이익을 위해 업무를 진행하고 각국 정부의 명령은 따르지 않는 것으로 명시되어 있다. 더욱이, 2개의 자문위원회가 있는데 그중 하나는 각국 대표로 구성된 고문위원회, 또 하나는 경제와 노동계 3인의 대표로 구성된 경제·사회 자문위원회로 구성되어 있다.

통합의 범위가 확장되어 감에 따라 새로운 제도들이 창출되었지만 전반적으로 통합 프로젝트는 어려운 시기에 직면했다. 1971년 볼리비아 우고 반세르Hugo Banzer 장군에 의해 발생한 군부 쿠데타, 그 뒤를 이어 1973년에는 피노체트가 이끈 칠레 쿠데타 등으로 역내 정치적 분열이 심화되었다. 1976년 칠레는 안데스 협약에서 탈퇴할 것을 결심하고 "시카고 보이스Chicago Boys"라는 통화주의 개념을 지지하며 새로운 길로 나섰다. 그 후 1980년대 채무 위기가 저개발 국가에 들이닥쳤다. 채무 불이행 국가들 가운데 가령 볼리비아는 1985년 해외 원조에 치중하여 매우 심각한 수준의 국가조정 정책의 시행을 강요받았다. 같은 시기에 페루는 조금 비주류적 해결책을 시도했다. 이 당시에 역내 차원의 거시경제적 일치와 역내 연대를 찾아볼 수 없었다.

그뿐 아니라 제도도 잘 작동하지 않았다. 집단적 이익 옹호를 위해 제시된 초국가적 부분은 결코 등장하지 않았다. 만성적 정치 불안정 때문에 이사회의 국별 대표단이 바뀌는 것은 일상화되었다. 아스키슨Askisson이 언급한 대로 안데스 협약의 초국가적 권위가 거의 전무하여 국별 이행관계가 역내 고려사항에 위에 설정되었고, 잠정적으로 역내 이익을 위해 제안된 많은 정책이 결코 시행되지 못했다. 이와 같은 이유로 안데스 협약의 초기 성공은 온데간데없고 해를 거듭하며 비효율적이고 뒤처진 발전이 뒤를 따랐다.[21]

1987년 이 그룹은 키토Quito 선언문을 통해 지역통합 과정의 재점화를 결심했다. 2년 후, 카르타헤나 협정서 20주년을 경축하기 위해 갈라파고스섬에서 각국 정상들은 대통령 위원회를 제도화하고 안데스 협약의 정치적 면을 강화할 것을 결정했다. 1990년 부시 대통령의 범미주 자유무역 구상Enterprise for the Americas Initiative 발표가 안데스 협약의 통합 속도를 가속화시켰는데 이는 언젠가 미주 전체의 자유무역협정으로 희석될 위험에 처할 수 있다는 위기감의 발로였다. 1991년 자유무역 단계를 축소하기로 결정하고 같은 해 12월 3~5일 카르타헤나에서 개최한 제6차 회의에서 대통령 위원회는 안데안 외교장관위원회에 제도적 개혁을 제안했다. 제도적 개혁은 5년 후에 승인되었는데 5년이나 소요된 것은 페루가 안데스 협약에서 탈퇴했기 때문이다.

1992년 4월 5일 후지모리 대통령의 "자가쿠데타autogolpe"[22]가 인근 국가에 부정적인 반응을 야기했지만 집단적 반응은 전혀 없었다. 베네수엘라는 외교단절을 결정했지만 다른 국가들은 단순히 강력한 항의 정도에 그쳤다. 이후 같은 해에 페루는 자유무역 프로그램에서 탈퇴할 것을 결정했다. 이 그룹의 다른 국가들은 1993년 2월 1일부 유효한 자유무역협정을 진행하기로 결정하고 1995년 2월 1일 유효한 역외공동관세에 합의했다. 1995년 페루와 에콰도르 간 2개월간의 전쟁은 안데안 통합에 극적인 영향을 주었다.

1996년 3월 10일 페루 트루히요Trujillo에서 개최된 제8차 대통령 위원회 회담에서 중요한 변화가 포함된 가칭 트루히요 협약이 채택되었다. 안데스 협약은 안데안 국가연합이라는 새로운 이름을 갖게 되었고 안데스 통합시스템SAI의 구조 아래 13개 기관으로 구성되어 더욱 복잡해진 면모로 재탄생했다. 안데안 대통령 의회, 안데안 외교장관 의회 이사회, 사무총장, 안데안 사법재판소, 안데안 의회, 사업상담위원회, 노동상담위원회, 안데안개발공사, 라틴아메리카 준비기금reserve fund, 시몬 로드리게스Simón Rodríguez 협정과 다른 사회적 협정, 시몬 볼리바르 안데안 대학교, 그리고 다른 자문기관들은 위원회에 의해 조직되었다. 그리고 다른 기관과 제도는 안데안 통합 프로젝트의 프레임 내에 구성되었다. 전반적으로 시스템은 유럽보다 더 복잡한 것처럼 보였다.[23] 이러한 기관들의 주요 기능은 〈표 4.2〉에 요약되어 있다.[24]

1990년대에 이 지역은 경제적 성장을 맛보았지만 제도적 개혁과 연관이 있는지는 명확하지 않다.[25] 그러나 1990년대에 명백하게 확인된 것은 초국가성과 관련해 제도적 개혁이 진전되지는 않았다는 것이다. 1960년대와 비교해 볼 때 각국 정상들에게 권한이 집중되는 유형을 명확하게 확인할 수 있다. 이 부분을 제외하고, 이 10년의 기간은 정치적 불안정성이 덜한 시기로 특징지을 수 있지만 페루 위기가 통합진행 과정을 마비시켰다. 또한, 2000년대에 미국과의 자유무역협정 서명에 대한 전망으로 베네수엘라가 탈퇴하는 등 통합의 역동성이 약화되었다.[26]

카리브 지역통합의 과정은 약간 다르긴 하지만 다소 비슷한 경로로 진행되었다. CARICOM은 1973년 통합을 시도함과 동시에 복잡한 지역통합을 추구했

〈표 4.2〉 안데안 국가연합 주요 기구

주요 기구	구성	주요 기능
안데안 정상회의	국별 정상	- 하부(소) 지역 정책을 규정함 - 하부(소) 지역 관련 조치를 안내하고 촉진시킴 - 통합 과정의 경로 및 결과를 평가함
안데안 외교장관 회의	외교장관	- 안데스 하부(소) 지역의 통합 목적이 달성되도록 보장함 - 안데스공동체 외교정책을 수립 및 수행함 - 사무총장 선출 및 해임
안데안 국가연합 회의	전권 대사 대표단	- 무역 및 투자 분야 영역의 안데스 하위(소) 지역통합 정책의 수립·구현·평가
사무국	사무총장, 이사 2인, 직원	- 외교장관 회의 및 위원회에 안건을 제출함 - 타 지역 통합 및 협력 기구와의 업무를 담당함
사법재판소	대법원장, 판사 4인, 직원	- 커뮤니티 조항의 적법성을 보장함 - 안데스 법률 해석을 통해 회원국에 동일하게 적용되도록 함 - 분쟁을 해결함
안데안 의회	국별 각 5인의 대표단	- 규정을 작성하며 입법 과정에 참여함 - 법률의 조화를 촉진함
라틴아메리카개발은행	주주	- 지속 가능한 개발을 지원하는 다자 금융기관
라틴아메리카 준비기금	회원국	- 국제수지 지원을 제공하는 금융기관
안데스 보건기구	사무국장과 직원	- 회원국민의 건강 증진을 위한 노력 조정 및 지원
시몬 로드리게스 협정	기술사무국(안데안 국가연합 사무국)	- 사회 및 노동문제에 관한 토론, 참여와 조정을 위한 포럼
기업자문위원회	비즈니스 기관의 최고위급 대표자 4인	- 안데안 외교장관 의회, 위원회 또는 사무국에 의견을 피력함
노동자문위원회	협동조합 최고위급 대표단	- 안데안 외교장관 의회, 위원회 또는 사무국에 의견을 피력함.
시몬 볼리바르 안데안 대학교	5개 지역의 총장과 직원	- 연구와 강의

자료: 안데안 국가연합 공식 홈페이지(www.comunidadandina.org) 등을 활용하여 저자 정리(자료 확인: 2008.5.15).

다. 다른 통합 과정과 비교해 보았을 때, 카리브 지역통합은 1990년대와 2001년에 재시도 되었지만 1973년의 차구아라마스Chaguaramas 조약이 수정된 것이다. 새롭고 더 복잡한 제도적 구조가 시행되었는데 주요 기관(정상회담과 각료 커뮤니티 위원회) 두 곳은 4개 "기관"으로부터 지원받는데, 이는 금융과 계획 의회, 무역과 경제개발 의회, 외국과 커뮤니티 관계 의회, 인간과 사회개발 의회로 구성되어 있다. 3개의 또 다른 기관인 법적위원회, 예산위원회, 중앙은행 위원회와 더불어 사무국으로 구성되어 있다. 더욱이, 안데안 국가연합은 일련의 제도 혹은 협력 제도를 만들거나 인정했는데 이는 카리브 공동체 의회, 카리브 재판소, 카리브 개발은행, 서부인디안 대학교 그리고 수많은 기능협력청 등이 있다.

MERCOSUR

제도적 겸양의 한계

왜 MERCOSUR 장려자들이 제도적 겸양modesty을 선택했는지는 1991년 아순시온 조약을 체결할 때의 일련의 이유들로 부터 확인할 수 있다. 유럽형의 제도적 기구 비용 발생 그리고, 역내 관료주의 교착상태가 두드러진 안데안 형태의 회피가 주요 이유다. ALADI 형태 또한 MERCOSUR가 추구해야 할 선례가 되지 못한다. 몬테비데오에 기반을 둔 관료주의형 기관은 결코 일반적인 이득을 위해 사용되지 않았고 이 기관의 초국가적 잠재력을 활용해 라틴아메리카의 통합을 증진시키는 데 기여하지 못했다. 안데스 협약과 ALADI는 부정적인 사례이므로 이 장의 서론 부분에서 설명했듯이, 우리는 이를 "반反모방"으로 다룬다.

회원국 사이의 거대한 불균형이 제도의 초국가적 부분(면)을 받아들이는 것을 매우 어렵게 한다는 것을 언급하고자 한다. 점진주의자, 기능주의자 그리고 엄격히 말해 정부 간 방법론이 브라질의 관심에 더 잘 어울린다.

아순시온 조약의 제9항에는 "이 조약의 관리와 이행, 그리고 법적 틀 내에서 이행 기간에 채택된 특정 협정 또는 결정은 다음 기관에 위탁되어야 한다"고 명시되어 있다. (a)공동시장이사회, (b)공동시장 그룹.[27] 〈표 4.3〉을 보면 공동시장이사회Council of the Common Market: CMC는 가장 높은 기관으로 합의에 의해 결정이 이뤄진다. 그리고 GMC는 집행기관이다. 조약의 제13조에 의해 제안된 권고안의 결의안만 이행할 수 있다.

과도기 말, MERCOSUR는 1994년 12월 17일 MERCOSUR의 제도적 구조에 관한 아순시온 조약의 추가 협정을 채택했는데, 이를 이른바 오우로 프레토 협정이라고 부른다. 제도적 구조는 4개의 새로운 조직, 즉 무역위원회, 공동의회위원회, 경제사회 상담 포럼, 행정사무국 등으로 점차 더욱 복잡해졌고 CMC와 GMC의 두 기능은 더 명백하게 명시되었다. CMC 결정과 GMC 결의안은 여전히 합의에 의해 작성되지만 이것들은 회원국을 구속하는 구속력이 있다.

외교부 장관과 경제부 장관들로 구성된 CMC는 의사결정과 입법기관의 두 기능을 가지고 있다. CMC는 아순시온 조약과 관련된 협약 그리고 협정서의 이행 여부를 감독하고, 아울러 정책을 수립하며, 공동시장을 구축하는 데 필요한 조치를 장려한다. 또한, CMC는 MERCOSUR의 법인격을 가지도록 하고, 기타 기관 설립 관장, 조정 그리고 폐지의 업무를 맡는다. 덧붙여, CMC는 행정사무국장을 임명하고 재정과 예산안 결정을 총괄한다.[28]

GMC는 각국별 대표로 구성되는데 보통 외교부의 고위 관료가 직무를 맡는다. GMC의 임무는 권한 내에서 아순시온 조약과 의정서의 기본 틀에서 합의된 사항을 모니터링을 하고, 공동시장 평의회 초안 결정 사항을 제안한다. 또한 필요한 조치를 취하는데 이는 이사회에서 채택된 결정 사항을 이행함으로써 실무 그룹과 같은 기관과 특별 회의를 수립, 수정 또는 폐지하여 이 기관의

〈표 4.3〉 지역 기구의 협의 수렴

제도(기구)	NAFTA	SICA	CARICOM	CAN	MERCOSUR
최고급 결정기관	-	정상회담	정상회담	- 대통령 위원회	- 정기적 정상회담 - 상임대표 위원회
결정기관	자유무역위원회	각료위원회	각료위원회	- 외교장관위원회	- 공동시장이사회 - 공동시장 그룹 - 무역위원회
행정기관	사무국	행정위원회	커뮤니티 사무국	- 사무국	- 행정사무국
사법기관	-	사법재판소	카리브 사법재판소	- 사법재판소	- 무역위원회 - 상임개정위원회
심의회	-	의회(PARLACEN)	카리브 공동체 의회	- 의회(PARLANDINO)	- 의회(PARLASUR)
재무기관	-	중미통합은행	카리브 개발은행	- 안데안개발사 - 적립금	- 구조(수렴) 기금
고문기관	-	고문위원회	공동고문 그룹	- 사업위원회 - 노동위원회	- 사회경제 고문 포럼
교육제도	-	중미 상급 아카데미	서인도제도 대학	- 안드레스 베요(Andres Bello) 협정 - 시몬 볼리바르 대학	- 몬테비데오 그룹*
사회 협정	-	-	-	- 히폴리토(Hipolito) 협정(보건) - 시몬 로드리게스 협정	-

주: *로 표시된 몬테비데오 그룹은 자발적(비제도적) 계획으로서 MERCOSUR 기구의 틀에 포함되지 않음.
자료: 공식 홈페이지를 활용하여 저자 재구성.

역할을 담당한다. 아울러 남미공동시장 행정사무국의 활동을 감독한다.

남미공동시장 무역위원회CCM는 세 번째 결정기관이다. 남미공동시장 무역위원회는 무역협정에 관해 MERCOSUR 회원국, 제3국과 국제기구의 공통 무역 정책의 수단 적용을 모니터링하고, 역외공동관세와 기타 다른 공통 무역 정책의 수단 적용 그리고 준수와 관련하여 당사국이 제출한 요청을 고려하고 규정한다. 또한 당사국의 공통 무역 정책 수단의 적용을 따르고, 적당하게 직무를 수행하는 데 필요한 기술 위원회를 구성하며, 활동을 지시하고 감독한다. CCM은 또한 무역 분쟁을 다루기 때문에 재판소의 역할을 한다고 볼 수 있다.

오우로 프레토 의정서 역시 심의회를 만들었다. 공동의회 위원회의 역할은 당사국의 해당되는 내부 절차를 촉진시키는 것으로 이는 MERCOSUR 기관이 결정한 사안에 대해 즉각적 발효를 가하기 위함이다. 이 책 제6장에서 확인할 수 있는데 이 부분은 2005년 온전한genuine 의회에 의해 대체되었다. 덧붙여, 자문기관으로 비즈니스와 무역협회의 대표로 구성된 경제사회 포럼Economic-Social Forum: FCES이 있다. 그리고 MERCOSUR 사무국이 있는데, 이 사무국의 역할은 "공문서 보관, 회의 시 채택된 결정 사항의 발행 및 회람 그리고 공동시장 이사회와 공동시장 그룹, 무역위원회 그리고 MERCOSUR 본부인 몬테비데오에서 MERCOSUR의 타 기관들이 개최하는 모든 회담에 대한 로지스틱 부분에 대한 지원 및 준비"이다.[29] 두 가지 문제가 이러한 제도적 구조로부터 발생한다. 하나는 규범의 집행이고[30] 또 다른 하나는 분쟁 해결과 관련이 있다.

아순시온 조약과 오우로 프레토 의정서는 직접적인 구속력이 있는 결정과 회원국의 성취된 결과에 대한 구속력을 갖는 일련의 명령들 사이를 명확하게 구별하는 유럽연합의 로마 조약Treaty of Rome 189조항과 같은 것은 존재하지 않는다. POP(오우로 프레토 의정서)에는 서로 다른 용어로 세 가지 주요 의사결정 기구를 명시하고 있다. 공동시장이사회는 "당사국을 구속하는" 결정을 내릴 수 있다(제9조), 공동시장 그룹은 "당사국을 구속하는 결정의 형태를 결심"할 수 있다(제15조), MERCOSUR 무역위원회는 "명령과 제안의 형태를 결정"할 수 있으며, 명령은 당사국을 구속할 수 있다(제20조). 이러한 복잡성에 더해, 제42조는 "MERCOSUR 기관에 의해 채택된 결정이 구속력을 가지며, 필요하다면 각국의 법령에 규정된 절차에 따라 국내 법체계에 통합되어야 한다"고 규정한다. 이는 명백하게 각국에 의해 비준된 의정서의 경우이다. 더욱이, 당사국은 각국의 영토 내에서 모든 필요한 조치를 취해 MERCOSUR 기관에 의해 채택된 결정에 순응하며 따라야 한다.[31] 마지막으로, 제40조는 "MERCOSUR 기관에 의해 채택된 결정에 대해 당사국은 동시에 이행해야 할 의무"로 주의를 환기시키며 세 가지 절차를 명시하고 있다. 일단 결정이 채택되면, "당사국은 국내 법체계에 통합되도록 모든 적절한 조치"를 취해야 한다. 그러고 나서 이 같은 부분이 끝나면, 남미공동시장 행정사무국은 각 당사국에 안내를 취한다. 그 후, 모든 결정에 대해 사무국이 안내한 30일 이후 각 당사국의 결정에 대한 효력이 동시에 발생한다.[32] 당사국은 각자의 법정 체계에 규범을 접목시켜야 하므로 이와 같은 결정의 직접적 적용은 의심의 여지가 있다.

더욱이, POP가 규범 해석을 담당할 법적 기관이 없기 때문에 공동체법의 우위를 보장하는 법은 출현하지 않았다. POP는 단순히 1991년 12월 17일에 채택되었으며 효력이 발생한 1993년 4월 24일에 브라질리아 의정서를 연장한 것으로 볼 수 있다. 이 의정서는 쟁점 해결을 위한 영구기관이 제도적으로 시행되지 않은 반면 임시 중재 패널의 메커니즘을 가지고 있다. POP는 MERCOSUR 무역위원회의 명령, CMC 결정, GMC 결의안 모두 단지 패널에 의해 고려된다고 명시한다.

지난 10년이 넘는 기간 동안 이와 같은 법적 하위 수준으로 인해 각국의 정상이 참여함에 따라 쟁점의 해결이 정치화 되었다. 로베르트 보우사스Roberto Bouzas와 에르난 솔츠Hernán Soltz가 정확히 지적한 대로 이 방법은 이슈의 혼잡성을 야기하고 과다한 의제를 정상회담 등에 초래한다. 그러므로 궁극적으로

과도한 논쟁과 국가수반의 신뢰 상실로 이어진다.[33]

결과적으로 법적 일치를 요구하는 목소리가 1990년대 비즈니스 업계에서 등장했다. 두이나에 따르면 이러한 압력이 비즈니스 업계 가운데 특히 농업, 제조업, 산업보건안전 기준, 산업 생산품, 광공업 등 기타 관련 업종에서 강력하게 나타났다. 새 천년에도 이와 같은 영역에서의 압력이 지속되었고 서비스와 투자 부분에서도 법적 일치의 목소리가 형성된 가운데, 기업가들과 사회의 다른 주요 영역에서도 대체적으로 규제 전략의 필요성을 피력했다.[34] 2000년과 2001년 사이의 경제 위기 상황에서 두이나는 "아르헨티나 상공회의소가 좀 더 심화된 통합에 관심이 있음을 표명했다. 그리고 좀 더 '적극적인 통합'과 심화된 규제 협력, 아울러 좀 더 현실에 기반을 둔 새로운 법제화를 요구"했다고 설명했다.[35] 의심의 여지 없이 이와 같이 아래로부터의 압력은 위로부터의 통찰력 있는 통합 과정을 강화하려는 정치적 의지와 맞물려 중요한 역할을 담당했다. 2001년 12월 21일 MERCOSUR 정상회담에서 카르도소Cardoso는 초국가주의에 관한 입장의 모호성을 견지한 채 제도적 강화를 강력하게 주장했다.[36] 오우로 프레토 의정서에 의해 시행된 기관의 조정과 새로운 기관의 조성 등으로 인해 제도적 기구가 적당히 변화되었다.

1990년대의 역동적 상황에서 CMC는 기대에 역행하며 통합 주최자의 역할을 하지 못했고, 통합 과정에 대한 명확하고 광범위한 시각을 구현하지 못했다. 더욱이 CMC는 정상회담에 의해 그 역할이 무색하게 되었기 때문에 GMC에 많은 의사결정 권한을 위임했다. 하지만 CMC의 정치적 위치에서 새로운 조직 창출이 불가하지는 않다.[37] 14개 각료(농업, 문화, 경제와 중앙은행, 교육, 산업, 내무, 법무, 환경, 광산과 에너지, 과학과 기술, 사회개발, 건강, 노동 그리고 관광) 회담, 그리고 8개의 실무 그룹(MERCOSUR 사회연구소 또는 쿠바와의 협상을 위한 기관 설립 준비), 2개의 새로운 포럼(정치 자문과 3개의 실무 집중 그룹을 위한 포럼, 시·연방주·주도 지역의 자문을 위한 포럼), 인권과 관련한 고위급 회담이 포함되어 있었다.

GMC 관련 많은 전문가 하위 그룹이 창출되고 빠르게 성장했다. 아순시온 조약의 5번 부록에는 “거시경제와 부문별 정책의 조화를 위해” 10개의 하위 그룹 설립(상업 이슈, 관세 이슈, 기술표준, 재정 및 금융 정책과 관련된 무역, 육로 수송, 해상 운송, 산업과 기술 정책, 농업 정책, 에너지 정책, 거시경제 정책의 조정)이 제시되었다. 수년간에 걸쳐 몇몇 하위 그룹이 사라지고 추가로 다른 하위 그룹이 등장했다. 모두 15개의 하위 그룹(커뮤니케이션, 광산, 기술 표준화, 재무 이슈, 수송과 인프라, 환경, 산업, 농업, 에너지, 노동, 고용과 사회안전 이슈, 보건, 투자, e-비즈니스 등)이 등장했다. GMC는 또한 14개의 특별 미팅, 3개의 그룹, 10개의 임시 그룹과 2개의 위원회, 1개의 커미션과 1개의 전문가 미팅을 만들었다.[38]

몇몇 관찰자가 지적한 대로 “거의 모든 정부 분야의 공무원이 참여하는 혼합된 기술 협상 특성을 가지고 있는 여러 다양한 보조 조직은 행정부 내에서 통합 과정을 널리 보급시키는 결과를 초래했다. 한편, 다양한 이슈와 개인 그리고 다채로운 분과별 업무 프로그램은 중대한 조정 문제와 GMC에서의 과도한 의사결정을 야기했다.[39]

2000년, MERCOSUR 관계자들은 전반적 구조를 합리화하기로 결정했다. CMC 59/00 결정은 2개의 실무 그룹(광물과 에너지)을 합치고 몇 개의 임시 그룹을 실무 그룹으로 전환했으며, 14개의 실무 그룹 리스트와 7개의 특별 미팅, 4개의 임시 그룹, 3개의 위원회 그리고 1개의 그룹을 확정했다. 그러나 미비한 조정은 여전히 근본적으로 해결하지 못한 채 남았으며, 오히려 GMC보다도 수많은 하위 그룹이 고위 관료로 구성되어 점점 더 악화되었다. 결과적으로 이러한 하위 그룹이 다소 자율화되어 통제할 수 없는 통합의 주최자로 변했다. 점점 더 증가하는 보조 기관을 모두 하나로 합치고, 일관적인 정책 제공 능력의 부재가 GMC 효율성을 감소시키는 결과를 초래했다. CCM과 관련해서도 10개 기술 위원회 설립과 함께 이와 같은 문제점들이 확인되었다.

마침내 사무국은 완전한 변화를 경험했다. 사무국은 다른 어떤 제도(기구)보다 MERCOSUR의 제도적 절제된 간소화를 상징한다. MERCOSUR의 지도자들이 약간의 변화를 도입하고자 결정하고, 특히 2001년 아르헨티나 위기 이후 통합 과정을 재시도했을 때 사무국은 최전방에서 이를 담당했다. 2003년 사무국은 기술조력 부문SAT의 역할을 품고 있는 적절한 남미공동시장 행정사무국SAM으로 전환되었고 몸집이 간소화되었다.

결정 30/02는 "발전에 대해 공동으로 숙고할 수 있는 공간을 만드는 데 기여하고, 통합 과정을 공고화하는 데 역할을 할 수 있는" SAT를 만들었다.[40] 처음으로 MERCOSUR의 지도자들은 전문가(2명의 변호사와 2명의 경제학자) 4명을 채용하기로 결정했다. 선발될 전문 관료 4명은 최고의 경력자로 국별 이해관계보다 지역통합의 일반적 중요성을 구현할 적법성이 부여되었다.[41] 4명의 전문가들은 매우 독립적이었고, 능동적으로 업무를 진행함에, 기존 외교 관료들의 피상적 업무 자세에 귀감을 보였다. 그리고 그들은 지역통합에 대한 정부간 온고한 의견 차이에 대해 반대 입장을 피력했다.

통합의 새로운 행위자가 국별 정치적 지원 아래 등장했다. 첫해에 SAT는 사무국장과 수차례 논쟁이 있었다. 이는 단순히 전문가와 외교관 사이의 업무 스타일 이상이었다. 그들 사이에는 통합 과정의 개념과 적법성 등에 대한 이해의 간극이 있었다.

이러한 반대의 의견 두 가지가 이슈화되었다. 하나는 SAT가 다른 자문 기관에 기술적 지원을 하는 조건에 관한 것이다. SAT의 "적들"은 업무의 조절을 소개하고 영구기관의 이전previous 승인의 근거 아래에서 지원을 관리했다.[42] 또 다른 하나는 공공에 의한 SAT 업무의 접근성이다. SAT는 SAM 의장이 기밀로 치부되길 원했던 MERCOSUR 회원국에 관한 상반기 보고서를 2004년 7월에 발행했다. 학문 분야처럼 결정 30/02의 부속서는[43] 전문가 4명이 통합 과정의 진행 정도에 대해 비판적 관점에서 분석할 수 있도록 했다.[44] 그들이 작성한 보고서의 서론에는 분석이 국가의 이익을 보완하는 공동 이익의 요구에 의해 영감을 받았다고 주장했다. 그리고 그들은 결론에서 통합 진행 시 정부 간 방법의 보충을 위해 초국가 차원이 등장하는 설정을 적극적으로 지지했다. 그들은 점진주의와 유연성이 위기를 극복하는 아이디어라고 홍보하며 정당화했는데 명백하게 통합을 심화시키는 데는 한계가 있었다. 그들의 “상황 5”는 공동 상업 정책을 지지하는 것으로 독립 기관이 업무를 처리하도록 하는 것이다. 그들은 또한 영구적 법원의 설립을 지지하며 무역 분쟁 해결 시스템에 대한 우려를 표명했다.

두 경우 모두 전통적으로 정부 간 통합의 방법을 엄격히 고수하는 외교관들 그리고 정치적·경제적 영역의 엘리트들을 의도적으로 자극했다. 이러한 보고서는 외교관이 기밀 유지를 결정하기 전 잠시 동안 온라인상으로 등재된 것이다.

2004년에 SAT는 MERCOSUR 회원국들이 오우로 프레토 12월 정상회담을 준비할 때 역동적 역할을 담당하며 또 다른 기회를 잡았다. 1994년 오우로 프레토 정상회담의 10년 후이자, 통합을 심화하고자 하는 정치적 기후가 증폭되는 상황에서[45] SAT는 몇 가지 계획을 주도했다. 가장 두드러지게 SAT는 독일 프리드리히 에버트Friedrich Ebert 재단과 함께 2004년 8월 중요한 국제 세미나를 기획하며 담대한 개혁 어젠다를 위한 중지를 모았다.[46] 많은 전문가와 중요한 정치인들 가령 브라질 룰라Lula 대통령의 외교안보 개인 자문관 마르코 아우렐리오 가르시아Marco Aurélio Garcia 같은 인물이 SAT의 통합 관점에 지지를 표명했다. 오우로 프레토에서 개최된 두 번째 중요한 회의 시 새로운 틀에서 MERCOSUR를 재편성할 것과 통합 과정의 결정적인 단계로 진입할 것이 명백히 요구되었다. 의회 설립에 대해 많은 논의가 있었다. 이 책 제7장에서 좀 더 세부적인 내용을 확인할 수 있겠지만 확정된 결정들은 SAT가 기대한 것에 미치지 못했다. SAT는 2004년 12월 17일 개최된 오우로 프레토 정상회담 시 제안된 다른 많은 개혁안에도 실망했다.

SAT에 대한 지속적이며 완고한 장애 요소들이 결국 회원국을 지치게 했다. 2006년 1월 1일, 데이지 벤투라Deisy Ventura가 사임하며 다른 이들을 혼란 속으로 내몰았다. SAT의 권위가 추락한 가운데(국별) 외교관들이 구상과 신념을 반영하도록 했다. 2007년 1월 18일 결정 07/07으로 GMC는 사무국의 SAT 기능을 단순한 기술 보조 서비스 정도로 그 역할을 대폭 축소하고 거대한 사무국 내로 희석시켰다.[47] 데이지 벤투라는 곧바로 외교관들과 통합 과정에 부정적 여론을 조성한 몇몇 압력단체를 고발했다. 역설적이게도 그녀는 또한 SAT 회원들에게 정치적 지원 유형의 박탈을 양산한 능력 위주 고용 형태의 역효과에 대해 비난을 가했다.

방금 언급한 것처럼 오우로 프레토 의정서에 따라 시행된 구조는 점진적으로 발전했고 SAT와 더불어 초국가주의 노선에 거의 진입했다. 2004년 오우로 프레토에서 개최된 두 번째 개혁 정신은 다른 제도적 구축을 확증하거나 야기했다. 3개의 새로운 제도를 소개한다.

그중 하나는 2003년 신설된 MERCOSUR의 남미공동시장 영구대표위원회CRPM로 CMC에 의해 설립되었으며 지역 협의를 대표하고 MERCOSUR의 순번제 상임위원장을 지원하는 역할을 한다.[48] 더욱이, 영구재심법원과 노동행정법원 또한 신설되었다.[49] 마지막으로, MERCOSUR 법 준수 증진 센터가 CMC 24/04 결정에 따라 설립되었다.

명백하게 기관 확장은 긴밀한 협조로 수반된 것은 아니다. 각각의 기관은 의논과 결정의 기능을 확장하는 매우 자율적인 경향이 있다. 어떤 기관도 확정된 결정의 집행에 별반 신경을 쓰지 않는다.[50]

대체로 라틴아메리카에서 확인할 수 있는 것은 통합 관련 증대되는 어젠다를 반영하고 제도적 복잡성을 증대하여 지역 협약을 견고히 하는 추세다. 다음 장에서는 통합의 범위와 단계 간의 간극을 분석하고 이러한 간극 현상을 설명한다. 이 외에도 지역과 국가 단위, 공식·비공식 제도적 특성을 대비하며 비교 검토할 것이다.

라틴아메리카 지역 제도 협약

수렴과 국내에서 영감을 받은 모방

이전 절에서 설명된 진화, 즉 각 정상들의 권력 집중과 함께 양립하는 제도적 복잡성 증가가 모든 제도 협약에서 눈에 띄게 두드러진다. 전체 대륙 내에서 모방적 동형이성의 가설을 확인시키는 주목할 만한 제도적 수렴이 있다(〈표 4.3〉).

그러나 서론에서 언급한 대로 모방은 단순히 서로 다른 그룹이 각각 모방한 것만을 의미하거나, 또는 모든 그룹이 유럽 모델을 수용하고 채택하는 것을 의미하지 않는다.[51] 지역 제도 역시 국가 제도의 반영이며, 만약 단순히 국가의 형식적·비형식적 제도가 라틴아메리카 전역에 걸쳐 상당히 유사하다는 사실을 고려한다면 지역 협약들의 수렴은 놀라운 것이 아니다. 모든 라틴아메리카 국가가 대통령체제이므로 역내 그룹화는 "자연스럽게" 정부 간 대통령 정치 시스템을 구축한다.

1980년대에 몇몇 주요 문헌들은 대통령제를 실패한 정치 시스템으로 간주했다.[52] 우리는 "순수 대통령중심제 모델에 의해 야기되는 어려움을 몇몇 라틴아메리카 국가에서 확인했는데 정치인 또는 정당 간의 동의로 헌법규범과 정치적 실천이 대통령제의 원칙을 무시하거나 철저하게 수정"을 가한 것으로 인지하고 있다.[53] 후안 린츠Juan Linz의 고전적 분석 방법에 따르면, 특히 우루과이 또는 볼리비아 같은 몇몇 국가의 경우 대통령제는 어떤 면에서 "의회제에 더 일치하는 방식"의 모습을 확인할 수 있다. 그러나 대부분의 경우 라틴아메리카의 대통령제는 책임성의 결여 또는 오도넬O'Donnell이 명명한 위임 민주주의의 특징을 보인다. 집단적 또는 정부 간 대통령제도 다르지 않다. 안드레스 말라무드Andres Malamud는[54] 심지어 "MERCOSUR는 위임 통합delegative integration이라는 '새로운 지역 동물'을 생성할 것이다"라고 제시했다.

그러나 더 많은 것이 있다. 민주주의 이행 시기 이래, 라틴아메리카는 의회의 권한이 축소되면서 점점 더 강력한 대통령제 추세를 경험하고 있다. 정치적 선택에 관한 전통적 협상은 필요 또는 의무임에도 불구하고 가령 구조조정 프로그램을 시행할 때 더 이상 필요 없게 되었다. 칠레는 권위주의적 상황에서 효율적 정책을 실시한 사례이다. 1990년대의 수많은 대통령은 입법 과정을 무시하고 중요한 결정 사항을 대통령령으로 시행했다. 이에 대해 실질적으로 국가마다 상당한 차이가 존재하는데, 예를 들어 대통령령 승인 규정, 입법 과정에서 행정부의 편파적인 지지의 정도 또는 대통령의 거부권의 세기 정도에 따라 그 스펙트럼이 넓다.[55] 그럼에도, 이러한 경향을 부인할 수 없다.

MERCOSUR의 실례를 살펴보자. 1998년 브라질 헌법은 대통령에게 "긴급성과 상당성(타당성)"의 상황에서 최대 30일의 법 효력을 지닌 잠정 조치 권한을 부여했다. 헌법이 발효되고 연이어 대통령들, 가령 사르네이, 콜로르, 프랑코, 카르도소 그리고 룰라 대통령은 수많은 대통령령을 상당히 빨리 발포했다.[56] 대통령령에 비판적 견해를 가지고 있던 당시 룰라 대선 후보가 대통령 권좌에 오르며 가장 많은 대통령령을 발포했다. 아르헨티나의 경우 1983년 민주주의 이행 이래, 알폰신 대통령은 적당하게 대통령령을 공포한 반면, 메넴 대통령은 모두 합해 545건의 대통령령을 발포했다. 네스토르 키르치네르Néstor Kirchner는 그의 임기 동안 대통령령을 매 5일마다 한 건씩 발포했다.

필자의 목표는 대통령의 입법 의제를 정하는 힘을 움켜진 이러한 새로운 역량의 중요성을 정확히 평가하거나 그들의 입법권 취득 여부에 대한 결론을 내리고자 함이 아니다. 의회는 보통 추정하는 것보다도 훨씬 더 큰 정치적 영향력을 아마도 보유하고 있을 것이다. 필자의 주장은 1990년대에 대통령의 의제 설정 능력(역량)이 지역 단위로 확장되었다는 것이다. 일부 국가 의회는 국가 차원의 법령에 의해 법을 제정하는 행정부 권한을 약간 통제할 수 있지만 지역 단위에서는 두 가지 중요한 이유로 이와 같은 동등한 통제권이 없다. 지역 단위 의회의 매우 작은 특권이 하나의 이유이며, 또 다른 이유는 지역제도 협의체의 재분배 능력의 부재와 관련이 있다. 이러한 두 가지 점에 대한 좀 더 자세한 설명은 이 책 제6장과 제8장에서 접할 수 있다.

국가제도(기구)를 지역 단위로 이끌어가는 과정에서 주요 행위자는 민간 부문이었다. 라틴아메리카의 이익 단체는 오랫동안 행정부 최고위층에 정치적 접근을 해왔다. 미국 또는 유럽과 달리 입법부 내 조직화된 로비 그룹은 거의 없다. 1960년대에 지역통합의 관점이 출현하고 최근 지역통합의 제2물결이 등장하면서 이들은 지역 단위의 의사결정 과정에서 만장일치를 강력하게 주장하고 그들만의 특별한 정치적 영향력 보호를 요구했다.

매일매일 우리는 지역 협정의 의사결정 과정이 수많은 준準자치 관료 기관으로 점점 더 분산되는 경향이 있음을 확인했다. 국내 의사결정 과정의 발전 정도와 비교할 수 있다. 예를 들어, 게리 위니아Gary Wynia는 1940년대 말과 1950년대 초 중미가 "새로운 경제와 사회 프로그램을 관리하기 위해 수많은 자치 기관"을 만들었음을 제시했다.[57] 또한 기술 관료técnicos와 CEPAL 그리고 진보를 위한 동맹Alliance for Progress이 국가와 지역 단위에서 1960년대 발전 계획을 명백히 추천했기 때문에 수많은 지역 단위의 기관이 만들어졌다. 위니아는 중미경제통합사무국이 만든 지역통합 계획 임무에 의해 주도된 완벽한 "정책 입안 형태의 재형성"을 묘사했다. 그는 또한 주로 정치적 이유 때문이지만 어떻게 중미 국가별 개혁 계획이 실패했는지 그래서 어떻게 기술 관료들이 지역통합 노력을 결심했는지 보여줬다. 기관 설립은 개혁 계획과 맥을 같이해야 하지만 오히려 정치 시스템의 전리품을 분배하는 통로였다. 후견주의는 항상 라틴아메리카의 관료주의적 발전의 주요 동인이었다.

하지만 1990년대의 기간 동안의 이유는 달랐다. 탈규제화의 상황에서 자치기구에 중대한 특권이 부여되었다. 계획 대신 신자유주의적 "국가의 퇴각"[58]이 개혁을 주도했다. 정부는 자체 개입 범위의 제한을 결정하며 조정자로서의 새 역할에 초점을 맞췄다. 그러므로 행정 기능이 독립기구 또는 민관협력 파트너십 틀의 민간 부문으로 이관되었다. 이러한 경향과 앞서 설명한 증가하는 제도적 지역 방식 사이의 유사성은 명백하다. MERCOSUR 사례를 다시 한 번 본다면, 브라질의 카르도소 정부 시절 루이스 카를로스 브레세르 페레이라Luis Carlos Bresser Pereira가 제안한 개혁은 근대 공공관리 이행의 한 유형으로서 전형적인 예로 볼 수 있다.[59] 우리가 살펴본 대로 MERCOSUR의 제도들은 동일한 부수적인 기능을 보인다.

국가와 지역 단위 양쪽에서 모두 정치적 체제의 마지막 특징이 언급될 필요가 있다.

권력의 집중도와 상관없이 수많은 국가의 대통령제는 종종 통치성을 확보하기 위해 연립정부를 세우고, 이를 위해 지속적으로 노력한다. 브라질인들이 연립 대통령제라고 명명한 것이 라틴아메리카 전역에서 실질적으로 행해진다.[60] 수많은 경우, 동맹은 민주주의를 공고화하는 기능이 있다.[61] 다시 한 번 강조하고 싶은 것은 필자의 주장이 이러한 정치적 실천의 장단점을 논하고자 함이 아니라는 것이다. 전달하고자 하는 것은 대통령이 지역통합을 진전시키기 위해 동일한 기술을 사용했다는 것이다. 상호 원조 결탁은 1990년대에 국내 정치 협상과 지역 정치 협상에서 되풀이되는 기술처럼 보인다. 이것은 1950년대와 1960년대에 권위주의 정권에서 사적 이익을 보호하려는 것 그리고 연립정부 형성의 필요성의 미인식이 팽배한 가운데 이뤄진 협상 방식과는 명백한 대조를 보인다.

Chapter 5

통합의 범위와 수준

부조화 설명하기

통합에 관한 라틴아메리카의 경험을 살펴볼 때 가장 두드러지는 모순 중 하나는 수많은 정상회담에서 과하게 논의되었던 의제 또는 다수의 기구에 의해 채택된 다양한 국제규범과 비교해 지난 수년간에 걸쳐 아주 소박한 수준 정도의 통합만이 이뤄진 것이다. 통합의 정도는 거의 대부분 보편적으로 제도의 결정적 권위, 이행 능력, 개별 국가의 이익을 넘어 지역의 공동 이익 대변의 능력 정도로 알아볼 수 있다. 초국가성의 문턱은 종종 심오한 통합을 향한 진전에서 중요한 시점으로 간주된다. 초국가성의 중요성에 대해 논의할 여지가 있지만 의심의 여지 없이 통합의 범위와 수준(정도)을 좀 더 자세히 알아보는 것은 가치가 있다. 신기능주의가 어떻게 평가되든지 간에 다음과 같이 필리프 슈미터가 제시한 종속변수에 관한 두 가지 기본적 범위dimension의 균형적 시각의 중요성을 지목한 것은 옳았다. 첫 번째 범위는 회원국들이 "지역 기구를 통해 공동으로 역내 이슈의 유형과 범위 정도의 확대 또는 축소" 여부이다. 그리고 두 번째 범위는 이 회원국들이 "지역 기구의 정치성, 즉 가치 창출에 관한 권한 정도"에 관한 것이다. 그는 두 양상이 "결코 항상 함께 변화하는 것covariant은 아니다"고 정확히 첨언했다.[1] 중미에 관한 그의 또 다른 연구 논문에서 라틴아메리카가 여전히 완벽하게 구현하는 것처럼 보이는 지체 효과spill-around의 역동성을 묘사했다. 그는 그것을 "별개의 기능적 공간에서 지역 임무 범위의 확장 시 지역 차원의 조화에 대한 개별적 노력의 확산"으로 정의했다. 하지만 그는 "지역 단위 의사결정 수준의 증대 그리고 단 하나의 연합체에 권위의 양도가 수반되지 않는 것"이라고 덧붙였다.[2]

수많은 학자가 같은 결론에 도달했고 필자 또한 이 장에서 중미의 실례와 약간의 통계적 증거로 이 부분에 대해 입증하고자 한다. 그러나 이 장은 이러한 단순히 인지된 결론을 넘어, 구성주의 접근을 활용해 범위와 수준 사이의 부조화를 설명하고자 한다. 간략한 이론적 논의가 이 장에서 언급되고 중미, 안데안 국가연합, MERCOSUR 그리고 NAFTA가 연이어 소개된다.

이론적 논의

필리프 슈미터가 통합의 서로 다른 범위와 수준 변화의 유형을 어떻게 설명하는가? 그는 "기본적인 기능주의자 가설"에 근거로 하여 행위자들이 지속적으로 지역통합 전략을 수정하게 함으로써 지역통합을 일련의 긴장감 혹은 모순을 양산하는 과정으로 치부했다. 다시 말해, 행위자들은 "지역제도에 대한 그들의 확약 수준 그리고 범위를 재평가"할 수 있다.[3]

더 정확히 말하면, 이 책 제2장에서 확인한 대로 수많은 다른 가능한 결과(여럿 가운데 하나인 지체 효과)를 양산시키는 상당히 불확실한 상황에서 "위기로 양산된 결정 주기"라고 그는 설명했다.[4] 그는 행위자들의 전략을 종속변수로 두고, 연이은 재평가를 야기하는 조건들을 확인한 뒤에 가장 그럴싸한 결과를 통합의 안정적인 자체 유지self-maintained 단계로, 대부분 "무관심의 구역"인 "은닉화encapsulation"로 결론 내렸다. 이 책 제2장에서 이미 언급한 도레테 코르베이Dorette Corbey는 최근 "변증적 기능주의"의 "가다 서다" 발달 유형으로 이를 설명하고자 했다.[5] 슈미터의 설명처럼 그녀의 설명에는 정부, 지역 기구, 이익단체 이렇게 세 가지 행위자 형태가 있다. 이러한 행위자 모두 이익을 수호하고 그들의 헌신에 대한 비용과 이익을 평가하는 등 합리적이다.

이 책 제1장과 제2장에서 언급한 대로, 이와 같은 형태의 접근은 비록 슈미터가 "무관심의 구역"에 빠진 낮은 수준의 통합을 전망했지만 왜 동일하게 명백한 비효율적인 게임이 오랜 시간 지속적으로 진행되는지에 대한 적절한 설명은 하지 못했다.

외부적 그리고 상징적이라는 2개의 다른 형태의 유인을 언급할 필요가 있다. 첫 번째 유인과 관련해서 1968년 7월 중미 지역 정상회담에서 존슨Johnson 미 대통령 참석의 영향력을 설명할 때 슈미터의 언급이 옳았다.[6] 지역통합은 모든 행위자에게 긍정적 결과를 분배하는 능력을 가진 내재적 게임으로 자주 분석되었다. 그리고 많은 학자는 통합 과정을 파레토 개선Pareto improvements의 트랙에 놓으며 상생 상황의 최상의 형태로 전망했다. 대체로, 유럽 연합 연구가 주류를 이룬다. 유럽에서조차 외부적 유인은 그 자체의 중요성에 비해 별반 주목을 받지 못했다. 라틴아메리카에서는 이 부분이 더욱 부각되는데 외부적 유인은 종종 강력하지만 통합의 범위를 확장시키는 다소 숨겨진 동기가 있다. 오늘날 국제 협력의 다양한 기관이나 정부 등이 지역 기구의 여러 다른 기관이 취할 수 있는 전 세계의 기회를 제공한다. 이러한 기회들이 통합의 범위에 직접적인 영향을 주는 것을 보게 될 것이다.

통합의 어젠다 형성에 직접적인 영향을 주는 또 다른 것은 상징적 유인이다. 상징적 유인은 지역통합에 대한 정상들의 확약에서 파생된 일련의 정치적 혜택을 의미한다. 그것들 가운데 3개가 특별히 중요하다. 채택된 중요한 선언문, 또는 회담의 개최 도시에서 서명된 의정서와 관련된 명성이 그 첫 번째이다. 개별 정상은 자국에서 개최된 역사적 회담으로 파생된 국내 정치의 긍정적 부산물을 추구하고, 어젠다 확장을 위해 노력한다.

또 다른 하나는 국내 문제 해결에 대한 실패의 면책이다. 지역 어젠다를 포함한 모든 새로운 이슈는 이와 같은 문제들을 다루도록 요구된 의사결정 수준과 관련하여 유권자들에게 전달된 메시지이다. 이는 일반적으로 사회 이슈에 관한 경우이다. 많은 경우 의사결정 능력이 지역 단위로 이양되어 어떻게 부가가치를 창출하는지 상상하는 것은 어렵다. 하지만 그 이유는 효율성에 기반을 두지 않는다.

세 번째는 위의 전략과 연관이 있는데 이는 지역통합 과정이 중요한 사회적 부문들에 의해 반대가 시작되는 상황, 그리고 국내 경제 상황이 너무 호의적이지 않은 상황에서 대통령은 공로credit를 다투거나 책임전가 형태의 전략을 사용한다. 어젠다에 새로운 이슈를 포함하는 것은 대통령이 조정의 어려움에 직면하거나 통합 진보가 부족한 것과 같은 문제 해결 실패의 책임을 모면할 수 있게 한다. 이와는 반대로 대통령은 의사결정 과정의 시발점을 숨기면서 성공적인 지역 정책의 경우 공로를 앞다투어 취하고자 할 것이다.

다음 절에서 실증적 증거로 이 부분을 좀 더 구체적으로 설명하도록 한다.

중미의 지체 효과(Spill-Around) 설명하기

중미 지역의 통합 발달에 대해 이 책 제1장과 제2장에서 포괄적으로 다루었다. 지금은 중미 통합 범위의 역사적 발달에 좀 더 초점을 맞춰 서술하고자 한다. 일련의 몇몇 역사적 사건들로 구분 지어볼 수 있다(〈표 5.1〉).[7] 1948~1955년에 교육, 보건, 기술 분야 등에서 기능주의적 협력이 시작되었다. 동일한 시기에 중미기구ODECA라는 정치 프로젝트가 진행되었다. 1960~1966년을 두 번째 시간으로 볼 수 있다. 1960년 통합의 일반협정 서명과 함께 새로운 10년을 열었

〈표 5.1〉 중미통합 범위의 확장

기구(제도)	연도	통합 수준(순서)
중미 고등교육의회(CSUCA)	1948	**중미기구** 기능적 협력과 정치적 통합
중미와 파나마 식품영양연구소(INCAP)	1949	
중미기구(ODECA)	1951	
농업위생관리 국제지역기구(OIRSA)	1953	
중미 공공정책기구(ICAP) (Central American Institute of Public Administration)	1954	
중미 공업연구소(ICAITI)	1955	
중미경제통합사무국(SIECA)	1960	**중미공동시장** 기능적협력과 경제적통합
중미경제통합은행(BCIE)	1960	
중미 항공항법서비스(COCESNA)	1960	
중미 어음교환소	1961	
중미 방위협의회(CONDECA)	1963	
중미 금융위원회 사무국장(SE-CMCA)	1964	
중미 관광통합사무소(SITCA)	1965	
유압자원 지역위원회(CRRH)	1966	
중미 통신기술 지역위원회(COMTELCA)	1966	
중미 교육문화 담당 사무국장(SG-CEEC)	1975	
중미 과학기술개발위원회(CTCAP)	1976	
중미 기술위원회 사무국장(SE-CEAC)	1979	중미 위기
중미 해상운송위원회(COCATRAM)	1980	
중미 농업지역협력의회(CORECA)	1981	
중미 의회(PARLACEN)	1987	위기 해결 모색
중미 자연재해방지 합동센터(CEPREDENAC)	1988	
중미 환경과 개발위원회 사무국장(SE-CCAD)	1989	
중미 이주기구(OCAM)	1990	
중미통합체제(SICA)	1991	위기 극복 이후 재도약
중미 음용수 조정위원회(CAPRE)	1991	
중미 석유협력위원회(CCHAC)	1991	

기구(제도)	연도	통합 수순(순서)
중미 농업위원회 사무국장(SG-CAC)	1991	
중미사법재판소	1992	
중미 주택 및 정착협의회(CCVAH)	1992	
중미 스포츠의회(CODICADER)	1992	
중미 사회보장기관의회(COCISS)	1992	
중미 사회통합사무국(SISCA)	1995	
중미 어류활동기구(OPESCA)	1995	
중미-카리브 상급 회계감사기구(OCCEFS)	1995	
중미 마약밀수단속 영구위원회(CCP)	1996	정체 및 중지 : 국내외 어젠다 우선순위화
중미-파나마 자산등록의회(CRICAP)	1999	
중소기업진흥센터(CENPROMYPE)	2001	
중미 폭력전망기구(OCAVI)	2005	도미니카공화국-중미 자유무역협정 이후 재도약
중미통합체제 일반회계사무소(CFR-SICA)	2007	
중미 소비자보호의회(CONCADECO)	2007	
중미통합체제 사무국 민주안보과	2007	

자료: 중미통합체제 공식 홈페이지(http://www.sica.int)를 활용하여 저자 재작성(자료 확인: 2008.3.21).

고 온두라스와 엘살바도르 간의 전쟁으로 이 두 번째 기간은 마무리되었다. 그 다음은 기능적 협력의 새로운 계획이 출범한 1970년대 중반으로 다시 한 번 교육과 기술 분야에서 확장되었지만 제1차 중미 위기로 마무리되었다. 마지막으로 이 책 제2장에서 확인한 것처럼 1987년에 에스키풀라스 정상회담과 중미의회PARLACEN 설립에 대한 노력이 지역 위기를 해소하고 통합 과정을 재출범시켰다. 그 후 1990년에 상당히 인상적인 통합의 진전이 있었다.

일련의 통합 사건이 각각 지역통합 어젠다에 새로운 이슈를 덧붙이며 통합 범위를 확장시켰다. 새로운 제도의 설립(〈표 5.1〉)은 내생적 역동성에 기인하는 부분이 많지만 외부적 유인이 결정 요인이었다.

우리는 이미 이 책 제2장에서 CEPAL의 역할, 특히 1951년 경제협력위원회의 창설을 지원했던 CEPAL의 중요성에 대해 언급한 바 있다. 1950년대에 개최된 회담이 경제통합 출범의 밑거름이 되었다. CEPAL의 멕시코 사무소가 UN 기술지원관리부United Nations Technical Assistance Administration의 도움 덕분에 이 프로그램의 재정 지원을 담당했는데, 이로 인해 정부는 실질적으로 아무런 비용을 부담하지 않았다. 1950년대 후반에 또 다른 외부적 유인이 UN으로부터 추가되었다. 아이젠하워 미 공화당 행정부는 과테말라, 엘살바도르, 니카라과가 1960년에 서명한 삼국조약Tripartite Treaty 준비를 도왔다.[8] 케네디 민주당 정부는 라틴아메리카 지역통합에 더 큰 지지를 보냈다. 미국은 1962년 중미-파나마 지역사무소ROCAP를 중미에 열었고, 케네디 미 대통령은 1963년 3월 코스타리카 산호세를 방문해 중미기금Central American Fund 설립을 제안했다.

초기에, 외부행위자들은 지역 단위 어젠다에 관한 이슈 선택에 직접적인 영향을 행사했다. CEPAL은 "지역 차원의 공공기반시설infrastructure" 건설의 필요성을 피력하고 운송·통신·전력 분야의 제도 창출을 도왔다.[9] 이전에 언급했듯이 CEPAL은 또한 결정 자금decisive funding을 확보하고 있었다. 아이삭 코헨Issac Cohen은 "1950년부터 1966년까지 경제통합 프로그램을 위해 UN이 진행한 금융 보조금, 2240만 달러가 지역 차원의 운송, 전기, 교육, 통신, 농업 및 수산업과 특별한 영구적 지역제도의 기능을 위해 사용되었다"고 상기했다. 개별 회원국들이 부담한 기금은 UN 지역 매칭 보조금 대비 1953~1965년에 매년 5000달러, 1966년 이래로 6000달러, 1953~1966년의 전체 총액은 33만 5000달러다. 이는 UN이 지원한 총액 대비 2%도 채 되지 않는 액수다.[10]

지역 어젠다 차원의 이슈 수용성은 정치적 중립성과 직접적으로 연관이 있다. 지역 어젠다에서 종종 누락되는 농업 관련 부문은 CEPAL의 지나친 산업화 정책과 함께 생각해 보아야 한다. 그러나 이러한 경제적 부문을 장악하고 있는 전통적 가족의 경제적 영향력 또한 고려해 보아야 한다. 1950년대의 중미 국가들은 근본적으로 농촌 위주이므로, 산업화 프로젝트는 기득권에게 어떠한 위협적인 요소도 되지 못했다.

외부적 지원으로 1970년대, 가령 1973년의 ODECA의 폐지 사건으로 통합 과정이 교착상태에 직면했을 때도 중미의 기능적 협력은 지속적으로 진일보했다. 그러나 두 기간 1966~1975년, 그리고 1981~1987년은 예외다.

1980년대에 또 다른 외부행위자가 지역통합을 강력하게 지지하며 역내 자신의 어젠다를 관철시키기 위해 부단히 노력하기 시작했다. 역내 위기 기간에 EU는 가칭 "산호세 대화"의 창구를 1984년 개시하고 혼란을 끝내는 데 도움을 주고자 했다. EU는 콘타도라 그룹 평화 프로그램Group of Contadora peace initiative을 지원하고, 사회경제적 위기의 원인들을 규명하기 위한 협력 체제를 제시했다. 위기가 끝나갈 무렵, 협력 체제 동의가 1993년 서명되었지만 유럽의 영향은 1990년대에 희미해졌고 2002년 유럽과 중미 간 마드리드 정상회담에서만 다시금 확인할 수 있었다. 새로운 EU와 중미 간 정치적 대화와 협력 의정서는 2003년 12월 15일 로마에서 체결되었다. EU가 중미에 도입하고자 하는 어젠다 유형에 대해 좀 더 언급하고자 한다. 그러나 먼저 위기 이후 통합 범위의 발달을 분석하도록 한다.

이 책 제2장에서 확인한 대로 역내 위기 해결을 위한 노력은 역내 문제의 정치화로 특징지을 수 있다. 코스타리카, 과테말라, 엘살바도르 정상은 단순히 정치적 문제점에 대한 불만의 목소리를 역내 공산주의 위협의 도래로 전가했다. 그럼에도, 정상들은 1987년 1월 15~16일 코스타리카에서 개최된 제3차 회담에서 "경제적·사회적 분쟁의 주요 요인을 언급하고 개발 없이는 평화의 안착이 어렵다"는 부분을 최종 선언문에 명시했다.[11] 1990년 2월 산디니스타의 선거 패배 이후, 정상들은 이러한 이슈에 좀 더 주의를 기울이기 시작했다.

자그마치 1990년에는 세 차례의 정상회담이 개최되었다. 이 회담들의 전반적인 목표는 위기 이후 역내 상황을 재고려하자는 것이었다. 몬텔리마르Montelimar(니카라과, 1990.4.2~3) 정상회담은 "일단 평화를 가로막는 장애물이 제거되면, 민주주의 공고화는 경제성장을 저해하는 여러 도전의 신속한 처리를 요구한다"고 명시했다. 이후 안티구아Antigua(과테말라, 1990.6.15~17)와 푼타아레나스Punta Arenas(코스타리카, 1990.12.15~17) 정상회담 모두 동일한 필요성을 주장했다.

푼타아레나스 정상회담은 특별히 중요하다. 정상들은 이전의 결정, 즉 안보와 환경, 경제, 사회, 문화 그리고 정치 협력 등의 분야에 대해 절차상의 균형을 만들었다. 이행 결산서는 썩 좋지 않았고 모든 과정은 명백하게 정치적 지침이 부족했다. 위기의 마무리는 특별한 기회의 창을 제공했는데 이는 새로운 트랙track에 통합 과정을 담고, 차기 정상회담을 준비하는 외교부 장관들이 "개혁·개선된 ODECA" 틀 안에 "통합 시스템"을 만들 것을 제안했다.

출범 이후 40년, 첫 번째 쇄신 이후 30년 그리고 중단 이후 17년의 세월을 보낸 후 ODECA는 새 포부로 재등장했다. 제10차 정상회담(산살바도르, 1991.7.15~17)의 목적은 "제도적으로 적합한 메커니즘의 정치·경제·사회·문화 분야에 효율적인 통합체"로 규명하고, "지역체제 시스템으로 정상회담에서 결정된 모든 사안에 대한 사후 처리 및 진행의 조화를 담당할 중미기구ODECA를 활성화"하기로 결의했다.

이후 제11차 정상회담(온두라스 테구시갈파, 1991.12.12~13)은 중미통합 과정의 새 시대를 열었다. 테구시갈파 협정서의 서명으로 중미통합체제SICA가 출범했다. 이 책 제2장에서 확인했듯이 SICA 출범의 이유는 ODECA의 반대급부에서 찾아볼 수 있다. 후자는 살이 없는 뼈대로 인위적인 정치적 구조인 반면, 전자는 일련의 집단적 위기 해결 노력을 공식화했다. 1987년을 기점으로 중미 정상회담은 급속도로 비공식적으로, 그리고 이후 공식적으로 제도화되며 통합 과정의 재도약의 발판을 마련했다. SICA는 진행 중인 기존 무질서한 일의 제도화에 지나지 않는다. 중미가 ODECA를 재활성화하겠다고 결정한 사실은 역사적 연속성에 대한 실례다. 이전에 언급했던 것처럼 정치적 기복이 있음에도 불구하고 기능적 협력의 발전은 결코 멈추지 않았다.

테구시갈파 의정서[12]는 "중미통합의 효율적인 성과를 이루기 위해 현실과 필요성에 입각하여 ODECA의 법적 프레임 수정"의 필요성을 고려했다. SICA의 목표는 1962년 열거된 ODECA 헌장보다도 더욱 야심차다. SICA는 지역의 "자유, 평화, 민주주의, 발전"에 기여해야 함을 천명한다. 그리고 SICA의 목표는 "민주주의를 공고화해서 … 새로운 지역 모델을 구현하고 … 지역의 웰빙과 경제적·사회적 정의를 획득하며 … 경제연합을 성취하고 … 경제 블록으로서의 지역 강화 … 대외 관계에 대한 중미의 자결권 재확인과 공고화 … 조화롭고 균형된 방식으로 회원국 그리고 지역 전체의 경제, 사회, 문화 그리고 정치적 발전의 지속화 … 환경보호에 대한 일치된 행동의 수행"이다(제3조).

제도적 구조는 효율성에 의해 영향받으며, 네 가지 기관으로 구성되었다. 정상회담, 장관위원회, 행정위원회, 사무총장, 부대통령 회담, 중미 의회, 중미 사법재판소, 자문위원회가 "시스템의 일부분"이다(제12조).

SICA의 통합은 경제·사회·문화·환경·정치 측면까지 포함하기 때문에 범위는 상당히 넓다. 50년간 통합의 역사 속에 다루어진 지역단위의 여러 인상적인 성과물(이슈) 가운데 일관성에 의구심을 갖게 하는 것이 있음을 부인할 수 없다. SICA가 무수히 많은 지역 프로그램을 성공적으로 모두 망라했는가 아니면 단순히 지역 프로그램을 덮는 하나의 우산을 쓰고 있는 형국인가?

이와 같은 질문에 대한 첫 번째 접근은 SICA가 자체적으로 임무를 쉬이 완수하도록 중미가 내버려두지 않는다는 것이다. 〈표 5.1〉에서 명백히 확인할 수 있듯이 1990년대는 기존의 지역제도에 덧붙여 많은 제도가 등장했다. 1992~1997년, 중미는 테구시갈파 의정서를 보완할 4개의 중요한 새 조약에 서명했다. 첫째, 1992년 12월 10일 중미 사법재판소를 중미 내의 사법 담당기관으로 지정했다. 그리고 나서, 1993년 10월 29일 과테말라 의정서를 통해 1960년에 작성한 일반통합 조약을 개혁하기로 결정했다. 새롭게 확장된 포부가 공포되었는데 중미 경제 조합과 “자발적이고 점진적이며, 상호 보완적이고 진보적인” 새로운 방법이 제시되었다. 다시 말해, 정상들은 참여(헌신)의 정도를 업그레이드하고 이후에 필자가 언급할 기하학 구조 또는 다중 속도 통합을 소개했다. 더욱 특별한 일련의 목적은 다음과 같다. “경제통합의 단계별 개선(자유무역, 대외무역관계, 공동관세, 화폐통합)”, “분야별 정책 개선(관광, 농업, 공공기반시설 등)”, “통합 과정의 생산성 개선(인적 자원, 과학 기술, 환경)” 등이다.

1994년 10월 12월, 중미는 지속 가능한 개발을 위한 동맹ALIDES이라고 불리는 종합 협정에 서명했는데 이 동맹은 다수의 이슈를 포함하며 실질적으로 인간 삶의 모든 영역을 담고 있다. 이 동맹의 목적은 자유, 평화, 민주주의, 발전 영역으로 지역을 변환시키는 데 있다. 그리고 이를 달성하기 위한 구체적인 방법을 명시한 41개 항목의 ‘쇼핑’ 목록이 있다. ALIDES에 의해 사용된 지속 가능한 개발의 정의는 유난히 폭넓은 것으로 “인간의 삶의 질에 점진적 변화를 추구하는 과정으로 인간의 발전을 가장 중요하고 우선시되는 대상으로 간주한다”. 이 동맹은 생태학적 균형과 지역의 지지를 기반으로 경제적 성장과 더불어 생산과 소비 유형에서의 사회적 동등함과 그러한 변화로 달성된다. 이는 지역, 국가, 로컬 단위의 종족, 문화의 다양성 존중 그리고 자연과 함께 평화롭고 조화롭게 삶을 영위하는 모든 시민들의 향상되고 전적인 참여가 다음 세대의 삶의 질을 위태롭게 하는 것이 아니라 오히려 보장함을 의미한다.[13]

마지막으로 1995년에 추가로 두 차례 조약의 서명이 있었다. 1995년 3월 30일, 사회통합 조약 ALIDES의 보충으로서 이 조약의 목적은 새로운 “자발적·점진적·상호 보완적·진보적” 방법론을 사용하고 사회 보호의 보편적인 접근을 겨냥함으로써 공동사회 정책을 설계하는 것이다. 1995년 12월 15일, 중미 민주안보를 위한 기본 조약은 “중미 민주안보 모델은 우월성, 시민 권력의 강화, 합리적인 힘의 균형, 개인과 자산의 보호, 빈곤 타파, 지속 가능한 개발의 촉진과 환경보호, 폭력, 부패, 불의, 테러, 마약 밀매, 그리고 무기 밀매 등의 근절”

의 내용으로 체결되었다. 또한, 이 중미안보 모델은 사회 투자에 점점 더 많은 자원을 투자한다.[14] 흥미롭게도 이 조약은 폭넓게 동의된 원칙의 설명에 제한을 두지 않고, 외교 및 국방의 차관급으로 구성된 보조 의사결정 기관의 역할을 하는 안보위원회를 만들어 역내 분쟁의 평화로운 해결과 외부적 공격에 대한 상호 협력 메커니즘의 기능을 하도록 명시하고 있다.

이러한 새로운 조약의 서명은 단지 역내 파급 효과로만 이해할 수 없다. 국제 환경 역시 고려해야만 한다.

ALIDES의 실례를 고려해 보자. 1989년 초반 중미는 1992년 환경과 개발에 관한 리오 UN 컨퍼런스 개최 준비를 위해 공동의 노력을 기울일 것을 결정하고 중미환경개발위원회CCAD를 출범시켰다. 리오 정상회담은 중미 국가들의 환경보호에 대한 헌신을 보여줌으로써 소규모 지역이지만 세계 종species의 8%가 서식하는 등 놀라운 생물의 다양성이 보존되는 지역으로 전 세계의 이목을 이끌 기회라고 중미 국가들은 전망했다. 1994년 10월 12월 ALIDES 조약 체결 당시 그 자리에 있던 앨 고어Al Gore 미 부통령은 실질적인 미국의 지원이 있을 것이라고 약속했다. 2개월 후, 미주 마이애미 정상회담을 계기로 중미-미국 공동협정CONCAUSA이 합의되었고 네 가지 주요 분야의 구체적인 협력에 서명했다. 생물 다양성 보존, 에너지의 건실한 사용, 환경 관련 법, 그리고 지속적인 경제 개발이다. 이후 2000년, 기후 변화와 재해 준비를 포함시켰다. 그러나 이전에 언급했듯이, 국제 어젠다에서 논의된 몇몇 이슈와 링크를 위한 명백한 의도를 가지고 중미는 지속 가능한 개발에 대한 매우 폭넓은 범위의 정의를 취했다. 사회 이슈의 강조는 개혁주의자들이 워싱턴 합의에 많은 관심을 기울이지 않았을 때 다국적 기구와 미국에 전달된 신호였다. 또한, 다른 많은 출처로부터 재정 지원을 유도하기 위한 방법이었다.

다른 실례를 고려해 보자. 1995년 사회통합 조약은 중미인들과 국제 커뮤니티에 전달된 신호로, 협력제공 기관과 기부자에 대한 인식 제고의 역할을 했다. 특히 당시 자유주의 개혁으로 인한 심각한 사회적 충격을 경험했으며, 정부가 이에 대해 적절히 응대할 수 없었다. 각국 정부는 공통의 사회 정책 설계에 전반적으로 관심이 없음이 곧 드러났다. 그들은 사회 위원회에 보내야 할 대표체제의 형태에 동의하지 않았다. 그러므로 논의해야 할 어젠다 동의에 많은 어려움이 발생했다.[15] 더욱이, 역내의 영부인으로 구성된 자문위원회가 사무국을 지원했다. 중미 사회통합사무국SISCA은 사무국의 임무를 수행하기 위한 기금 조성이나 기금 사용을 위한 새로운 프로그램을 발족해야 하는 중요한 임무를 수행하지 못했다. 정부는 사무국의 기능 수행을 위한 연간 기부금을 제대로 전달한 적이 없다.

1990년 상반기는 SICA의 일관된 구축에 대한 위기에도 불구하고 통합 범위의 인상적인 확장을 확인할 수 있었다. 흥미롭게도 중미는 부정적 영향의 가능성을 완벽하게 인지하고 있었다. 사회통합 조약의 서명이 있었던 산살바도르 정상회담에서 중미는 CEPAL과 미주개발은행BID이 중미통합의 기관과 제도의 운영 작동에 평가하도록 했는데, 이는 절차와 결과에 더 나은 효율성과 효과를 추구함으로써 근대화로 이행하도록 하기 위한 것이다.[16]

고전적으로, CEPAL-BID 보고서는 SICA가 많은 기관의 업무를 조정하고, 그중 일부가 제대로 작동하지 않는 큰 어려움에 봉착해 있다는 언급으로 시작한다. 예를 들어, SICA의 행정위원회는 주요 지원 기관으로 볼 수 있는데 1995년 다섯 차례 그리고 1996년에는 두 차례의 미팅만 했다. 이 보고서는 통합의 범위 확장과 조화를 이루어 진행해야 할 여러 다른 기관의 무능력에 대해 피력했다. 대통령들이 정상회담에서 결정한 여러 결정 사안보다 지속적으로 뒤처져 있는 것처럼 보였다. 이러한 형편없는 상황에 대한 지표는 기관의 재정적 재원이었다. CEPAL-BID 연구 당시, 정부의 공공 지출은 기껏해야 0.3%로 부담은 상당히 가벼웠다.[17] 그럼에도, 일부 정부만이 공동 예산에 적절한 기금을 출자함으로써 기관들이 외부 지원에 지원하도록 했다.

게다가 공동 예산은 소수의 일부 기관이 독점하는 형국이었다. 즉, 의회(47%), SIECA(15%), 지역 사법재판소(11%), 사무국(5.5%)이었다. 또한 조정 임무는 제도가 각기 다른 시기에 만들어진 만큼 역사적으로 뿌리를 둔 통합 개념이 제도들 사이에 반드시 양립하는 것이 아니어서 복잡해졌다. 마지막으로, 가변 기하학variable geometry과 다중 속도 통합은 점차적으로 채택되었다. 예를 들어, 1990년대 중반 관세동맹은 단 2개의 국가(과테말라, 엘살바도르)인 반면 농업위생관리 국제지역기구OIRSA는 모두 9개의 회원국이 있다(중미 7개국+멕시코, 도미니카공화국).

마지막으로 강조하고 싶은 바가 있다. 중미의 통합 수준은 결코 평탄하지 못했다. 이슈에 따라 일부 국가는 참여하지 않기로 결정한 가운데 코스타리카는 무임승차자다. 예를 들어 이 국가는 1987년 중미 의회에 서명한 적이 없다. 그러나 그때까지의 예외는 1993년 테구시갈파 의정서와 이 의정서의 점진적·자발적인 방법론이 규칙이 되었다. 이 변화는 통합의 실용주의적 관점을 발전시키는 유인으로 작용했는데 개별 국가는 합법적으로 참여의 정도를 손익 계산을 통해 정할 수 있고 이는 궁극적으로 역내의 공동 이익 건설을 악화시켰다. 다시 말해, 영국 스타일의 손 떼기opting out 전략은 명백하게 국내 사적 이익 방어에 유익하고, 이는 통합 수준의 퇴보를 의미한다. 회원 국가 중 일부 제도는 멕시코 또는 도미니카공화국이 포함되어 있기 때문에 가변 기하학variable geometry이 지역 정체성에 혼돈을 유발할 수 있다고 보았다.

CEPAL과 BID 보고서를 되짚어보면, 마침내 도달한 진단이 SICA의 상위umbrella에 있는 제도적 보편성은 이미 매우 다양화되었다는 것이다. 이러한 이질성은 통합 중미라는 비전과 '조화' 원칙의 선언 이상으로 '통일'되어 왔다. 그리고 보고서는 통합 헌법의 네 가지 하위 체제(정치, 경제, 사회문화, 환경)가 진척되고 있지만 필요로 했던 많은 개혁적인 부분이 부족하다고 명시하고 있다. 이와 같은 상황을 어떻게 설명할 수 있을까?

보고서에 간략히 명시하고 있는 더 많은 주의를 요하는 주요 요소는 대통령의 역동성이다. 집단적 대통령주의는 이미 이 책 제4장에서 논의된 바 있지만 정상회담의 역동성은 아직 다뤄지지 않았다. 제5장의 서두에 언급된 것처럼 대통령들은 종종 경쟁에 사로잡힌다. 그들의 목표는 "상위umbrella 경주"와 같은 종류로 발전시키고 이전 조약들을 포용하는 새로운 조약에 서명하는 것이다. 그리고 또한 다소 다루기 어려운 이슈를 지역 단위의 정책 입안으로 이동시키는 유혹이 있다. 지역 단위 무대는 국내 문제 해결의 결핍에 대한 상징적 보상의 역할로 작동하여 아마도 대통령에게 합법적 이익을 가져다줄 것이다. 더욱이, 범위의 끝없는 확대는 대통령이 통합 수준의 섬세한 문제에 많은 주의를 기울이지 않고도 추진력을 유지할 수 있다.

다른 2개의 차원이 CEPAL-BID 보고서에 언급되었다. 첫 번째는 통합의 개념에 대한 회원국 간의 합의 부재다. 전통적으로 과테말라는 성숙된 통합을 요구하는 반면, 코스타리카는 단순히 자유무역 정도에 관심이 있다. 중미가 과테말라 총사령관에 의해 지배받았을 때 또는 독립 이후 중미 연맹이 역시 과테말라에 의해 통치를 받았던 과거 식민지의 역사를 상기한다면, 더욱이 당시 코스타리카가 이 지역의 주요 경제 발전의 원동력 역할을 하고 있었음을 볼 때, 코스타리카가 통합의 정치적 차원의 강화를 꺼리는 것은 낯설지 않다. 회원국들은 미래의 공통 비전이 없이 집적aggregation으로 진행했고, 이는 전통적으로 추가 논의를 피하기 위한 방법이다. 이 보고서에 상당히 용감하게 언급된 두 번째 차원은 회원국들이 직면한 통합과 관련된 국내 조화의 문제다. 코스타리카에서는 대통령은 어젠다 조정에, 장관들은 지역규범 집행에 관여하지 않는다와 같은 대통령과 장관들 간의 명확한 업무 구분이 없었다. 한편, 과테말라에는 장관들 사이에 책무 정도의 차이가 발견되었다. 코스타리카와 과테말라를 제외한 모든 국가가 아마도 인적 자원에 문제가 있었을 것이다.

이 보고서는 일련의 권고안을 작성했다. CEPAL의 "열린 지역주의"[18] 개념에서 영감을 받아 처음으로 글로벌 경쟁 상황에서 역내의 정치경제적 위치 개선의 필요성이 피력되었다. 그러므로 이 보고서는 통합의 범위와 수준 사이에서 표현articulation의 세 가지 영역의 구분을 제안했다. 첫 번째는 통합의 가장 높은 수준으로 어젠다는 공동 무역 정책, 가령 거시경제 정책처럼 다른 공공 정책 간의 상호 보완성을 가진 지역통합시장의 개선을 제안한다. 두 번째는 더 낮은 수준의 통합이지만 더 확장된 범위의 환경, 보건, 교육, 문화, 교통, 인프라, 그리고 관광 분야의 "기능적 협력"이다. 세 번째는 통합 수준을 더 단순화한 것으로, 단지 하나의 이슈만이 어젠다상에 있는데 이는 중미 국가들이 민주주의를 공고화하기 위해 정치적 협력을 강화하자는 것이다.

이 보고서는 또한 협상의 다층적 영역(정부, 의회, 사업기관 사이)의 지속적인 발전을 권고하고 지역이 "메타 어젠다", 즉 집단적으로 문제를 해결하겠다는 의지를 유지하는 데 동의하는 가변 기하학variable geometry을 장려했다.

마지막으로, 제도와 관련해서 이 보고서는 미니멀리즘minimalism(민간 주도를 지원하는 기관들)과 문제 해결 필요성에 기능적 적응을 취하고, (지역적 관료주의 형태)의 "제도적 리더십" 사이에서 중도 해결 방법의 종류로 "유연한 제도주의"의 선택을 언급했다.

이 보고서는 홍미롭게도 정부의 정치적 의지에 의존하는 개혁의 두 가지 시나리오를 포함한다. 계획 A는 체제 내 제도의 개혁을 담고 있다. 이에 반해, 계획 B는 좀 더 급진적인 변화를 추구하는데 지역 수준에서의 변화에 맞춰 다른 기능을 고려하고, 그에 따라 제도적 구조의 재구축을 제시한다. 어떠한 경우든, 준비 단계에서는 개별 사무국 6개를 하나의 단일 사무국으로 묶는 것이었다.

전반적인 분석과 일련의 추천은 중미 통합에 대한 중미국가들의 확약을 감소시키고, 통합의 정도를 자유무역으로 한정시키는 것으로 구성된 개혁 어젠다였다. 1997년 7월 12일 파나마시티Panama City에서 개최된 제19차 정상회담 기간에 대통령들은 CEPAL-BID의 권고 사항을 따르기로 결정했다. 그들은 제도를 강화하고 합리화할 목적을 가졌으며 다른 개혁이 세세하게 작성된 중요한 문서를 채택했다.[19] 그 내용 중 언급할 만한 것은 의회와 사법 재판소의 조정과 강화,[20] 역내 단위와 국내 단위 간의 의사소통 향상을 위해 링크 위원회의 창설, 비서관들의 통합, 국제 협력 제안을 조정하기 위한 지역 전략 설계 등이다. 비록 보편적이라고 볼 수 있지만, 심지어 개혁을 시행하기 2개월 전에, 니카라과 마나과에서 특별 정상회담이 개최되고 공동성명서를 발표하며 중미연합Central American Union 창설의 의중을 공표했다.[21] "상위 경주umbrella race"가 끝나지는 않았다.

차후 수년간, 소소한 진전이 있었다. 중미경제통합사무국SIECA을 제외한 기타 다른 사무국은 통합되었다. 비록 기껏해야 2개의 사무국(사회와 환경 개발)이 실질적으로 산살바도르에 있는 SICA의 본부로 이전되었지만, 이는 가치 있는 단계로 여겨진다. 더욱이 부통령 회담과 경제통합 자문위원회 등 2개 기관이 폐지되었다.

그럼에도, 일련의 이유들은 여기에서 온전히 다 설명할 수 없고 개혁의 이행은 많은 장애물에 직면했다. 첫째, 1990년대는 역내 무역의 인상적인 활성화로 기록된다(〈그림 2.1〉, 〈그림 2.2〉). 정치 개혁은 더 이상 긴박한 필요로 부상하지 않았다. 둘째, 1996년 12월 29일 과테말라 평화 협정은 10년간의 극심한 지역 외교 활동의 종지부를 찍었다. 결과적으로 위기 해결 노력의 응고coagulation 효과가 사라졌다. 통합 과정은 그야말로 활력을 다했다. 셋째, 1990년대 말 지역 어젠다에 몇 가지 변화가 있었다. 1998년과 1999년은 특히 흥미로운 해로서 일련의 사건들이 중미의 정치 개혁의 방향을 바꿨다. 1998년 3월 19일, 미주 통합 과정 정상회담에 참여한 34개국을 대표하는 무역장관들이 코스타리카 산호세에서 모임을 가지고 무역에 관한 제6차 장관급 회담을 가졌다. 미주 자유무역협정FTAA을 위한 체계와 기구가 마련되었고 코스타리카와 니카라과가 이를 주도했다. 그 후, 1998년 4월 18~19일 칠레 산티아고에서 개최된 제2차 미주 정상회담에서 협상이 개시되었다. 그 후 중미 외교관들은 대화의 우선순위를 미주 전역을 대상으로 이동시켰다. 1998년 10월 말, 허리케인이 지역 전체를 강타해 특히 온두라스에서 수많은 인프라가 파괴되었다. 처음에는 이 재난이 지역 연대감을 증폭시켰다. 1998년 11월 9일 특별 정상회담도 개최되었다. 채택된 선언문에[22] "이런 비극의 측면이 지역의 미래를 하나로 묶어 타협점을 찾게 했다"고 명시했고, 정상들은 다국적 기구와 다른 공여자들에게 필요한 많은 도움을 요청했다. 그들은 또한 미국과 EU에 관세 장벽 제거를 촉구했다. 정치 개혁 대신 재건이 가장 주요한 어젠다로 부상했다. 1998년 12월 11일, 빌 클린턴Bill Clinton 미 대통령은 워싱턴에서 코스타리카, 엘살바도르, 온두라스, 니카라과 대통령, 과테말라 부통령의 방미 일행단을 예방하고 재건 활동에 미국의 기여 정도를 논의했다. 1999년 초, 중미는 3월로 예정된 클린턴 미 대통령의 방문 준비를 위해 회담을 가졌다.[23] 클린턴은 방문 기간에 온두라스와 니카라과의 채무 면제에 대해 노력하겠다고 약속하며, 중미 위기 기금 조성에 2500만 달러를 기부했다. 또한 그는 카리브연안무역특혜제도Caribbean Basin Initiative: CBI 혜택 확장을 위해 지원하겠다는 약속을 밝혔다.[24]

회담의 외부 의제는 푸에블라 파나마 계획Puebla Panama Plan: PPP을 논의하기 위한 2001년 멕시코 제안과 더불어 훨씬 복잡해져 갔다. 아이디어는 경제협력 증진, 인프라 구축, 빈곤 감축, 메소아메리카Mesoamerica• 회랑corridor 선상에서 발생하는 자연 재해 대처 방안의 개선이다.[25] 일부 중미 국가(벨리즈, 코스타리카, 과테말라, 온두라스, 니카라과, 파나마, 엘살바도르)와 9개 멕시코 주(깜뻬

- • 메소아메리카는 멕시코와 중미 북서부의 공통적인 문화를 가진 아메리카 지역을 일컬음. 이 지역은 농경민 문화 또는 각종 번성한 문명〔마야(Maya), 테오티우아칸(Teotihuacán), 아즈텍(Aztec) 등〕이 융성한 문화 공간임 — 옮긴이.

체Campeche, 치아파스Chiapas, 게레로Guerrero, 오아하카Oaxaca, 푸에블라Puebla, 킨타나 루Quintana Roo, 타바스코Tabasco, 베라쿠르스Veracruz, 유카탄Yucatan)가 함께 참여했다. 마지막으로, 미국은 2003년 도미니카공화국을 포함한 중미자유무역협정 협상을 제시했다. 미 행정부는 협상을 위한 많은 여지를 두지 않으며 1년 6개월 이내에 종결했다. 그리고 2004년 5월 28일 조약이 체결되었다.

몇몇 국내 문제가 개혁 이행을 마비시켰다. 오랜 기간 민주주의를 유지해온 코스타리카에서도 2005년 라틴아메리카의 다른 지역과 별반 다름없이 정치인들의 부패 정도가 확인되었다. 하지만 사법체계의 효율성 아래 미겔 앙헬 로드리게스Miguel Ángel Rodríguez(OAS 사무총장 역임), 라파엘 앙헬 칼데론 포르니에르Rafael Ángel Calderón Fournier 전 대통령이 모두 구속 수감되었다. 또 스위스 여행 중 부패 의혹을 접한 또 다른 대통령 피게레스 올센Figueres Olsen은 본국으로 돌아오지 않았다.

만약 전반적으로 정치 개혁이 2000년대에 상당히 정체되었다면 외적 유인이 통합 변화의 범위에 결정적인 변수 역할을 했을 것이다. 중미 사회통합사무국SISCA의 실례를 보도록 하자. 2004년과 2007년 사이 SISCA는 대부분의 경우 해외 기여국의 다른 제공을 받아들이고 새롭게 시작하게 될 일련의 새로운 프로젝트를 관리했다. 회원국의 기부 정도는 사회통합 의회에 연간 2만 5000달러, 보건장관 의회에 1만 3000달러 등 모두 79만 8000달러이며, 2007년 9월 SISCA의 11개 프로젝트의 총액은 2840만 달러이다.[26] 사회적 이슈와 더불어, 몇 가지 다른 이슈들은 지역 어젠다로 확대되었고 HIV/AIDS,[27] 에너지[28] 또는 안보[29]와 같은 통합 범위의 진화에 기여했다.

10년간의 정체 기간 후에 정상들은 개혁의 재활성화를 결정하고 통합 과정에 새로운 박차를 가했다. 이렇게 분위기가 바뀐 데에는 많은 이유가 있지만 다시 한 번 외적 유인이 중요한 역할을 담당했다. 한편, 미국과의 자유무역협정DR-CAFTA 체결, 외교적 '무게감'이 있었던 FTAA 좌초로 중미의 국제 어젠다는 명백해졌다. 또 다른 중요한 바는 EU와 새로운 대화 단계의 개시로 중미가 일을 하기 시작했다는 것이다. EU 위원회의 "2007~2013년 대對중미 전략의 총제적인 목적은 EU와 중미 간 협회협정Association Agreement 준비를 하는 것으로, 정치·경제·사회통합 과정을 지지한다".[30]

2004년 2월 26일 과테말라시티Guatemala City에서 개최된 특별 회담에서 중미 정상들은 중미제도의 통합적인 개혁을 위한 특별위원회를 만들었다. 이 위원회는 2004년 6월 제24차 정상회담 기간에 개혁안을 제시하게 되어 있었다. 이 개혁안이 제시는 되었다. 하지만 개혁이 구체화되기까지는 4년의 시간이 소요되었다. 2008년 2월 20일 정상들은 제도적 개혁을 위한 이슈를 주요 안건으로 하는 특별 회담을 가졌다. 그들은 의회를 위한 개혁의정서를 채택하고[31] SICA 행정위원회의 설치를 진행했다. 동시에 과테말라는 공식적으로 중미사법재판소에 참여했다.

중미 의회 개혁에 대해서는 이 책 제6장에서 좀 더 언급하도록 한다. 지금 상황에서 내릴 수 있는 결론은 개혁이 획기적인 개편을 이루지 못했다는 것이다. 하지만 SICA 행정위원회가 통합의 구심력을 상쇄할 수 있는지 여부는 아직 밝혀지지 않았다.

CAN 그리고 MERCOSUR

어젠다의 양적 분석

중미에 관해 언급되었던 많은 부분이 라틴아메리카 다른 지역의 지역통합 과정에 적용될 수 있다. 통합의 수준level 증가와 일치가 되지 않는 통합 범위scope의 확장 경향이 전반적으로 확인된다.[32]

이 절에서는 CAN과 MERCOSUR 결정에 대한 양적 분석으로 어젠다의 발전

〈표 5.2〉 안데안 국가연합의 결정(1969~2008)

이슈 분야	세부 내용	결정 건수	비율
정치	제도, 대외 관계, 인권, 안보	238	34
교역	관세, 관세동맹, 원산지 규정, 자유경쟁, 기술 규정, 수출증진, 지적재산, 서비스, 위생 규칙	311	45
경제	개발, 통계, 경제 정책, 재정 정책, 산업 정책	102	14
사회	사회 어젠다, 마약 남용 방지 정책, 이민, 보건, 노동	37	5
환경	환경	9	1
문화	과학, 기술, 교육	10	1
합계		707	100

자료: CAN의 공식 홈페이지(http://www.comunidadandina.org/normative.htm)를 접근·활용하여 저자 재구성(자료 확인: 20018.3.21).

을 분석할 것이다.

안데스 협약과 안데안 국가연합은 다양한 통합 과정을 꾸준히 진행해왔다. 그럼에도, 안데안 국가연합의 어젠다는 압도적으로 무역과 정치와 관련된 이슈가 주류를 이루는데 이는 이 책 제4장에 기술된 무역 자유화와 제도 구축의 복합적 과정을 위한 반복된 노력이 반영된 것이다(〈표 5.2〉와 〈그림 5.1〉).[33]

어젠다가 수년에 걸쳐 발전된 방법은 흥미롭다(〈그림 5.2〉).[34] 통합 과정이 단지 일련의 위기와 재활성화를 겪은 것일 뿐이지만 어떤 이슈는 실질적으로 사라졌고 그에 반해 다른 이슈는 어젠다화되었다.

경제적 이슈의 실례를 살펴보자(〈그림 5.3〉).[35]

1970년대 상당히 전형적이었던 안데안 지역의 수입대체화 산업화 정책은 한계점에 도달해 1990년 이래 더는 시행되지 않았다. 2000년대는 잠정적인 재정 정책의 조화와 더불어 경제 정책의 주도적인 역할과 지역통계 시스템 작성을 위해 노력했다.

사회적 영역 또한 실례로, 통합의 초기 단계 동안 몇 가지 결정이 이뤄졌는

〈그림 5.1〉 안데안 국가연합의 영역별 결정 사항(1969~2008)

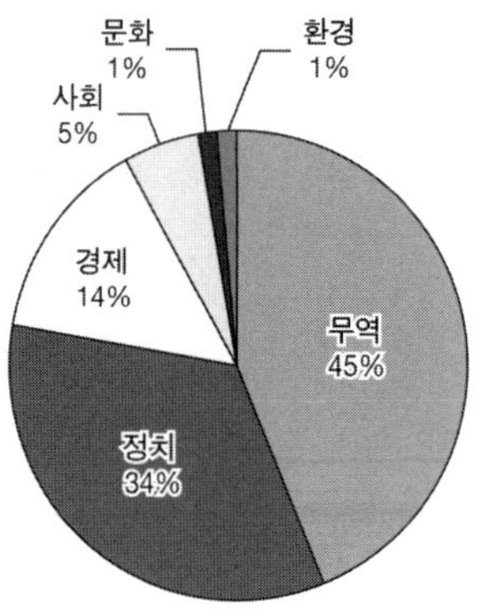

자료: 안데안 국가연합 공식 홈페이지(http://www.comunidadandina.org/normativa.htm) 자료를 활용하여 저자 재구성(자료 접근 및 확인: 2008.3.21).

데 다음과 같다. 안데안 사회 이슈 의회 출범을 위한 결정 39(1971), 보건 의회 결정 68(1972), 사회 안보를 담당할 안데안 기구를 위한 결정 113, 노동 이주 결정 116(1977). 1979년 사회 안보에 관한 규정이 결정 148로 정해졌고 이후 10년 동안 사회적 이슈는 어젠다에서 거론되지 않았다. 1989년에 이 지역 내 마약 밀매가 집단적 행동을 추동시켰으며 코카 재배 지역의 대체 개발을 위한 액션 플랜, 결정 250으로 진행되었다. 1990년대에 이주 관련 일련의 결정으로 1996년 공동 이민 문서를 만든 결정 397, 콜레라 예방 또는 안데안 사회 협정에 대한 보건 관련 결정이 있었다. 그럼에도, 2000년대 초반 많은 중요한 결정으로 이슈들이 적극적으로 다뤄졌다. 그중 2004년 결정 601은 통합사회개발 계획을 채택했다. 이것을 제외하면 마약 생산 및 이주(안데안 여권)에 대한 대안이 의제의 주를 이뤘다. 그러나 새로운 안데안 국가연합의 사회적 이슈에 대한 관심이 과대평가를 받아서는 안 된다. 가끔씩 예전 결정들이 단순히 부각된다. 노동 이슈를 예를 들어보자. 결정 113(안데안 사회안보기구)과 결정 148은 이미 이전에 제안되었다. 2003년과 2004년의 결정 546과 결정 583은 결정 113

〈그림 5.2〉 안데안 국가연합의 이슈별 결정 사항 추이(1969~2007)

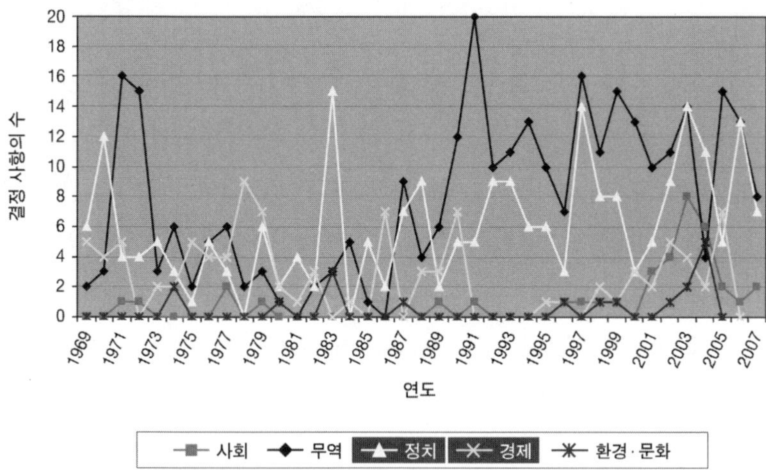

자료: 안데안 국가연합 공식 홈페이지(http://www.comunidadandina.org/normativa.htm) 자료를 활용하여 저자 재구성(자료 접근 및 확인: 2008.3.21).

〈그림 5.3〉 안데안 국가연합의 경제 분야별 결정 사항 추이(1969~2007)

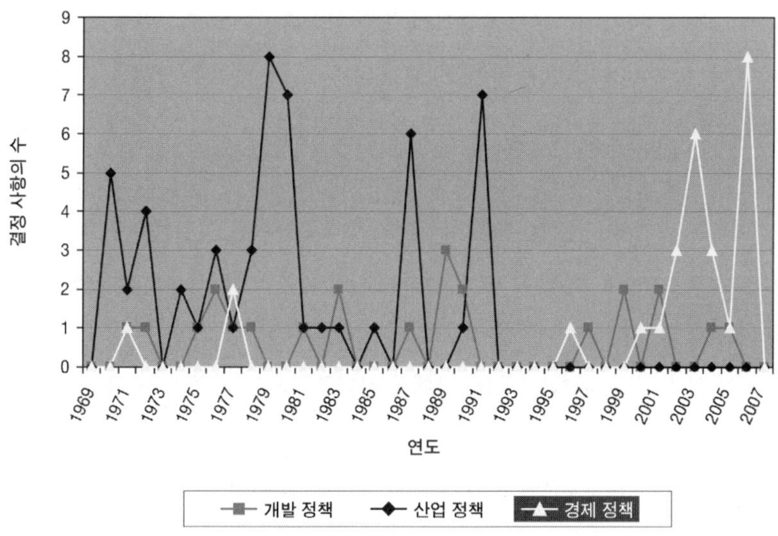

자료: 안데안 국가연합 공식 홈페이지(http://www.comunidadandina.org/normativa.htm) 자료를 활용하여 저자 재구성(자료 접근 및 확인: 2008.3.21).

을 좀 더 개선했다. 결정 116(안데안 노동 이주기구) 또한 2003년 결정 545로 대체되었다.

일부 이슈로 볼 때, 안데안 국가연합은 매우 혁신적이다. 전통 지식과 생물의 다양성이 좋은 예이다. 왜냐하면 안데안 국가연합는 전 세계 생물 다양성의 대략 25%를 차지하는 다양하고 광범위한 생물종의 보고이기 때문이다.[36]

CAN은 1992년 생물다양성협약CBD 다음으로 1996년 결정 391을 명시하며 경이로운 자연 보고는 원주민의 주권 지배하에 놓여야 한다는 것에 대한 명백한 인지를 바탕으로 "유전 자원Genetic Resources의 접근을 위한 공동 체제"인, 결정 391을 채택했다. 당시 이 같은 종류의 규제는 국제사회에서 최초여서 CAN은 이러한 면에서 명백하게 주도권을 취했다. 그러고 나서 2000년에 결정 486을 통해 CAN은 1994년 WTO의 무역 관련 지적 재산권 영역에 대해 양립할 수 있는 일련의 경향을 채택했다. CAN의 3조의 결정 486은[37] "회원국은 산업 재산권 요소의 안정적인 보호와 원주민, 아프로-아메리칸Afro-American 또는 로컬 커뮤니티의 전통 지식 등을 포함하여 생물학적·유전자적 유산의 보호를 확실시 한다"고 명시하고 있다. 이런 면에서, 유산 또는 지식으로 생성된 물질로 개발한 발명에 대한 특허권 양도가 국제적·국가적·공동체적·법적 명령에 따라 취득한 물질에 예속된다. 회원국들은 집단적 지식 결정에 대해 원주민, 아프로-아메리칸 그리고 로컬 커뮤니티들의 권리와 능력을 인정한다.[38] 마지막으로, 2002년 CAN은 결정 523을 채택하며 종합적인 "지역 생물의 다양성 전략"을 제안했다.

CAN의 특허권 개념은 특허권에 대한 정의를 내리는 기준을 제시하는 TRIPS 협정 제27조와 양립할 수 있다. 특허권은 모든 기술 분야에서 제품 또는 제조 과정이 새롭거나 독창적인 단계, 그리고 이를 산업에 적용할 수 있다면 어떠한 발명품에도 적용된다.[39] 동일 조항에는 언급할 가치가 있는 중요한 예외 항목이 있다. "회원국들은 발명 특허 자격으로부터 배제될 수 있는데, 착취가 법에 의해 금지되어 있기 때문에 배제가 쉽지 않으므로 인간 그리고 동식물 생명 보호 또는 환경에 대한 심각한 편견 방지를 포함해, 공공질서 또는 도덕을 보호하기 위해 상업적 착취가 자국 영토 내에서 발생하는 것을 방지해야 한다." 그리고 마지막으로 동일한 항목으로 아래 내용 또한 포함한다.

> 회원국들은 특허 자격에서 배제될 수 있다. a) 인간 또는 동물의 치료를 위한 진단·치료 및 수술 방법, b) 미생물 외의 동식물과 근본적으로 미생물학적·비생물학적 방법 이외의 식물 또는 동물의 생산을 위한 생물학적 방법. 그러나 회원국들은 특허권 또는 효율적인 자체 시스템 또는 이 둘의 합한 형태로 계획의 다양성을 제시할 수 있다. 이와 같은 하위 절subparagraph의 조항은 WTO 협정의 발효일로부터 4년이 지난 뒤에 검토된다.

1990년대에 미국은 새로운 대상, 가령 생물의 특허권 기준에 대해 지속적으로 소개했고 유용성, 신규성, 비자발성 등과 같은 새로운 범주를 제시했다. 고메즈 리Gómez Lee가 명시한 것처럼 "안데안 규범은 미국과의 자유무역협정에 영향을 받을 수 있다. 왜냐하면 미국은 CBD를 비준하지 않았고 지적재산권 관련 규칙은 원산지의 주권을 고려하지 않고 포괄적 자원과 전통 지식을 통제할 수 있도록 했기 때문이다.[40]

MERCOSUR의 통합 어젠다 또한 시간이 지남에 따라 변화했다. 1991년에 시작해 3년 안에 관세동맹을 체결하기로 했던 제한된 프로젝트는 점진적으로 다양한 영역의 이슈를 포함하며 복잡다단한 통합 과정으로 전개되었다(〈표 5.3〉, 〈그림 5.4〉와 〈그림 5.5〉).[41]

비록 무역 이슈가 당연히 첫 번째 이행기(1991~1994) 동안 주요 어젠다였지만 기타 다른 이슈들도 아주 빨리 제안되었다. 예를 들어, 1992년 공동시장이사회CMC는 교육에 관한 결정 7-92를 채택했다. 이 결정 사항의 목적은 통합에

〈표 5.3〉 남미공동시장의 결정(1991~2007)

이슈 분야	세부 내용	결정 건수	비율
정치	제도, 대외관계, 인권, 안보	264	50
교역	관세, 관세동맹, 원산지 규정, 자유경쟁, 기술 규범, 수출 증진, 지적재산, 서비스, 위생 규칙	171	33
경제	에너지, 관광, 소규모 사업, 경제 정책	42	8
사회	사회 안전, 보건, 노동, 환경	21	4
문화	문화, 교육	28	5
총합계		526	100

자료: MERCOSUR의 공식 홈페이지(http://www.mercosur.int/msweb)를 활용하여 저자 재구성(자료 접근 및 확인: 2008.4.15).

대한 시민의식 고취와 회원국 간의 교육 프로그램의 조화에 있다. 2년 후, 교육에 관한 첫 번째 의정서(결정 4-94)가 채택되었는데 특히 초등교육 포맷의 상호 인정에 관한 것이다. 교육에 관한 다른 내용도 있었는데 10년 후에 교육 관련 공동 기금이 결정 32-04를 통해 마련되었다.

이와 유사한 맥락에서 1990년대 초기 신자유주의의 우세한 분위기에도 불구하고 비공식적 직업에 대한 결정 8-92을 통해 어느 정도의 사회적 민감성이 확인되었다. 1992년 노동에 관한 실무 그룹 10의 권고에 따라 사회보장에 관한 다자간 협약이 채택되었다.

다른 이슈, 가령 1998년에 처음 소개된 안보가 있고 2000년에는 안보 관련 모두 16개의 결정으로 더욱 그 중요성이 부각되었다. 그리고 다른 이슈, 인프라 통합과 에너지 통합(1998년 전기, 1999년 가스), 1999년 거시경제 정책의 조화, 2001년 환경과 선거 감시(볼리비아는 2005년에 실시) 등의 이슈가 다뤄졌다. 많은 경우 통합 범위의 확장은 압력단체의 활동에 기인한다. 노동에 관해서는 MERCOSUR의 남미 노조 조정Southern Cone Coordination of Unions의 역할이 잘 명시되어 있다.[42] 이 측면에 대해서는 이 책 제7장에서 다시 다루도록 하겠다.

〈그림 5.4〉 남미공동시장의 결정 사항 추이(1991~2007)

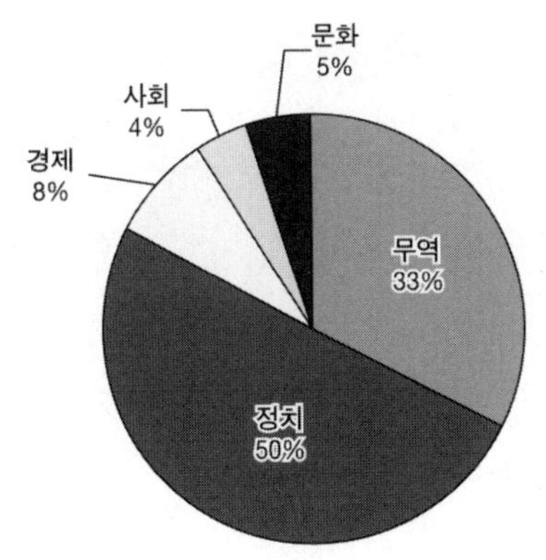

자료: 남미공동시장 공식 홈페이지(http://www.mercosur.int/msweb/) 자료를 활용하여 저자 재구성(자료 접근 및 확인: 2008.4.15).

이러한 진보적 다양성에도 불구하고 어젠다를 이루는 주요 이슈는 정치이고 이는 통합 과정의 여러 특성을 반영한다.

첫째, 처음부터 회원국이 선택한 증가된 방식을 반영한다. 이 책 제4장에서 언급한 대로, MERCOSUR 옹호자들은 제도적 간소화를 주장하고 복잡한 제도적 처리를 고려하지 않았다. 그러나 통합 과정이 진행됨에 따라 많은 새로운 기관이 형성되었다. 매해 새로운 공동 각료 회담 또는 특별 실무 그룹의 구성을 제안하는 등 많은 결정이 있었다.

둘째, 통합 과정의 불안정성을 반영한다. 〈그림 5.4〉에 따르면 두 차례의 교착상태가 뒤따른 뒤 2000년과 2004년은 정치적 결정의 중요한 시기였다. 첫 번째 정점(피크)은 지역 내 경제적 혼란 상황(1999년 브라질의 평가절하와 아르헨티나 위기의 시작) 가운데 통합 과정의 재출범이다. "재출범"이라는 타이틀 아래 무려 11개 결정이 이뤄졌으며 이는 시장, 규범 순응, 사무국 강화 등에 적용된다. 상기에서 언급한 대로, 일련의 결정의 다른 영역은 안보와 관련 있다. 두

〈그림 5.5〉 남미공동시장의 이슈별 결정 사항 추이(1991~2007)

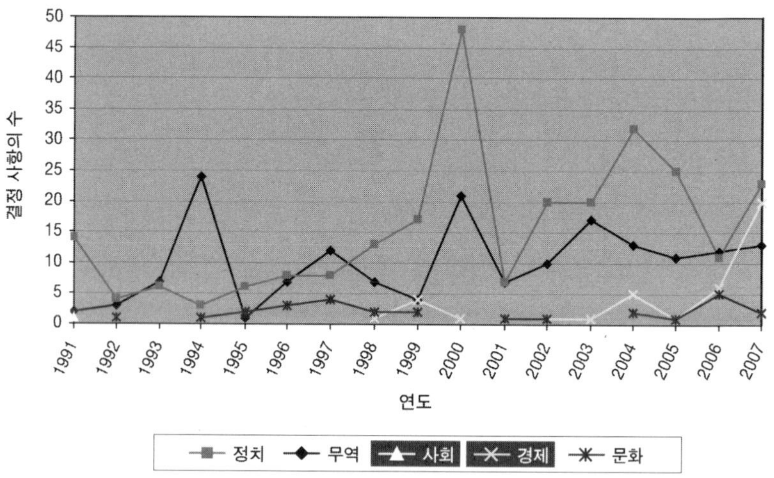

자료: 남미공동시장 공식 홈페이지(http://www.mercosur.int/msweb/)자료를 활용하여 저자 재구성(자료 접근 및 확인: 2008.4.15).

번째 정점은 아르헨티나 위기 이후 통합의 재출범을 위한 두 번째 노력이었다. 오우로 프레토 의정서의 10주년을 기념하며, 일련의 중요한 결정이 채택되었는데 그 가운데 결정 45-04와 결정 49-04는 각각 구조적 융합을 위한 기금과 지역 의회의 창설이었다. 두 결정은 이 책의 제4부에서 다루도록 한다.

셋째, 정치적 결정의 수적numerical 중요성은 MERCOSUR가 주변 국가와 전 세계에 상당히 중요하다는 사실을 반영한다. 수많은 결정은 MERCOSUR의 대외관계와 관련이 있다. 1995년 유럽연합과의 협상을 시작으로 1996년과 1997년 칠레와 볼리비아가 준회원국으로 참여하는 등 MERCOSUR는 매우 부산한 국제적 어젠다를 가지고 있었다. 안데안 지역의 나머지 다른 국가들은 2004년 준회원국으로 참여했고 베네수엘라는 2007년 정회원이 되었으며, 다른 종류의 협정이 남아프리카 공화국(2000), 멕시코(2000), 인도(2003), 이집트(2004), 파키스탄과 쿠바(2006), 이스라엘(2007)과 체결되었다.

요컨대, CAN은 포괄적 야심과 복잡한 제도적 구성의 결과로서, 그에 반해 MERCOSUR는 다이내믹한 위기로 인한 통합 과정의 재출범과 이로 인한 확장의 결과로서 각각의 어젠다가 새로운 이슈로 확장되었다.

"외부 헌법"으로서 NAFTA

통합의 범위와 수준은 지금까지 설명 변수로 인식되어 왔다. NAFTA의 예는 범위와 수준의 특정 배치의 결과에 관한 마지막 일련의 발언을 소개한다.

NAFTA는 통합의 범위와 수준에 대해 상대적으로 기초적 특징을 보인다. 제도적 구성은 상당히 유약하다. 즉, 각 회원국으로 구성된 무역 및 사무국의 각료로 이루어진 자유무역위원회가 유일하다. 좀 더 유연하게 보자면, MERCOSUR처럼 NAFTA 역시 수십여 개의 실무 그룹, 하위 그룹, 임시 그룹, 위원회, 하부 위원회 등으로 구성되어 있다. NAFTA 역시 노동(노동협력위원회, CLC)과 환경(환경협동위원회, CEC)에 특화된 특별 기구가 있다.

또한, NAFTA는 자유무역에 방점을 찍고 있는 어젠다로 범위가 제한되어 있다. 비록 미-캐나다 자유무역협정CUSTA 자체가 혁신적이지만 향후 여건 개선이나 필요 시 추가 분야에 대해 협상을 할 수 있도록 하는 진화 조항evolution clause이 없다.[43] 그리고 덧붙여 지역통합이라는 미명하에 다른 인접 이슈로의 확산을 추구하는 하지 않는다. 그럼에도, NAFTA는 제도적 배열과 어젠다의 소박함이 묻어나는 흥미로운 조합을 제시한다. 일부 학자는 이러한 조합의 결과가 상당한 영향을 발휘한 다고 지적하며 이는 외부적external이고 비밀스러우며 초헌법supra constitution인 특징이 있다고 본다.[44]

논쟁은 다음과 같다. CUSTA 그리고 이후 NAFTA는 무역자유화의 영역 내에서 서비스와 투자를 포함한 혁신을 소개했다. 이로 인해 캐나다의 입장에서는 전혀 예상하지 못한 일련의 결과가 발생한 가운데, 일부에서는 미국에 의해 사전에 의도된 것이라는 의견도 있었다.[45] 스티븐 클라크슨Stephen Clarkson은 "NAFTA가 회원국의 모든 정책, 규제, 행동에 적용할 수 있는 몇 가지 정부 억제 원칙을 수립했다"고 보았다.[46] 클라크슨에 따르면, 이렇게 함으로써 NAFTA는 시장 친화적인 신보수주의 이념의 오리엔테이션으로 이 지역의 향후 어떠한 정책이든 제약을 합법화했다. 악명 높은 NAFTA 제11장에 따르면 환경, 보건 또는 식품의 품질이나 안전을 도모하기 위해 취해진 모든 결정에 대해 투자자들이 무역을 제한한다는 명목하에서 제소할 수 있다. 정부 간섭의 제약에 덧붙여, NAFTA 또한 기업에 특별한 권리를 부여하고 투자자와 정부 간 분쟁 해결에 투자자가 더 유리하도록 했다. 이행과 관련하여 NAFTA는 회원국 중 가장 강력한 회원국의 선택을 막을 수 없기에 상당히 불균등하게 전개가 이뤄진다. "미국 규범이 대부분 새로운 규칙으로 규정되고 초국가적 제도적 구조의 미비로 캐나다와 멕시코가 요구하는 목소리가 대륙 내에 온전히 전달될 수 없는 구조"라는 클라크슨의 설명이 상당히 설득력 있다. 더욱이 실질적으로 미 헌법에는 거의 영향을 미치지 않았다. NAFTA는 헌법 구성을 외부 요소로 전환하여 두 주변 국가를 재편성했다.[47] 국경, 안보, 에너지, 물 또는 달러화와 같은 새로운 쟁점을 포함하는 "깊은 통합"에 대한 9·11 이후 NAFTA의 진전은 미국이 "국내 안보"를 앞세우며 기준을 강요하면서 불균형이 심화되었다.

우리는 현재 미주 내에 진행 중인 거버넌스의 종류에 대해 좀 더 상세히 이 책 제9장에서 분석할 것이다. 현재 언급할 수 있는 것은 결과 검토를 통해 어젠다 연구를 보완하는 통합의 범위가 상대적이라는 것이다. 기원과 순응의 정도에 따라 채택된 규범은 회원국마다 매우 다른 영향을 미칠 수 있다. 그리고 차등적인 영향은 다중 속도 또는 통합의 가변적인 기하학적geometry 방법의 결과일 뿐 아니라 권력 정치의 산물이기도 하다.

PART 4

지역통합의 민주화

Chapter 6 의회 선택

Chapter 7 아래로부터의 통합

Chapter 8 통합 그리고 공유재(common goods)

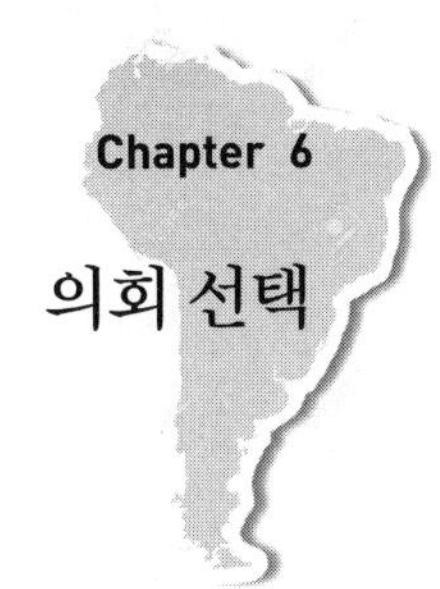

Chapter 6

의회 선택

확실히, 전 세계적으로 민주주의가 보편적이고 가장 합법적인 모델로 대표성을 확실히 획득한 만큼, 지역통합 과정을 민주화하는 최상의 방법은 지역 의회를 수립하고 의회에 특권을 부여하는 것이다. 그럼에도, 의회 선택은 상당히 많은 의구심을 불러일으킨다. 정부나 정당 같은 민주적 정치체제의 전통적인 구성 요소를 박탈하면서까지 지역 단위의 제도 배치, 즉 지역 의회를 수립하는 것이 이치에 맞는가? 의회 전통이 전혀 없는 라틴아메리카에서 일반적으로 의회 정치가 연약하다고 치부되는 가운데 지역 의회 정치를 구가하고자 하는 것이 올바른가?

일부 분석가는 이러한 질문에 단순히 아니라고 답하고, 라틴아메리카의 지역 의회 정치는 단순히 장식용이며 유럽으로부터 주의를 기울이지 않고 수입한 매우 고가의 물품이라 치부했다. 이는 라틴아메리카, 특히 중미 사람들의 일반적인 생각이다.

그러나 논란의 여지는 있지만 잘못 관리된 이식transplant보다 더 많은 것이 있다. 라틴아메리카 초기 통합 과정의 제도적 설계에는 의회를 포함하지 않았다. 그러므로 의회 설립, 특히 MERCOSUR 같은 경우는 통합 과정의 초기에 제도의 간소화를 구가하고 유럽 모델 답습의 회피를 골자로 했기 때문에 MERCOSUR에서 의회 창설을 위한 개혁 동력을 찾아보는 것은 흥미로운 일이다. 이 책 제4장에서 확인한 대로, MERCOSUR는 초기에 의도한 바를 그리 오래 지속할 수 없었다. 유럽 의회는 라틴아메리카 지역통합체(중미, 안데스, MERCOSUR)에 의회의 모델을 제시한다. 그러나 대부분의 라틴아메리카인들은 오랜 시간에 걸쳐 발전하는 것보다 최종 산출물의 복제를 원했다.

이 장은 라틴아메리카 의회의 특수성을 평가하기 위해 유럽의 경우를 간략히 살펴보며 시작하겠다. 그러고 나서, 라틴아메리카 경험을 서술할 것인데 먼저 일련의 심의deliberation 과정과 세 가지 지역협의체 경험(CAN, SICA, CARICOM)을 간략히 언급한 후, 의회를 창설한 MERCOSUR의 경우에 대해 좀 더 구체적으로 분석하도록 한다.

유럽 의회가 어떻게 지금의 의회 모습을 띠게 된 것인가?

제2차 세계대전 이후, 거의 대부분의 국제기구는 대표성과 자유민주주의 이상에 영감을 받아 창설되었다. 유럽이사회, 서유럽 연합, 북대서양조약기구NATO는 회원국의 의회의원으로 구성된 의회가 있다. 폴 마그넷Paul Magnette은 유럽 건설과 관련하여 "전쟁 후 민주주의 회복의 상황 가운데 유럽공동체European Community가 제한된 의제로도 의회를 소집하지 못한다면, 조약을 비준해야 하는 국회의원에게는 비정상적으로 용납하지 못했었을 상황일 것이다"고 의견을 피력했다.[1] 1951년 유럽 석탄철강공동체ECSC는 높은 권위를 행사할 의회를 구성하고 있었다. 당시, 폴 마그넷에 따르면, 이런 의회는 의회주의 주요 개념에 영감을 받았다. 의회는 조직을 조정하며 의사결정 과정에도 참여한다.

통합의 촉진자들은 유럽경제공동체EEC를 탄생시킨 로마 조약을 준비하는 과정에 의회 논리를 최종적 결론으로 감히 몰아넣지 못했다. 의회 선택의 지지자들은 통합 과정의 기술관료적technocratic 탈정치 개념에 호의적인 권력 섹터들의 저항에 직면해야만 했다. 유럽연합집행위원회European Commission는 국가를 대표하는 독일 연방상원Bundesrat과 비교해 볼 때 전통적인 정부의 모습을 보이지 않기 때문에 제도적 배치는 자크 델로스Jacques Delros가 명명한 것처럼 "신원 미상의 정치적 물체" 가 되었다.

1960년대 초 조직체의 출범 이래 이 이상한 정치조직체는 비판의 대상이 되었다. 유럽연합집행위원회의 초국가적 권력은 프랑스의 드골De Gaulle 대통령을 격분시켰고 많은 의회의원은 전통적인 법률 제정 역량을 박탈당한다는 씁쓸한 인상을 받았다. 복잡한 정책 입안 과정은 곧 민주주의 결핍이라는 이유로 공격을 받았다.

필자는 폴레스달Follesdal과 힉스Hix가 유럽 민주주의 결핍을 5개의 주장으로 정의하는 것에 동의한다. "다른 무엇보다도 유럽통합은 행정권의 증가와 동시에 의회의 권한 축소를 의미한다". "첫 번째와 관련이 있는 두 번째 주장은 민주주의 결핍에 대해 대부분의 분석가들은 유럽 의회가 너무 미약하다고 주장한다". 세 번째, "유럽 의회의 권한이 증가함에도 불구하고, '유럽' 선거는 없다". 네 번째, 비록 유럽 의회의 권한이 증가하고 진정한 유럽 선거가 실시될 수 있다고 하더라도, 또 다른 문제는 EU가 단순히 유권자로부터 '너무 멀리 떨어져' 있다. 다섯 번째, 유럽통합은 유권자들의 이상적 정책 선호도로부터 '정책 표류'를 양산한다.[2]

유럽 의회가 1979년 온전한 선거를 통해 의회로 출범하게 된 전환은 통합 과정에서 민주화를 향한 첫걸음이었다. 연이은 조약들은 지속적으로 이를 강화시켰다. 유럽 의회의 발전이 국내 의회의 진화 정도와 정확히 반대로 진행되었음이 상당히 흥미롭다. 후자인 국내 의회가 점진적으로 입법 권한을 포기하고 정부 결정들을 모니터하는 데 집중하는 반면, 전자인 유럽 의회는 공동결정

절차의 제도화 등으로 정책결정 과정에 참여한다.[3]

유럽 의회는 어떻게 영향력과 특권을 쟁취하게 되었나? 이것은 흥미로운 이야기이다.[4] 통합 과정의 민주화 필요성에 대해 통합촉진자들의 합의가 이뤄지지 않았다. 이전에 언급한 대로 기술 관료적 강조는 오랫동안 지배적이었다. 소위 유럽연합 건국의 아버지들은 정치적 간섭으로부터 통합 과정의 보존을 열망했다. 예를 들어, 장 모네Jean Monnet는 두 차례의 세계대전 동안 경제활동을 계획하는 데 매우 풍부한 경험이 있었고, 프랑스와 독일 간 화해를 주도하여 유럽통합의 첫 단계를 이끌기 전에 프랑스 계획청planning agency의 설립자이자 초대 회장직을 역임했다. 1952~1955년에 모네는 ECSC의 의장으로서 비정치적 중립기관으로 이 기관을 이끄는 데 최선의 노력을 경주했다. 그러나 프랑스는 1954년 유럽방위공동체EDC의 비준을 거부함으로써 그의 생각에 반대의사를 표했다.

잠정적 비정치화 상황에서 의회는 첫 20년 동안에는 많은 이목을 끌지 못했다. 그러나 두 가지 조용한 발전이 이러한 파노라마에 변화를 가져왔다.

첫째, 유럽 의회 의원들은 절차의 규칙을 발달시킬 수 있는 권한을 확보하고 있고, 각자 자신들이 국내 의회에서 익숙한 많은 규칙을 도입해 활용할 수 있었다. 모든 의원은 의회체제 출신이기 때문에[5] 행정부 권한을 조정할 수 있는 규칙을 도입했다. 조사위원회를 구성할 권리, 청원을 제출할 권리, 또는 위원회 멤버의 청문회를 개최할 권리 등과 같은 규칙 그리고 이후에는 임명 찬성 여부 투표권 또는 절차의 회부 등 유럽 의회 의원들이 지속적으로 이러한 권리를 소개했고 또한 안내하고자 노력했다. 의심의 여지 없이, 이러한 부분이 종합적인 제도적 틀 내에서 의원들이 영향력을 행사할 수 있도록 했다. 무엇보다도 이러한 제도적 틀로 인해 의원들이 여러 정보에 접근하고 위원회와 비견할 만한 전문적 식견을 겸비할 수 있었으므로 의원들이 의회의 제안에 대해 쉬이 논의하고 수정을 제안할 수 있었다. 의회 발전을 이해하는 데 중요한 부분으로는 행위자들에 의해 지속적으로 그리고 선험적으로 소개된 이와 같은 절차상의 규칙과 관례가 소개되었는데 1986년에는 단일 의정서Single Act, 1992년 마스트리히트 조약, 그리고 1997년에는 공동 결정 절차를 제시한 암스테르담 조약으로 법제화 되었다는 것이다.

둘째, 이러한 점진적인 제도의 발전에 덧붙여, 의회를 무게감 있는 정치적 행위자로 전환시키는 데 기여한 정치적 순간이 두 번 있었다. 첫 번째는 1979년에 발생했다. 의회에서 실시한 첫 번째 직접선거가 의원들에게 의문의 여지없는 민주적 정당성을 부여했고 이로 인해 의원들은 유럽 제도 내에 좀 더 확장된 정치적 공간을 요구할 수 있었다. 두 번째 정치적 사건은 20년 후 '광우병' 사태가 발생했을 때 의회가 정치적 힘을 발휘해 상태르Santer위원회를 해산하도록 한 사건이다. 광우병 위기 상황에서 의회는 1977년 전문가 독립위원회를 설립해 상테르위원회가 위기 대처 부실에 대한 조사를 실시하도록 결정했다. 무능과 무책임에서 기인한 이러한 결정은 위원회에게 충격적이었다. 부정과 족벌주의 혐의가 드러난 또 다른 보고서는 1993년 3월 위원회의 총체적 사임을 확인시켰다.

올리비에르 코스타Olivier Costa에 따르면 이러한 정치제도적 발전 덕분에 유럽 의회는 다음 5개의 중요한 기능을 수행했다. (1)표현의 포럼, (2)위원회 위원의 지명과 청문회, (3)위원회에 대한 불신임 투표와 통제, (4)공동 결정, (5)예산 지출.

그러나 코스타가 정확하게 지적한 것처럼 의회의 영향력은 특권의 전략적 행사의 능력 여하에 달려 있다. 그러나 이러한 능력은 세 가지 다른 유형의 분열이 겹치거나 혹은 교차될 수 있는 의회 내 정치적 논쟁에 상당히 종속되어 있다. 이는 다음과 같다.

정치화에 대한 찬성자와 반대자(의회 정치체제에 찬성하는 라틴계 유럽 국가와 이에 반대하는 앵글로·색슨계 국가), 2개의 주요 정당(유럽의 극우 정당과 유럽의 사회주의당)의 의논과 토론에서 배제되었다고 느끼고 대항하는 소수의 정당, 대국 대 소국 출신의 의회 의원의 대립이다.

이 책 제4장에서 언급한 국내에서 영감을 받은 형태를 모방mimetism이라고 명시한 것을 회상하며, 유럽 의회는 개별 회원국을 특징지어 주는 서로 다른 제도와 정치적 관행의 통합체다. 더욱이 유럽 의회는 개별 국가 내부의 일상적 정치 논쟁의 산물이다. 이러한 통합적 특징은 오래 지속된 발전의 결과물로 행위자들이 관행을 조약으로 제도화했다.

이러한 특징은 라틴아메리카의 경험으로 비추어볼 때 중요한 것임을 유념해야 한다.

라틴아메리카 심의 포럼

라틴아메리카는 지역 포럼에 대한 풍부한 경험이 있다. 라틴아메리카의 모든 나라가 의회라는 이름을 사용함에도, 〈표 6.1〉에서 확인할 수 있듯이 약간의 차이가 존재한다.[6]

몇몇 의회는 단순히 논의하고 숙의하는 정도의 포럼이고 다른 의회는 어떻게든 지역통합 과정과 연관이 있다. 이 절에서 몇몇 의회의 포럼 특성에 대해 논의하고 지역통합과 관련된 특징은 다음 절에서 전개하도록 한다. 첫 번째 포럼인 라틴아메리카 의회PARLATINO는 1964년 12월 7일 페루 리마에서 창설되었다. 라틴아메리카 자유무역연합Latin American Free Trade Association이 난항에 처해 있을 당시 지역통합을 지지했던 미주인민혁명동맹APRA의 부의장 안드레스 타운센드Andres Townsend의 초청으로 14개국 160여 명의 의원이 페루의 수도에 모였다. 그다음 해, PARLATINO는 역내 민주주의가 위태로운 상황 가운데 영구적으로 비공식적 민주 기구가 되었다. 권위주의 정권은 PARLATINO에 별반

〈표 6.1〉 라틴아메리카 지역 의회

다층의 의회		연도	회원
지역 포럼	라틴아메리카 의회(PARLATINO)	1964	22개 회원국별 의원들
	미주 원주민 의회(PIA)	1988	미주 지역의 원주민 의원들
	아마존 의회(PARLAMAZ)	1989	8개국 회원국별 의원들
	미주 흑인의회	2005	미주 지역의 흑인 의원들
의회 간 기구	미주의회연맹(COPA)	1997	회원 300명*
	미주 의회 간 포럼(FIPA)	2001	35개 미주기구 회원국의 의원들
	남미국가연합 의회	2008?	중미의회, 남미공동시장의회, 가이아나, 칠레, 수리남의 대표단
지역통합 과정과 연관된 의회	안데안 의회(PARLANDINO)	1979	4개 회원국별 의원들
	중미의회(PARLACEN)	1987	
	카리브 공동체 의회(ACCP)	1994	14개 회원국별 의원들
	남미공동시장 의회(PARLASUR)	2007	5개 회원국별 의원들

주: 회원 수 300명과 관련해서는 아래 표를 참조.
자료: 저자가 공식 문서 등을 활용하여 재정리.

미주의회연맹(COPA) 회원

구분	의회 종류	회원 수
35개의 단일 및 연방국가	양원제 의회	20*
	단원제 의회	15
	합계	55
174개의 영유 및 속령 등의 관계가 있는 지역	양원제 의회	61*
	단원제 의회	113
	합계	235
미주	지역 의회와 의회 간 기구	10
총합계		300

주: 양원제는 상·하원으로 구성되어 있음. 따라서 *로 표시된 양원제 의회 회원 수 20명과 61명의 인원수는 각각 40명과 122명임.
자료: 미주의회연맹의 공식 홈페이지(http://www.copa.qc.ca/eng/who/Donnees-Parlements-Ameriques.pdf)를 활용(자료 확인: 2008.4.17).

관심을 두지 않았고 더욱이 법인격을 부여할 생각조차 하지 않았다. 하지만 28년 동안 다른 국가에서 회담이 개최되면서 순회 의회의 형태를 만들어냈다. 1974년 유럽의 적극적인 지원 아래 국제적 인지를 획득하고자 노력했고 제1회 공동 회담이 조직되었다. 이런 노력 후에 유럽과 라틴아메리카 간 의회 컨퍼런스가 격년제로 개최되었다.

민주화 물결 속에서 1987년 11월 16일 PARLATINO를 제도화하는 조약이 페루 리마에서 체결되었다. 5년 뒤, PARLATINO는 브라질 상파울루에서 위용을 드러냈으며 본부 건물은 특히 라틴아메리카인의 단결을 상징하는 것으로 브라질의 유명한 조각가 오스카르 니에메예르Oscar Niemeyer에 의해 설계되었다.

1991년 PARLATINO는 활동의 재도약을 천명하며 통합을 추진하고자 했다. 많은 통합 과정이 재활성되고 새로운 합의서가 등장하면서 의원 227명이 라틴아메리카 국가 커뮤니티Latin American Community of Nations라는 야심찬 프로젝트를 1991년 8월 콜롬비아 카르타헤나에서 개최된 제13차 PARLATINO 의회 회기에서 채택했다. 그리고 이 프로젝트는 1991년 12월 리오 그룹 정상회담에 상정되었다. 1년 후, 리오 그룹은 1992년 12월 1~2일 부에노스아이레스에서 양일간 개최된 부에노스아이레스 정상회담에서 이 프로젝트의 아이디어에 지지를 표명했다. 이에 대한 좀 더 구체적인 첫 단계는 1993년 초 브라질리아에서 라틴아메리카-카리브 대학ULAC의 설립이었다. 그러나 이는 PARLATINO가 구상한 프로젝트의 동력을 제공하는 데는 미력했고 의회는 1990년대와 2000년대에 통합의 중요한 촉진자가 되지 못했다. 라틴아메리카 정상들이 2004년 12월 8월 쿠스코Cusco 선언으로 남미 국가 커뮤니티South American Community of Nations를 설립할 당시, 각국 정상은 PARLATINO가 이전에 명시한 계획에도 관심을 보이지 않았다.

그러나 라틴아메리카의 나머지 의회와 마찬가지로 PARLATINO를 엄격한 실용주의적 관점으로만 평가하는 것은 공정하지 못하다. 22개국 대표들이[7] 실질적으로 오랜 기간 회동을 가졌고 역내 어려운 시기에도 통합의 정신을 지속적으로 유지하는 데 기여한 바가 크다. 어떤 의원들은 자국에 군정부 등장으로 의회가 폐쇄되었음에도 PARLATINO 회기에 지속적으로 참여했다. 의심의 여지 없이 권위주의 시기에도 그들은 민주적 숙고(토론)의 적절한 형태를 유지했다. 마침내 PARLATINO는 1990년대에 정상회담에서 공식 의제화될 수많은 중요한 의제를 논의했다. 그러나 수많은 다른 영역의 논의들이 1990년대에 등장했음을 부인할 수 없고 PARLATINO는 단지 전통적인 제도의 지속성stickiness의 관점으로 치부될 수밖에 없다.

두 번째 라틴아메리카 포럼은 미주 원주민 의회Indigenous Parliament of America: PIA로 1988년 8월 31일 파나마에서 출범했다. PIA는 다른 형태의 포럼으로 지역통합 촉진에 적극성을 띠기보다는 특정 부류 집단의 인권 보호를 천명한다. PIA의 제1장 제2조는 "미주 원주민 의회는 본질적으로 사회 정치적 공간을 구성하고 있으므로, 원주민 의원들은 원주민에게 영향을 끼치는 여러 문제를 논의하고 또 공론화시킴으로써 이의 해결 방식 등을 제안할 것이다"라고 명시하고 있다.[8] 북·중·남미의 출신 원주민으로 구성된 원주민 의회의 주요 임무는 소수 원주민에게 유리한 법 제정을 설계하고 그들의 인권을 보호하기 위한 여러 다방면의 인권운동에 지지하는 것이다.

세 번째 포럼인 아마존 의회PARLAMAZ는 다른 범주에 속하는 것으로 초국적 영역에서의 제한된 주요 이슈에 초점을 맞춘다. PARLATINO와 단 하나 공통된 것은 페루에서 기원을 찾아볼 수 있다(양쪽 모두 페루가 제안한 것이다). 1989년 페루 의원 그룹은 역내 환경 문제를 다룰 의회 설립을 제안했다. 아마존 지역을 함께 나눠 포함하는 볼리비아, 브라질, 콜롬비아, 에콰도르, 가이아나, 페루, 수리남, 그리고 베네수엘라 8개국이 이 사안에 지지를 표명했다. 이 지역의 생물학적 다양성 보전과 지속 가능한 개발 증진을 위한 필요성에 대해 회원국 대표로 이뤄진 의회 회의가 수차례 진행되었다.

이전에도 이 8개국이 1978년 아마존협력조약기구OTCA와 PARLAMAZ 간의 관계가 명백히 드러난 바가 없었다. OTCA는 내부의 제도적 구조 안에 PARLAMAZ를 포함하지도 않았다.[9] 더욱이, 브라질 권위주의 정권의 주도하에 창설된 만큼, 브라질은 OTCA에 대한 리더십을 겸비하며, 항상 적극적으로 참여해 왔다. 이에 반해, 브라질은 PARLAMAZ에 별반 적극적 참여를 하지 않았으며, 이는 당연히 그리고 상당히 이 의회의 권위를 약화시켰다.

뚜렷한 이유 없이 PARLAMAZ의 업무가 2001년에 중단되었다. 그러나 2006년 브라질, 에콰도르, 베네수엘라의 대표단이 참석한 가운데 볼리비아에서 개최된 회담에서 정치적 결정으로 PARLAMAZ가 다시금 임무를 재개했다. 2006년 12월 13일 "판도 선언Declaration of Pando"은 PARLAMAZ의 재활성화를 요구하며 지속 가능하고 사회적인 개발 영역 내에서의 정책 프로젝트 설계의 필요성을 강조했다. 이는 명백히 정치적 결정이었고 차베스 대통령이 PARLAMAZ를 지지했다는 사실은 콜롬비아와 페루의 비협조로 이어졌다.

끝으로 미주 대륙 내 흑인 의원들이 모여 만든 네 번째 포럼이 2005년 개설되었다. 카리브 지역 포함 역내 아프리카 후예 출신 의원들의 첫 회담이 2003년 11월 21~23일 브라질리아에서 개최되었고 브라질, 콜롬비아, 코스타리카, 에콰도르, 파나마, 페루, 우루과이의 의원들이 참석했다. 이 포럼은 인종차별 반대 관련 지속적인 논의를 개진하기 위해, 미주 흑인 의회Black Parliament of the Americas의 창설 요구가 담긴 브라질리아 헌장Charter of Brasilia이 채택했다. 더욱이, 2001년 더반 월드 컨퍼런스Durban World Conference 기간 동안에는 반인종차별 법안이 제안되었다. 첫 번째 회담은 브라질 내 어떠한 형태든 인종차별을 근절하겠다는 의견을 피력하고 (당시에) 권력수반의 자리를 차지한 룰라 대통령의 전폭적 지지로 큰 호응을 받았다. 2004년 5월 콜롬비아 보고타에서 개최된 두 번째 회담에서 흑인 의회 창설을 결정하고 다른 의회, 가령 PARLATINO 또는 COPA(다음 절을 참고)에서도 어젠다에 흑인 관련 이슈를 포함할 것을 권고했다. 세 번째 회담은 코스타리카 산호세에서 개최되었다. 이와 같은 논의들로 인해 2005년 8월 30일 중미 카리브 연안 도시인 리몬Limon에서 마침내 흑인 의회가 공식적으로 개설되었다. 이 의회 창립연설문에 따르면, 의회는 포럼의 형태를 겸비하며, 아프리카 출신의 후손들의 권리를 보장하기 위한 다방면의 제안을 위한 장이 될 것이다. 코스타리카 흑인 부의장 엡시 캠벨Epsy Campbell이 의회 초대 의장이 되었다.

이후로, 흑인 의회는 시민권리 옹호와 1억 5000만 흑인 인구의 사회 포용에 노력하는 의원들의 네트워크가 되었다. 제4차 회기는 2008년 3월 14~16일 콜롬비아 칼리Cali에서 개최되었으며 미국을 포함한 대륙 전체에서 45명의 대표단이 참석했다.

이러한 4개 의회에 덧붙여, 미주 대륙 차원의 의회연합이 2개 더 있다. 첫 번째는 미주의회연맹Parliamentary Confederation of the Americas: COPA이다. COPA는 대륙의 단일 연방·연합, 연합국의 의회뿐만 아니라 지역 의회, 모두 300개의 의회를 대표하는 미주 의회 간 기관을 포함한다. COPA는 매우 정치적인 이유로 캐나다 퀘벡 의회에 의해 창설되었다. COPA는 비판적 입장을 견지하고 서반구 차원의 지역 프로젝트를 논의하며 미주 정상회담 결정 사항의 후속 조치를 준비했다. 1977년 9월 18~22일, 퀘벡 의회는 "2005년 미주: 민주주의, 발전 그리고 번영"이라는 주제로 서반구 의회 컨퍼런스 개최를 담당했다. 28개 국가에서 400여 명 이상의 의원이 컨퍼런스에 참석하여 지역통합에 대한 의견을 나눴다. COPA는 2000년 이래 매해 총회를 개최했다.

COPA의 목적은 전체적으로 미주 정상회담의 민주화 과정을 독려하는 것이며, 특별히 미주자유무역협정FTAA 대화의 민주화에 있다. COPA는 2001년 퀘벡 제3차 미주 정상회담에서 매우 절망적인 경험을 했다. COPA는 협상에서 제외되었고 이로 인해 장 피에르 샤보노Jean-Pierre Charbonneau COPA 총재는 격렬한 논평을 냈다.[10]

두 번째로, 미주 의회 간 포럼Inter-Parliamentary Forum of the Americas: FIPA 역시 캐나다에서 출범했으며 2001년 3월 7~9일 연방 의회가 26개 미주 국가들의 의회 대표단을 초청해 오타와에서 회담을 가졌다. 이 포럼의 목적은 "서반구 어젠다를 다룸에 있어 의회 간 대화를 발전시키는 데 기여하는 것이고 … 입법부 역할 강화 증진 조력, 민주주의 증진, 인권 보호… 서반구의 지속 가능하고 조화로운 발전을 위한 가장 적합한 도구의 하나로서 통합 과정에 기여하는 것"이다.[11] FIPA는 정치적으로 COPA보다 더 적절해서 퀘백 정상회담에 몇 가지 제안을 상정했다.

그리고 마지막으로, 남미국가연합UNASUR•의 틀 내에서 새로운 남미 의회가 논의 중이다.[12]

라틴아메리카 의회와 지역통합 과정

모든 라틴아메리카 지역통합 과정은 지역 의회를 만들어냈다. 다음 절에서 MERCOSUR의 통합 과정을 살펴볼 텐데 그 전에, 이 절에서는 안데스, 중미, 그리고 카리브 지역통합 과정의 경험을 간단히 돌아보도록 하자. 안데안 의회 출범을 이끈 1979년 조약 서명 관련 흥미로운 상황은 이 책 제3장에서 이미 확인한 바 있다. 이 조약은 1984년에 시행되었고 안데안 의회PARLANDINO는 당시 수년간 일반 회기는 단 이틀간, 각각 3월과 11월에 개최되는 등 활동이 미미했다. 1996년 안데안 통합 재점화의 결과로,[13] 새로운 조약이 1997년 4월 23일

• 2020년 현재 남미국가연합(UNASUR)은 사실상 이름만 남은 상황이다. 남미판 유럽연합(EU)을 지향하며 2008년 출범한 UNASUR는 남미 정치지형의 변화로 역내 지역기구의 제도적 위용이 사라졌다 — 옮긴이.

진행되었다. PARLANDINO를 출범시킨 1979년 조약에 추가된 의정서에는 회원국별 직접선거를 통해 안데안 의회 의원 5명을 선출한 내용에 관한 소개가 담겨 있다. 선거 이전에는 단지 동료들에 의해 추대되었다. 이에 대해 서명할 당시 모두 5개국이 CAN의 회원국이었다. 안데안 의회 의원 선출을 선거로 치룬 첫 번째 국가인 베네수엘라는 2006년 CAN에서 탈퇴했다. 에콰도르와 페루는 각각 2002년과 2006년에 선거를 실시했다. 콜롬비아는 2010년, 볼리비아는 헌법 개정이 마무리되는 대로 실시하기로 했다. 2006년에 의회 회기를 1년에 2회 실시하고 4개월까지 진행할 수 있도록 절차상의 규정이 바뀌었다.[14]

PARLANDINO이 재활성화되었고 보고타에서 이를 리모델링했음에도, PARLANDINO의 역할은 여전히 미미했다.[15] PARLANDINO는 추천을 담당하는 심의기관의 역할을 하도록 되어 있었지만 CAN 내의 어떠한 기구도 PARLANDINO의 상담을 받을 의무가 없었다. PARLANDINO는 행정기구에 집중되어 있는 권한 축소를 할 수 있는 위치가 아니었고 대통령제에 대해서는 이미 이 책 제4장에서 설명한 바 있다.

중미 의회PARLACEN 설립의 이유는 다르지만, PARLANDINO에서 언급한 부분을 중미 의회에도 동일하게 적용할 수 있다. 이 책 제2장에서 언급했듯이 PARLACEN은 중미 위기 해결 노력의 부산물이다. 세레소 과테말라 대통령이 1996년 지역 의회 설립을 제안했을 때 (중미) 지역의 평화 회담 역할을 하는 논의의 장으로서 포럼의 성격을 품고 있었다. 그것은 정당과 전쟁의 대안을 상상하는 노력과 연결시키는 방법이었다.

PARLACEN의 헌법 조약Constitutional Treaty은 1987년 10월 2일에 체결되었고 1990년 5월 1일, 3개 국가(엘살바도르, 과테말라, 니카라과)가 비준함으로써 효력이 발생했다. 1991년 10월 28일, 3개국에서 선출된 의원 20명이 모여 과테말라에서 의회 개소식을 가졌다. 1987년 체결된 헌법 조약은 PARLACEN에 특권을 부여했다. PARLACEN은 어떠한 입법 기능도 행사할 수 없지만 자문포럼 역할과 통합 프로세스를 증진하고 주도하는 역할을 한다. 더욱이, 다른 기관의 행정을 설계하고 폐지하며 조약의 내용을 제안할 수 있는 권한을 가지고 있었다. PARLACEN은 통합 과정을 모니터할 정치적 능력을 발전시킬 수 있었다. 그러나 PARLACEN의 특권은 1989년의 첫 번째 의정서에 의해 약화되었다. 조약을 비준한 단 3개 국가에서만 의회를 설립할 수 있다고 명시했고, 더욱 중요한 것은 통합 관계자를 지명할 수 있는 권한을 정지시켰다는 것이다. 그러고 나서 1991년 12월 13일, 테구시갈파 의정서로 중미통합체제SICA가 출범하며, PARLACEN의 격하가 입증되었다.

사실, SICA는 PARLACEN을 심의회로 그 역할을 제한하는 등 PARLACEN의 입지는 축소되었다. 1987~1991년에 위기 해결 노력이 성공적으로 증명됨에 따라 지역 의회가 반드시 필요한 기관으로 치부되지 않았다. 통합 과정은 대통령의 권위, 특히 통합 과정의 배타적 조정을 통해 새로운 방향으로 진행되었다.

그러나 수년에 걸쳐 PARLACEN은 민주적 정당성을 활용해 지역 관련 이슈에 대해 많은 중요한 논쟁의 목소리를 들었다. 니카라과와 파나마를 포함한 PARLACEN의 확대는 역내 청중을 확대시킨 바 있지만 코스타리카는 조약에 서명하는 것조차 완고히 반대했다.

끝으로, 카리브 지역의 의회 또한 설립되었다. 이에 대한 아이디어는 1987년 바베이도스의 수상이 소개했다. 이 아이디어는 민주적 통합을 이루기 위한 것이었고 이에 CARICOM이 동조하여 1990년 합의서가 체결되었고 1994년에 시행되었다. 카리브 공동체 의회Assembly of Caribbean Community parlianmentarian: ACCP는 심의기관으로서 구성원은 개별 국가의 의회에서 선출되거나 선발된다. 이 기관의 목적은 "대표자를 통해 커뮤니티를 공고히 하거나 강화하는 과정에 이 공동체 시민을 참여시키는 것"이다.[16]

ACCP는 PARLACEN만큼 활성화되지 못했다. 창립 총회는 1996년 5월 27~

29일 개최되었고 1999년과 2000년에 각각 단 두 차례 미팅을 가졌다.

MERCOSUR 의회

개혁의 시기, 순서 그리고 내용

이 책 제4장에서 설명한 대로, MERCOSUR 기획자들은 EU를 모방하는 것을 원하지 않았고 1991년과 1994년에 제도적 단순화를 추구했다. 그러나 제도적 단순화가 제한성을 내포하고 있음을 이내 인지하고, 1990년대에 공동시장이사회CMC으로 많은 정치적 결정을 취하며 새로운 제도적 배치·배열을 이끌어 냈다.

1990년대 말, 경제적 혼동은 MERCOSUR의 제도적 취약성을 돌아보는 계기가 되었다. 특히 2001년 아르헨티나 위기는 설립 또는 재설립 트라우마로 고려될 수 있다.

1980년대 중반 민주주의 수호를 위한 집단 안보 장치의 설치를 결정한 것과 같은 방식으로 브라질과 아르헨티나 양국 대통령과 파트너 국가들은 2000년대 초부터 미래의 경제위기를 공동으로 대처하기 위한 방식에 대해 고민하기 시작했다. 통합 과정의 제도적 확장·진보 없이는 이를 진지하게 대처할 수 없음이 곧 확인되었다.

2002년 브라질 카르도소 대통령과 아르헨티나 에두아르도 두알데Eduardo Duhalde 대통령은 수차례 회동을 통해 MERCOSUR 강화를 위한 공통 의견을 나눴다. 그해, 브라질 대선에서 차기 대통령이 된 룰라 후보자의 승전보는 미주대륙 전체에 감지된 "좌경화"를 확인시켰다. 2003년 5월 아르헨티나 네스토르 키르치네르와 2004년 10월 우루과이의 타바레 바스케스Tabaré Vázquez도 대선에서 승리함으로 좌경화를 촉진시켰다. 오우로 프레토 의정서 10주년과 함께 이러한 역내 정치 기류가 MERCOSUR 변화를 위한 기회의 장을 열었다. 이 시기는 남달랐다.

오우로 프레토 II의 틀 내 개혁의 일부는 이 책 제4장에서 언급되었다. 왜 의회 프로젝트가 개혁 프로그램에 포함되었는지 확인하고 이해할 필요가 있다. MERCOSUR 의회를 설치하는 아이디어는 사실 새로운 것은 아니다. 1991년 아순시온 조약 24조에는 "공동시장의 형성을 촉진하기 위해서는 MERCOSUR 공동 의회 위원회가 설치되어야 한다"고 명시하고 있다.[17]

1991년에 4개국의 의회 의원들이 5월 파라과이 아순시온, 7월 아르헨티나 부에노스아이레스, 12월 우루과이 몬테비데오에서 모두 세 차례 회담을 가졌다. 부에노스아이레스 회담에서 카리브 정책개발센터CPC가 고안되었고, 아순시온 조약의 기획자들이 품었던 이상보다도 더 중요한 특권을 부여했다. 의회 설치는 통합을 이끄는 도구로 작용했다. 12월 우루과이 몬테비데오에서 CPC가 설치되었고 이에 대한 절차상의 규칙이 승인되었다. CPC는 4개국별 16명의 의원, 모두 64명의 의원으로 구성되어 있다. 절차 규칙 제3조에 따르면 "CPC는 상의와 심의의 특성으로 공고, 경향, 추천을 구상하는 기능"이 있다. CPC는 여러 활동 가운데 "MERCOSUR 의회(미래) 설립을 촉진시키는 것"이다.

홍미롭게도 CPC는 MERCOSUR의 명백한 제도적 환경을 구현한 1994년의 오우로 프레토 의정서POP 이전에 이미 중요성이 부각되었다. 하지만 POP가 준비되면서 CPC의 입지는 축소되었다. CPC는 의사결정능력을 가진 기구 그룹에 포함되지 않는다. POP는 비록 CPC가 공동시장이사회CMC에 추천할 권한을 가지고 있지만, 이는 오로지 공동시장 그룹을 통해서만 가능하고 MERCOSUR 내 어떤 기구도 CPC에 "상의"할 필요가 없다고 밝히고 있다. CPC 자체적 "자문의 특성"은 결코 실질적으로 구현되지 않았다.

1992년 5월 아르헨티나 코르도바에서 개최된 첫 본회의 회기 동안에 만약 브라질 대표단의 의장 네스토르 프로엔카Nestor Proenca가 "초국가적 기능을 위임받은 의회의 창설로 제도적 개선"[18] 필요성에 대한 강조를 미루었다면, CPC가 의회로 변환되는 아이디어는 수년 동안 묻혔을 것이다. 결국 1999년 우루과이 몬테비데오에서 개최된 제14차 CPC 본회의 회기에서 수면 위로 드러났다. 마침내, 제15차 본회의 회기에서 의회 제도화를 위한 기술특별 그룹을 발족하기로 결정했다.[19]

이전에 언급한 대로 정치적 변화는 통합 과정에 새로운 동력으로 작용했다. 새 좌파 정치 지도자들은 MERCOSUR의 역량 강화에 상당히 관심을 보였는데 이는 MERCOSUR에 관한 효율성과 정당성 고취를 의미한다. 의회는 다음의 양쪽 이슈에 대해 언급하고 논의할 수 있는 온전한 기구로 간주되었다. 하나는 의회가 정당에 개입하여 규범 준수의 미비를 언급할 수 있고, 또 다른 하나는 통합 과정에서 실종된 민주적 측면을 보충한다는 것이다.

일련의 평가를 보면, CPC의 역할이 "MERCOSUR 규범 통합의 내부적 절차를 가속화시킨 것이라고 POP의 제25조"에 명시하고 있지만, CPC는 이를 적절하게 따르지 않는다고 전문가는 분석했다. 이는 CPC가 의사결정 과정에 참여하지 못하기 때문이라고 진단하고 의회가 설립되기 전에 CPC에 공동 의사결정권의 부여를 권고했다.[20]

첫 번째로 취해진 단계는 2003년 10월 6일, CMC와 CPC 사이의 제도 간 의정서에 서명하는 것이다. 가칭 알론소 수정문Alonso Amendment에 따르면, CPC는 국별 의회 참여를 통해 "MERCOSUR의 법적 질서의 정합"을 독려하고, 미래 의회의 역할 설계를 돕는 현실적이고 효율적인 연구소와 같은 기능을 구성한다. CMC는 "회원국의 법질서 안에 회원국별 법인체의 입법 승인을 요구하는 모든 어젠다"의 자문을 진행할 것이라고 약속했다(제1조). 그 대신, CPC는 "국별 부문을 통해 MERCOSUR 규범의 책임 있는 내부화 과정을 독려"해야 했다(제2조).[21]

이 합의는 기대치에 미치지 못했다. 오래된 습관은 사라지기 어려운 것이다. CMC는 지속적으로 CPC를 도외시했고, CPC는 MERCOSUR의 규범이 어젠다 설정에 우선순위로 결코 상정한 바 없는 MERCOSUR 4개 회원국별 의원들로부터 이목을 집중할 만한 위치를 확보하지 못했다. 당시, CPC 기관이 10년간 지속되면서 이 기관은 MERCOSUR 제도적 배치를 조정할 만한 여지를 확보하지 못했고 더욱이 추가적인 제도적 수정이 어떠한 차이도 만들어내지 못했다. CPC는 모니터링 역량을 발전시키거나 CMC의 책임에 기여하기 위한 절차상의 규정을 써내려 가는 CPC 자체의 역할을 십분 활용하지 못했다.

그들은 EU 의회 의원들과 달리 그 업무를 담당할 만한 기술이 없었는데 그 이유는 이 지역에 의회 전통이 부재하고 무엇이 중요한지 인지하지 못하기 때문이다. 2003년 12월 15일, CMC는 2004~2006년에 의회 건축 등이 포함된 새로운 프로그램을 승인했다. 그 후 2004년 7월 CPC는 광범위한 비판을 초래한 의회 건물 프로젝트를 제시했다.[22]

2004년 7월 정상회담 동안, MERCOSUR의 정상들은 오우로 프레토 의정서의 개정 의지를 밝히고, 사무국 기술조력 부문Secretariat's Technical Assistance Sector: SAT에 민주적 통치성의 조건에 관한 연구제안서 준비를 당부했다.[23] 이 책 제4장에서 이미 언급한 대로 능동적 독립성을 확보하고 있는 SAT는 자신들이 이상적으로 품고 있는 유럽 모델을 MERCOSUR에 펼칠 기회로 간주했다.[24] CPC의 프로젝트에서 의회는 최소한의 권한만 부여되어 있고, 모두 합해 16명으로 구성된 각 회원국별 의회 의원들은 선거에 의해 선출되지 않았다. 실질적으로 개혁은 매우 제한적이었다.

프리드리히 에버트 재단Friedrich Ebert Foundation: FESUR의 보호 아래 있던 SAT는 몇 가지 혁신안, 가령 (의회의 전문지식을 개선하기 위한) 필수정보 조항, 의사결정 과정 참여, 예산 책정, CMC가 매년 책임져야 할 의무, MERCOSUR 관계자 청문회를 조직할 권리 등으로 훨씬 더 열정적으로 개혁안을 제시했다. 우리가 살펴본 대로, 이러한 실용적인 규정의 대부분은 수년에 걸쳐 유럽 의회 의원들에 의해 소개되었다.

2004년 12월 15~17일, POP 10주년을 기념한 정상회담에서 오랫동안 기다려온 개혁을 이행할 수 없었다. 정치적 의지가 부재한 것은 아니었지만 가을 동안 발생한 일련의 상업 분쟁이 상호 비난 환경을 야기했다. 브라질과의 지속된 무역 수지 적자는 아르헨티나 키르치네르 대통령의 심기를 불편하게 했다. 세이프 가드 조항 채택과 같은 문제점을 다룰 수 있는 결정들이 조심스럽게 배제되면서 어려운 선택들은 좀 더 나은 시기를 기대하며 연기되었다.

의회에 관해, CMC 결정 49/04는 "의회 창립의 연속성을 부여하는 것"이라는 다소 예기치 못한 상정이며, CPC가 새로운 의정서를 작성하도록 했다. 의회 설치 기한은 2006년 12월 31일이었다. 최종 의정서를 향한 길은 여전히 평탄치 않았다. 의회 구성과 같은 이러한 이슈는 철저히 논의되었다. MERCOSUR 회원국 내 인구의 비대칭성 때문에 엄격한 비례 시스템의 구현은 어려웠다. 그럼에도 브라질은 다소 완화된 비례 원칙의 적용을 주장했고 브라질은 36석, 아르헨티나는 30석, 파라과이와 우루과이는 각각 16석이었다.

흥미롭게도 의회 구성은 특권을 논하기 전에 논쟁이 되었고 이 논쟁은 정부간 이뤄졌다. CPC 회원들은 가령 외교관들이 받아들이지 않을 결론에 도달하는 것을 원하지 않았다. 그러므로 그들은 의회가 더욱 편파적 논리로 기능하는 것에 의심의 여지가 없는 만큼 국가적 분리를 존중했다. 어떤 경우든 우루과이와 파라과이는 각각 16석의 의원석을 확보하고, 적어도 예비 단계에서라도 회원국의 동등한 대표성을 얻을 것을 주문했다. 그들은 또한 우루과이와 파라과이 등 상대적으로 소국이 거부권을 가질 수 있도록 요구하고, 합의가 바탕이 된 의사결정 과정을 주장했다.

외교관들이 주도한 의회의 의원들이 적격성과 관련해서 명백하게 의회 내 파벌 게임에서 이겼다. 결국, MERCOSUR 의회의 제헌의정서Constituent Protocol라 불리는 CMC 결정 23/05는 정보를 요구할 권리, 그리고 매 회기별 마지막에

MERCOSUR 의장 보고서 청문회에 응대할 의무와 같은 경쟁력 있는 몇 가지 흥미로운 특징이 있는 4조를 포함한다. 의회는 또한 구속력 없는 의견을 전개할 권리가 있는데 가령, 사무국 국장과 남미공동시장 영구대표위원회CRPM 의장 후보를 제청할 수 있다. 더욱이, 의회는 MERCOSUR 예산 투표권이 있다. 기본적으로 의회는 MERCOSUR 관계자에 대한 정치적 통제 기능을 수행하도록 고안되었다. 그러나 의회 의원들이 이렇게 할 수 있는지는 지켜볼 일로 남아 있다.

의사결정 과정에 대한 의회의 기여 정도는 의정서에 알론소 수정문Alonso Amendment을 포함하고, 일종의 신속처리 절차를 추가했다(〈그림 6.1〉).[25] 결정을 내려야 할 모든 기관은 프로젝트를 의회에 상정해야 했다. 그러나 의회의 규정에 순응해 최종 결정을 따를 의무는 없었다. 만약 결정을 따른다면 이 부분은 발효가 신속처리 절차에 의거 진행된다. MERCOSUR에 채택된 수많은 규범은 국내 법규에 통합되는 마지막 단계에는 도달하지 못했다(〈그림 6.1〉). 회원국별 의회 의원, 특히 브라질은 MERCOSUR와 관련된 현안이나 일반적인 국제 협의에 큰 주의를 기울인 바가 없다. 일반적 의회가 하는 것처럼 MERCOSUR 의회는 입법 활동이 가능하다. 그럼에도, 이 제안이 고려된다는 보장은 없다. 제4.13조항에 따르면 의회 제안서는 공동시장이사회CMC에 상정되어, "진행 정도 여부에 관해 매 회기마다 알려준다고 명시하고 있다." 궁극적으로, MERCOSUR는 내재적 역량을 가지고 있다. 제4.22조항은 "역량 행사에 상응하는 모든 활동을 수행"할 권한을 부여한다고 명시한다.[26]

2007년 2월 24일 발효된 의정서의 구성을 보면 3단계로 되어 있다. 첫 3년 동안(2007~2010) 국별 의회는 각각 하원 9명과 상원 9명, 그리고 베네수엘라만 상하원 합해서 모두 16명을 지명했다.[27] 의회는 이러한 예비 단계에서 절차상의 규칙과 예산안을 채택했고, 의원 선출에 대한 미래의 직접 선거안이 포함되어 있는 비례대표 원칙에 동의했다. 이전에 확인한 대로 이러한 이슈

〈그림 6.1〉 남미공동시장 의사결정 과정 의회 참여

공동시장이사회(CMC), 공동시장그룹(GMC), 무역위원회(CCM) : 의회의 승인이 필요한 프로젝트는 남미공동시장(MERCOSUR) 의회에 상정되어야 함	
⬇	
의회는 90일 내에 상정된 의제에 대한 결정을 함	
↙	↘
기관은 판결에 따라 결정을 진행함	기관은 판결에 반한 결정을 취함
⬇	⬇
회원국별 행정부 권력자는 각국의 의회에 45일 내에 회부함	일반적 절차에 준함
⬇	
국별 의회는 180일 이내에 심사를 마무리하고 의결 및 시행하도록 함	

자료: MERCOSUR 결정 이사회 23/05의 4.12 항목에 의거(2005년 6월 MERCOSUR 의회 헌법 협약).

는 MERCOSUR의 매우 큰 비대칭성 때문에 복잡하다. 가끔 이러한 첫 번째 이행 기간에 회원국들은 지역 의회 의원들을 지명하기 위한 직접선거를 실시해야 했다. 그리고 두 번째 단계에서(2011~2014) 의회는 MERCOSUR 시민의 비례적 대표성을 취한다. 2015년 이후, 모든 회원국이 지역 의회 의원직을 선출하는 선거를 실시하는 "MERCOSUR의 날"이 제정된다.

이러한 복잡한 체제는 재미있는 결과를 가지고 왔다. 첫 두 단계 동안, 국별 의회 의원들의 기간이 달랐기 때문에 일관적인 입법체제를 확립할 수 없었다. 모든 의원은 4년간의 의정 활동을 위해 선출되었지만 시작 시기가 사뭇 달랐다.[28]

통합에 참여한 많은 활동가와 관계자에게 의정서는 실망스러웠다. 그들은 진정 유럽의 공동결정 과정 방식이 채택되기를 기대했었다. EU가 의회 건설을 위한 실질적 재정 지원을 제공했다는 사실로 많은 이들이 EU 모델을 채택할 것으로 내다보았다. 아마도 CPC가 그 자체의 위치를 공고히 할 수 없었고, 이미 언급한 대로 회원국들은 의회주의 관련 어떤 전통도 없었다는 사실을 무시한 채 이해관계를 너무 높게 설치했다고 말하는 것은 설득력이 있다. 그러나 의회제도의 소개는 제도문화의 변화를 상징하고 동시에 이를 수반한다.

2006년 12월 15일, MERCOSUR 의회는 브라질이 의회 의장직을 수행하는 동안에 브라질 상원(의사당)에서 공식적으로 개회식을 가졌다. 그러고 나서, 첫 회기는 2007년 5월 7일 몬테비데오에서 개소되었는데 의회가 포위당했다. 2007년 6월 25일 세 번째 일반 회기 기간에 의회는 파라과이 외교장관의 자국의 대통령 보고서를 듣고, 첫 번째 선언을 채택했다.[29] 브라질 알로이시오 메르카단테Aloisio Mercadante 의원에 의해 제안된 첫 번째 협상은 WTO 도하 라운드 협상에서 MERCOSUR 협상자들이 옹호하는 입장을 지지했다. 아르헨티나 알프레도 아타나소프Alfredo Atanasof 의원이 제안한 두 번째는 포클랜드Falkland섬과 관련해 영국과의 대화가 재개되어야 한다는 주장이다. 출판의 자유에 관한 세 번째 결정은 베네수엘라에 대한 직접 공격이었으나 거부당했다.

MERCOSUR 의장직을 우루과이가 수행하면서 2007년 9월 3~4일, 제5차 의회 회기 동안 우루과이 외교장관이 자국의 우선 과제를 발표했다. 그중 유럽연합과의 장기간 마비된 협상, 구조적 융합을 위한 새 기금의 첫 프로젝트 실행,[30] 세관 규정의 완성을 촉구했다.

2007년 11월 19일 제7차 일반 회기에서 의회는 두 가지 흥미로운 선언을 하고 매우 정치적인 자세를 취했다. 첫째는 콜롬비아 인질 방면을 독려하는 중재자로서의 우고 차베스 베네수엘라 대통령의 역할을 지원하는 것이다. 둘째는 1915~1923년 아르메니아 인종 학살에 대해 강력 규탄한 것이다. 2007년 12월 18일 첫 번째 특별 회기에서 의회는 볼리비아의 제도적 질서 보호를 위한 견고한 정치적 선언을 했다. 이렇듯, 의회는 아홉 차례의 일반 회기와 8개의 위원회 창설 그리고 수많은 논의를 하는 등 매우 분주한 첫해를 보냈다.[31]

그러나 의회의 몇 가지 기능은 수행하기 어려워 보인다. 2008년 4월, 브라질 의회 제랄도 메스쿠이타Geraldo Mesquita 의장은 브라질 장관 4명이 보인 존경심 결여에 대한 항의 표시로 사임했다. 교육·과학과 기술·스포츠·문화부 장관은 의회 초청에 응하면서 그들의 정책에 대해 답변하는 것에 불편해하지 않았다. 지금까지 PARLACEN과 PARLANDINO이 실패했고 오로지 미래만이 MERCOSUR 의회의 성공 여부를 알려줄 것이다. 정치적 공간을 확보하기 위해 MERCOSUR 의회는 무장했다. 의정서는 공동 의사결정권을 명시하고 있지 않지만 MERCOSUR 당국을 정치적으로 조정할 수 있다. 그리고 의회가 중요한 법안을 제청하고 평가할 자격이 있는 사람들에게 건전한 변경을 제안할 수 있는 것은 회원국들의 결정 여하에 달려 있었다.

마지막 분석에서, 특권의 활용 여부는 의원들의 정치적 능력에 상당 부분 달려 있다. 반복해서 언급한 대로, 극복할 수 없는 것은 아니지만 회원국마다의 의회 전통의 부재가 핸디캡으로 작동한다. 만연된 통념과는 반대로 라틴아메리카에서 의회주의의 부재가 필연적으로 의회가 약한 것을 의미하지는 않는다. 특히, 연방체제와 관련해서 MERCOSUR 5개 회원국 가운데 3개국의 상원은 매우 강력한 권한을 가지고 있다.[32] 다른 이유로, 아르헨티나와 브라질 모두 매우 강력한 상원의원들이 있고 전통적으로 아르헨티나와 브라질의 빈곤한 주에서 매우 영향력을 미치는 정치적 인물이 상원에 있다. 양쪽 국가 모두, 정치적 후견인주의와 많은 관련이 있는데 이는 상원들은 어떻게 하면 정치적 지지를 유권자를 위한 경제적 지원의 통로로 바꿀 수 있는지 방법을 알고 있기 때문이다.

이러한 정치적 게임은 할당적·재분배적이지만 아직까지 MERCOSUR에 이전되지는 못했는데 이는 단순히 공통의 재분배 정책이 없었기 때문이다. 그럼에도, 2007년 이래, MERCOSUR는 약간의 변화를 유발할 2개의 재분배 정책을 채택했다.[33] 후견인주의가 지역 단위 수준에서 시작되었다고 제시할 수는 없다. 특히 재분배 게임은 적어도 이해관계를 높여 비록 의회가 의사결정 과정에 개입하지는 못하지만 의회 의원들에게 흥미를 유발시킬 것이다. 또한 이런 관심은 특히 MERCOSUR의 브라질 남부, 브라질 남동부, 그리고 아르헨티나 북부 지역의 의원들에게 높다.

그러므로 MERCOSUR 미래에 대한 의회 영향력은 의원들의 출신과 기술력, 특히 개별 국가에게 중요한 거부 행사에 의해 상당히 좌지우지될 것이다.

첫째, "MERCOSUR 하원Mercodeputies"이 이 같은 영향력을 지니고 있는가? 어떤 면에서는 그렇다고 볼 수 있다. 의원 대다수는 아르헨티나의 북부 지역 출신이거나 브라질 남부 출신이다(〈그림 6.2〉).[34] 리오그란데도술Rio Grande do Sul 주state는 하원 4명과 상원 2명이 MERCOSUR를 담당하게 했다. 그리고 아르헨티나의 미시오네스Misiones주와 코리엔테스Corrientes주는 각각 2명의 대표를 파견했다. 이 지역은 MERCOSUR에 상당히 관심이 많은 주로서 아래로부터의 MERCOSUR 통합을 위한 자발적 프로그램을 상당히 진행했다.[35]

지도(〈그림 6.2〉)에 담겨 있지 않은 것은 MERCOSUR 일부 새 의원들의 정치적 무게에 관한 것이다. 예를 들어, 아르헨티나 대표단으로 산루이스주state의 정치명문가 출신의 아돌포 로드리게스 사아Adolfo Rodriguez Saa이다.[36] 사아는 산루이스주 지방선거에 다섯 차례 성공하여 1983~2001년 주지사로 역임한 바 있다. 페르난도 데 라 루아Fernando De la Rua 대통령의 전격 사임으로 인해 아르헨티나가 정치적 소요의 상황에서 2001년 12월 23~30일, 사아Saa는 임시 대통령직을 수행했다. 2003년엔 하원, 2005년엔 상원으로 권위 있는 페론주의의 정치 보스로 MERCOSUR의 의회 권한을 강화할 수 있었다. 또한 MERCOSUR 브라질 대표들도 주류 정치인이었다. 예를 들어, 크리스토밤 부아르케이Cristovam Buarque는 1995~1999년 브라질리아 연방 주지사로 역임했고 조건부 현금교환 재분배 사회 정책bosla escola을 구상하여 유명세를 탔다. 이 정책은 이후 룰라 대통령에 의해 사회 정책으로 입안되었다. 그는 룰라의 1기 정부에서 2004년까지 교육부 장관을 역임했고, 2006년에는 대선 후보였다. 또한, MERCOSUR

〈그림 6.2〉 남미공동시장 의회의 의원별 출신지 분포

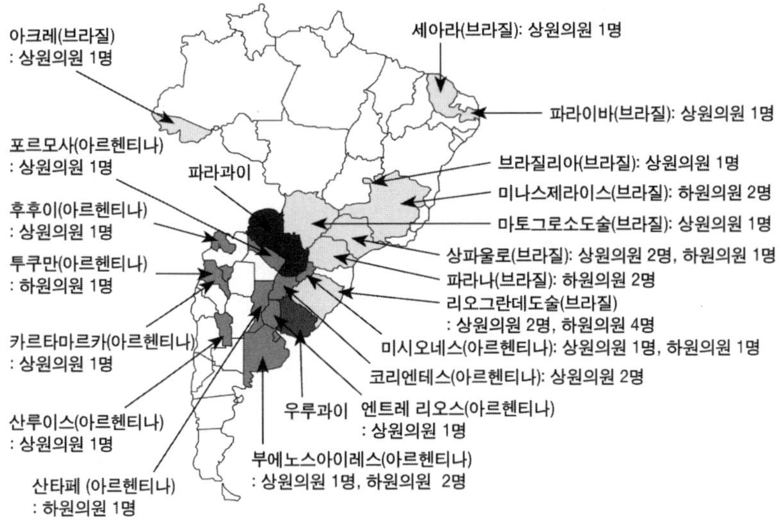

주: 이 MERCOSUR 의회 의원별 분포도에는 베네수엘라를 포함하지 않음. 덧붙여 단지 아르헨티나 15명의 의원들만 포함함.

자료: MERCOSUR 의회 공식 홈페이지를 활용하여 저자 직접 작성(자료 확인: 2008.4.20).

의회의 브라질 주요 인사 가운데 노동당PT 주요 지도자인 알로이시오 메르카단테가 상파울루 주에서 수차례 하원직을 수행했고, 룰라 대통령의 가까운 동력자였다.

의원들이 실질적으로 회기에 참여했는지, 그들이 선출직을 위해 실질적으로 노력했는지 그리고 그들이 MERCOSUR 의회의 잠재적 취약성을 극복하기 위해 노력했는지 여부는 추후 확인할 남겨진 과제다. MERCOSUR의 지도자들은 규범 이행의 미비를 강조하면서 기능주의적 논리를 선택했다. 단지 의회 의원만이 의회를 제한된 신속처리 절차를 넘어 의사결정 과정의 진정한 참여자로 점진적으로 전환시킬 수 있으며 이로 인해 MERCOSUR의 민주화에 기여할 수 있다.

의회 선택은 민주적 미비에 대한 비판에 침묵하지 않았던 것처럼 보였다.

유럽 의회는 1960년 이래 새로운 조약 서명과 함께 점진적으로 새로운 권한을 부여받았다. 그럼에도, 유럽 유권자들의 관심은 1979년 이후 감소했고 특히 투표 참여율이 1979년 63%에서 2004년 45.6%까지 낮아졌다.[1] 놀랍게도, EU의 새로운 회원국 국민이 기존 EU 주요 회원국의 국민보다 더 유럽 투표에 관심을 보이지 않았다. 유럽 의회는 개별 국회 수준으로 추락했고, 신뢰성 문제로 제도에 대한 불신이 팽배했다. 라틴아메리카에서 지역 의회, 가령 PARLANDINO는 조롱의 대상이고, PARLACEN은 비판의 대상이며, PARLASUR는 무시의 대상이다. 이와 같은 기관들의 미래의 운명이 어떠하든지 간에 아마도 민주주의의 요구가 온전히 지역 단위에서 이뤄지지는 않을 것이다.

한편, 대륙 전체에 걸쳐 시민사회가 초국가적 단위로 상당히 역동적으로 활동한다. 물론, 이는 전혀 새로운 것이 아니다. 라틴아메리카 통합의 꿈이 그렇게 오랫동안 지속되어 온 것은 라틴아메리카 국가들이 서로 간에 밀접한 사회적 유대 그리고 같은 언어 사용(브라질 제외), 종교적·문화적 전통으로 항상 가

깝게 교류해 왔기 때문이라고 볼 수 있다. 상호 교역의 미비가 가끔 상호 배제의 지표로 간주되어 왔지만, 이는 잘못된 주장이다.

오히려, 역사를 반추해 보면 일정 기간 라틴아메리카 시민사회의 행위자들 간에 매우 활발한 교류가 있었다. 그리고 초국가적 시민사회 행동주의와 지역통합 과정 사이에 명백한 관계가 있어 이에 대해 연구할 가치가 있다.[2] 이 때문에 이 장은 시민사회 간의 상호 관계를 간략히 되돌아보며 지역통합 과정과의 연결성에 대해 알아보도록 한다. 그다음 절은 지역통합 과정에서 자발적 시민사회 참여와 비자발적 참여를 구분할 것이다. 이 장은 지역(단위) 시민사회의 존재 여부에 대한 질문으로 마무리한다.

시민사회가 왜 지역통합 과정에 참여했는가?

이 질문을 던지기 전에, 사전에 좀 더 명확하게 짚고 넘어가야 할 부분이 있다. 지역통합은 다른 단계의 정치적 단위 간의 역사적 과정 가운데 증가된 관계로 정의한 바 있다. 비록 비정부 행위자들에 대해 가끔 언급했지만 이전 장에서는 주로 정부 간 제도적 정렬·배치에 대해 논의했다. 이 장에서는 여러 방면에서 지역의 공식적 혹은 비공식적 통합을 유도한 비정부 간 계획을 알아보도록 한다. 필자는 시민사회[3]뿐만 아니라 시장력market force 또는 비즈니스 영역 등을 포함하는 비정부 행위자에 대해서도 관심이 많다.

초기의 질문으로 되돌아가 보면, 자유무역의 영향을 받았거나 또는 영향을 받을 수 있는, 조직된 모든 이해관계에 대한 분명한 해답이 있다. 자유무역협정이 논의될 때 국가 선호는 사적 이익의 종합이다. 어떤 상황에서 협상가가 어떻게 하면 사적 이익보다 국가 이익이 우선시되는지 알고, 또 다른 상황에서 협상가는 단순히 가장 강력한 로비 대상일 뿐이다. 노동조합이나 사회운동의 이해관계는 많이 얽혀 있어 협상 테이블에 그들이 종종 잘 참석하지 못하게 된다. 따라서 그들의 목소리를 전달할 기회가 적어 비즈니스 영역보다 훨씬 더 복잡하다.

어젠다 관련 새로운 이슈와 더불어 더 높은 단계에서의 의사결정 능력 등으로 인해 국제기구에 의한 통합 과정이 진전됨에 따라 관련 그룹으로부터 반응을 강요하고, 폭넓은 영역의 이해관계로부터 영향을 받게 된다. 실제로, 이는 고전적 신기능주의 문헌들이 어떻게 위기와 통합의 재활성화 사이클이 이뤄지는가를 설명한다.

요컨대, 통합의 과정 가운데 반응을 보이고, 이익 주도의, 또는 부정적인 참여 형태 등이 있을 수 있다.

시민사회 그룹의 참여가 이익 추구가 아닐 때 그 질문은 점점 더 흥미로워진다. 동기를 두 가지로 구분 지어 볼 수 있다.

그중 하나는 정치적 동기로서 국내 정치판은 점차 그 의미가 없어져 가는 느낌과 관련이 있다. 삶의 방식에 영향을 미치는 중요한 많은 결정이 목소리가 없는 국제기구에서 이루어지기 때문에 민주적 게임 전체가 어떤 이들에게는 더 이상 적절하지 않은 것처럼 보일 수 있다. 그 점에 대해 논의할 여지가 있다. 사람들은 하루 만에 세계화가 무엇인지 알지 못하고 그것에 대해 결정할 수도 없다. 그들은 자국의 주권을 크게 제한하는 문턱(지점)을 지나갔다는 것을 자발적으로 알지 못한다. 그들 대부분은 어디서부터 결정지어 내려오는지 거의 알지 못하고, 의사결정 과정과 함께 정책 성과에 대해 인지하지 못한다.

대중들이 자발적으로 참여하는 것이 아니라 어떻게 정책옹호연합, 활동가, 기업가 또는 "뿌리 깊은 세계인"에 의해 실질적으로 동원되는지를 보여주는 매우 흥미로운 문헌이 있다.[4] 라틴아메리카 지역통합의 두 번째 물결은 세계화에 반대하는 사회적 움직임이 발생한 10여 년간 형성되었다는 것을 상기하는 것은 중요하다. OECD 다자간 투자협정MAI을 위시로 세계화에 반대하는 여러 사회적 운동이 1995년 시작되었다. 특히 대안세계화운동Alter-Globalization Movement은 세간의 주목을 받으며 비밀협상으로 진행해 상대방을 압도하는 "드라큘라 방법"을 성공적으로 구현했다. 이러한 사회적 운동은 체계적으로 국제기구의 부족한 투명성을 비난했고 세계무역기구WTO와 같은 모든 주요 다국적 국제기구 회담이 개최되는 동안 대중 시위를 조직했다. 결과적으로, 10년 후 모든 주요 국제기구는 시민사회가 참여할 수 있는 공간을 마련했다.[5] 시민사회 참여에 대한 개방이 진정한 민주화 효과에 의문을 제기할 여지가 있다. 2000년대 참여 이슈는 세계사회 포럼World Social Forum에 의해 점차 대중화되었는데, 제1회는 2001년 브라질의 남부 도시, 포르투 알레그리Porto Alegre에서 개최되었다. 라틴아메리카 지역의 제도적 배치, 특히 MERCOSUR가 이 논의에서 배제될 수 없었다.

그러나 1990년대는 또한 워싱턴 합의의 10년이었다. 지역통합에 관한 시민사회 참여의 두 번째 동기는 가치와 관련이 있다. 이 책 제1장에서 언급한 대로, 1990년대의 지역통합 과정은 무역 중심이고, IMF의 전두 지휘 아래 구조조정 프로그램에 대한 상보적 전략으로 보였다. 세계사회포럼의 슬로건 "또 다른 세계는 가능하다"는 전 세계 수많은 시민사회 그룹에 영감을 주고 사회와 국가의 새로운 관계 설정에 많은 관심을 갖게 했다. 베네수엘라의 우고 차베스 대통령은 이런 정신 아래 아메리카를 위한 볼리바르 동맹ALBA 틀 내에 사람들 간의 새로운 통합을 제시했다.[6]

모든 면에서 보면, 이해관계, 정치적 성향 또는 가치 기준이 참여에 주요 동력이 되지만 모든 현상에 대한 (소극적) 반응 정도를 양산한다. 지역통합의 맥락에 적용해 보자면 위정자들은 시민들을 자극해 통합의 어젠다에 영향을 미치게 하고 이슈를 만들어낸다. 하지만, 일부 적극적 참여도 있다. 다층위 행위자들이 초국가적 네트워크를 만들고, 위로부터의 통합에 관한 아무런 "접촉"이 없는 가운데 아래로부터의 진전된 역내 통합을 일궈낼 수 있다. 지역제도화 프로젝트에 평생을 바칠 의도가 없어도, 그들은 공동의 아이디어를 공유하고 지역의 공동 대표성 구축에 기여할 수 있다.

다음 2개의 절에서, 자발적 시민사회 참여의 몇 가지 다른 예를 검토하고 나서 비자발적 참여의 다른 종류에 대해 분석할 것이다.

자발적 참여

이전에 언급했듯, 자발적 참여에는 다양한 동기가 있을 수 있다. 지역통합에 직접적 관심이 있는 중미지역기구의 실례를 들어가며 시작하도록 하자.

1980년 후반기와 1990년대 초반기에 중미통합의 재활성화는 이 책 제1장에서 확인한 대로 근본적으로 집단적 위기 해결 노력의 부산물이다. 이런 분석을 보충하기 위해 다양한 영역의 행위자들이 지역의 미래를 상상하기 위한 노력에 동참함에 따라 흥미로운 부분을 지적하고자 한다. 특히 민간 부문 기관의 경우가 그러하다. 어떤 면에서 정부는 너무 분주하여 지역통합을 고려한 정치적 계획을 세워 중미 지역의 위기를 끝낼 수 없었다. 1986~1987년에 인식할 만한 정치적 의지가 없었다고 한다면, 적어도 호세 카바예로Jose Caballero가 언급한 "사회적 의지"는 있었다.[7]

지역 위기가 한창인 1986년 초, 선도적 역할을 한 첫 번째 기관은 엘살바도르 경제사회개발재단FUSADES이었다. 카바예로가 지적한 대로, FUSADES가 정부에 제안한 것은 경제발전을 위한 수출 주도형 프로젝트를 지지하는 것이었다.[8] 미국 국제개발처USAID의 지원하에서 1983년 창설된 이 민간 부문 기구에 따르면, 이 전략은 중미공동시장MCCA의 재활성화를 요구했다. 위기의 기간에 1985년의 역내 수출이 최저점으로 떨어진 이후, 역내 위기가 끝나기 이전 1980년대 후반에 회복하기 시작했다.[9] 중미 민간 부문은 최악의 상황에서도 지역통합 과정이 지속되도록 했고 이것에 대한 공적credit을 주장했다. 의심의 여지 없이, 민간 부문은 관심을 표명하고, 위기를 해결하며, 경제를 재활성화하고, 세계 경제에 중미를 재진입시킬 최상의 방법을 제안했다.

FUSADES 이후 다른 기관들, 예를 들어 과테말라 상공회의소가 비슷한 과제를 담당했다. 그러고 나서 다른 상부umbrella 단체들이 위치를 구성하고 지역 플랫폼을 마련하기 시작했다. 중미 상공회의소-산업협회FECAICA[10]는 MCCA의 재활성화에 관해 제안할 기회가 있는 1986년 첫 정상회담에 초대받았다. 1989~1990년 또 다른 지역 기구인 중미와 파나마 민간협의체 연방기구는 한 단계 더 진전하여 제8차 지역정상회담(1990.6.15~17, 안티구아)에서 논의될 중미 경제커뮤니티 프로젝트를 준비했다. FEDEPRICAP은 정상들에게 협상을 제안했다. 즉, 정상들이 일련의 인센티브, 가령 탈규제, 행정의 합리성, 관세의 일치 등을 보장한다면, 그들은 역내 상업교환의 재활성화를 위해 책임을 다하겠다는 것이다.[11] 엘살바도르 출신의 기업가, 로베르토 무레이 메사Roberto Murray Meza는 "FEDEPRICAP의 흥미로운 점은 개별 국가의 문제가 실질적으로 서로 연관된 것이라는 인식이 기업가들에게 확산될 때였다"고 회상했다.[12]

중미에서 민간 기관 부문들의 조화는 새로운 것이었다. 1960년대 대부분의 기간 동안 CEPAL로부터 영감을 받은 산업의 상호 보완적 프로젝트는 5개국 상공회의소 간의 경쟁심을 고취시켰으며, 자국 내 산업 독점을 고양시켰다. FECAICA는 USAID의 중미-파나마 지역사무소ROCAP가 지지하는 자유무역 중심의 통합 개념에 상당히 우호적이었다. 이 책 제2장에서 설명한 대로, 위기 상황이 행위자들에게 공동 이익interest을 환기시킴으로써 이러한 공동 이익이 사적 이익보다 우위를 점하고 따라서 이를 지키기 위해 함께 일을 시작하게 된다는 것이다. 1990년대의 상당 기간 동안 FEDEPRICAP는 자유화 증진을 위해 상당히 적극적으로 임했다.

비즈니스 영역을 제외하고, 일부 사회기관들social organizations이 1994년 중미

통합 민간구상Civil Initiative for Central American Integration: ICIC을 위시로 하는 다양한 상위umbrella 기구를 1990년대 초반 출범시켰다. 또한 1993년에는 다양한 단체가 모여 중미 부문 간 조정위원회CACI를 만들었다. 이러한 단체는 모두 합쳐 2개로 이 지역 경제활동에서 상당히 대표적이었고 이를 바탕으로 이 책 제7장(〈표 7.1〉)에서 확인할 SICA가 조직한 자문이사회consultative council에 직접적 참여를 요구할 수 있었다.[13] 중미가 여러 개의 "분리된 국가"[14]로 간주되기 때문에 시민사회와 항상 접촉하고 있다는 것은 놀랍지 않다. 그럼에도, 1970년대와 1980년대 사회운동은 정치적 변화를 확보하기 위해 정부와 투쟁을 벌였다. 1990년대에 위기가 끝나고 민주화가 이루어지면서 시민사회 행위자들이 국가 내부로 들어왔다. 이런 과정에서 그들은 많은 다국적 행위자, NGO 혹은 국제협력 기관으로부터 지지를 받았다.[15]

중미 지역의 지역협의체의 놀라운 복잡성이 지역을 상당히 아래로부터 통합하게 했다. 때때로 일부 특별한 역사적 환경이 이러한 지역 네트워크를 활성화 또는 정치화시켰지만 명백히 우호적인 기반이 있다.

그러나 MERCOSUR의 경우는 다르다. 서로 다른 언어를 사용하고 있는 데다 아르헨티나와 브라질은 전통적으로 라이벌 또는 적개심을 가지고 있었다. 더욱이, MERCOSUR 출범 이전까지 양국 국경의 일부 지역을 제외하고는 그들이 서로에 대해 너무 몰랐다고 표현하는 것은 결코 과장된 것이 아니다. 이것이 1990년대 시민사회와의 관계를 더욱 흥미롭게 만드는 요인이다. 이 절 후반에 시민사회 행동주의에 대해 약간의 일례를 들어 제시하겠다. 일부 중요한 정치 행위자들의 자발성을 설명하고자, 종종 외교를 넘어서para-diplomacy라고 언급되는 영역 내에서 국가, 주province, 도시 단위에서 취해진 여러 계획을 살펴보도록 한다.

일부 브라질 주지사들은 국제적 주도권에 항상 민감하다. 1960년대 라틴아메리카 자유무역연합ALALC의 잠정적이고 부정적 영향에 대해 비난을 가한 리

〈표 7.1〉 중미통합 민간구상(ICIC)과 중미 부문 간 조정위원회(CACI)의 시민사회

중미통합 민간구상(ICIC)	
중미 소농인 협력 및 발전협회	ASOCODE
중미-카리브협력연맹	CCC-CA
중미 노동자협의회	COCENTRA
중미 중소기업연맹	CONCAPE
중미개발 집중기구	Concertación Centroamericana
중미 노동자연맹	CTCA-ORIT
중미 공동체기구연맹	FECOP
멕시코-중미-카리브 중소형 커피생산자조합	UPROCAFE
중미 부문 간 조정위원회(CACI)	
중미 사립대학교 연합	AUPRICA
중미-카리브협력연맹	CCC-CA
중미 노동자연맹	CCT
중미 교육문화노동자의회	CCTEC
라틴아메리카 중앙노동자조직	CLAT
세계 원주민의회	CMPI
중미 소작농의회	COCECA
중미 고등교육의회	CSUCA
중미 운송연맹	FECATRANS
중미-파나마 민간협의체연맹	FEDEPRICAP

자료: 자료를 활용하여 저자 작성.

오그란데도술Rio Grande do Su의 레오넬 브리졸라Leonel Brizola 주지사의 사례가 종종 회자된다. 1982년 후반, 권위주의 체제가 각 연방주에 자유선거를 조직했을 때 새롭게 선출된 주지사들은 외교 활동을 시작했다. 당시 리우데자네이루주의 레오넬 브리졸라 주지사는 외교관계 사무소를 개소하며 시대를 앞서 나갔다.

1984년 6개 아르헨티나 주는 브라질과의 관계, 더욱이 상호 무역관계의 증

〈그림 7.1〉 남미개발통합의회 및 대외무역 동북해안지역원회 지도

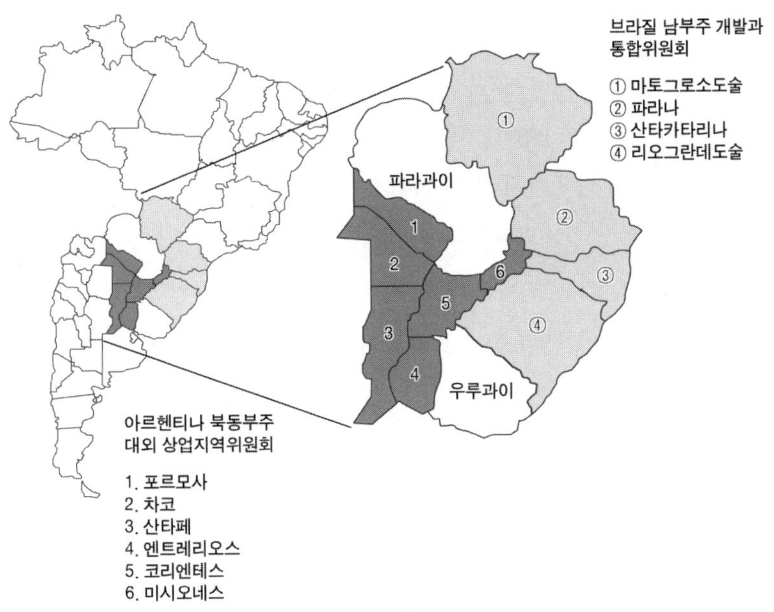

자료: 저자 작성.

진을 목적으로 "대외무역 동북해안지역위원회CRECENEA"를 형성하기 위한 주도권을 잡았다. 1961년 브라질 쪽 국경에서 3개의 남부 주가 "남미개발통합의회CODESUL"를 출범시키며 남부 지역의 상대적으로 비대칭적인 발전을 해소하고자 했다[16](그림 7.1).[17] 1985년 브라질 호세 사르네이와 아르헨티나의 라울 알폰신 간의 이구아수 정상회담은 두 정상이 인프라에 관심을 표명했기 때문에 모든 주지사에게 중요했다. 양국 간 교각의 개소식은 화해의 전형을 보여주는 동시에 취약성의 신호였다. 교각은 10년간 진행된 공사에서 건설된 첫 번째 공동 인프라였다. 아르헨티나의 북부 주와 브라질의 남부 주의 관계는 더욱 견고해졌다.

CODESUL와 리오그란데도술주state 사이에 1986년 12월 첫 번째 미팅이있

었다. 리오그란데도술주의 페드로 시몬Pedro Simon 주지사는 히카르두 세이텐푸스Ricardo Seitenfus 대학교수를 외무상으로 임명하고, 1987년에 열린 토론에 적극적으로 참여했으며 1987년 8월 알폰신 대통령에게 제출한 지역 의정서 초안을 작성했다. 그 후 1988년 3월 18일 CRECENEA와 CODESUL의 주지사들의 첫 회담이 조직되어 다시 한 번 지역 의정서의 중요성을 강조했다.[18]

1988년 11월 29일 아르헨티나와 브라질은 국경통합에 관한 의정서 23에 서명했다. 의정서 23은 "균형 잡히고 통합된 국경 발전"의 중요성을 강조하고, 아르헨티나 북부 주와 브라질의 남부 주 그리고 각각의 대표 기구인 CRECENEA과 CODESUL의 참여로 실무 그룹을 만들었다. 실무 그룹은 문화, 교육, 과학, 관광, 교통, 비즈니스 등 포괄적 어젠다를 담당했다. 의정서는 또한 공동 활동을 진전시키기 위해 푸에르토 이구아수Puerto Iguazú/포스 데 이구아수Foz de Iguazú 그리고 파소 데 로스 리브레스Paso de los Libres/우루과이아나Uruguaiana, 각각의 쌍둥이 도시에 국경위원회를 만들었다.

주지사들이 파이프라인pipeline의 건설, 양국 간 공장 건설, 전기 시스템의 연결과 같이 중요한 프로젝트의 구현을 간절히 기다렸기 때문에 의정서 23은 그들의 기대치를 높였다. 그러나 이 의정서는 이 책 제3장에서 언급한 대로 MERCOSUR 추진이 정치화된 초기 기간에 서명이 이뤄졌다. 다른 중요한 문서들 또한 이 기간에 서명이 이뤄졌는데, 가령 아르헨티나와 파라과이 간 지역 및 국경통합과 관련해서 1989년 11월 28일 '경제적 보완 동의서Agreement for Economic Complementation'의 서명이 있었다. 1990년 역내 신자유주의 도래 이후, 자유무역에 관한 것을 제외하고 개발에 관한 공통 관심 또는 공통 정책에 대한 관심이 급속도로 낮아졌다. 브라질 또한 주states의 자율성 강화로 이어지면서 브라질리아(브라질의 수도)의 외교 독점력을 침식하는 하부 지역통합 유형에 반대했다. 결과적으로 의정서 23은 결코 온전히 이행된 적이 없고, 국경개발 이슈에 참여한 행위자들이 기만당했다는 느낌이 확연히 들 정도로 국경 지역

개발은 다뤄지지 않은 채 남게 되었다.

1995년 2월 18일 아르헨티나와 브라질 정부는 다시 한 번 포스 두 이구아수 Foz de Iguaz에서 정상회담을 개최하고 공식적으로 CRECENEA와 CODESUL가 국경개발 프로젝트의 중요한 행위자로 인지되었지만 특이한 상황은 없었다. 1995년 6월 30일, CRECENEA와 CODESUL은 스스로 국경 통합에 찬성했다. 주지사들은 대통령들을 로비하고 또 이들에게 국경문제의 이슈를 상기시키기 위한 영구적 포럼을 만들고 다양한 주제별 통합 그룹(예를 들어, 관광, 안보, 보건, 문화 등) 또한 이끌어냈다. 포럼은 접경(국경) 지역 국민 3200만 명 이상으로 구성된 "또 다른 MERCOSUR"를 강조했다.

포럼은 연례적으로 개최되었지만 상대적으로 성과는 적었다. 인프라 증진을 위한 CRECENEA와 CODESUL의 첫 번째 노력에 기인한 양국 국경의 온전한 건축물인 산토 토메 사오 보르자Santo Tomé Sao Borja 다리 건설 기공식이 1988년 있었다. 기구와 기술 그룹 등 인상적인 확장이 있었던 라틴아메리카 기타 지역통합 과정에서처럼 그 외 다른 지역에서도 이러한 하부 지역통합 과정과 동일한 제도적 변화를 경험했다. 그러나 MERCOSUR 지도자들로부터 주목을 받거나 또는 그들과 함께 공통 어젠다를 만들어내지는 못했다.

8년간의 중단 후 2008년 3월 3일, 주지사 포럼이 포르투 알레그리에서 개최되었고 주지사들은 그들이 여전히 안고 있는 도전은 대통령들과의 공통된 지향점을 찾는 데 있다고 토로했다.[19] 이러한 재활성화는 추후 확인하게 될 주와 시의 중요성에 대한 MERCOSUR 관계자의 공식적 인지 정도와 많은 연관이 있다.

CRECENEA와 CODESUL의 하위 지역통합 노력의 실패에 대한 원망은 정부뿐만 아니라 주지사에게도 돌아가야 한다. 의심의 여지 없이, 정부는 "외교를 넘는" 계획을 확실하게 통제하려고 노력했다. 그러나 주지사 포럼에 정치적 동질성은 없었다(〈표 7.2〉).[20] 1999~2003년 브라질 측의 CODESUL에 좌파 노동

〈표 7.2〉 남미공동시장 하부(소) 지역통합: 남미개발통합의회(CODESUL)와 대외무역 동북해안지역위원회(CRECENEA) 위원장

	남미개발통합의회(CODESUL) 위원장			
기간	마토그로소도술 (Mato Grosso do Sul)	파라나 (Paraná)	산타카타리나 (Santa Catarina)	리오그란데도술 (Rio Grande do Sul)
1995~ 1999	- 윌슨 바르보사 (Wilson Barbosa) - PMDB	- 하이메 레르네르 (Jaime Lerner) - PDT	- 파울로 에방헬리스타 (Paulo Evangelista) - PMDB	- 안토니오 브리토 (Antônio Britto) - PMDB
1999~ 2003	- 제카 (Zeca) - PT	- 하이메 레르네르 (Jaime Lerner) - PFL	- 에스페리디오 엘로우 (Esperidiõ Helou) - PP	- 올리비오 두트라 (Olivio Dutra) - PT
2003~ 2007	- 제카 (Zeca) - PT	- 호베르토 헤키아오 (Roberto Requião) - PMDB	- 루이스 다 실베이라 (Luiz H. da Silveira) - PMDB	- 게르마노 히고토 (Germano Rigotto) - PMDB
2007~ 2011	- 안드레 푸치넬리 (André Puccinelli) - PMDB	- 호베르토 헤키아오 (Roberto Requião) - PMDB	- 루이스 다 실베이라 (Luiz H. da Silveira) - PMDB	- 예다 호라토크루시우스 (Yeda Rorato Crusius) - PSDB

✓정치적 정향

좌 PDT: 민주노동당, PT: 노동당

중도 PSDB: 브라질 사회민주당, PMDB: 브라질 민주운동당

우 PFL: 자유전선당, PP: 진보당

대외무역 동북해안지역위원회(CRECENEA) 위원장						
기간	포르모사(Formosa)	차코(Chaco)	산타페(Santa Fe)	엔트레리오스(Entre Rios)	코리엔테스(Corrientes)	미시오네스(Misiones)
1995~1999	- 힐도 인스프란 (Gildo Insfrán) - PJ	- 앙헬 로사스 (Angel Rozas) - UCR	- 호르헤 오베이드 (Jorge Obeid) - PJ	- 호르헤 부스티 (Jorge Busti) - PJ	1993~1997 - 라울 로메로(Raul Romero) - PAL 1997~1999 - 페드로 브라일라드 (Pedro Braillard) - PN	- 라몬 푸에르타 (Ramón Puerta) - PJ
1999~2003	- 힐도 인스프란 (Gildo Insfrán) - PJ	- 앙헬 로사스 (Angel Rozas) - UCR	- 카를로스 루터 (Carlos Reuteman) - PJ	- 세르히오 몬티엘 (Sergio Montiel) - UCR	**연방주의자들**	- 카를로스 로비라 (Carlos Rovira) - PJ
2003~2007	- 힐도 인스프란 (Gildo Insfrán) - PJ	- 로이 니키쉬 (Roy Nikisch) - UCR	- 호르헤 오베이드 (Jorge Obeid) - PJ	- 호르헤 부스티 (Jorge Busti) - PJ	2001~2005 - 리카르도 콜롬비 (Ricardo Colombi) - UCR	- 카를로스 로비라 (Carlos Rovira) - PJ
2007~2011	- 힐도 인스프란 (Gildo Insfrán) - PJ	- 호르헤 카피타니쉬 (Jorge Capitanich) - PJ	- 에르메스 비너 (Hermes Binner) - PJ	- 세르히오 우리바리 (Sergio Urribarri) - PJ	2005~2009 - 아르투로 콜롬비 (Arturo Colombi) - Radical K	- 마우리시오 클로스 (Mauricio Closs) - Radical K

✓아르헨티나 양당제도

PJ: 정의당(페론주의), Radical K: 페론주의 키르치네르 대통령을 지지하는 급진적 시민연합(UCR) 당원들
UCR: 급진적시민연합
자료: 저자 정리.

✓지역당

PAL: 자유자치당
PN: 신당(자유자치당의 새로운 이름)

당PT 출신 주지사 2명과 우파 정당 출신 주지사 2명이 참여했다. 2007년 중도 성향의 당 출신 주지사 4명이 참여하여 상황은 호전되었다.[21] CRECENEA는 훨씬 더 복잡한 파노라마를 제시했다. 비록 아르헨티나가 거의 양당체제이지만 동일 정당 출신의 주지사들이 어떤 면에서는 서로 다른 관점을 가지고 있었다. 예를 들어 2006년, 부스티Busti는 우루과이와의 파페레라Papelera 분쟁에 대한 동료인 로비라Rovira와 콜롬비Colombi의 태도를 강력히 비난했다.[22] 그러나 그들 중 세 명은 페론 정당에 속했다. 2007년, 페론 정당 출신 주지사 4명은 모두 대선 후보자 크리스티나 키르치네르Cristina Kirchner를 지지하지 않고 오히려, 반대 정당UCR이 그녀를 지지했다.

자발적으로 네트워크를 구축하고 통합을 발전시키려는 정치적 조직체의 두 번째 예는 이러한 정치적 불일치 문제에 직면하지 말았어야 한다. 이와는 정반대로, 브라질의 포르투 알레그리Porto Alegre와 우루과이의 몬테비데오Montevideo 도시는 상호 정치적 매력을 이끌어냈다.

좌파가 국내 선거에서 어려움에 직면했을 당시 두 도시 모두 좌파 출신이 시정을 담당하고 있었다. 두 도시는 국제적으로 인지도 있는 도시가 되면 국내 정치적 이득을 얻을 수 있다는 생각으로 국제 프로젝트에 적극적으로 참여하기로 결정했다. 1995년 3월, 파라과이 아순시온에서 개최된 이베로-아메리칸 수도 연합회Ibero-American Capital City Union의 남미 영역 미팅에서 네트워크라는 아이디어가 제시되었다. 참가자들은 마지막 선언문에 MERCOSUR의 도시들, 가칭 메르코시우다데스Mercociudades라는 아이디어를 언급했다. 그 후, 같은 해 11월 모두 12명의 시장들이 아순시온에 모여 첫 번째 회담을 갖고 메르코시우다데스 설립법Foundational Act of Mercociudades에 서명했다.[23] 수많은 도시가 메르코시우다데스에 가입하고 급속한 성장과 함께 놀라운 성공을 일궈냈다. 2008년 현재 회원국으로 모두 181개 도시, 대략 8000만 명의 시민이 있다.[24] 메르코시우다데스 출범 초기부터 설립 목표는 MERCOSUR의 제도권 내부에서 목소리를 내는 것이었다. 메르코시우다데스 설립법의 법규에 명시되어 있는 첫 번째 목표는 MERCOSUR 구조 내에서 "도시들의 참여를 증진시키는 것, 그리고 경쟁력 있는 모든 영역에서의 공동 결정 확보"라고 명시되어 있다.[25] 그러므로 메르코시우다데스의 목표가 자신을 위해 지역통합 과정을 주도하는 것은 아니다.

그러나 수년간에 걸쳐, 메르코시우다데스가 MERCOSUR의 공식 기관으로 인정받는 것은 상당히 어려웠음을 확인할 수 있다. 매우 아이러니한 것이 1990년대 중반 이 프로젝트를 주도한 동일한 좌파 정당이 일단 국내 선거에서 최종 승리하고 MERCOSUR에 대한 조정권을 확보한 이후 이 프로젝트를 지지하는 것을 상당히 꺼렸다. 메르코시우다데스의 압력은 2000년, 지방 당국의 특별회담REMI으로 구성된 공동시장 그룹의 창설로 다소 미흡한 결과를 이끌어냈다. 2001~2004년 REMI는 일곱 차례의 회담 이후 해체되었다. 다니엘 차케티 Daniel Chaquetti는 REMI가 MERCOSUR의 제도적 배치 중 매우 낮은 서열에 위치한 것이 협의체의 주요 실패 이유이며, 아울러 REMI의 어젠다는 메르코시우다데스 어젠다와 겹치는 경향이 있다고 했다. 이는 회담에 참여하고자 하는 시 municipalities 당국의 관심을 감소시켰기 때문이라고 설명했다.[26]

모든 정책 영역을 제대로 통제하지 못하는 것에 대해 주states/provinces는 항상 정부로 불만을 돌린다. 그러나 주의 지방정치는 그 자체의 논리를 가지고 있고 때때로 선거 결과가 네트워크의 로비 활동을 악화시킬 수 있다.

메르코시우다데스가 MERCOSUR 내에서 중요하지 않은 제도로 지속적으로 치부됨에 따라 메르코시우다데스는 다른 주요 목적, 가령 정보 교환, 도시 폭력, 교통, 환경, 관광 등의 폭넓은 이슈에 관한 도시 거버넌스 경험 공유를 위한 네트워크 구성으로 고려되었다.[27] 그렇게 함으로써 강력한 사회적·문화적 내용으로 명백하게 아래로부터의 통합을 증진시킬 수 있었다. 수많은 "통합의 로컬 정치" 계획이 있었는데, 가령 학생운동, 여성의 역량 강화(정치 참여, 노동시장 접근의 유연성 등), 관광 증진을 위한 긴밀한 협조(은강Rio de la Plata 관계자들과 연계), 그리고 남미공동시장 국경통합 도시연합AMFIM 창설 등이 있다.[28]

2004년 이미 시작된 통합 과정을 재활성화하기 위해 MERCOSUR의 새 좌파가 한 것은 남미공동시장 도시·연방·주 간 협력포럼FCCR을 발족시키는 것이었다. 오우로 프레토 정상회담에서 취한 CMC 결정 41/04는 FCCR의 자문회 역할, MERCOSUR와 지역 당국 간의 대화와 협력을 위한 요구 등 상당히 간략하다.

이 결정은 FCCR가 온건적 관계자들과 함께 도시와 주 등에 거주하는 주민들의 복지 증진을 위한 정책 협의를 위한 제안서를 작성할 수 있도록 하는 것으로 공동 결정 과정의 한 부분으로 참여하고자 하는 메르코시우다데스의 의도 및 열망과는 상당한 거리가 있다.

FCCR이 2007년 1월 18일 리우데자네이루에서 실질적으로 첫 미팅을 하는 데 2년 이상이 소요되었다. 그리고 FCCR이 절차상의 규정을 채택하기까지 거의 1년이라는 시간이 또 지나갔다. 유럽 지역위원회 모델 이후 FCCR이 지역 당국의 대표적인 기구로 간주되어 메르코시우다데스와 CRECENEA 그리고 CODESUL은 모두 간과되었다. FCCR 절차의 규정은 도시COMUN 및 주 연합 그룹에 각각 위원회 창설의 기틀을 마련해 주었는데 이는 명백히 기존 기관들과 중복되었다. CRECENEA, CODESUL, 메르코시우다데스 모두 통합과 관련하여 로컬(지방) 정치의 중요성을 강조하는 FCCR이 추진하는 계획안을 환영했다. 그러나 MERCOSUR의 관계자들은 진정으로 "아래로부터" 계획들이 진전되는 것을 원하지 않았다. MERCOSUR가 선호하는 "위로부터"의 시민참여 방식을 알아보도록 하자.

그보다 먼저 지역통합 과정에 직접적 관심을 보이고 이를 통해 이득을 취하고자 적극적으로 참여하는 일부 다른 행위자들의 실례를 확인해 볼 필요가 있다.

첫째, 비즈니스 협회를 알아보자. 모든 자유무역협정의 협상은 많은 이익단체가 자신들의 요구를 어젠다에 포함시킬 수 있는 기회의 장이다. 그럼에도, 협상의 복잡성으로 인해 최종 결과물이 가장 영향력 있는 집단의 이익도 반드시 온전하게 대변한다고 볼 수는 없다. 그러므로 최종 협정이 적극적으로 참여한 이익집단에게 득 또는 실이 될 수 있다. "경제적 기회의 구조"가 일단 준비되면 경제적 통합 성공의 많은 부분은 비즈니스의 반응에 달려 있다.

MERCOSUR의 경우, 민간 부문은 초기부터 과도하게 열정적이었다. 증언에 따르면, "정신적 혁명이 있었다. 이런 MERCOSUR 모험이 시작되었을 때, 양국가의 산업 부문에서는 MERCOSUR를 간과했다. 정치인에 의해 주도된다고 생각했다. 그러나 이런 생각에 변화가 있었다. 산업 부문에서는 MERCOSUR가 작동한다고 보았고 이에 빨리 대응하기 시작했다. 아르헨티나는 파트너를 찾기 위해 브라질로, 브라질은 고객 유치를 위해 아르헨티나로 분주히 사업을 진행하기 시작했다".[29]

MERCOSUR 출범 첫해에 여러 문서에 따르면 양국 간 수많은 기업체, 특히 아르헨티나와 브라질 간 기업체가 설립되는 경향을 보였다.[30] 또 다른 자료에는 대기업들이 글로벌 시장으로 진입하기 전에 MERCOSUR 시장을 선점하기 위한 전략적 계획을 추진하기 시작했다고 밝혔다.[31] 이 지역에서 활동하던 다국적 기업들은 MERCOSUR 시장의 확대에 따라 신속히 대응해 나갔다.[32] 대부분의 경우, 다국적 기업이 이 지역 개발의 최대 수혜자였다.

주요 경제적·정치적 행위자들을 대상으로 실시한 조사에서 MERCOSUR 출범 초기의 이 같은 열정을 확인할 수 있었다. 미주개발은행의 라틴아메리카 통합연구소 BID-INTAL의 연구 결과에 따르면 1993년 아르헨티나 국민의 85%, 브라질 국민의 93%가 MERCOSUR에 대해 긍정적인 의견을 가지고 있었다.[33] 볼프람 클레인Wolfram Klein 연구[34]에서도 이와 유사한 결과를 도출했다. 기예르모 온다르츠Guillermo Ondarts는 MERCOSUR 지역 출신 47명을 포함해 모두 157

명의 라틴아메리카 유명 기업인 중 43%가 지역통합 이전의 경험은 자신들이 사업을 진행하는데 "부적합하다"고 언급한 반면, 누구도 MERCOSUR에 관해서는 이와 같은 의견을 피력하지 않았다고 했다.[35] 다른 연구에 따르면 이 지역 민간 부문의 무려 80%가 MERCOSUR에 대해 긍정적이었다.[36]

기업가들이 통합 과정에 긍정적인 의견을 가지고 있었던 것뿐만 아니라 이익 옹호를 위해 지역연합체를 창설하기도 했다. 1991년 말경, 아르헨티나 산업연합UIA과 브라질 국립산업연맹CNI 간의 관계 증진이 있었고 이윽고 우루과이 상공회의소CIU와 파라과이 산업연합UIP이 참여했다. 이들은 함께 남미공동시장 산업위원회CIM를 만들어 정부에 로비했다. 1994년 CIM은 MERCOSUR의 대표 기구로서 MERCOSUR 협상 진행 시 공식 자리(위치)를 요구했지만, MERCOSUR는 이를 거절했다. 그러나 추후 확인하겠지만 CIM은 다른 실무 그룹에 초대받아 적극적으로 참여했다.

민간 부문과 비교해 보면 노동 조직은 상당히 준비가 잘되어 있었다. 이미 1986년, 다른 노동조합trade union이 민주주의로의 이행 시기와 채무 위기 시기에 남미통합조정단Southern Cone Coordination of Unions: CCSCS을 창설했다. 사회적 역경인 "잃어버린 10년"의 상황에서 노동자의 이권 보호와 1990년 이후 신자유주의 정책에 대한 저항으로 단체를 조직하고, 통합 과정의 촉진자로 협상의 어젠다에 사회적 이슈를 포함하는 제안서를 만들기도 했다. MERCOSUR가 노동 이슈 관련 실무 그룹을 만들었기 때문에 CCSCS의 로비는 성공적이었다. 비즈니스 영역과 관련해서 조합의 경험과 MERCOSUR 실무 그룹에 대해서는 이후에 다시 한 번 살펴보겠다.

MERCOSUR 지역통합의 역동적인 시민사회의 역할을 온전히 담기 위해서는 통합 협상에 직접적인 관심을 보이지 않은 흥미로운 일부 행위자들의 실례를 확인할 수 있다. 1987년 개소한 유럽의 에라스무스 프로그램의 영향을 받아 1990년에 이미 우루과이 공화국 총장은 국립대학 지역협의회 창설을 제안했다. 이 아이디어는 적극적인 환영을 받아 1991년 8월 9일 8개 국립학교가 모여 지역통합을 증진시키기 위한 공동의 학술 공간을 만드는 프로젝트를 실시했다.[37] 가칭 몬테비데오 대학그룹 연합AUGM의 "설립법"에 열거된 여러 목적 중 첫 번째가 "지역 또는 하부 지역 단위의 통합 과정 기여"이다.[38]

이 법령은 1997년 승인되었고, 2006년에 수정 보완되었다. 법령 제1조에 따르면, AUGM의 주요 목표는 회원 간 과학, 기술, 교육 그리고 문화적 협력의 바탕에서 확장된 공동 학문 공간의 창출을 통한 통합 과정의 증진에 있다.[39] 1991년 법률 또는 AUGM 법령 어디에도 MERCOSUR가 언급되어 있지 않아 흥미롭다. 참여 대학들은 자체 방식으로 통합 과정에 명백하게 참여하고자 했다. AUGM은 "가상 대학"을 추진하기 위해 미팅을 구성하고 학문적 교류를 시작했다. 따라서 그룹은 새로운 회원을 환영하고 2008년에는 21개 대학이 참여했다.[40] 1993년에는 AUGM 방문교수제도를 처음으로 신설했고 2000년에는 학생 이동 프로그램student mobility program이 소개되었다. 참여 행위자의 관점에서 본다면 대학들은 MERCOSUR의 핵심 지역인 주로 브라질 남부와 아르헨티나 북부 지역, 즉 시민사회가 메르코시우다데스와 같은 지역통합 프로젝트를 적극적으로 활동하는 곳에 위치해 있다.

AUGM의 활동은 고등교육 관련 이슈에 대해 MERCOSUR 관계자의 주의를 환기시키는 데 기여했다. 1991년 3월 몬테비데오 의정서에 교육에 관련 내용은 언급되지 않았다. 그러나 이 이슈는 신속히 어젠다로 다뤄졌다. CMC 결정 7/91(1991.12.17)은 교육장관 회담을 마련했다. 그러고 나서 1992년 MERCOSUR 교육 부문을 위한 3년 계획이 채택되었다(CMC 결정 7/92). 이듬해에 "MERCOSUR 교육" 틀에서 주요 중요한 결정들이 이뤄졌다. 인증서 3개와 학위확인서가 초·중등교육(CMC 4/94), 고등교육(CMC 4/95), 기술학교(7/95)에서 채택되었다. 이후 3개의 다른 인증서가 채택되었는데 이는 다른 회원 국가에서 대학원 수업(CMC 8-9/96)을 장려하기 위해서였고, 아울러 다른 회원 국가에서도 교수들이 강의(CMC3/97)할 수 있도록 하는 협의 내용이었다. 2004년에는 MERCOSUR 기금이 교육에 집행(CMC 결정 33/04)되었는데 이 부분에 대해서는 이 책 제8장에서 좀 더 자세히 알아보도록 하자.

MERCOSUR의 공식적인 부분에서 한 발자국 더 나아간다면, 예술 분야에 특히 주목할 필요가 있다. 1994년 예술가 그룹은 라틴아메리카의 주요 예술적 행사, 특히 시각예술의 필요성에 대해 논의 했다. MERCOSUR 바이에니얼 Biennial• 개최 아이디어는 리오그란데도술의 예술 관계자와 호르헤 제르다우 Jorge Gerdau 사업가 간의 대화에서 빛을 보게 되었다. 결국 1996년 제르다우가 MERCOSUR 바이에니얼 협회••의 초대 회장이 되었다. 브라질 남부 주의 민간 부문이 문화적 프로젝트의 특별 행사에 대해 주state 법의 재정적 인센티브를 취하고 프로젝트에 적극적으로 참여했다. 이 프로젝트의 사회적 책임성 강조가 특히 주의를 끌었다. 이러한 사회적 책임 분위기가 세계사회포럼 기구에 지원하는 동력이 되었고, 또한 2001년 포르투 알레그리에서 개최된 포럼에도 이러한 분위기가 이어졌다. 브라질은 한때 지방 권력과의 정치적 차이점을 한편에 두었다. 예를 들어 포르투 알레그리 시정을 담당한 PT는 리오그란데도술주를 이끈 브라질 민주운동당PMDB와 협력했다. 1997년 9월 첫 번째 바이에니얼이 개시되었다. 흥미롭게도 첫 번째 큐레이터 프레데리코 모라이스Frederico Morais는 MERCOSUR 발전에 기여할 어떠한 의도나 지역통합 과정의(발전을 위한) 새로운 측면을 덧붙이고자 한 생각조차 없었다. 그럼에도 그는 명백하게 이러한 지리학적 지역[41]의 문화적·예술적 정체성이 노출되어야 하고 공고히 되어야 할 가치가 있다고 보았다. 여하튼, 이 온전한 예술 프로젝트는 라틴아메리카 예술의 가치 자체에 대해 결코 숙고한 바 없는 오래되고 부유한 상파울

• 바이에니얼은 MERCOSUR 지역의 시각예술 행사 — 옮긴이.

•• 바이에니얼 협회는 시각예술관 등을 담당 및 총괄하는 비영리 기관 — 옮긴이.

루 바이에니얼과는 대척점을 두도록 기획되었다.

예술 분야에서 이와 같은 프로젝트를 시작하기 위해 MERCOSUR 이름을 브랜드 또는 라벨로 선택했다는 사실은 당시 역내 통합 과정의 타당성을 보여준다. 지리적 조건 때문에 포르투 알레그리시와 리오그란데도술주는 자신들을 거의 MERCOSUR의 센터로 치부했다. 그러나 그 이름의 도용은 시민사회 행위자들이 진행 중인 과정에서 그들이 선택한 내용을 드러내는 방법을 보여주는 것이다. 그래서 MERCOSUR 바이에니얼은 결정적으로 예술가들 사이를 이어주고 상호 이해 증진에 기여함으로써 지역 내 사회적 구성(구조/구축)을 확장시켰다.

교육과 더불어, 문화는 MERCOSUR의 초기 관심 영역은 아니었다. 1995년 3월, 회원국별 문화장관 첫 회담이 있었고, 동일한 해에 문화적 통합의정서(CMC 결정 11/96)가 채택되어 MERCOSUR 바이에니얼 협회가 설립되었다. 그러나 이 의정서의 포부는 상당히 보편적이었다. "문화가 통합 과정의 가장 기초적인 요소이고 문화적 협력이 새로운 현상과 실재를 확장한다"고 고려할 때, 이는 공통 정책의 토대의 설치 없이 여러 다방면의 주제에 대해 회원국의 협력을 이끌어낼 수 있다. 10년 후 매우 간략한 결정(CMC 11/06)으로 UNESCO의 공식적 후원하에서 이른바 부에노스아이레스의 한 건물에 '문화적 MERCOSUR'라는 영구 본부가 들어섰다. 명백히 문화는 MERCOSUR의 우선순위가 아니다. 하지만 예술가들은 그 자체로 더 많은 효율성을 간직하고 있다.

마지막으로 일부 행위자 중 MERCOSUR의 이름을 도용해 지역 프로젝트를 증진시킨 경우의 방법들을 확인해 보자. 1998~2001년, 남미축구연맹CONMEBOL은 아르헨티나, 브라질, 칠레, 파라과이, 우루과이의 축구 클럽들을 대상으로 새로운 리그를 만들고 이를 MERCOSUR컵이라고 불렀다. 축구 경기 TV 방영권이 매우 높은 가격으로 판매되어 리그가 매우 값비싼 경기가 되었고 라틴아메리카 내 일부 저개발 국가에서는 "MERCONORTE"컵까지 창설되었다. 물론

CONMEBOL의 목적이 지역통합 과정에 기여한다고 가정하는 것 자체가 어리석은 생각이기는 하다. 하지만 MERCOSUR라는 브랜드 또는 라벨을 도용한 것은 의미가 있다. 아마도 더욱 의미 있는 것은 라틴아메리카의 저개발 지역을 연상하게 하는 MERCONORTE의 출현이다.

이러한 실례들로부터 결론을 이끌어낼 수 있는 것은 MERCOSUR의 두 단계의 사회적 구성이다. 한쪽은 다른 내용으로 사용되었지만 이름의 상징적 도용이 필연적으로 여론에 영향을 끼쳤다. 비록 "진짜" MERCOSUR는 이를 간과했지만, 이 지역에서 MERCOSUR가 무역뿐만 아니라 예술, 축구 등에서도 이름이 도용되었다. 또 다른 면에서는, 이와 같이 MERCOSUR 출범이 단순히 이름의 상징적 도용뿐 아니라, 실질적으로 다른 국가의 행위자들 간의 다양한 수준의 관계 증진에 기여했다. 그러므로 초기에는 그러한 의도가 비록 없었지만 그들은 통합을 아래로부터 주도한 것이다.

1970년대 상호 의존 관련 문헌을 통해 제시된 증가된 사회의 상호 관계로 일부 논쟁을 추가할 수 있다. 당시 일부 연구물은 경제 영역(무역, 투자), 인구 이동(이주, 교환학생, 관광), 커뮤니케이션(우편, 텔레그램, 전화)과 같은 다른 종류의 소통에 관심을 두었다.[42] MERCOSUR 지역에서 1990년대는 이 지역의 관광 증가와 외국어 강의(브라질에서 스페인어, 아르헨티나나 우루과이에서 포르투갈어) 확대 등을 확인할 수 있다. 비록 이 같은 관계 확대를 매개(중개)변수로 볼 수 있지만, 이 책 제1장에서 언급한 지역통합의 정의는 집단적 행동으로 연구 범위를 제한한다.

우리가 확인한 대로, MERCOSUR 관계자들은 자발적 통합의 계획에 대해 매우 수용적이지는 않았다. 그러나 그들은 처음부터 다양한 채널을 시민사회의 참여에 제공하고자 노력했다.

비자발적 참여

이전에 언급한 대로, 노동조합이 1980년대 말 지역 단위로 조직화하고 일부 요구를 내세우기 시작했다. 사회적 이슈는 1991년 3월 몬테비데오 조약 서문에 명시되어 있지 않다. 단, MERCOSUR의 목적은 "사회정의가 내재된 경제적 발전"이라는 문구 외에는 어디에도 포함되어 있지 않다. 그러나 1991년 5월 9일, 노동장관 4명이 몬테비데오에서 회동을 갖고 사회적 헌장 내용을 작성할 실무 그룹 창설의 필요성이 제기된 문서를 작성했다. 그리고 GMC가 정부, 노동조합, 고용주 기관의 대표로 구성된 "노동 업무SGT 11"에 관한 실무 그룹 창설을 결정함에 따라 1991년 12월 17일, CCSCS의 제안서가 면모를 드러냈다.[43] 심의 과정에서의 노동조합의 참여는 공식화되었다. 초기의 고무적인 단계임에도 불구하고 CCSCS는 MERCOSUR의 자유무역의 사회적 결과에 대한 홀대를 지속적으로 비판했다.

지역 노동조합, 특히 노동자 중앙통합CUT와 같은 브라질 내 가장 부유한 노조는 SGT 11 틀 내에서 지역 협상을 준비하기 위해 인적 자원에 투자하기 시작했다. CUT는 MERCOSUR 이슈에 관해 12명 이상의 전일제 근무자가 이를 담당했다.

노동조합의 전략은 1961년 채택된 유럽 사회 헌장을 모방하여 MERCOSUR가 사회 헌장을 채택하게 하는 것이 포함되어 있고, 1996년에 수정되었다. 그들의 제안은 1994년 거부되었고 시민사회포럼에 대한 그들의 아이디어 또한 그러했다. 그러나 그들은 1994년 오우로 프레토 의정서에 의해 만들어진 경제사회 포럼FCES에 참여하도록 초대받았다. 노동조합의 다른 제안서들은 1998년 노동시장 관측소의 설립을 이끌어내는 등 더욱 주목을 받았다.

SGT 11의 경험은 노동조합원에게 실망감을 안겼다.[44] SGT 11의 어젠다는 노동비용, 공식적·비공식적 노동 시장, 이민, 사회 정책 등 4개의 토픽을 가지고 있었다.

협상가들이 제안서에 동의하는 데 곤란했기 때문이든지 또는 SGT 11의 제안서가 GMC에 의해 고려되지 않았기 때문이든지 간에 첫해 동안 그 결정들이 상당히 어려웠음을 볼프람 클레인Wolfram F. Klein이 지적했고, 그 지적은 옳았다. 그는 또한 "비록 카르도소가 1994년 사회적 MERCOSUR의 지지를 밝혔지만 또한 이민 노동자를 제외한 사회 정책은 국내 정책 이슈라고 주장했다. 노동조합은 MERCOSUR의 사회적 이슈 단념에 실망했다"고 밝혔다.[45] 1995년 이후 SGT 11이 SGT 10(노동 업무, 고용, 사회 정책)으로 바뀌게 되었을 때, 그리고 노동시장 관측소가 생겼을 때 상황은 호전되었다. 그러나 SGT에서 논의된 사항이 통합의 주요 이슈로 전혀 반영되지 않은 것이 전반적인 불만 사항이었다. 다시 말해, 노동조합은 지역통합 과정에서 전반적인 교역 중심의 방향에 대한 그들의 우려를 제대로 전달할 기회가 없어 토론의 범위는 매우 제한적이었다.

민간 부문의 경험은 일부 협상 테이블에 자리를 잡기 위해 싸울 필요가 없는 행위자들에게는 만족스럽지 못했다. GMC 절차의 규정 제26항에는 의사결정 과정의 상세화 단계에서 민간 부문 참여를 제공했다.[46]

그럼에도, 확인한 대로 그들의 문제는 조직의 부족함이었다. CIM은 1994년부터 정기적으로 회의를 준비하는 것뿐이었다. 그해에 단계적 무역장벽 제거 일정과 관련해 CIM의 저항은 없었다. CMC는 공식 대표 기구가 되고자하는 CIM의 요구를 만족시키지 못했다.

민간 부문은 산업과 기술 정책에 관한 실무 그룹 7SGT 7에 참여했다. 민간 부문의 참여는 매우 성공적이지는 못했고, 상파울루주 산업연맹FIESP과 같은 일부 기관은 국가에 전통적인 로비 활동을 하는 것이 더 낫다고 이내 인지했다. MERCOSUR가 정부 간 협의체이기 때문에 국가 선호를 만드는 데 영향을 주는 것이 더 합리적이었다.[47]

SGT 11와 SGT 7의 실망스러운 결과를 설명할 때 협상가들 또한 제안서를 명백하게 담아내는 능력이 일관되게 부족해 지탄을 받았다. 그러나 일반적으로 MERCOSUR 관계자들은 논의에서 관심을 보이지 않았다. 클레인의 분석에 따르면 SGT 11은 유럽 기금에, SGT 7은 IDB 재정 지원에 의존해야 했다. 이 재정적 후원이 중단되면 실무 그룹의 회담은 단순히 중지해야 했다. 그러나 그는 이러한 실무 그룹들이 두 가지 결정적인 역할을 했다고 지적했다. 그중 하나는, MERCOSUR에 대해 알 수 있도록 실무 그룹이 참여한 부문에 정보를 전달했다. 그리고 다른 하나는, 이런 참여 부문 간의 관계를 강화시켰다.[48] 이러한 정보(학습)와 사회화에 관한 2중 기능이 저평가 받아서는 안 된다. 수많은 노동조합원과 기업인이 지금은 지역통합 이슈에 상당히 많이 인지하고 있고, MERCOSUR 외에도 어떠한 일들이 세계 현안인지 이해하고 있다.

오우로 프레토 의정서는 실무 그룹 외에도 경제사회 포럼FCES을 "경제 및 사회 부문을 대표하는 기구"로 소개했다. FCES에는 자체의 절차상 규칙을 채택할 수 있는 자유가 부여되었고 놀랍게도 정부 간 라인을 따랐다. FCES는 회원 36명으로 구성되어 있고, 4개의 국별 영역에 9명이 소속되어 있다. 각각은 영역을 선택할 자유가 있고, 개별 영역에는 노동 영역의 대표자 4명, 민간 부문 4명, 세 번째 영역 1명으로 구성되어 있다(〈표 7.3〉).[49] POP는 또한 FCES가 1977년에 발행한 첫 번째 추천 가운데 GMC에 추천을 보냈고, 2006년까지 26개 정도에 지나지 않는 추천을 다소 느린 보조 속도로 채택했다고 규정(명기)하고 있다.[50] 미주 자유무역협정FTAA 전망의 초점이 부각될 때 1997년 4월 22일에 기입된 FCES의 첫 번째 추천은 외부적 어젠다의 중요성의 상징이다. FCES는 MERCOSUR의 관심, 특히 농업 분야에 대해 집단적인 보호를 제안했다.

MERCOSUR는 시민사회의 참여를 위한 체계를 제시하도록 노력한 유일한 지역통합제도가 아니다. 1972~1976년, 중미에서 공동시장을 재구성하고 개선하기 위한 고위급 위원회는 중미 경제사회공동체CESCA 프로젝트를 준비했다.

〈표 7.3〉 남미공동시장 경제사회 포럼(FCES) 구성

아르헨티나		브라질	
소비자의 행동	ADELCO	노동자 중앙통합	CUT
아르헨티나 상공회의소	CARCO	노동자 총연맹	CGT
아르헨티나 건설공사회의소	CA de Construcción	브라질 농업과 목축업산업 연맹	CAN
아르헨티나 노동자연맹	CAT	국립상업연맹	CNC
노동자 총연맹	CGT	국립산업연맹	CNI
아르헨티나 협동조합연합	COOPERAR	국립운송연맹	CNT
아르헨티나 지방사회	SRA	민간보험회사 국가연맹	FENASEG
아르헨티나 산업연합	UIA	연합세력	FS
		브라질 협력기구	OCB
파라과이		**우루과이**	
파라과이 지방연합	ARP	비즈니스 최고의회	CO. SUP. EM.
파라과이 산업연합	UIP	국제 노동자총회연맹-노동자 전당대회	PIT-CNT
상업과 주식거래회의소		우루과이 대학연합	AUDU
파라과이 수입업자센터	CIP	우루과이 비정부기구 연합	ANONG
		우루과이 협동조합연합	CUDECOOP

자료: 남미공동시장 경제사회 포럼의 공식 홈페이지(http://www.fces-mercosur.com/es/node/39)를 활용하여 저자 재작성(자료 확인: 20018.4.28).

이 위원회는 SIECA에서 진행된 종합평가를 기반으로[51] 4년 동안 시민사회의 폭넓은 영역과 긴밀한 협력으로 일을 진행했다. 최종안은 사회·문화적 측면이 포함된 통합의 개념을 발전시켰다. 그러나 1976년 정상들에 의해 거부되었다. 그 후 이 위기의 여파로 1991년 테구시갈파 의정서 12조에는 중미통합체제 SICA가 "민간 부문, 노동조합, 교육 부문, 지역통합 과정에 참여하는 중미 지역 사회·경제·문화 영역 대표의 활동적인 힘으로 구성된" 중미자문위원회를 포함했다. 이 위원회의 역할은 "프로젝트 조직에 관해 사무국에 조언"하는 것이

〈표 7.4〉 중미통합체제 자문위원회 구성(CC SICA)

생산과 서비스	
중미 소농인 협력 및 발전협회	ASOCODE
라틴아메리카 소규모 커피 생산자 연대	FS
중미 소규모 어민연맹	CONFEPESCA
중미 무역센터연맹	FECABOLSA
멕시코-중미-카리브 중소형 커피생산자조합	UPROCAFE
노동 부문	
중미노동자연맹	CCT
중미 교육문화노동자협의회	CONCATEC
중미 노동자협의회	COCENTRA
중미-카리브 통합조정	CSCAC
비즈니스 부문	
중미 운송연맹	FECATRANS
중미지협 상공회의소	FECAMCO
중미 관광산업연맹회의소	FEDECATUR
중미 산업의회연맹	FECAICA
중미-파나마 민간협의체연맹	FEDEPRICAP
교육 부문	
중미 사립대학교 연합	AUPRICA
중미 전문대학협의체 동맹	CEPUCA
중미 고등교육의회	CSUCA
인적 부문	
중미 원주민위원회	CICA
장애인 편의동맹 네트워크	FEDEPRODIS
중미통합 여성포럼	FMIC
중미 인권보호기구	FUNDEHUCA
중미 흑인기구	ONECA
지방분권화 부문	
중미 지자체연맹	FEMICA

자료: 중미통합체제 공식홈페이지(http://www.sica.int/ccsica/int_miembros_ccsica.aspx?IdEnt=63)를 활용(자료 확인: 2008.4.28).

다. 이런 다소 제한적 임무는 즉시 비난을 받았고, 그리고 이내 온전한 독립은 위원회에 부여되었다. 1996년 이 위원회가 확고히 설치되었을 때 위원회의 임무는 "의사결정 과정에 경제·사회적 행위자의 참여를 공식화"하는 것이다.

위원회 구성과 관련해서, 이미 언급된 2개의 포괄적umbrella 기관인 CACI와 ICIC가 영향력을 취하기 위해 노력했다. 사실, 〈표 7.1〉과 비교한 〈표 7.4〉를 보면, 회원 대부분은 SICA의 자문위원회에 포함되어 있다.[52] 끝으로, 안데안 국가연합은 2개의 자문위원회 기관으로 이루어져 있는데, 그중 하나는 민간 부문,[53] 또 다른 하나는 노동 부문[54]으로 양쪽 모두 1983년에 만들어졌다.

결론

지역 시민사회는 있는가?

1990년대에 사회운동의 재활성화, 특히 종종 초국가적 기반에서 일부 분석가들이 지역, 또는 글로벌 차원의 시민사회가 등장했다고 주장했다. 지역 단위 국가의 존재 여부에 대한 논의의 유효성과는 상관없이, 역내 차원의 사회적 구성이 진행 중인 것은 주목할 만하다. 종종 지역 시민사회의 쇄도를 예고한 분석가들은 당시 통합 지지자들이므로 그들의 분석은 잠정적으로 자기 충족적 예언과 같았다. 하나의 실례를 들어보자. 영연방의 전통을 따라 카리브 지역은 항상 매우 역동적인 시민사회가 있었다. CARICOM은 미주 내에서 카리브 청소년 의회, 카리브 소비자 협회, 무역과 산업 카리브 협회, 또는 노동 의회와 같은 시민사회 기구에 자문 역할을 담당하게 한 첫 번째 통합 과정이었다.[55] 1980년대와 1990년대 카리브 국민 개발청CARIPEDA, 카리브 통합 농촌지역개발 네트워크CNIRD 또는 카리브 정책개발 센터CDPC와 같은 몇 가지 중요한 네트워크가 만들어졌다. CDPC는 CARICOM에 의해 공식적으로 지역 자문기구로 인정받았다. CARICOM은 1997년 포괄적 시민사회 헌장도 채택했다.[56] 그러나 이러한 공식적인 활동과 별개로, 일부 활동가들은 1997년 첫 번째 지역 시민사회 포럼을 조직하고 카리브 시민사회의 쇄도를 야기했다.[57]

지역통합의 시민사회 참여 아이디어를 촉진하는 이벤트를 조직한 라틴아메리카 증진기구 협회ALOP와 같은 서반구 차원에서 활동한 수많은 다른 포괄적인umbrella 기구가 있다.[58]

초국가적 네트워크의 증식, 그리고 점점 더 많은 그룹이 초국가적 차원에서 그들의 관심을 확보하고자 한다는 사실은 의심의 여지가 없다.[59] 그러나 지역 시민사회에 관한 담론은 모든 국제기구에서 그러한 것처럼 지역통합 과정에서 시민사회의 참여를 제공한 공간 도용 전략을 해체해야만 했다. 시민사회는 개별 국가 단위에서 아래로부터 통합의 활성화를 진행하는 것이 지역 단위의 민주주의 형태로 참여하는 것보다 더 낫다. 이것이 상당히 회의적인 결론이라는 것을 본인이 인정한다. 하지만 참여 공간을 여는 것은 종종 협동조합주의corporatism를 수반한다.

Chapter 8

통합 그리고 공유재

의회 선택과 비정부 행위자들의 참여는 결코 온전하고 영원한 치료를 제공하는 것이 아닌 지역통합 과정에서의 민주주의 결핍에 대한 두 가지의 일시적인 처방이었다. 민주주의 결핍을 측정하는 특별한 잣대는 없다. 그러므로 병의 심각성 정도를 진단하는 것은 쉽지 않다. 그러나 요점은 행위자들의 인식에 따라 많은 것이 결정되고 이 책 앞부분 2개 장에서 언급한 대로, 그들은 라틴아메리카 지역통합에 적용한 대의제 또는 참여 민주주의 수준에 만족하지 않는다는 것이다. 이 장은 매우 논쟁적인 질문을 던지면서 지역통합 과정의 민주화를 연구하는 또 다른 방법을 탐색하고자 한다.

만약 민주주의 결핍이 문제가 안 된다면 어떠한 일이 일어날 것인가? 민주주의 이론에서 지오바니 사르토리Giovanni Sartori는 "비록 학자들이 다소 억지로 인정한다고 해도 그들은 실질적으로 점점 더 누가 권력을 가지고 있는지 관심을 보이기보다는 결정과 배분에 점점 더 많은, 즉 (권력) 결정의 결과, 누가 무엇을 가지는가에 관심을 기울이게 된다"고 지적했다.[1] 그는 비록 위원회의 의원들이 민주적으로 선출되지 않았더라도 위원회의 결정은 민주적일 수 있다고 밝히고 민주주의 의사결정 이론을 논의할 때 이 같은 주장을 펼쳤다.

사르토리는 위원회를 세 가지 특징을 가진 그룹으로 정의했다. (1)작은 규모의 상호 소통하는 면대면 그룹, (2)견고하고 제도화된 그룹, (3)많은 결정에 직면한 그룹. 그에게 큰 그룹은 "다수결의 원칙을 채택하도록 강요받고 이는 원칙적으로 제로섬zero-sum(합 = 0)이다."[2] 그와는 반대로, 위원회의 운영 방식은 사르토리가 묘사한 것처럼 "연기된deferred 상호 보상"이기 때문에 위원회는 포지티브섬positive-sum(모두가 이익을 취함)인 만장일치를 취한다. 더욱이, 각각의 위원회는 위원회 시스템 내에 있으므로 다른 위원회와의 상호작용이 조화와 순응의 압력에 대한 반응으로서 예견된 리액션에 의해 이끌린 추가 이득을 갖게 된다. 그러므로 "포지티브섬 결과는 모두에게 혜택이 돌아갈 것이고 보편화의 총합generalized aggregate으로 모두에게 더 낫다.[3] 그러므로 그는 이를 민주주의 분배demo-distribution로 표현했다.

우리가 확인했듯이 사르토리의 관점에 따르면 지역제도 배치를 위한 의사결정 과정에 수많은 위원이 참여했음에도 놀랍게도 지역 레벨에서 민주주의 분배가 크게 주목을 받지 못했다. 이 장은 의사결정 과정을 크게 신경을 쓰지 않고 사르토리의 주장에서 한 발자국 더 나아가 "누가 무엇을 취하는가"의 이슈에 초점을 맞추도록 한다. 이런 맥락에서 민주화된 지역통합 과정은 지역 공공재를 생산하고 대중적(일반적) 이득에 관심을 두며, 시민들에게 책임을 진다.

프리츠 샤르프Fritz Scharpf의 용어를 빌리자면, 생산량 산출 관점은 '사람들을 위한 정부'를 강조한다. 정치적 선택들이 의구심이 있는 유권자들의 공공복지를 효율적으로 증진시킨다면 그렇기 때문에 정치적 선택은 합법적이다.[4] 인정하건대, 이런 정의는 특히 조사가 부족한 인지적 측면에 대해 강력한 지표를 가지고 쉬이 운용할 수 없다. 다음 부분은 필자의 현지조사 연구물을 바탕으로 설명하도록 한다.

이 장은 지역통합과 공유재common goods•의 관계에 대해 간략한 이론적 토론으로 시작하도록 한다. 오랜 기간 연대가 통합 과정의 주요 원칙이라고 간주한 유럽의 통합 케이스를 조명한다. 그리고 마지막은, 라틴아메리카의 경우인데 특히 대륙 내에 유일하게 재분배 정책을 채택한 MERCOSUR의 경우를 중심으로 알아보도록 하자.

통합과 지역재(생산품)

전통적 신고전주의 경제학자들에 따르면 자유무역협정을 체결한 이유는 시장통합이 효율적 배분, 성장 그리고 복지를 이끈다고 보기 때문이다. 무역이 자유로울수록 소비자에게는 더 좋다. 그러므로 자유무역은 공익이다. 그러나 소수의 경제학자만이 이러한 평가를 법칙으로 간주하고 스미스의 "보이지 않는 손"의 마법의 힘을 믿으며, 소수의 정부만이 완전한 자유방임주의를 주장한다. 애덤 스미스조차도 "국가의 부"는 국가의 개입 없이는 성취되는 것이 아니라고 보았다. 1950년, 제이컵 바이너Jacob Viner는 복지를 개선하는 무역 창출trade-creating 관세동맹과 복지를 악화시키는 무역 전환trade-diverting 관세동맹 사이의 고전적 구분을 소개했다.[5]

오늘날 대부분의 경제학자들은 이득이 반드시 공평한 방식으로 분배가 되는 것은 아니기 때문에 자유무역이 반드시 윈-윈 상황은 아님을 인지하고 있다. 빌럼 몰Willem Mole이 지적한 대로 통합이 차이를 확장시킬지 아니면 그 반대일지에 대한 대답은 그리 쉽지 않다. 이에 대한 이론적 논쟁이 있는데 하나는 통합이 지역 내 차이를 확장시킨다와 그와 반대다로 양분되어 있다.[6] 국가,

---

• 공유재(common goods)는 배제성(排除性)을 가지지 않지만 경합성(競合性)을 보임. 즉, 개인 또는 집단이 사유할 수 없지만 많은 사람이 공유하여 이용하기 때문에 고갈될 가능성이 있는 재화임. 예를 들면 목초지, 연안 어장 등 — 옮긴이.

지역, 그룹 또는 개인이 명백하게 "실패자"일 때, 그들은 어떤 면에서든 보호받아야 한다. 그렇지 않으면, 결함이 있기 때문에 통합 과정은 후퇴하게 된다. 경제 용어로 본다면, 정부 개입은 비非최적화 상황을 개선할 필요가 있다. 자유무역에서 경제적 이권 가운데 일부 분쟁 요소를 보호하기 위한 보편적인 방법은 세이프가드safeguard(긴급수입제한조치)이다. 우리가 확인한 대로 일부 논쟁의 어젠다에 노동 이슈 또한 포함하고 있다. 이는 자유무역에 따른 예상할 수 있는 부정적·사회적 결과(아웃소싱 또는 급여 감축 등으로 인한 실업)를 상쇄하기 위함이다. 이러한 목적으로 유럽과 MERCOSUR에서는 결속 정책Cohesion Policy이 이행되었는데 이에 대해서는 이 장 후반부에서 살펴보도록 한다.

자유무역 결과가 어떻든 간에 여기에서 이 부분에 대해 구체적으로 논의하는 것이 필자의 의도는 아니다. 하지만 다뤄야 할 이론적 질문(논쟁) 은 공공재•를 제공하는 비정치화된 자유시장 사회가 민주주의를 측정하는 유일한 척도 인지에 대한 것이다. 필자는 아니라고 주장한다. 즉, 적절한 규범적 접근을 사용하여 하나의 시스템으로 생산된 공익이 집단적 복지를 달성하기 위한 공동의 의지에 기반하는 한 이 시스템은 민주적이라고 본다. 개인적 차원(단계)에서 본다면 민주주의 결핍을 우려하지만 결과에 관심이 있는 시민들에게는 '누가(의사) 결정을 하든지 간에 나의 이득(이해관계)만 성취한다면' 이라는 주장은 할당적인 또는 재분배적인 메커니즘을 명시하지 않는 한 유효하지 않다. 이와 같이 할당적 또는 재분배적 구조를 명시하시 않는다면, 권위주의 또는 협동주의 체제와 다를 것이 없기 때문이다. 다시 말해, 시민은 투명성과 책무성이 더해진 긍정적 정책 결과물을 기대할 것이다. 그리고 이는 집단적 차원에서

• 공공재(public goods)는 배제성도 없고 경합성도 없는 재화를 일컬음. 재화의 소비에 특정 누군가를 배제할 수 없고 한 사람이 사용한다고 하여 다른 사람이 사용하지 못하는 상황이 생기지 않는 재화임. 즉, 구성원 모두가 누릴 수 있음. 예를 들면 지식, 언어, 공식 통계 등 — 옮긴이.

더욱 요구된다. 즉, 집단적 차원에서 그룹, 특히 가장 취약하고 궁핍한 그룹이 단순히 동정심과 자선이 아닌 할당적이고 재분배적 정책을 이끌면서 연대성의 우위를 보인다. 사르토리의 용어를 빌리자면, 총합적 단계에서 비록 의사결정 과정이 매우 포용적이지 않더라도 정부는 대중적(일반적) 이득(이익)을 위해 봉사할 수 있는 당위성을 취할 수 있다.

잠정적으로 이러한 결과 중심적 민주주의 개념을 지역통합 과정으로 맞춰 보았을 때, 민주화 이슈는 민주적이냐 그렇지 않으냐의 주요 질문으로 세 가지 하위 질문으로 나눠볼 수 있다. (1) 연대가 통합 과정의 핵심 가치인가? (2) 생산된 지역 공공재가 있는가? (3) 어떠한 할당적 또는 재분배적 공통 정책이 있는가?

유럽의 결속·응집 프로젝트

유럽의 통합 역사는 진보적이고 순차적인 공동체주의 역량의 확장으로 구성되어 있다. 현재의 공동 정책의 범위는 이전의 그 어느 순간보다 더 확장되어 있고, EU는 여러 재분배 정책을 이행했다.

유럽 프로젝트는 출범 이후 연대적 이상에 의해 영감을 받았다. 1957년 이래 이 같은 열망은 회원들과 함께 진행되었다(〈표 8.1〉).[7] 1957년 로마 조약은 공동시장에 방점을 찍고 6개 회원국 시민들의 생활수준을 언급하면서 교역의 사회적 유용성을 여전히 강조했다. 35년 후, 12개 회원국, 또는 일부 국가를 지역별로 보면 부유와 빈곤 간의 더욱 확장되고 극심하게 차이가 나는 현실 속에서[8] 1992년 EU 조약은 "경제적·사회적 진보", "경제적·사회적 결속" 그리고 "자유, 안보, 정의"에 더욱 관심을 보였다. 2007년 채택된 리스본 조약은 평화, 복지, 사회적 시장경제의 촉진, 완전고용, 사회적 진보, 사회적 배제와 편견에

〈표 8.1〉 조약에 명시된 유럽연합의 사회적 목표

2조: 유럽경제공동체의 설립 조약(EEC)[1957년 3월 25일 로마, 6개 설립 회원국] 공동체는 공동시장을 설립함으로써 회원국 간 점진적으로 유사한 경제정책으로 발전하도록 독려하며, 공동체 전체에 조화로운 경제활동을 통해 지속적이고 균등한 발전을 도모하고, 안정적 성장과 생활수준의 지속적 향상 그리고 회원국 간의 관계의 친밀성을 확장하는 데 있다.
2조: 유럽연합 조약(1992년 2월 7일 마스트리히트, 12개 회원국) 유럽연합은 다음과 같은 목표를 설정한다: - 경제와 사회 발전을 추구한다. 이를 위해, 높은 수준의 고용 창출, 균형 있고 지속 가능한 개발, 특별히 내부적 불협화음을 최소화하고, 경제적 성장과 사회적 통합 그리고 경제와 화폐통합을 지향한다. 궁극적으로 본 조약의 규정에 따라 단일화폐를 사용함을 목표로 한다. - 제17조의 규정에 따라 공통안보 정책을 위한 지속적인 정책의 틀을 포함하여 공통의 외교와 안보 정책의 이행을 통해 국제사회의 정체성을 확증한다. - 유럽연합 시민권의 도입을 통해 회원국 국민의 권리와 이익 보호를 강화한다. - 외부 국경 통제, 망명, 이민, 범죄 예방 및 방지 대책과 관한 적절한 초지를 통해 사람들의 이동을 자유롭게 하는 등 자유, 안보, 정의가 공존하는 유럽연합으로 유지 및 발전한다. - 공동체 기득권을 온전하게 유지하며, 본 조약에 도입된 정책과 협력의 정도에 관해 공동체 메커니즘 효율성과 제도를 온전히 고려해야 한다. 유럽연합의 목적은 유럽공동체 조약의 제5조에 제시된 보충성의 원리[최소 단위의 의사결정권을 존중함]의 원칙을 상기하며, 합의된 조건과 일정에 맞춰 본 조약에 제시된 바를 충실히 이행해야 한다.
3조 [유럽연합 조약의 이전(ex) 2조 내용] 유럽연합 조약(2007년 12월 13일 리스본, 27개 회원국) 1. 유럽연합의 목표는 평화, 가치, 국민의 안녕을 증진시키기 위함이다. 2. 유럽연합은 시민들이 자유, 안전 그리고 정의의 주된 가치가 연합 내에 국경의 불편함 없이 진행되도록 제공함과 더불어 외부 국경 통제, 난민, 이민, 그리고 범죄 예방 및 방지 대책 등과 관련해서 적절한 조치를 취함으로써 시민의 자유로운 움직임을 확보 및 보장한다. 3. 유럽연합은 내부 시장을 조성한다. 본 시장은 균형 잡힌 경제성장과 물가의 안정성, 완전고용과 사회의 진보를 목표로 하는 상당히 경쟁력 있는 사회시장경제체제를 조성한다. 이와 더불어 적극적 환경 보호와 개선을 지향한다. 덧붙여, 과학기술의 발전을 촉진한다. 사회적 배제와 차별에 대항한다. 사회정의와 보호를 실현하며, 성 평등, 세대 간의 연대와 더불어 아동의 권리 보호를 장려한다. 회원국들 간의 경제적·사회적 그리고 영토적 응집력과 연대성을 독려한다. 풍부한 문화적 그리고 언어적 다양성을 상호 존중하며, 유럽의 문화유산을 보호하고 강화한다. 4. 유럽연합은 통화가 유로(EURO)인 경제-통화 체제를 설립한다. 5. 복잡다단한 세계 질서 가운데 유럽연합은 그 자체의 가치와 이해관계를 확고히 해야 하며, 시민의 안위를 담당한다. 아울러, 유럽연합은 평화, 안보, 전 지구적 지속 가능한 개발, 세계시민 간에 연대와 상호 존중, 자유롭고 공정한 무역, 빈곤 감축과 아동 인권을 포함한 인권을 보호한다. 더불어, 유럽연합은 유엔 헌장 원칙의 존중하에 국제법의 엄격한 준수와 발전에 기여한다. 6. 유럽연합은 조약에 부여된 역량에 상응하는 적절한 수단으로 그 목적을 추구한다.

자료: EU의 공식 홈페이지(http://europa.eu/abc/treaties/index_en.htm)를 활용(자료 확인: 2008.5.3).

대한 투쟁, 사회적 정의와 보호, 평등, 연대 그리고 권리 촉진 등의 목적이 포함된 제3조를 담아내고, 1992년 마스트리히트 조약을 수정한 것이다. 이는 매우 인상적인 사회적 목표를 담고 있는데 새롭게 EU 회원국으로 참여하게 된 가난한 동부와 중부 유럽의 상황을 반영한 것이다. 이러한 사회적 목표를 달성하기 위해 EU는 정책을 입안했다. 이러한 재분배적 역량의 정도를 평가하기 위한 첫 번째 방법은 예산을 살펴보는 것이다.

그러나 공공재 세대에 대한 유럽의 참여 정도를 평가하는 것은 쉽지 않다. 비록 단일 시장으로 일궈진 이득은 차치하고 공통 정책에 초점을 맞추더라도, 집단적으로 동의한 많은 목적은 회원국 또는 자신들의 지역에서 직접 재정 지원을 받았다. 연대성의 원칙[9]에 따라 EU는 다른 국가, 지역 또는 지방 단위의 의사결정보다 더 효율적이라고 판단될 때만 행동을 취한다. 공동체 지출은 유럽 전체의 공공 지출 대비 2.5%가 넘지 않도록 한다. 이는 이전에 제시된 논쟁 선상에서 시민의 EU 부가가치 평가를 촉진하지 않는다.

EU의 예산은 시장 통합의 잠정적인 부정적 결과를 상쇄하기 위한 필요에서 등장했다. 예산은 1960년대 독일 산업이 시장통합의 주요 수혜자라는 예상이 있었을 때였다. 예산은 프랑스 농부와 이탈리안 노동자에게 혜택이 돌아가도록 공동 농업 정책CAP과 사회 기금 등 2개의 재분배 정책에 할당되었다. 그 후 지역과 구조적 정책이 1970년대와 1980년대에 등장했는데 이는 EU의 확장에 맞춰 진행되었고 아일랜드, 덴마크, 영국을 시작으로 남부 유럽의 스페인, 그리스, 포르투갈로 이어졌다.

결과적으로, 2개의 정책이 역사적 재분배 노력을 독점했다. 한편으로는, CAP가 여전히 2004년 EU 예산의 44.5%를 차지하고 있고, 그에 반해 구조적 조치에는 그해 예산 38.4%가 지출되었다. 이러한 예산 분배 정도는 CAP의 개혁 이후 줄어들었고, 이른바 연구와 개발에 우선순위를 새롭게 한 리스본 어젠다가 2000년에 출범했다. 그러나 2005년 농업 관련 정책은 여전히 EU의 주요 예산

집행 영역이었다. EU의 전체 유럽의 공공 지출 대비 예산 비율을 보면, 농업 분야는 71.8%, 그에 반해 원조와 개발에는 14.3%, 연구와 개발에는 6.3% 그리고 교육과 훈련에는 0.1%가 할당되었다. 2007~2013, "지하자원"과 같은 새로운 영역이 예산의 43%를 차지하고, "성장과 고용의 연대"에는 35.6%, "성장과 고용의 경쟁력"에는 8.6%, "글로벌 행위자로서의 EU" 항목은 5.7%, "행정"에도 역시 5.7%의 예산이 할당되었다.[10]

EU의 예산이 27개 EU 회원국 전체 GNP의 단지 1% 정도인데 이 정도의 예산이 일반적(보편적) 관심을 반영하는지 궁금하다.

CAP를 본다면 그렇게 말하는 것이 어렵다. 수혜자 전체 수를 본다면, 총 유럽 인구 중 0.01%를 넘지 않는다. 더욱이, 수혜자들은 일부 국가에 한정되어 프랑스가 가장 많은 혜택을 보고 있고, 원조 또한 매우 불균형적으로 분배되고 있다. 소상공인은 약간의 도움을 받는 반면, 기업형 대규모 농업에는 큰 혜택이 돌아간다.[11]

개도국으로부터 강력한 비판에 직면할 때 유럽위원회가 모든 국제협상안을 요청하기 때문에 CAP가 직접 보조금보다 더 많다. 또한 CAP는 유럽 농부들이 생산품의 높은 품질 유지와 환경보호, 농촌(시골)의 생태적 현상 유지에 도움을 준다. 비록 수치가 이와 같은 주장을 반박하지만 예를 들어 유기농 음식을 생산하는 소농들은 공동 이익에서 배제되는 등 이러한 내용은 흥미로운 부분이다. CAP에 관해 환기를 불러일으킬 만한 일련의 간접적인 긍정의 외부효과가 있다. 식품 안전, 환경 또는 전통, 문화는 공공재다. 그러나 CAP는 기업형 대규모 농업에 상당히 호의적이고 경제 부문은 정확히 사회적 책임이나 환경보호, 전통 보전보다는 투기에 더 관심이 많다. 그러므로 결과 중심의 EU 민주화에 대한 CAP의 기여는 의심스럽다.

구조적 기금 또는 지역 기금은 화합과 연대라는 이상에 의해 영감을 받았기 때문에 더욱 흥미롭다. 세 가지 다른 기금이 있다. 취약 근로자를 위해 1958년에 설립된 유럽사회기금ESF, 유럽공동체 내 지역 간의 발전 간극을 줄이기 위해 1975년에 창설된 유럽지역개발기금ERDF, 구조적 수렴 목표를 달성하기 위한 국가들을 돕기 위해 그리고 마스트리히트 조약에 근거한 틀에서의 통화동맹monetary union 준비를 위해 1994년 설립된 결속 기금이 있다. 2000~2006년, 유럽 지역 정책은 세 가지 목적이 있었다. 뒤처진 지역의 발전, 구조적으로 어려움에 직면한 지역의 지원, 정책의 조정과 근대화, 교육, 훈련 그리고 고용 체계의 지원이다.

그들이 얼마나 성공적인가는 논의할 여지가 있다. 가령 아일랜드, 스페인, 그리스, 포르투갈 같은 나라들은 일인당 국민소득을 따랐다(성장했다). 하지만 결속은 또한 성장의 역내 분산을 의미하는 것으로, 대차대조표상에서는 다소 인상적이지 못하다. 지역 불균형은 구조 기금이 있든 없든 간에 스페인과 포르투갈 등 유럽 전반에 걸쳐 확인되었다. 이러한 재분배적 편향으로 인한 부정적인 모습이 있음에도 불구하고, 의심의 여지 없이 구조 기금은 공공재에 기여했는데 특히 인프라에서 확인할 수 있다. 예를 들어, 마르코 샤웁Marco Schaub은 "유럽의 구조적 이전이 결속에 긍정적인 영향을 미쳤다"고 밝혔다.[12]

다른 정책 영역에서 EU의 개입은 할당적이거나 재분배적이 아니라 규범적이다. 그러나 EU는 매우 중요한 공공재를 제공한다. 테러 위협 또는 이주 급증과 같은 초국가적 안보의 도전에 직면한 유럽인의 증가하는 불안감에 반응하기 때문에 정의, 안보, 자유는 좋은 공공재의 예라고 볼 수 있다. EU의 할당적·재분배적 정책의 범위에 제한이 있기 때문에 규범적 정책은 미래에 발전하지 않을 것이다. 이런 제한 가운데 세 가지를 살펴보도록 하자.

첫째, 예산의 제약이 있다. 새로운 회원국들이 확연히 증가하면서 EU의 예산은 다소 안정화되었다. 2000~2006년, 모두 15개국이었던 유럽 회원국의 예산은 유럽 GDP의 1.24%로 제한을 두었다. 2006~2013년에는 27개 회원국 1.01%로 낮췄다. 분명, 이는 여전히 전체 총액의 증가를 의미한다. 그러나 새롭게 진입한 그리고 상대적으로 발전하지 못한 EU 회원국에 대한 원조를 위해서는 그다지 넉넉하지 않다. 둘째, 정치적 제약이 있다. 이미 언급된 바 있는 보완성 원칙의 적용이 EU 위원회를 입법 제안과 관련해 자제력을 발휘하게 한다. 이는 명백히 스필오버spill-over 프로세스•의 속도를 늦추게 하고 EU가 대중(일반)의 혜택을 위해 새로운 공통 정책을 마련하는 것을 훨씬 더 복잡하게 만든다. 셋째, 이념적 제약이 있다. 비록 전체 과정이 1950년대의 평화를 이룩하기 위한 정치적 동기로 진행되었지만, 일련의 역사적 이유로 인해 유럽의 건설은 1960년대 시장 중심으로 시작되었다. 우리가 확인한 대로 이는 통합과 화합을 과정에 포함시켰지만 사회적 측면은 항상 뒤처져 있었다. 이는 1980년대 단일 시장 재출범과 통화동맹 준비로 인해 점차 더욱 명백해졌다. 이른바 마스트리히트 통합 범주는 실업 인구가 1600만 명 이상인 대륙에서 단지 경제적·재정적 변수를 포함하고 있다. 유럽 전체에서 이러한 유형은 약간의 예외가 있었다. 1990년대 말에는 스페인, 아일랜드, 벨기에, 룩셈부르크를 제외한 유럽 전역에서 좌파 정부가 거의 동시다발적으로 등장했다. 예를 들어, 1997년 안정과 성장 협정은 실업 감소 항목이 포함되어 있다. 그리고 1999년에는 고용협정이 채택되었다. 그러나 정치 트렌드가 곧이어 다시금 환원되었고, 이듬해 이른바 리스본 어젠다는 저속 성장 및 저성장에 초점을 맞추고 더 이상 사회적 이슈를 직접적으로 거론하지 않았다.

물론, 사회적 측면이 왜 간과되었는지는 다른 더 근본적인 이유가 있는데, 이는 유럽연합의 중요한 제도적 특성에서 찾아볼 수 있다. 프리츠 샤르프Fritz Scharpf는 "초국가적 유럽법의 주요 수혜자는 부정적 통합이었다"고 지적하며, 이를 매우 설득력 있게 묘사했다. 다시 말해, "유럽위원회의 개입을 통해 많은

• 국가 간 기능적 협력관계 대상이 다른 영역으로 파급(spillover)시키고자하는 확대 재생산 과정, 즉 지역통합의 확대 및 활성화 — 옮긴이.

정치적 주목 없이 자유주의는 확장될 수 있다". 반면에, "긍정적 통합은 개별 국가, 각료 회의를 통한 동의에 달려 있다".[13]

결론적으로, 정책으로 인한 긍정적 결과와 EU의 제도적 특성에 대한 시민들의 인식 사이에서 잃어버린 연결 고리가 있는 것처럼 보인다. 이 장 이전에 언급했듯이, 시민들의 일반적인 관심이 충족되는 한 시민들이 의사결정자를 확인하고 의사결정이 어떻게 이뤄지는지에 대해서는 문제 삼지 않는다고 언급했다. EU에서의 의사결정 과정은 준비, 결정, 이행단계에서 다양한 수준의 수많은 행위자가 참여해 지역 공공재를 생성한다.[14] 많은 경우, 유럽의 결정은 회원국들이 목표를 달성하기 위한 수단을 선택할 수 있게 하는 규범적 행동의 "지침"이다. 시민들이 "보는" 것은 유럽의 지침에 순응하는지 여부의 인지 없이 정부에 의한 정책의 이행이다. 더욱이, 정부는 유럽 지침에 대해 전통적으로 책임 전가와 공적 주장 전략을 사용한다. 유럽 시민은 결국 유럽의 제도적 배치에 대한 부정적 이미지를 갖게 되고 민주주의 결핍으로 초래된 의사결정 과정의 부정적인 부분을 상쇄할 수 있는 긍정적인 결과를 보지 못한다.

라틴아메리카의 지역 공유재

라틴아메리카 역시 지역통합의 긍정적 결과의 '불평등한 분배'에 대해 지속적인 관심을 가져왔다. 이 책 제1장에서 언급한 대로, 분배적 경쟁은 1969년 안데스 협약, 1981년 동카리브국 기구OCES 창설을 유도하고 더욱이 1969년에는 온두라스와 엘살바도르 간의 전쟁을 야기했다.

그럼에도, 회원 간 높은 동질성을 가지고 새로운 제도적 배치를 양분하고 만드는 것을 제외하면 발전의 간극을 줄이기 위해서는 실질적으로 적은 노력이 있었다.

이 책 제4장에서 검토한 동형이질 가설을 바탕으로 이러한 결핍은 사회적 불평등 감소를 목표로 하는 신중한 국내적 재분배 정책의 역사적 부재를 반영한다고 주장한다. 라틴아메리카 지역통합 과정은 상응하는 기금의 분배 없이 종종 보편적 이득의 규범을 만들어낸다. 긍정적 통합 없이 부정적 통합에 밀착되어 있다.[15]

그럼에도, 문제에 대한 인식이 있다. 안데스와 중미 지역에서 2개의 가장 오래된 지역 기구를 보면, 이들의 초기 목적은 "동등한 조건에서 회원국들의 균형 잡힌 조화로운 발전", "하부 지역의 연대성", "회원국 간 개발 수준상에 존재하는 차이를 감소"시키고자 하는 의지, "생활수준의 지속적 개선 증진", 혜택의 공정 분배, "협력과 연대에 의한 경제적·사회적·문화적 발전"이 포함되어 있다(표 8.2).[16] 수년이 지난 이후에도 이러한 목적들은 달성되지 못했다. 그러나 이 책 제5장에서 확인한 대로, 1990년대의 재출범 이후 어젠다의 범위가 확장되었고 공공재가 생산될 수 있는 많은 새로운 이슈 영역가 포함되었다.

예를 들어, 안데스의 CAN은 2002년 결정 523인 "지역적 생물다양성 전략"을 가지고 환경적 생물다양성 보호의 기치 아래 혁신에 대해 이 책 제5장에서 확인했다. CAN은 사회적 이슈에 관해서는 외부적 어젠다와의 조화를 위해 그리고 더욱이 EU와의 협상을 위해 사회적 화합이라는 주제를 어젠다 중 가장 중요하게 여겼다. CAN은 2004년 사회적 발전을 위한 통합 계획을 채택했다. 그 계획은 사회와 노동, 교육과 문화, 보건, 교외 발전, 식량 안보, 환경, 국경 지역의 사회 발전 등 7개 정도의 프로그램을 담고 있는 다수의 계획을 포함한다.[17]

보건의 예는 흥미롭다. 안데스 보건기구ORAS의 출범을 이끈 이폴리토 우나누에Hipolito Unanue 회담은 1971년 체결되었고 이는 사회적 관심이 안데안 출범 초기부터 제시되었음을 보여주는 것이다. 이후, 1990년대 동안 수많은 프로그램이 등장했다. 이폴리토 우나누에 회담의 역사적 임무는 지역의 입법 조화를

〈표 8.2〉 조약에 명시된 라틴아메리카 통합의 사회적 목표

안데안 공동체 카르타헤나 협정문(1969년 5월 26일)
1조. 본 협정의 목적은 회원국들이 공평한 조건하에서 통합과 경제 및 사회협력을 통해 균형 있고 조화로운 발전을 촉진하는 것이다. 특히, 본 협정은 회원국의 경제성장을 가속화하고 고용 창출을 확장, 그리고 지역통합 과정의 참여를 독려하는 것으로서, 궁극적으로는 점진적 라틴아메리카 공동시장의 형성을 지향한다. 본 협정은 또한 회원국의 외부적 취약성을 줄이고 국제경제 질서 환경의 위치를 공고히 하며, 하부(소)지역별 연대의 강화, 그리고 회원국 간 존재하는 개발 정도 차이의 축소를 지향한다. 이러한 목표는 궁극적으로 하부(소) 지역 주민들의 생활환경의 향상 및 증진을 목표로 한다. 2조. 회원국들은 지역통합을 통해 균형 잡히고 조화로운 발전 그리고 공정한 분배로 회원국 간 현존하는 차이점들이 축소될 것이다. 이러한 과정의 결과들은 회원국별 교역 성장 추이, 무역수지, 국내총생산의 증가 정도, 새로운 일자리 창출 그리고 자본 유입 등을 가지고 주기적으로 평가한다.
중미기구(1951년 10월 14일)
1조. 중미기구는 코스타리카, 엘살바도르, 과테말라, 온두라스, 그리고 니카라과를 회원국으로 국가 간 관계의 활성 및 강화를 추진한다. 더불어 중미기구는 지역 내 커뮤니티 간 (가칭 자매도시)의 관계 독려 및 활성화를 장려하며, 국별 불협화음을 예방 및 방지, 그리고 문제를 해결하는 데 노력한다. 그뿐 아니라 본 기구는 협력과 연대라는 가치 아래 회원국별 상호 지원(원조), 그리고 공통 문제에 대한 해결책을 집단적으로 구가하며, 경제, 사회 그리고 문화적 발전을 증진시킨다.

자료: 안데안 공동체 공식 홈페이지(http://www.comunidadandina.org/ingles/normativa/ande_trie1.htm) 등 저자가 자료를 활용하여 작성(자료 확인: 2008.5.5).

증진하는 것이었으나 전염병 같은 지역 내 도전을 논의하고 공동의 능력을 개선하기 위함이었다. 수년간에 걸쳐 ORAS은 다섯 가지의 목표, 즉 보건, 전염병 예방, 환경보건, 의료 정책과 보건 기술, 인적 자원, 건강 증진과 보호를 발전시켰다.[18] 이러한 프로그램 중 일부는 매우 유용한 것으로 증명되었다. 예를 들어, 안데안 네트워크의 전염병 예방은 말라리아나 댕기열 같은 질병이나 이러한 질병의 확산 위험을 알리기 위해 주간 보고서를 발행했다. 안데스 보건기구는 또한 에이즈HIV-AIDS 처방에 관한 가격 감축 협상에 성공적이었다. 이러한 모든 임무를 달성하기 위해 ORAS는 국제 협력을 받았다.

안데안에서 지역 공공재 생산을 담당하는 CAN의 역할은 동일한 역할을 하는 EU에 비해 인지도가 덜 하다. 대부분의 경우, CAN의 다른 기관인 ORAS는 국제 협력의 설명자이자 조력자 역할을 담당했다. 의사결정자는 쉽게 식별(인지)을 할 수 없기 때문에 거의 책임을 지울 수 없었다. 수많은 협력 기구 또는 다국적 은행이 라틴아메리카를 포함한 개도국 지역에 점점 더 많은 지역 단위의 협력 특히 지역 공공재에 관심이 있다. 예를 들어, 미주개발은행IADB은 이 기구의 출범 이래 지역 프로젝트를 지원해 왔다.[19] 비록 일부 경우에 안데안 기관들이 기금을 높이고 할당하는 일 등을 했음에도, 이 기관들은 좀처럼 의사결정자로 식별(인지)되지 않았다.

2000년대에 매우 흥미로운 것은 많은 새로운 지역 공공재 프로젝트가 기존의 지역 배치(배열)의 결속을 풀면서 등장한 것이다. 세 가지 가장 중요한 것들을 돌아본다면, 즉 인프라, 에너지, 안보의 영역이다. 첫 번째, 인프라 영역은 2000년에 12개 국가들은[20] IADB와 라틴아메리카 개발은행CAF의 후원으로 남미 인프라 지역통합 구상IIRSA에 착수했다. 1980년대 이래 인프라의 만성 부족은 과소 투자로 증폭되었고 시장통합은 항상 심각한 제약에 직면했다. 그러나 마우리시오 메스퀴타Mauricio Mesquita가 지적한 대로, 남미 인프라 부족을 극복하고 역외무역과 도로 수송 편향 제거는 통합 이윤을 극대화하는 것보다 더 중요하다. 그리고 이는 또한 남남통합의 공통적인 위험을 최소화하는 중요한 역할을 한다. 유사한 기술과 자원 부존을 가지고 있는 국가들의 그룹에서 통합은 경제활동을 집합시키므로 양극화된 분배를 초래한다. 비록 경제활동의 집합은 효율성을 증대시키고 지역 전체의 수입 단계를 끌어올릴 수 있지만, 지역 격차의 매서운 증대는 정치적 반발을 동반하고, 이는 통합 과정의 중지 또는 역행을 초래할 수 있다.[21]

IIRSA는 주로 수송, 통신, 에너지 등 대략 506개 프로젝트에 재정 지원을 했고 이는 2008년에 680억 달러 이상의 투자였다.[22] 2007년 실시된 연구에서 리카르도 카르시오피Ricardo Carciofi는 IIRSA 프로젝트의 절반 미만이 양국 간 프로젝트라고 밝혔다.[23] 그러므로 IIRSA는 적극적으로 개별 국가 단위로 지원하지만 그럼에도 수많은 노력이 인프라 시스템의 연결, 국가 간의 협력 증대로 지역 단위 공공재 생산에 기여했다. 일부 중요한 프로젝트는 또한 12개 국가를 돕는 지역 허브의 구축을 도왔다. 모두 7개의 허브가 구축되었다. 아마존(파이타-타라포토-유리마구아스Paita-Tarapoto-Yurimaguas 도로)을 잇는 1개의 허부가 있다. 그리고 2개의 허부는 페루, 브라질, 볼리비아를 잇는 것(아크레Acre 강 다리, 브라질의 아크레 주와 혼도니아Rondônia주를 이어, 페루의 남부 지역으로 연결하는 도로)이다. 또 다른 하나의 허브는 볼리비아를 관통하며 대서양과 태평양을 잇는 것(양 대양 중앙 허브), 그리고 3개는 MERCOSUR와 칠레의 교통 흐름을 개선하는 허브다. IIRSA는 지역 공공재를 생산한다. 그러나 이러한 허브 프로젝트는 무역 촉진과 깊은 연관이 있는 만큼 다른 국가의 사적 이익에도 이바지한다. 대서양과 태평양 해안을 잇는 무역 루트 이슈에 많은 관심을 보인 볼리비아 같은 경우는 상징적이다. 양 대양 중앙망은 산타 크루주Santa Cruz의 대두 생산을 브라질 항구를 통해 수출을 할 수 있도록 하는 것이고 광산 수출자들은 칠레의 이키케Iquique 항구를 통해 수출을 용이하게 하는 것으로 보인다.

IIRSA는 일반적으로 성공한 프로젝트로 간주한다. 리카르도 카르시오피Ricardo Carciofi는"IIRSA는 지역통합 과정의 일반적 상황의 조건을 변화시켰음에도, 물리적 기반시설 발전에 관한 활동 어젠다에 초점을 맞추어 계획된 공정 일정에 따라 진행되어 성공적"이라고 분석했다. 그는 이러한 성공에 두 가지 가설적 설명을 제시했다. (1)"참여 국가들이 합의를 모을 수 있도록 주제에 대한 적절한 인지" (2)"업무 어젠다가 전체적으로 계획의 참여자에게 유익했다는 것을 증명할 명확한 결과의 형태로 구체화."[24]

두 번째 예는 에너지에 관한 것으로 매우 다른 시나리오를 제공한다. 실질적으로 IIRSA는 에너지 공급에 관심을 가졌다. 라틴아메리카 에너지 통합 지도를 수정하기 시작한 베네수엘라 우고 차베스 대통령은 2004년 아메리카를 위한 볼리바르 동맹ALBA을 출범시켰다.[25] 그는 두 가지 방식으로 진행했다. 그 중 하나는, 베네수엘라로부터 석유를 구입하는 일부 국가에 납부 서비스를 제공하는 것이다. 그리고 또 다른 하나는, 에너지 운송과 공급을 용이하게 하기 위한 협력을 제시했다.[26] 차베스가 지역 내 에너지 공급과 통합 과정을 시작했다고 보는 것은 과한 것 같다. 산호세 조약을 통해 1980년 베네수엘라와 멕시코의 보조 아래 카리브와 중미 11개국에 석유 제공을 결정했다. 이 동의는 이후 절대 중단된 적이 없었다. 라틴아메리카 내 나머지 지역 가운데 1996년과 2001년 사이 남미 지역Southern Cone, 특히 브라질과 칠레는 2003년 가스 60억 세제곱미터를 수입하게끔 하는 에너지 통합을 위한 거대한 투자 계획을 시작했다. 이전에는 이와 같은 계획을 진행할 여력이 없었다. 그 후 아르헨티나 위기로 투자가 급속히 축소되었다. 이러한 계획에 견주어 본다면, 우고 차베스의 계획은 훨씬 더 야심적이었다. 그는 도미니카공화국과의 협정서에 서명한 그날 다음과 같이 선언했다.

> 베네수엘라는 전 세계에서 최대 석유 매장량을 보유하고 있고 북극에서부터 알래스카를 거쳐 불의 고리land of fire에 이르기까지 대륙 내 가스 매장량도 최대이다. 카리브 지역에서 최대의 가스 매장량을 보유한 우리는 이를 동, 서, 남, 북으로 나누고 싶다. 더욱이 우리 이웃인, 형제에게 우선권을 주고 싶다. 우리가 가지고 있는 거대한 양의 가스와 석유가 공정하지 않다고 생각한다. 도미니카공화국에는 자주 정전이 발생하고, 브라질 북부는 개발을 위한 에너지가 부족하며, 콜롬비아는 국경 마을에 충분한 에너지 공급이 안 되고, 남부 그리고 서부 콜롬비아도 마찬가지다. 아이티는 병원에 전기를 공급해 줄 발전 장치를 작동할 에너지가 없고, 그레나다 그리고 이런 모든 형제 국가가 … 이는 공정하지 않다. 베네수엘라는 뿌리 깊은 볼리바리안Bolivarian의 정체성을 되찾았다. 그리고 단순히 이를

말하는 것 이상으로, 다 함께 진정으로 참여해 이를 보여주길 원한다.[27]

그의 페트로아메리카Petroamérica 프로그램은 세 가지 하부 프로그램, 즉 페트로수르Petrosur, 페트로카리브Petrocaribe, 페트로안디노Petrandino로 나뉘었다. 차베스는 특히 규모가 작고 가난한 국가에 굉장히 관대했다.[28] 제5차 페트로카리브 정상회담(베네수엘라 마라카이보Maracaibo, 2008.7.13)에서 차베스는 배럴당 100달러 이상의 석유 가격 중 18개 국가에 수입 석유의 단 40%의 가격만 지불하고, 차액은 25년의 거치 기간으로 오직 1%의 이자율로 상환하게 하는 금융 조건을 제시했다.[29]

이러한 관대한 재분배 정책과 차베스의 연성 외교soft diplomacy를 정치적 음모로 보든 혹은 어떤 속내로 치부하든, 베네수엘라가 천연자원 부존을 지역 공공재로 전환하고자 한 것을 부인하기는 힘들다. 물론, 이는 정확한 사실은 아니다. 차베스는 베네수엘라의 부를 고갈시키는 접근을 한 것이 아니고 베네수엘라의 석유가 공공재처럼 "비경합적non-revival이고 비배재적non-excludable"인 것은 결코 아니다. 그럼에도, 그의 전략은 에너지 통합 과정의 공급 측면을 재형성했다.[30] 더욱이, 차베스는 다수가 생각하는 것과 반대인 통합 과정을 훨씬 덜 정치적인 다른 트랙으로 옮겨 놓았다.[31]

세 번째 실례는 안보와 관련되어 있다. 독립 이래로 라틴아메리카는 안보의 우려가 존재했다. 그래서 이를 해소하기 위해 수많은 다른 방법을 강구했다. 제2차 세계대전과 1947년 리오 조약 서명 이후, 미국이 이 전역의 안보를 담당하는 만큼 이 이슈는 서반구의 어젠다에서 소멸되었다. 그러나 리오에서 서명한 미주 간 상호 협력 조약은 모든 문제를 제거하지는 못했다. 첫째, 1969년 온두라스와 엘살바도르, 또는 1995년 페루와 에콰도르 등의 라틴아메리카 국가들 간 전쟁을 막지 못했다. 둘째, 1982년 포클랜드 전쟁의 경우와 마찬가지로 미국은 또 다른 군사안보동맹, 이른바 NATO에 가입되어 있었다.[32] 세 번째이자 가장 중요한 것으로, 리오 조약은 국내 또는 초국가적 안보 위협을 차단하지 못했다. 도시 폭력, 마약 밀매, 게릴라 소요 등이 큰 피해를 주었고 역내 안보 우려를 자아냈다.

명백히 라틴아메리카 수도 등 주요 도시에서 발생하는 경범죄 또는 유괴 등을 집단적으로 해결할 방법이 없었다. 그러나 2000년대에는 마약 밀매 퇴치를 위한 협력 구상 등이 수차례 등장했고, 2008년에는 라틴아메리카 안전보장이사회가 개최되었다. 라틴아메리카 군대는 1970년대 동안 남미 지역의 테러리즘과의 전투를 위해 협력했었다. 지금 그들은 발생할 수 있는 분쟁에 대해 항구적으로 협력해 해결해 나갈 준비가 되어 있다. 콜롬비아와 주변 국가인 에콰도르, 베네수엘라와의 2008년 위기가 모든 이에게 교훈으로 남았다.

이 절에서 제기된 최초의 질문으로 다시 돌아간다면 안보는 복잡한 이슈이다. 라틴아메리카에서 이와 같은 안보 이슈에 가장 심각하게 노출된 나라를 고르라고 한다면 머뭇거림 없이 콜롬비아가 상기될 것이다. 이 국가의 수도, 보고타는 이러한 안보적 위협에 지속적으로 노출되었지만 1993년 이래 도시 폭력이 상당히 감소했다. 대부분의 콜롬비아 사람들은 우리베Uribe 대통령과 "민주적 안보" 정책으로 이러한 결과가 초래되었다고 여기거나, 1999년 시행된 콜롬비아와 미국 간 안보 프로그램인 '플랜 콜롬비아Plan Colombia'의 영향이라고 본다. 이와 같이, 더욱 안전해진 보고타는 여러 수준에서 이행된 수많은 정책의 결과물이다. 하지만 이는 복잡다단한 의사결정 과정에서 이뤄진 것으로 일반 시민들이 정책결정 참여에 제약이 있어, 오히려 대중의 정치적 참여의 소극화를 유도했다.

이러한 논리는 다른 지역 단위의 공공재에도 적용할 수 있으며 종국에는 민주주의 결핍을 상쇄하는 데 별반 큰 도움이 되지 않는다.

MERCOSUR의 통합 정책

MERCOSUR 기획자들은 개발의 비대칭성에 대해 항상 고심해 왔다. NAFTA 이후, MERCOSUR는 아마도 세계에서 두 번째로 가장 이질적 지역통합 과정이다.

제도적 간략함과 경제성을 추구한 1991년 아순시온 조약은 제6조에서 간단히 명시한 바와 같이, "당사국은 파라과이공화국과 우루과이공화국의 전환 비율의 차이를 인정한다". 이 조약의 별지 1에서는 상대적으로 소국(파라과이, 우루과이)을 위해 무역장벽 제거에 관한 더욱 확장된 기간(단계)을 제시했다. 3년 후, 1994년 오우로 프레토 의정서 서문에서 회원국은 "MERCOSUR 내 개도국과 낙후된 지역에 특별한 관심이 필요함을 염두에 두고 있다"고 명시했다. 그러나 어떠한 특별한 정책도 이러한 고려를 구체화시킬 계획을 두지 않았다. 1990년대 신자유주의적 분위기의 영향을 받아 지배적인 통념인 무역자유화는 모든 국가의 복지와 소국들의 경제적 따라잡기를 돕는 기제였다. MERCOSUR 존재의 첫 15년 동안 어떠한 진전도 이러한 방향으로 이뤄지지 않았다(〈표 8.3〉).[33] 사실, 정반대의 일이 발생했다. GDP 수치에 따르면 1990년대 초기 아르헨티나와 파라과이는 브라질을 조금 뒤쫓았는데 파라과이는 더욱 나빠졌다. 그 후 1995~2005년 그 간극은 고착화되었다. 이러한 상황은 수출의 경우 다르게 확인되는데, 파라과이는 무역자유화 프로그램에서 제공된 임시적 보호 이득을 명백히 취했다. 아르헨티나 위기 이후, 2000년 초 브라질의 수출은 증가했고, 이로 인해 이웃 국가들 간의 간극은 확장되었다.[34] 대체로, 불균형의 파노라마는 브라질의 파트너들에게는 반갑지 않은 현실이었다.

두 소국, 우루과이와 파라과이는 수년간 경제적 불균형이 심각하게 다뤄지지 않는 것에 대해 반복적으로 불편함을 토로했고, 글로벌 정치 지향성 속에서 MERCOSUR는 아르헨티나와 브라질 양국의 과도한 주도를 두고 볼멘소리를

〈표 8.3〉 남미공동시장 회원국별 불균형(비대칭)성

구분	연도	브라질	아르헨티나	파라과이	우루과이
GDP	1990	100	37.2	2.0	2.4
	1995	100	46.4	1.3	3.4
	2000	100	47.3	1.2	3.3
	2005	100	46.8	1.2	3.1
수출	1990	100	42.7	5.4	6.2
	1995	100	45.5	9.1	4.6
	2000	100	47.8	4.2	4.3
	2005	100	33.9	2.8	3.2

자료: 유엔 라틴아메리카-카리브 경제위원회(CEPAL) 자료를 활용하여 저자 작성.

냈다. 우루과이는 수차례 MERCOSUR를 탈퇴하겠다는 의사를 표시하기도 했다. 우루과이의 몬테비데오가 MERCOSUR의 수도로 지명되기 위한 노력과 관련된 소문에 따르면 다른 국가들은 이에 대해 크게 개의치 않았다. 그러나 2007년 1월 25일, 우루과이가 정도를 넘어 도발하는 일이 발생했다. 즉, 우루과이가 무역과 투자체제협정Trade and Investment Framework Agreement: TIFA을 미국과 체결함으로써 MERCOSUR 다른 회원국은 지역통합 과정을 위태롭게 할 수 있는 자유무역협정 서명의 예비 단계로 이해했다.

그러나 MERCOSUR의 좌편향성이 일부의 변화라도 이끌어낸다면, 이는 명백하게 불균형적인 상황에 대한 언급일 것이다. 앞서 확인한 대로, 아르헨티나의 위기 상황에서 MERCOSUR의 수장들은 통합 과정을 재활성화할 의지를 드러냈고, 이 상황에서 유럽 스타일의 구조 기금을 조성하자는 아이디어가 등장했다. 브라질의 영향력 있는 정치인 2명이 이 아이디어를 조정하고 이끌어나가는 데 중요한 일을 담당했다. 룰라 대통령의 외교 자문관이자 오랜 "전문가", 마르코 아우렐리오 가르시아, 사무엘 피네이로 기마라에스Samuel Pinheiro Guimaraes 대사는 우루과이의 이러한 불만에 상당히 우호적이었다. 이 때문에 2

명의 인사는 룰라에게 이 부분을 전달했다. 하지만 MERCOSUR의 틀 내에서 어떤 종류의 재분배 기능에 강경하게 반대 의견을 피력하는 브라질 외교관들을 설득하기는 쉽지 않았다. 더욱이, 이 2명의 인사들은 지역 단위의 재분배 정책을 브라질 내 정치적인 이유로 받아들이는 것이 쉽지 않음을 알았다. 브라질은 자체적으로 상당히 지역 간 불균형이 팽배하고, 이 때문에 브라질의 우선순위는 항상 뒤처진 북부 지역의 개발을 증진하는 것이었다. 이 지역 대표들은 이렇게 낙후된 지역을 위해 자원을 활용해야지 파라과이로 개발 자원을 배분한다면 아마도 반발할 것이다.

MERCOSUR가 역내 관계자들에게 통합 가치의 긍정적 분기점threshold으로 점차 인식되기 시작했다. 2004년 결정 33/04는 남미공동시장 교육기금FEM 36만 달러를 조성했다. FEM은 MERCOSUR의 지역통합 과정을 강화하기 위한 교육 프로그램에 대한 재정 지원을 담당한 첫 번째 할당 정책이었다. 이 기금은 회원국과 준회원국의 국가별 학교의 등록생에 비례해서 조성된 기부로 이루어졌다. 흥미롭게도 이 책 제7장에서 논의된 주장을 따르면, 아르헨티나에서 7개의 시민사회 단체로 구성된 한 그룹이 MERCOSUR 교육 포럼의 창설을 제안했다. 그 아이디어는 아르헨티나 정부에 의해 받아들여졌고, 당시 아르헨티나는 MERCOSUR 순번 의장국으로서 첫 번째 포럼이 부에노스아이레스에서 2004년 6월 10~11일에 개최되었다. 목적은 지역의 동등성과 포용성 증진을 위한 방법에 대한 논의였다. 포럼은 그 후 제도화되었고 지금은 MERCOSUR 교육 분야에서의 계획이 논의의 장으로 변모했다.

같은 해, CMC는 결정 19/04를 채택하고 구조적 수렴과 통합금융 고위급 회담GANCEFI을 만들었다.[35] 이 그룹의 목적은 "계획과 프로그램"을 통해 상대적으로 발전이 열악한 지역을 대상으로 MERCOSUR 기관을 강화하기 위한 안정적인 금융재원을 확보하고 MERCOSUR의 경쟁력을 향상시키는 것이었다.

GANCEFI는 영구 대표단 위원회의 회원으로 구성되었다. 당시에는 에두아르도 두알데 아르헨티나 전 대통령이 의장으로, 국별 경제 및 외교단 대표 그리고 사무국 위원으로 이루어졌다. 2004년 8월 24일 다양한 어젠다를 가지고 첫 번째 회담을 가졌다. 몇 가지 질문이 동시에 언급될 필요가 있다. 그중 하나는 MERCOSUR 사무국의 예산이다. 당시, 100만 달러의 예산과 직원 24명으로 구성된 MERCOSUR 사무국은 450만 달러와 직원 100명의 라틴아메리카 통합기구ALADI 또는 700만 달러와 직원 180명으로 이루어진 CAN에 비해 규모가 왜소해 보였다. ALADI의 건물은 몬테비데오에 위치했는데 MERCOSUR 건물과 고작 몇 블록 떨어져 있어 더욱 비교가 된다. 첫 번째 회담에서 아르헨티나는 다른 기관들과의 조화를 위해서라도 1000만 달러가 필요함을 피력했다. 사무국이 아니라, GANCEFI가 재정 지원이 필요한 다른 기관들을 결정했다. 결정 17/04에 의해 MERCOSUR 재판소를 위한 특별 교부금 5만 달러가 조성되었으나 다른 기관에는 기부금이 형성되지 않았다. 그리고 이전 장에서 확인한 대로, 재정 제약이 실무 그룹의 회담에 어떻게 심각한 영향을 주었는지 살펴보았다. 논쟁은 대체로 경제사회 포럼FCES과 카리브 정책개발센터CPC를 포함시킬지 여부로 이뤄졌고, 주된 의견은 그렇게 진행되어야 한다는 것이었다. 다음으로, 기금 총액에 대한 검토 여부였고 이 기금을 회원국이 지원해야 할지 또는 역외공동관세CET에 대한 일부 세금으로 충당할지, 그리고 이를 누가 관리할지에 대한 질문이었다.

제1차 미팅은 기본적으로 의견 교환과 어젠다를 정하는 것이었다. 2004년 10월 5일 제2차 미팅에서 아르헨티나는 두 가지 제안을 제시했다. 그중 하나는 기금이 8000만 달러가 되어야 한다는 것이고, 또 다른 하나는 MERCOSUR의 경쟁력을 감소하지 않는 범위 내에서 CET의 재정이 0.5포인트 증가되어야 한다는 것이었다. 이 정도의 기금액은 이후에 논의되었다. 하지만 후자는 다른 협상가들을 설득하지 못해 10월 20일 정부 구제 원조 원칙이 채택된 제3차 미팅에서 최종적으로 거부당했다. 흥미롭게도, 각 회원국은 제3차 미팅에서

"구조적 목적이 적시된 일련의 초안"을 제시했다. 구조 기금에 가장 많은 관심을 보일 것으로 예상했던 파라과이는 상세한 제안서를 제출하지 않고 프로젝트를 선발할 방법론을 제시했다. 아르헨티나는 산업 침체 또는 구제역 박멸에 의해 영향을 받은 지역의 경제적 복구, 브라질은 사회 인프라, 식량 안전, 가족 단위 농업, 그리고 우루과이는 국경 간 협력을 요구했다.

이러한 첫 번째 제안들은 흥미롭다. 왜냐하면 각 국가마다 경제적 문제점을 중요하게 염두해 두고 있지만, 지역 기금을 사용하여 사회문제를 다루고자 했기 때문이다. 그들은 모두 저개발 지역에 초점을 맞추고 경쟁력을 높이는 방식에 모든 노력을 기울였다.

2004년 11월 9일에 개최된 제4차 미팅에서 국별 기금 기여 정도에 대해 논의했다. 이 미팅에 두 가지 제안서가 제출되었다. 하나는 아르헨티나가 제안한 것으로 국별 GDP에 근거한 기금 할당을 제시했다. 이런 경우, 브라질은 기금의 71.6%, 아르헨티나는 25.3%, 우루과이는 1.7%, 파라과이는 1.4%를 출현해야 했다. 브라질은 조정된 비율을 적용하여 브라질 60%, 아르헨티나 30%, 우루과이와 파라과이는 각각 5%의 기금을 부담하는 제안서를 제시했다.

브라질에게는 가장 낙후된 지역의 성장을 돕고자 지역 기금을 조성하는 아이디어가 터무니없어 보였다. 어떤 기준에 비춰보아도, 역내 가장 부유한 브라질이지만 브라질 역시 가난한 지역을 포함하고 있다. 그러므로 논리적 관점에서 보면, 브라질은 이 기금을 점진적으로 브라질 북부의 낙후된 지역에 사용할 수 있었다. 그래서 브라질 내에서는 기금을 재분배 정책의 목적에 입각해서 브라질 자체의 경제개발에 사용해야 한다는 목소리가 일부 있었다. 하지만 회담에서는 이러한 낙후된 지역 단위의 개발 이슈는 좀처럼 언급이 되지 않았다. 대중적 이해관계에 대한 깊은 사려 없이 정부 간 협상의 논리만 팽배했다.

브라질의 제안은 역내 작은 국가들을 격분시켰다. 파라과이는 기금에 기여할 어떠한 의지도 없고, 단지 MERCOSUR 제도적 재정에만 출연하겠다고 공표했다. 그리고 상당량의 기금을 할당받는다는 조건하에만 참여를 하겠다는 의사를 표시했다. 파라과이는 기금의 분배에 덧붙여, 기금이 분배되는 방식에 회원국의 동의가 있어야 한다고 주장했다.

의사결정 절차 또한 맹렬한 논쟁의 기제였다. 브라질과 아르헨티나는 기여가 많을수록 더 많은 투표권을 가져야 한다는 원칙을 주장했고, 파라과이는 이 의견에 반대의사를 표명했다.

GANCEFI가 이러한 논쟁을 해결하기 훨씬 이전에, CMC는 MERCOSUR의 구조적 수렴을 위한 기금FOCEM을 조성하기 위해 결정 45/04를 2004년 12월 12일 채택했다. 그리고 CMC는 GANCEFI가 2005년 5월까지 최종 제안서를 만들도록 권고했다.

2005년 6월 19일 GANCEFI의 역할(업무)을 근거로 CMC는 결정 18/05를 취하며, FOCEM 운영 형태operating mode의 일부 정확성을 끌어올렸다. 결정 18/05의 서문에는 "공동시장을 향한 수렴 과정의 공고화를 보장하기 위해 연대의 원칙을 강화하고, 통합 과정을 자극할 필요가 있다"는 주장이 명시되었다.

FOCEM은 네 가지 종류의 프로그램의 발전을 지원하고자 한다. (1)구조적 수렴, (2)경쟁력, (3)사회적 통합, (4)제도적 구조의 강화이다. 결정 18/05 또한 위에서 언급한 몇 가지 이슈에 대한 논쟁을 종결했다. 기금은 국별 고정된 할당액으로 구성되고 매해 1억 달러($100 million)를 조성하는 데, 브라질에게는 그 혜택 정도가 다른 국가들에 비해 미미하다(〈그림 8.1〉).[36] 결정 18/05는 예를 들어 국제사회 기여자로부터의 추가적인 기금을 위해 문을 열어두었다. 또한, 수혜 국가는 특별 프로젝트에 할당된 전체 금액의 15%를 반드시 매칭 기금으로 조성해야 한다고 명시되었다. 끝으로, 이 결정은 GANCEFI가 FOCEM의 규정 절차를 상세히 작성하는 작업을 마무리하도록 지시하고 2005년 12월 8월, CMC는 이를 집행하기 위해 결정 24/05을 선택했다

결정 24/05는 흥미로운 부분이 있는데, 이는 우루과이의 우루과이의 온전한

〈그림 8.1〉 남미공동시장 구조조정기금 분담 및 재원분배 정도 (단위: %)

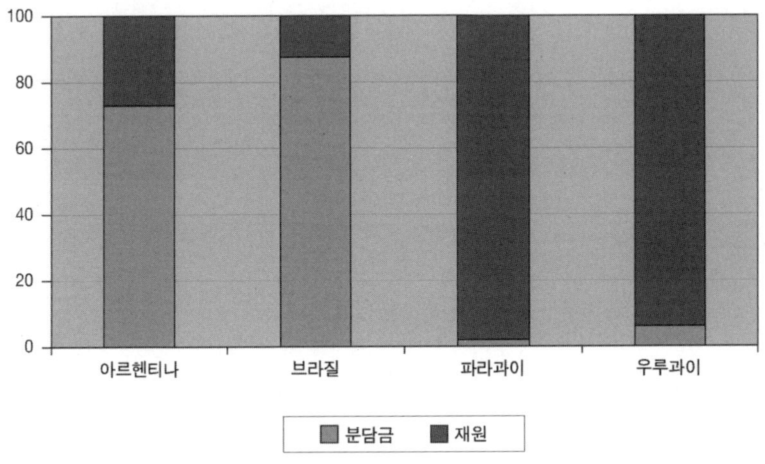

자료: 공동시장이사회(CMC) 결정 18/05.

승리라고 볼 수 있는 MERCOSUR의 사무국이 기금을 관리하는 것으로 결정했기 때문이다. 우루과이는 사무국을 강화하고 MERCOSUR의 수도로서 몬테비데오의 입지를 공고히 하기 위한 방식으로 몬테비데오에 있는 사무국이 FOCEM 경영에 집중하길 원했다. 그와는 반대로, 아르헨티나는 사무국의 과도한 관료주의를 피하길 원했다. 마지막 결정으로 사무국에 특별 남미공동시장사무국 FOCEM 국별기술단UTF/SM을 만들었다. 그러나 MERCOSUR에서 종종 발생하는 경향으로, 일보一步 전진하며 나아가, 이른바 제도의 초국가성을 띤다. 하지만 이내 이보二步 뒷걸음치는 형국을 확인할 수 있다. 이러한 탱고 스타일의 의사결정은 다분히 쉬이 확인할 수 있는데, FOCEM의 경우에서는 국가 기술 유닛UTNF의 설립에서 볼 수 있다. 각 국가의 UTNF는 "프로젝트의 형성, 발표, 평가, 이행 관련 측면의 내부적 조화"에 책임이 있다.[37]

프로젝트 선택에 관해 동의된 절차는 다음과 같이 상당히 복잡하다. 첫째, 각각의 UTNF은 남미공동시장 영구대표위원회CRPM에 프로젝트를 제출한다.

CRPM은 임시 전문 위원회의 도움으로 그들의 적격성을 체크한다. 그리고 기술적 평가를 위해 UTF/SM에 이를 전달한다. 그 후, UTF/SM은 GMC로 전달된 보고서를 작성하는 CRPM에 의견을 돌려보낸다. GMC는 보고서를 작성하는 데 30일을 소요할 수 있고 이것은 후에 최종 결정을 위해 CMC로 전달한다.

이러한 의사결정 과정은 두 가지 흥미로운 특징이 있다. 첫 번째는 여과filter의 증식 또는 거부점veto point이다. 목적이 정부 간 논리를 지키는 것이라면, 이는 성취 이상이다. 모든 단계에서 정부 간 협상과 정치적 조절의 가능성이 있다. 그러나 과정이 어떻게 진행될지는 지켜볼 일이다. 모든 국가는 파이에서의 고정된 할당량을 가지고 있다는 사실이 아마도 이해관계의 복잡성을 낮출 것이다. 두 번째 흥미로운 특징은 조건성이다. 그 방식의 각 단계에서 다른 기구들은 프로젝트의 적격성을 평가할 예정이다.

적격성 조건들 가운데 특별히 흥미로운 것은 환경과 사회적 수익률Social Rate of Return의 영향이다. FOCEM이 자금을 조달하는 프로젝트들은 친환경적·친사회적이어야 한다는 아이디어는 MERCOSUR와 미주 지역통합 과정에 상당히 혁신적이다.

첫 번째 시범 프로젝트는 2007년 1월 18일에 규정에 따라 승인되었다(결정 08/07). 이 프로젝트들은 주로 파라과이와 우루과이의 프로젝트로 인프라 또는 소규모 비즈니스, 농업과 가축이다(〈표 8.4〉).

일부 다른 프로젝트는 2007년 후반에 승인되었는데 파라과이 원주민 커뮤니티의 음용수drinking water(CMC 결정 47/07) 또는 파라과이 도로 보수(CMC 결정 48/07) 같은 사업이다.

FOCEM이 (경제적) 소국이 발전을 도모하며 (선진국을) 따라잡을 수 있도록 하는 재분배 정책으로 인식되기 때문에 파라과이가 제시하는 프로젝트들이 파라과이 자체 사회 프로젝트를 대체하는 것은 전혀 놀라운 것은 아니다. 인프라와 관련된 프로젝트, 가령 도로망 개선 사업은 지역의 긍정적인 외부성을

〈표 8.4〉 FOCEM의 시범 프로젝트

프로그램 종류	국가	기금
공공주택	파라과이	1200만 달러
공공주택	파라과이	970만 달러
도로 개선	파라과이	1490만 달러
소규모 사업	파라과이	500만 달러
식품 안전	파라과이	480만 달러
도로 개선	우루과이	790만 달러
생명공학	우루과이	150만 달러
국경개발	우루과이	160만 달러
구제역	우루과이	1600만 달러
역외공동관세에 대한 정보시스템	MERCOSUR 사무국	5만 달러
법률 데이터베이스	MERCOSUR 사무국	5만 달러

자료: 공동시장이사회(CMC) 결정 08/07.

이끌어낼 수 있다. 그러나 대체로 파라과이는 MERCOSUR의 일반적 관심에 대한 큰 고민 없이 아마도 국제 협력의 또 다른 출처 정도로 FOCEM을 고려할 것이다.

FOCEM을 제외하고도, MERCOSUR는 다른 방법으로 발전의 간극을 메꾸기 위해 노력한 것을 강조할 필요가 있다. 2006년 결정 34/06은 불균형(비대칭성)을 극복하기 위한 최상의 방법에 대한 제안서를 만들도록 우루과이와 파라과이에게 지시했다. 1년 후, 불균형(비대칭성)을 극복하기 위한 전략적 계획으로 불리는 CMC 결정 33/07은 연대성와 상보성 그리고 남미공동시장 불균형 극복을 위한 고위급 회담GANASIM을 만들었다. GANASIM이 담당해야 할 이슈는 파라과이의 지리적 특징인 내륙 국가 이슈, 파라과이 경제 개방 방식, 소국들의 경제 경쟁력 개선, 무역촉진 조치, 제도적 강화가 있다.

물론 어떤 면에서 이 전략이 MERCOSUR의 개발 간극을 좁힐지 전망하는 것은 너무 성급하다. 하지만 이 전략을 약간의 발전 정도로 상상하는 것은 결코 무리가 아니다. 세계 경제 대국 브라질, 그리고 우루과이와 파라과이 같은 소국 간의 간극은 물론 결코 쉬이 좁힐 수 없을 것이다.

우루과이와 파라과이가 종종 불편함을 느끼고 토로한 정치적인 불평등 이슈에 대한 움직임이 있다. 이런 면에서, FOCEM은 브라질이 역내 정부 간 intergovernmental 논리를 유지하며 작은 파트너 국가에 전달하는 지원금처럼 보였다. FOCEM이 구성된 방식은 더 온전한 통합으로의 MERCOSUR를 안내한 것은 아니다. 국별 기반으로 고정된 기금의 할당이 있기 때문에 주요 수혜자들은 기본적으로 새로운 재정적 지원에 접근할 수 있다.

그러나 FOCEM의 중요성은 과소평가되어서는 안 된다. FOCEM은 라틴아메리카 통합 과정에서 첫 번째 재분배 정책을 대표(담당)한다. 기금 할당제는 중미, 안데스, 그리고 심지어 MERCOSUR 등 다른 지역통합 과정에 있었다. 그러나 FOCEM은 매해 1억 달러를 재분배했고 비록 지역의 GDP로 보았을 때는 매우 작은 부분(약 0.04%)이지만,[38] 중요한 선례이다. FOCEM은 외부적 환경의 배경으로서 일반적인 반응적(수동적) 통합일 뿐 아니라 긍정적(적극적) 통합의 실험이다.

PART 5

통합의 논쟁적 정치성

Chapter 9

미주 지역의 다층적 거버넌스?

이전에 언급한 대로, 1990년대는 미주 지역에서 역내 통합과 관련해 놀라운 재활성화가 있었다. 중미 및 안데스 지역의 오래된 통합 과정의 재활성과 더불어, 북미 지역의 새로운 통합의 시작NAFTA 그리고 남미의 MERCOSUR의 전반적인 파노라마는 1994년 미주 정상회담 이후 서반구 차원의 통합 협상이 개시되는 등 점차 복잡해져갔다. 당시, 일반적 통념은 존재하는 모든 다른 통합 과정이 합쳐지는 것이다. 10년 후 미주 자유무역협정FTAA는 교착상태가 되었고, 미주 정상회담은 잠정적으로 증가하는 이슈들을 다루며 지속되었다. 이와 동시에 FTAA 실패로 인한 좌절감에 대한 대처로, 미국은 양자 자유무역협정 협상을 시작했다. 베네수엘라는 FTAA를 반대하고 라틴아메리카의 "아메리카를 위한 볼리바르 동맹ALBA"을 제시했다.

경제학자들이 종종 사용하는 스파게티 볼spaghetti bowl 이미지는 어느 때보다 적절하다. 정치학자들은 이러한 복잡한 이미지에 두 가지 일련의 의문을 제기한다. 하나는 설치된 거버넌스 형태를 검토하는 것이다. 경쟁적 관할권이 있는가? 분절·중복되거나 교차하는 거버넌스의 단계가 있는가? 또 다른 하나는 정상외교의 상징적 중요성을 밝히는 것으로 구성되어 있다. 각국 정상들이 회담을 가졌을 때 문제 해결이 그들의 주요 관심사가 아니라면 어찌 되는가? 정상회담을 바라보는 이러한 두 가지 방법은 상호 배타적이지 않다.

이 장은 체제와 거버넌스를 연구하는 다른 학파(학풍)가 FTAA 협상을 어떻게 설명했는지에 관해 서문에서 토의한 뒤 4개의 절로 구성했다. 첫 번째 절에서는 수렴·통합이라는 이상에 의해 1994년 형성된 정상회담 과정을 묘사하고, 어떻게 이 과정이 심각한 문제에 직면했는지 설명한다. 특히, 역내 증가한 정치적 양극화가 일련의 미주 정상회담 개최를 제약하지는 못한다는 베로니카 몬테시노스Veronica Montecinos의 형식적ceremonial 지역주의 가설의 적절성을 확인한다.[1] 두 번째 절에서 이 부분을 논의한다. 세 번째 절에서는, FTAA 이후의 경쟁적 프로젝트를 조사하며 이러한 프로젝트들은 가장 활동적인 행위자들, 즉 미국과 베네수엘라에 의해 진행될 것이다. 네 번째 절에서는 통합의 다른 분류 방법을 담아내기 전에 헤게모니와 반헤게모니에 대해 언급하도록 한다.

통합과 거버넌스

이 절에서, 필자는 거버넌스 개념이 미주에서 일어나고 있는 의사결정 과정의 복잡성을 더 잘 이해할 수 있도록 돕는다는 것을 보여주고자 한다. 이 개념이 이 개념이 적절하든 아니든 사회과학에서 유행하기 전에 국제 레짐regime 개념이 유용하게 사용되었다.

스티븐 크래스너Stephen Krasner의 고전적이고 상당히 널리 인용되는 국제 레짐은 "행위자들의 기대치가 국제관계의 주어진 영역에 수렴되는 언저리의 암시적인 또는 명시적인 원칙, 규범, 규칙 그리고 의사결정 과정"이다.[2] 그리고 이 정의는 다른 행위자들이 참여하는 폭넓은 상황의 이해를 이끌어내는 설명력이 있어 흥미롭다. 여하튼, 이 책에서 사용된 지역통합의 정의는 동일한 목적을 추구한다. 3개의 학파(학풍), 즉 현실주의, 신자유주의, 인식론에 속해 있는 체제 연구 각각은 3개의 하위 범주로 분류할 수 있다.[3] 현실주의와 신자유주의적 접근은 동일한 합리적인 방식으로 국가 간 국제 협상 분석을 공유하고, 인식론은 국가 선호의 사회적 구성에 더 많은 관심을 둔다. 안드레아스 하젠클레버Andreas Hasenclever, 피터 메이어Peter Mayer, 폴커 리트베르거Volker Rittberger는 신자유주의와 현실주의 접근은 상황에 따라 상호 대안적으로 사용할 수 있는 반면, 인식론적 접근은 일반적으로 협상의 예비 단계라고 정확하게 지적했다.

미주 정상회담 과정을 보면, 각각의 세 가지 접근이 협상의 특별한 측면을 강조하는 데 유용하다. 신현실주의 접근은 자유무역협정을 협상할 때 국가 이익 주도의 동기를 설명하는 데 적합한 것처럼 보인다. 예를 들어 미국은 레이건 행정부 2기 동안 1988년 무역과 경쟁 법령으로 무역 정책 어젠다를 바꿨고 세계자유화를 진행시키고자 했던 GATT 체제의 실패를 대처해 지역주의로 선회했다. 목적은 거대 다국적 기업들이 서비스 부문에서 새로운 시장을 선점하게 함으로써 지적재산권을 어젠다의 최우선 과제로 올려놓기 위함이다. 캐나다와 멕시코 역시 NAFTA 관련 이해관계가 얽혀 있다. 캐나다는 물로니Mulroney 정권 시절 미-캐나다 자유무역협정CUSTA 서명으로 이미 자유주의 체제하에 있었다. 멕시코도 NAFTA 협상으로 자유주의(시장경제)를 모색했다. 멕시코 카를로스 살리나스Carlos Salinas 대통령은 1980년대 말에 이행된 자유주의 개혁 공고화에 관심이 있었다. 라틴아메리카의 나머지 국가들, 특히 상대적으로 큰 국가들은 FTAA 협정에 환영하며 명백한 상업적 이득을 취하길 고대했다. 물론, 카리브연안무역특혜제도Caribbean Basin Initiative: CBI를 통해 미국 시장의 수출 비관세 혜택을 받고 있는 소국들은 상대적으로 이에 대해 별반 관심이 없었다.[4] 이러한 가난한 국가들은 신자유주의 접근에 제약이 있는데, 이는 그들이 불평등과 개발의 간극에 더 관심이 있고 현실주의자들에게 더 익숙한 보상 이슈를 요구하기 때문이다. 그러나 모든 라틴아메리카 국가가 공유하는 하나의 관심

사항이 있다. 모든 국가는 일방적인 미국의 보복으로부터 보호해주는 무역 분쟁 해결 메커니즘을 원한다. 이런 불확실성의 환원주의는 로버트 코헤인Robert Keohane의 계약주의자contractualist 접근으로 명백히 강조된다.

현실주의 학파는 협상 구조의 이해를 돕는 데 유용한 도구이다. 1994~1998년, 협상 준비를 갖추기 위해 일련의 문제가 해결되어야 했다. 합의점을 찾기 위해 네 차례의 각료 회의가 있었다.[5]

첫 번째 이슈는 참여 행위자 수이다. 미국은 모든 국가와 개별적으로 협상하기를 원한 반면에 라틴아메리카는 각각의 관세 동맹 단위로 집단적 협상을 선호했다. 협상에 참여한 수가 34국에서 18개국으로 축소되고 후자가 최종적으로 선택되었다. 각료들은 "국가들이 각 개별 국가 또는 하부 지역통합 그룹의 하나인 구성단위로서 FTAA 의무 사항을 협상하고 받아들일 수 있다"는 데 동의했다.[6] 두 번째 이슈는 협상의 속도와 순서이다. 관세 감축을 시작으로 미국은 무역 촉진을 위한 대화를 신속히 열 것을 요구했다. 브라질은 라틴아메리카에서 큰 희생을 감당하기 때문에 협상이 끝날 때까지 관세 감축을 위한 대화 연기를 선호했다.[7] MERCOSUR의 우선순위는 미국의 저항이 예상되지만 농업 생산품의 시장 접근을 원활하게 하기 위해 비관세 장벽을 시작하는 것이다. 그들 모두는 "협상은 모든 영역에서 동시다발적으로 이뤄질 것이라고" 했다. 마지막으로 가장 복잡한 이슈는 협상 결론과 관련이 있다. 미국은 부분협정서의 선택적인 서명을 지지한 반면, 브라질의 리더십 아래의 라틴아메리카는 일괄 협상을 선호했다. 그들은 명백히 미국 협상가들이 관세 협정을 빨리 끝내고, 이후 비관세 장벽 대화를 무기한 정지하는 것에 대해 명백히 두려움이 있었다. 이 점에서, 그들은 "FTAA 협상의 시작, 경과, 결과가 상호 동의하에 권리와 의무가 포함되는 일괄수락원칙single undertaking의 부분으로 취급될 것"에 동의했다.[8]

이러한 초기 단계에서(1994~1998) 협상은 권력 정치에 의해 형성되었다. 미

협상가들의 신속처리 권한이 약해진 가운데 브라질은 라틴아메리카에서 모두가 인정하는 리더십을 재개했다. 작은 국가에서 승인된 보상을 포함해 협상 이론은 이런 준비 단계의 모든 조치를 투영한다. 산호세 공동 선언문은 "FTAA 과정의 온전한 참여를 확실히 하기 위한 특별한 주의의 필요와 경제적 조건(이주 비용과 가능한 내부 전위dislocation) 그리고 소규모 경제 국가에 기회가 주어져야 한다"고 명시한다.[9] 그러나 협상은 동맹관계가 쉬이 움직이는 복잡한 게임이다. 리처드 파인버그Richard Feinberg는 양자주의bilateralism, 지리geography를 근거로 한 복수주의plurilateralism와 특별한 이슈별 연합이 혼합된 것으로 이를 "영속적 모듈식 다자주의"라 부른다.[10] 신자유주의와 현실주의 접근으로 설명할 수 있는 마지막 특징은 모든 FTAA 과정의 의장직과 더불어 협상 그룹 의장과 부의장의 명백한 배분이다. 주요 행위자인 미국과 MERCOSUR는 2005년 결론이 날 때까지 과정의 온전한 조정을 확보했다(〈표 9.1〉).[11]

이슈 분야의 선택 또는 좀 더 포괄적으로 개별 국가에 의해 보호되는 국가 우선의 이해를 위해 신자유주의와 현실주의 접근이 인식론적 접근을 통해 효율적으로 보완될 수 있다. 사익private interest의 압력하에 NAFTA 조약에 포함하도록 한 9개의 선택된 이슈(〈표 9.1〉)는 거의 모두 미국이 제안한 것이다.[12] 그러나 예외가 하나 있다. 농업은 NAFTA 조약(제7장)에 포함되어 있는데 그러나 이는 "물품 무역"에 관한 2부에 삽입되었다. 브라질은 기업형 대규모 영농 부문의 이익을 수호하고 이를 분리해서 다루는 데 성공했다.

또한, 인지주의cognitivism는 아이디어를 독립변수로 고려한다. 다음 절에는 냉전 이후 시대가 북남으로 나눠진 것을 가로지르고 가치와 이익을 공유하는 시기라는 공통된 인식을 가지고 살펴볼 것이다. 리처드 파인버그는 "에어라이Airlie 집의 영혼"을 언급하며, "냉전 종식에 수반된 서반구상의 우위ascendancy와 지적 합치에 중요한 정치적·경제적 가치가 올바른 사전 조건을 만들었다"고 설명한다.[13]

〈표 9.1〉 미주 자유무역협정 과정의 의장직

구분	1988.5.1~ 1999.10.31	1999.11.1~ 2001.4.30	2001.5.1~ 2002.10.31	2002.11.1~ 2004.12.31
의장	캐나다	아르헨티나	에콰도르	공동 의장 : 미국, 브라질
부의장	아르헨티나	에콰도르	칠레	

협상 그룹	의장	부의장
시장 접근	콜롬비아	볼리비아
투자	코스타리카	도미니카공화국
서비스	니카라과	바베이도스
정부 조달	미국	온두라스
분쟁 해결	칠레	우루과이, 파라과이
농업	아르헨티나	엘살바도르
지적재산권	베네수엘라	에콰도르
보조금, 반덤핑, 상계관세	브라질	칠레
경쟁 정책	페루	트리니다드 토바고

자료: 제4차 무역장관 공동선언(코스타리카 산호세, 1998.3.19)

국제 레짐에 관한 대부분의 문헌은 어떻게 집단적 조치가 국가 그룹 사이에서 출현할 수 있는지에 대한 설명에 관심을 갖는다. 다른 학풍은 협상의 실패를 포함해 협상의 조건과 특징을 이해하는 데 도움을 준다. 비교한다면, 거버넌스 개념을 사용하는 학풍은 협상이 어떻게 결정되며, 그리고 어떻게 결과가 전달되는지에 더 관심을 갖는다. 그들은 또한 주요 협상의 실패 후 의사결정 절차 네트워크의 탄성(복원력)을 이해하는 데 도움을 준다. 이 장에서 살펴보고자 하는 것은 미주 정상회담 과정이 교착상태에 빠진 FTAA 협상을 되살렸는지 여부다.

이 분야의 선구자인 제임스 로즈노James Rosenau는 "목적을 향한 사회적 시스템을 조종하는 메커니즘"[14]을 언급하면서 포괄적인 의미로 거버넌스 용어를 사용했다. 그가 "인간 활동의 모든 단계에서의 규칙체계, 즉 가족부터 국제기구에 이르기까지"[15]라고 간주했기 때문에 다른 단계에서 다른 행위자들을 고려하면서 지역통합 과정에 쉽게 적용할 수 있다.

그러나 유럽 연합의 의사결정 과정의 복잡성(다층적 거버넌스)을 분석하는 데 거버넌스의 특별한 종류가 사용되었다. 게리 마크스Gary Marks는 "행정부의 독점보다는 다른 단계의 행위자들에 의해 공유된 의사결정 능력"의 상황을 나타내기 위해 1992년 이 개념을 사용하기 시작했다. 국가들 간의 집단의사결정은 개별 국가의 행정부 권한의 심각한 축소를 의미한다. 그리고 정치판은 상호 연결되어 있는 것이지 고립nested된 것은 아니다.[16]

이 모델은 정책 입안의 네 가지 연속적인 단계인 정책 제안(정책 개시), 의사결정, 이행, 심사adjudication에 대해 묘사했다.

게리 마크스와 리스벳 호게Liesbet Hooghe의 후기 연구물에서는 거버넌스의 의미를 유럽 그 너머로 확장하고, "공공 영역에서 의사결정을 묶는 것"으로 정의하여, 다층적 거버넌스의 권력 분산 원인을 두 가지 타입으로 흥미롭게 구분지었다. 첫 번째 타입(Type I)의 다층적 거버넌스는 어떠한 특정한 영토 내에 단지 하나의 적합한 관할권이 있는 "러시안 인형과 같은 중첩된 관할권(사법권)에 위치해 있는" 모든 시민을 대상으로 하는 대중적 목적이다. 두 번째 타입(Type II)의 다층적 거버넌스는 전문화된 것으로, 그와 같은 관할권의 수는 잠정적으로 크고, 그들이 작동하는 범주는 아주 세세하고 다양하다.[17] 이러한 2개의 이상적 타입은 네 가지 선상에서 다르다. 대중적 목적 대 특수 목표, 비非상호교류 회원 대 상호교류 회원, 제한된 단계의 관할권 대 무제한 단계의 관할권, 시스템 전역 구조 대 가변적 설계로 나누어 볼 수 있다.

한편 다층적 거버넌스 개념은 여러 방면에서 비판을 받는다.[18] 간단히 말하면, 다층적 개념의 수많은 사용자는 모든 정치적·계층적 관계를 상쇄시키는 경향의 방식으로 권력의 분산을 요구한다. 정치와 정책의 관계는 종종 배제되고, 사업가 또는 옹호연합의 역할 또한 그러하다. 더 개탄할 일은 국제제짐과 관련해서 권력의 불균형이 간과된다. 국가가 다른 형태의 권력과 공존하는 "양분화된 체제"[19] 내에서 헤게모니의 권력이 존재함에도 다른 수준에서 다중심적 poly-centric 정책결정 과정이 있다. 다층적 거번넌스를 연구하는 학자 대부분은 유럽의 경우에만 집중하기 때문에 모두가 이 측면은 자주 잊었다. 이 장의 다음 절에서 확인할 것으로, 미주 정상회담 과정은 미국의 헤게모니 환경에서 타입 II의 다층적 거버넌스가 실현되었다.

통합 신화에서부터 분산의 현실로

서반구Western Hemisphere 국가들이 건설적·지속적인 협력 기회 그리고, 이러한 협력으로 잠재적인 성과가 컸던 이와 같은 순간을 회상하기란 쉽지 않다. 냉전은 끝났고 이제는 미국의 대 라틴아메리카 정책에서 안보 문제가 더 이상 우선순위가 아니다. 미국의 일방적인 간섭에 대한 두려움의 축소와 라틴아메리카 입장에서 미국의 지역 내 정치 그리고 경제적 지배에 대한 우려가 점차 줄어들었다. 오늘날 미주 전체에서 민주정치, 세계 경쟁력 제고, 사회적·경제적 성장에 초점을 두고 관심과 가치가 통합되는 모습을 보게 된다."[20]

냉전이 끝나는 시점에 많은 관찰자가 국제관계에서 새로운 통합 시대를 예언했다.[21] 라틴아메리카의 많은 엘리트는 평화로운 세계에 대한 부시 미 대통령 취임 연설과 범미주 자유무역 구상EAI에 열렬하게 호응했다. 역사상 처음으로 쿠바를 제외한 미주 전체 국가들이 민주주의와 자유시장경제 체제에 적극적으로 호응하고 있고 이를 바탕으로 미주 지역의 정체성이 확립되어 가고 있다. 통합은 "마법의 단어"가 되었다.[22]

몇몇 요소는 통합 신화 공고화에 기여했다. 1990년대 초 다른 과정에서 만장일치로 채택된 무역 중심 통합의 새로운 방법론이 그 하나이다. 최근에 선출된 카를로스 메넴 대통령(아르헨티나), 페르난도 콜로르 대통령(브라질)이 서명한 MERCOSUR의 부에노스아이레스 법령Act은 며칠 전 선포된 부시Bush의 EAI 정신과 양립할 수 있는 것으로 이전의 협정서인 통합, 협력, 개발 조약(1988. 11.29)과는 가장 상반된다. EAI가 개시되기 2주 전 부시 대통령과 파트너인 살리나스 멕시코 대통령은 자유무역협정 협상에 관한 그들의 의지를 내비쳤다. MERCOSUR, NAFTA 그리고 옛 협정서들의 재출범 모두가 워싱턴 합의의 영감을 받았다.[23] 이 책 제4장에서 확인한 대로 합치·통합은 제도 발전에 의해 향상되고, 일부 지역통합 과정의 확대에 의해 증진된다.

마이애미에서 개최된 1994년 미주 정상회담은 이러한 합치·통합의 신화를 포함한다. 근본적으로 대부분의 라틴아메리카 지도자들은 미국과 함께 미주 자유무역협정FTAA과 같은 지역화 노력을 하는 데 긍정적이다. 즉, 이를 통해 미국 시장의 접근이 용이하게 되고, 다층적 협상 전략을 갖게 된다고 믿는다. 따라서 라틴아메리카 지도자들은 미국이 제안하는 자유 개혁 어젠다를 적극적으로 수용한다. 그러나 미주 자유무역협정은 곧 많은 장애물과 조우했다. 이른바 새로운 (투자, 서비스, 지적재산권) 그리고 브랜드 뉴brand new(환경, 노동) 등 무역 관련 이슈별 대화는 라틴아메리카 국가에게 상당히 고통스러웠다. 더욱이, 미국은 상대 파트너에게 WTO보다 더 강력한 가칭 WTO+라고 불리는 규칙을 적용하길 원했다. 니콜라 필립Nicola Philipps이 정확하게 지적했듯이, 라틴아메리카와 카리브 국가들과는 달리 미국 입장에서 FTAA 프로젝트는 무역 확장에 방점을 찍기보다는 적어도 역내 우선순위를 반영하면서 역외와 글로벌 이해관계를 고려한 무역 규범을 역내에 심는 것이다.[24]

정부 조달을 예로 들어보자. 어떤 라틴아메리카 국가도 1994년 서명된 WTO 정부 조달 협정서에 당사국이 되지 못했고, FTAA 협상이 1988년 개시 되었을 때 어떤 지역 기관도 공급 관련에 참여하지 못했다. 실질적으로, MERCOSUR

가 결정 79/97을 통해 임시 그룹을 만들었지만 어떠한 법 조항도 채택되지 않았다. 그와는 반대로, NAFTA 모델을 좇은 협정문에 대한 협상이 있었고, G3(멕시코, 베네수엘라, 콜롬비아)은 규정을 포함시켰다.

미국이 요구하는 최우선 과제를 맞추는 것은 큰 노력이 뒤따랐다. 미국은 대기업의 국제 경쟁을 위해 공정하고 무차별적인 조건을 확보하고자 정부 조달에 관한 협상 그룹의 의장직을 맡았다(〈표 9.1〉). 이처럼 미국이 요구한 적용범위 등에 대해 이해를 구하고자 한다면, 1930년대 이래 라틴아메리카 많은 국가가 산업 발전을 증진하기 위한 방법으로 국내의 공급자가 되는 것을 선호했다는 사실에 대해 상기할 필요가 있다. 이는 특별히 브라질에 적용되는데 국가 주도형의 경제개발 개념을 가진 브라질은 이러한 개발 개념이 수년간 지속되고 공고화되었다. 이 부분에서 미국과 브라질 간의 간극은 상당히 컸다.[25]

지적재산권과 같이 곧이어 수면 위로 올라오게 될 다른 이슈들 또한 살펴보아야 한다. 미국은 표준화에 적극적으로 관심을 보인 반면, 브라질은 브라질 자체의 개발 개념을 따라 진행했다. 미국은 "새로운 이슈"에 적극적으로 접근하길 원했던 반면, 브라질은 농업 또는 보조금 그리고 반덤핑과 같은 고전적 이슈에 더 많은 관심을 보였다. 이와 같은 간극은 더욱 명백해졌는데, 특히 무역촉진 권한 법안Trade promotion authority act과 관련해서 2002년 미 의회에서 법안 투표가 있었다. 이 법안에는 미국이 적극적으로 주장하는 환경, 노동, 서비스, 투자, 지적재산권 그리고 시장 접근과 같은 이슈를 포함하고 있으며, 농업보호무역 정책과 같은 농업과 관련한 이슈에 관해서는 논쟁의 여지를 최소화하는 것을 골자로 하고 있다. 이와 동일한 선상에서 본다면, 브라질의 룰라 당선은 브라질의 국익 우선 재확인과 국가 주도형의 개발을 추진하는 것을 의미한다. 더욱 급진적 좌파 그룹 리더들의 공고화(베네수엘라, 볼리비아, 이후 에콰도르와 니카라과)는 역내 통합의 신화를 더욱 악화시켰다.[26]

결과적으로, 협상은 중단되었고 9개 중 6개 이슈가 협상의 어젠다에서 사라져 WTO로 이 내용들을 보냈다.[27] 하지만 2005년 이후 모든 면에서 FTAA 프로젝트는 소멸되었다. 미국은 당분간 NAFTA 방법론 적용 및 시행이 훨씬 쉬운 양자 협정으로 선회했다.

미주는 형식적인 지역주의인가?

통합 신화가 불시착하고, FTAA가 교착상태에 직면했다. 그럼에도 정상회담(과정)은 살아남아 오히려 더욱 공고해졌다. 이 장에서는 이러한 이율배반적인 부분에 대해 두 가지 방식으로 접근하고자 한다. 제4장에서 이미 설명한 대로 상징적 측면과 제도적 측면을 살펴볼 것이다.

상징적 측면을 먼저 다루고, 다음 절에서 제도적 측면을 알아보도록 하자. 1990년대에 라틴아메리카는 정상외교를 향한 글로벌 발전을 지지했다. 1980년대에 라틴아메리카 리더들은 가칭 '소방관 외교'로 불리기도 했는데 이는 역내 여러 공통 문제(가령, 채무, 중미평화, 마약 등)를 해결하기 위한 회동을 일컫는다. 하지만 1990년대에는 이와 같은 미팅에서 공통적 역내 이슈가 더 이상 주요 어젠다가 되지 않았다. 콘타도라 그룹이 이후 리오 그룹Rio Group이 된 이 방식이 이러한 변화 양상의 전형을 보여준다.[28] 실용주의적 지역주의는 형식적 지역주의로 대체되었다. 정상회담의 주요 기능은 두 가지로 나눌 수 있다. 그중 하나는, 정상회담은 라틴아메리카 가족의 통합으로 형재애를 강조한다. 정상회담 시 사진을 찍는 것과 같은 상징적 기능의 중요성을 단순히 배제하지 말아야 한다.[29] 이와 같은 조화를 표출한 예는 2008년 5월 23일 브라질리아 정상회담을 들 수 있다. 공식적 동기는 남미국가연합UNASUR 설립 조약의 서명이었다. 그러나 2008년 3월 1일 이후 발생한 역내 혼란에서 에콰도르 영토 내에 콜롬비아 군의 급습이 감행되고 콜롬비아 무장혁명군FARC 진영을 초토화시켰

〈표 9.2〉 이슈 영역별 정상회담 간 일련의 결정들 (단위: %)

이슈 영역	미주 정상회담	이베로-아메리카 정상회담	리오그룹 정상회담
정치	31	33	22
사회	37	26	17
경제	17	12	29
국제	15	28	31
기타	0	1	1

자료: 칠레의 FLACSO 자료를 활용하여 저자 재구성.

는데, 양국 정상이 서로 끌어안으며 웃고 있는 모습이 담긴 사진이 안정감을 준다.[30] 이 사건 발생 수주 전에는 리오 그룹의 산토 도밍고Santo Domingo 정상회담이 있었고 여기서 모든 불편한 상황을 멀리하고 볼리바리안 형제애 정신에 입각해 콜롬비아 우리베 대통령과 베네수엘라 차베스 대통령 간의 장관을 이루는 악수가 있었다.[31]

이러한 정상외교의 두 번째 상징적 기능에 대해서는 이미 이 책 제5장에서 밝힌 바 있다. 정상회담 어젠다 범위의 확장은 각국 대통령이 개별국의 유권자에게 세계화 시대의 문제 해결 능력의 필요를 지역 단위에서 찾을 수 있다는 것에 대해 신호를 보내는 것이다. 이렇게 상정된 통치성 업그레이드는 일반 대중에게 제대로 알려지지 않았을 수 있지만 현실적으로 여러 중요한 일을 감당한다.

이와 같은 논리로 정상회담은 상당히 생산적이었고, 다뤄진 주제도 매우 다양했다. 그러나 흥미롭게도, 각각의 정상회담은 다소 특화되었다. 라틴아메리카 사회과학대학 FLACSO에서 조사한 연구에 의하면, 1990년대에 이베로 아메리카 정상회담, 리오 그룹, 그리고 미주 정상회담에서 취해진 결정이 모두 합해 1113건에 달했고 아시아-태평양 경제 협력체는 단지 84건이었다. 이러한 세 정상회담은 무역 관련 이슈에 거의 배타적으로 초점이 맞춰진 APEC보다

〈그림 9.1〉 이슈별 정상회담 결정 사항(1990~1999)

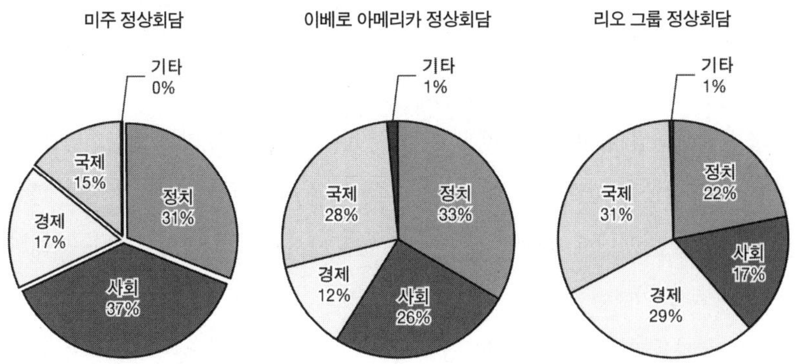

자료: 칠레의 FLACSO(http://www.ftaa-alca.org/spcomm/soc/Contributions/BAires/csw153_s.asp) 자료를 활용하여 저자 재구성(자료 확인: 2008.6.6).

훨씬 더 정치적이었다[32](〈표 9. 2〉, 〈그림 9.1〉).[33]

리오 그룹 정상회담은 주로 국제 이슈에 큰 관심을 보여왔는데 이는 이 회담 기원의 역사성과 연관이 있다. 중미 위기로 출범하게 된 리오 그룹은 정치적 포럼의 역할을 수행하는 것이 주된 목적이다. 그와는 반대로, 이베로 아메리카 정상회담의 가장 주요한 현안은 정치 이슈를 다루는 것이다. 쿠바 민주주의 이행에 대한 스페인의 집착으로 되풀이되는 논쟁은 이 회담의 정치화를 설명하는 한 예가 된다. 끝으로, 미주 정상회담은 사회적·정치적 이슈에 상당한 관심을 표명한다. 1994년 "번영과 개발을 위한 파트너십"은 빈곤 감축, 불평등, 민주주의 증진에 방점을 찍고 있다. FTAA 프로젝트는 대중매체에서 큰 이목을 끌었지만 결코 정상회담의 어젠다를 독점하지는 않았다.

다층적 지역 거버넌스

어젠다, 그리고 결과

이러한 정상회담의 대부분은 제도를 만들었다. 이 절에서, 미주 정상회담의 과정에 대해 집중해서 설명하도록 한다.[34] 앨 고어 미 부통령은 제1차 미주 정상회담 준비로 1994년에 상당히 분주했다. 1994년 3월 그가 아르헨티나, 볼리비아, 브라질을 여행했을 때 품었던 이슈, 즉 지속 가능한 개발과 굿 거버넌스는 호스트 국가들의 관심 어젠다와 상반되지 않았다. 하지만 라틴아메리카 호스트 국가들은 무역, 빈곤 감축, 교육 마약 등과 같은 다른 이슈에 대해서도 의견교환을 주장했다. 고어는 전통적 외교 활동의 초기 이슈 리스트에서 지속적으로 새로운 이슈를 추가하고 14개에서 19개로 어젠다 리스트를 확장했다. 마침내 마이애미에서 채택된 액션 플랜은 23개 어젠다 리스트와 150개 이상의 액션 항목을 4개의 일반적 목적, 즉 "미주 커뮤니티 민주주의의 보존과 강화", "경제적 통합과 자유무역을 통한 번영 증진", "미주 지역의 빈곤과 차별 철폐", "지속 가능한 개발의 보장과 미래 세대를 위한 자연환경 보호"로 그룹화한 것을 채택했다.[35]

이와 같은 이슈를 다루고 형식적인 지역주의를 넘어서는 강력한 의지가 모든 사람의 기대를 높이는 데 기여했다. 이러한 의지는 액션 플랜 부록에 포함되어 있는데 "정부 그리고 개인적·집단적으로 시민사회의 모든 구성 요소의 적극적인 참여가 본 액션 플랜 이행의 주요 행위자"로 명시되어 있다.[36] 노동의 진정한 분리는 정상들에 의해 제안되었다.

노동의 진정한 분리는 정상들에 의해 제안되었다. "미주 정상회담에서 등장한 계획의 일괄적인 이행은 기존의 기구 또는 제도에 의해 진행되었다. 많은 경우, 특별한 이슈는 각료, 고위급 또는 전문가 미팅에서 검토될 것을 제안했다. 또한 프로젝트 계획의 일부는 민관협력으로 이행할 것을 권고했다. 미주

기구OAS가 "가장 중요한 역할"을 맡았고, 미주개발은행IADB은 "액션 플랜에 특별히 명시된 활동 지원"을 담당하기로 했다. 다른 기구, 가령 CEPAL과 범미주보건기구OPAS는 활동 아이템 이행을 지원하도록 했다. 그리고 마지막으로, "민관협력 부문이 담당하는 중요한 프로젝트 계획" 리스트가 포함되었다.

액션 플랜 부록은 타입 II 형태의 다층적 거버넌스와 매우 밀접한 방법론적 기초를 정한다. 이러한 타입 II는 이전에 정의한 대로, 특수성에 가치를 부여한다. 정상회담 과정의 거버넌스는 일부 고위급 회담과 컨퍼런스 등을 제외하고는 새로운 제도 창출을 하지 않았다. 오히려, 매우 다양한 행위자의 참여로 정상회담 준비 등의 참여를 확장하고 명령 이행을 포함한다. 마이애미 정상회담의 여러 특수성 중 하나는 민간 부문과 노동조합의 부재와 대조를 이루는 일부 NGO 단체의 참여이다.

리처드 파인버그는 이러한 거버넌스를 세 가지 축으로 새로워진 미주 체계를 바탕으로 묘사했다. OAS, IADB, CEPAL은 전통시스템으로서 수많은 공공기관이 참여한 각료 회의 그리고 민관협력 파트너십이 있다.[37] 그러나 주목해야 할 또 다른 특징이 있다.

이 거버넌스의 형태는 가변 기하학 중 하나로, 각각의 이슈는 행위자들의 특징적 배치(배열)에 의해 언급된다. 이런 면에서 코르제니에비치Korzeniewicz와 스미스Smith는 2개의 서로 얽힌 트랙을 묘사하고 좋은 포인트를 제시했다. 즉 둘 중 하나는 FTAA 협상이고 또 다른 하나는 정상회담 과정으로, FTAA 협상은 미국에 의해 전유된 불투명한 협상의 특징을 가지고 있다. 이에 반해, 정상회담 과정은 상대적으로 투명하고 정부, 국제기구, 지역 단위 시민사회 네트워크 간 상호 협력의 특징을 보인다고 분석했다.[38] 하지만 안정화된 체계를 형성하지는 못했다.

마이애미 정상회담 2년 후, 지속 가능 개발에 관한 볼리비아 정상회담은 시민사회의 적극적 참여와 지속 가능 개발 개념에 대한 반대로 특징지을 수 있다. 일부 국가는 참여하지 않았고, 미국은 앨 고어 부통령이 참여했으며 지역 거버넌스는 발전하지 않았다. 1998년 산티아고 정상회담의 목표는 겸허했다. 첫째, 이 장에서 앞서 언급했듯이 FTAA 협상이 시작되는 데 시간이 소요되었고, 통합 신화myth로의 길은 사라졌다. 둘째, 1994~1988년에 사회적 진보가 별반 확인되지 않았기 때문에 산타아고에서는 이 부분이 강조되었다. 그럼에도, 교육 부분을 제외한 다른 의제들이 질적 또는 양적으로 부족했다. 거버넌스와 관련해서 정상회담 이행 검토 그룹SIRG은 1995년 3월에 설치되어 OAS, IADB, CEPAL 그리고 OPAS의 조력으로 점점 더 활성화되었다.

2001년 4월 퀘벡에서 개최된 제3차 정상회담은 가장 성공적인 것이었다. 명령(권한)이 18개 주제[39]로 부분 재정립되었고, 유럽 스타일의 "트로이카"[40]는 과거, 현재 그리고 미래 호스트 국가(미국, 캐나다, 칠레)로 구성된 운영위원회로 대체되었으며, 위원회는 행정이사회Executive council의 조력을 받는다.[41] 또한, SIRG가 개선되었다. 각각의 이슈에 국별 조정자 대신, 정상회담 후속 담당 OAS 사무소가 후속 조치 책임을 총괄하게 되었다. 행정이사회, SIRG, OAS로 구성된 정상회담 준비 사무국이 출범했다. 끝으로 이 정상회담은 가장 투명했다. 모든 과정상의 책임감을 확보하기 위한 노력으로 캐나다 정부는 FTAA 협정문의 초안을 인터넷상에 게재했다.

2001년까지 정상회담 과정은 온전히 제도화되었고 상당한 합의에 의해 상정된 어젠다를 가지고 있었다. 그러나 위에서 언급했던 여러 이유로 인해, 일련의 정상회담 과정은 9·11 이후 그해부터 모멘텀을 잃었다. 이 시기로 위축은 되었지만, 온전히 사라지지는 않았다. FTAA 협상이 2002년 이후 교착상태에 빠졌음에도, 정상회담은 지속되었다.

제8차 각료 회의 기간(2003.11.20)에 FTAA 협상가들은 "모든 FTAA 파트너들의 필요와 민감성을 고려한 유연성의 필요를 인지했다. 덧붙여, 협상가들은 FTAA 이행의 단 하나의 논리를 타파함" 그리고 "국가들은 서로 다른 책임 수준"을 인정하며 프로젝트가 살아남도록 노력했다.[42] 몬테레이Monterrey 특별 정상회담은 사회적 이슈를 적극적으로 다뤘지만 성공적이지 못했다.[43] 2005년 아르헨티나 마르 데 플라타Mar del Plata에서 개최된 제4차 정상회담은 베네수엘라와 멕시코 간 정치적 마찰로 그 빛이 바랬다. 차베스 대통령과 비센테폭스Vicente Fox 대통령은 FTAA 협상 재개와 관련해 충돌을 빚었고, 차베스 대통령은 폭스 대통령을 미국의 허수아비라 힐난했다. 처음으로 각국 정상들은 이 문제에 합의점에 도달하지 못하며 최종 선언문에 두 가지 선택을 남겼다.[44]

흥미롭게도, 정치적 반대는 정상회담의 일반적 기류에 영향을 미쳤지만 다른 행위자들이 일상적인 위임권 행사 하는 것을 중단시키지는 못했다. 초기의 열정 이후 10년이 지나도록 정상회담의 균형은 쉬이 이뤄지지 않았다. 제도적 구축이 없는 다층적 거버넌스는 선도적 사업가entrepreneur 역할을 할 행위자의 출현을 막았다. 더욱이 OAS 또는 IADB와 같은 전통적 국제기구의 개입은 정상회담(과정)에 부여된 부가가치를 극대화하는 것을 어렵게 했다. 인터넷에 공개된 공동 정상회담 실무 그룹Joint Summit Working Group 보고서는 OAS, IADB, 기타 기관들의 과제를 포함하는 경향을 보였다.[45] 이 보고서는 이러한 조직들의 개입이 방대하고 포괄적인 통합으로 보았다.

"민주주의 거버넌스 강화"의 위임을 한 예로 들어 보자. 수년간에 걸친 주요 성과는 OAS의 목표와 매우 일맥상통하다. 이는 미주 민주주의 헌장의 서명, OAS 민주주의 증진단의 선거 관리, 그리고 부패방지협약 서명 등을 확인할 수 있다.[46]

정상회담(과정)은 국가별 서로 다른 과제를 소통이라는 메커니즘을 통해 궁극적으로 소기의 목적 달성하고자 하는 사회적 구성이다. 더욱이, 정상회담은 이전에 지역 단위에서 결코 다루지 않았던, 가령 부패, 마약 밀매 또는 양성 평등과 같은 일련의 새로운 어젠다에 대한 합의를 이끌고, 지역 거버넌스의 로드맵을 구상하는 집단적 행동 역동성을 포함한다. 또한 정상회담은 지역hemispheric 단위의 문제 해결을 위한 모멘텀을 유지시키는 재원동원 장치 역할을 한다. 끝으로 34개 각국의 목소리를 전할 기회가 되고, 이는 소국의 목소리 또한 주의 깊게 들어야 함을 의미할 뿐만 아니라 시민사회도 수많은 주제에 대해 의견을 개진할 수 있는 장이 된다. 그러나 일련의 정상회담 과정에는 권력 정치의 특성이 여실히 나타난다.

거버넌스, 헤게모니, 그리고 반헤게모니

앤드류 허렐은 "서반구가 헤게모니 파워와 지역 기구 간의 관계를 확인하고, 지역 거버넌스 논리와 헤게모니 파워 논리 간의 상호 관계에 대한 복잡한 방정식을 푸는 데 아주 적절한 상황vantage point을 제시한다"고 주장했다.[47] 실제적으로, 그는 위에서 언급된 1990년대의 통합은 학습 산물도 아니고, 시행imposition의 산물도 아닌, "강압적 사회화"라고 명명했다. 이러한 생각은 "상당히 불평등한 국제체제 내에서 외부적 이념, 규범, 그리고 실행을 받아들이고 이를 포함시키는 상호 관계 방식으로 이해되었다". 그는 이것을 미주 정상회담 과정과 관련해서 "무엇을 취할지, 어떤 편견을 동원시킬지를 결정하는 어젠다를 결정하는 권력"의 한 예로 보았다. 클라크슨은 NAFTA를 동일한 렌즈(관점)로 보았다. 그에 따르면, "멕시코와 캐나다가 영향력을 미칠 수 있는 대륙 차원의 거버넌스 시스템과 상당히 거리가 먼 NAFTA는 불균형 자유 시장 그리고 캐나다와 멕시코의 정책 결정 선택에 초법적 제약을 설정하는 경제규정집 형태로 미국의 헤게모니를 재편성한 것이다".[48]

그러나 FTAA의 실패는 재형성된 미주 간 체제 내에서 헤게모니 안정성을 확보하고 공고화하려는 미국의 무능력을 완벽하게 보여준 예가 되었다. 양자주의로의 회귀는 엄격한 규율의 시행(도입)을 상당히 촉진시켰다. 칠레, 중미,

도미니카공화국 또는 페루의 FTA 협정은 NAFTA 협정의 거의 복사본이지만 WTO+ 타입의 더욱 엄격한 규율을 담고 있다.

칠레의 경우는 상징적이다. 니콜라 필립Nicola Phillips이 지적한 대로, "미국에 의해 주도된 농산품에 대한 시장 접근의 특정 양허는 … 그러나 이는 보조금 제약 또는 배제에 관한 어떠한 원칙과도 상존할 수 없다".

> 더욱이, 칠레-미국 간 협정서의 농업시장 접근 항목 또한 무역 규제에 수반된 것으로서 증가된 수입으로 인해 국내 생산자들에게 위협 또는 해가 있을 수 있다고 여겨질 때 미국 정부에 의한 일시적 보호의 시행을 제공한다고 되어 있다. "특별" 보호는 다양한 작물과 농업 상품에 적용되고, 동의서의 어떤 부분도 무역 규제에 관한 미국 법을 대체하는 종류의 변경을 포함하고 있지 않다.

필립에 따르면, 미국과 칠레 간 협정에 포함된 내용은 다수의 칠레법과 정책의 근본적인 변화를 요구하고 칠레 정부의 정책 입안과 법적 재량권의 상당한 제약이 담겨 있다.[49]

민간 영역 대표단들의 진술에 따르면, FTA 협상에서 미국이 어젠다와 규율을 주도했다. 2004년 1~3월 DR-CAFTA 대담 세 차례 라운드에 참여한 도미니카 출신의 비즈니스 지도자 마리오 푸홀스Mario Pujols는 "미 협상가들은 거의 유동적이지 않고 생산자들의 이익 대변을 끝까지 고수한다"고 했다.[50] 이 책 제5장에서 확인했듯이, FTA는 서명을 한 국가 간에는 "외적 헌법"이 되는 경향이 있다.

그러나 외부 헌법의 채택을 유도하는 강압적 사회화는 종종 맹렬한 저항에 봉착한다. 예를 들어, 코스타리카에서 중미자유무역협정CAFTA 비준 이슈가 2006년 대선의 주요 선거 캠페인 어젠다였고, 이로 인해 국가가 양분되었다. 중미자유무역협정 비준에 지지 의사를 밝힌 오스카 아리아스Óscar Arias는 대선에서 박빙의 승부로 신승을 거두었으므로 비준과 관련해 국민투표로 결정해야 했다. 이른바, 시행법에 대해 좌파 진영, 특히 전기와 통신 부문의 민영화에 대해 우려의 목소리를 낸 노동조합으로부터 강력한 반발이 있었다.

저항은 역내 지역 단위에서 더욱 강경했다. 베네수엘라는 미국 주도의 시장형 지역통합에 대한 반대로 이전에 언급한 아메리카를 위한 볼리바르 동맹ALBA을 제안했다. ALBA 아이디어는 2001년 12월 11~12일 마르가리타Margarita 섬에서 개최된 카리브 국가연합Association of Caribbean States 회담에서 우고 차베스가 발표했다. 그는 볼리바르 통합의 꿈의 재현을 요구하고 연대, 협력, 상보, 그리고 호혜 정신의 원칙하에 프로젝트의 밑그림을 그렸다. 이 같은 아이디어는 19세기의 역사적 지도자들 가령, 프란시스코 데 미란다Francisco de Miranda, 미겔 이달고Miguel Hidalgo, 마리나 모레노Marina Moreno, 시몬 볼리바르Simon Bolivar, 호세 아르티가스José Artigas, 베르나르도 몬테아구도Bernardo Monteagudo, 세실리오 델 바예Cecilio del Valle 또는 호세 마르티José Martí에서 기원한다.[51] 이러한 면에서, ALBA 프로젝트는 20세기 반제국주의 투쟁자, 가령 1930년대의 니카라과의 세사르 산디노César Sandino, 또는 1918년 코르도바에서 민주주의를 위한 아르헨티나 학생들의 저항이 포함된 유산의 전유물이다.[52]

이 (ALBA) 프로젝트는 신자유주의에 명백히 반대 입장을 견지하고 실질적으로 온전한 프로그램보다는 빈곤 감축에 강한 의지를 보이며 방향성과 의도성을 더 부각했다. 이 프로젝트의 총체적인 아이디어는 무역 중심의 지역주의 모색이 아니라 사회 이슈 중점의 지역주의다. 또 다른 관점에서 본다면, 베네수엘라 석유는 통합의 요소지 분열의 요소가 아니다.[53] 초기 제안이 온전한 단계로 이행하기까지는 시간이 소요되었다. 2004년 12월 14일, 베네수엘라와 쿠바는 ALBA 체제 내 양자 간 협정에 서명하고, 2005년 4월 28일 전략적 플랜이 이행되기 시작했다.

이 협정서는 생산적 상보성, 기술 교환, 문맹 퇴치, 투자, 무역 보상 또는 문화 등과 같은 이슈 영역을 포함한다. 이 협정서에는 일련의 상호 제공 리스트가 작성되어 있다. 쿠바는 무역 촉진, 베네수엘라 청년 2000명을 대상으로 한 장학금, 베네수엘라의 바리오 아덴트로Barrio Adentro• 미션 수행을 위해 1만 5000명의 의사 수급을 제공한다.[54] 베네수엘라는 다른 여러 가지 중 에너지 부문에서의 기술 이전, 무역 촉진, 에너지 또는 인프라 프로젝트의 금융 지원이 포함되어 있다.[55]

기본적으로 이 계획은 쿠바가 베네수엘라의 사회적 "미션"을 보조하는 것으로 대부분 보건과 교육 분야이고 석유 공급으로 지불을 대신한다. 쿠바 의사와 교사들이 사람들 사이의 새로운 연대를 위한 뼈대를 구축했다. 전략적 계획으로 시력에 문제가 있는 베네수엘라 사람 10만여 명이 쿠바에서 수술을 받도록 했다. 베네수엘라는 다른 국가들과 일련의 서로 다른 합의서를 통해 매장된 석유 공유를 제안했다.[56] 2006년 4월 29일, 볼리비아는 ALBA 참여 의사를 밝히고, 쿠바와 베네수엘라와 함께 민중무역협정TCP에 서명했다. 다시 말해, 이 협정은 사회적 이슈가 중점인 것으로 쿠바와 베네수엘라가 볼리비아의 빈곤 감축을 돕고 국민들 중 가장 열악한 지역의 사람들에게 교육의 제공을 담당하는 것이다. 이 계획은 또한 볼리비아의 중소기업에 대한 재정 지원도 포함되어 있다.[57]

끝으로 2007년 1월 11일, 니카라과가 DR-CAFTA를 비준했음에도 ALBA에 참여하고 2008년 1월 1일에는 카리브 연안국의 도미니카공화국도 이 기구에 함께했다.

ALBA는 라틴아메리카의 리더십을 공고히 하고자 방법을 모색하는 차베스의 연합 형성의 도구로 재빨리 모습을 드러냈다. 그러나 이는 실패로 끝났다.

• 바리오 아덴트로는 직역하면 "마을 속으로"임. 보편적 의료 실천을 위해 2003년 시작된 베네수엘라의 공공의료 서비스임 — 옮긴이.

차베스는 많은 지지를 규합하지는 못했다. 심지어 좌파 지도자인 에콰도르의 라파엘 코레아Rafael Correa 대통령도 적극적인 지지 의사를 밝히지 않았다.

역내 미국의 헤게모니에 대항하는 움직임을 이끌려는 차베스의 의지는 역사적 선례가 있다. 카를로스 로메로가 언급한 대로, 페트로 외교는 베네수엘라의 전통이다.[58] 2000년, 차베스의 야심은 글로벌 행위자와 역내 중재자의 역할을 품은 브라질의 새로운 역할과 대조를 이룬다. 브라질 룰라 대통령은 대결국면 조성은 시대에 뒤떨어진 것으로 모든 미주 국가는 합의를 추구하고 다 함께 문제 해결에 초점을 맞춰야 한다고 주장했다. 브라질은 자신들의 이익을 옹호하고 FTAA를 실패로 이끄는 데 일조한 바 있다. 그러나 룰라는 실용주의는 게임의 규칙이라고 언급하며, 국별 이익 수호는 지역 거버넌스와 호환되어야 한다고 주장했다.

차베스는 지역통합과 관련해서 CAN의 탈퇴를 결심하고 MERCOSUR에 합류하기로 결정했을 때 대륙 전체를 통합하려는 계획을 세웠다.[59] 이런 움직임은 콜롬비아와 페루가 미국과 FTA 협상을 하는 것에 대한 반감의 표시였고, 동시에 MERCOSUR가 너무 신자유적이라며 차베스는 개혁의 필요성을 피력했다. 여하튼, 그는 새로운 MERCOSUR 파트너로 큰 도움이 되지 않으면서 CAN을 약화시킬 수 있었다.

그러나 차베스는 에너지, 금융, 안보로 통합 범위를 확장하고 어젠다 변화에 기여했다. 이러한 면에서, 2008년 5월 23일 브라질리아에서 서명한 UNASUR 협정은 차베스의 영향력을 반영한 것이다. UNASUR 협정은 무역에 집중하기보다는 다른 이슈로의 확장을 상징한다.

이전 세 차례의 남미 정상회담[60]에서 이미 다른 이슈가 어젠다에 포함되어 있었다. 그리고 이 장 초기에 언급된 UNASUR 조약은 의식적 지역주의 역동성을 부양한다. 그러나 UNASUR는 무역 촉진을 주요 목적으로 고려하지 않았다. 오히려, UNASUR는 "국가별 주권과 독립을 공고히 하는 틀 내에서 민주주의 강화와 비대칭적 발전의 완화 그리고 사회적 포용성과 시민사회 참여 독려, 더욱이, 사회경제적 불평등 해소 관점에서 정치적 대화, 사회 정책, 교육, 에너지, 인프라, 금융, 환경을 우선으로 하고 문화, 사회, 경제, 정치적 분야에서 사람들의 통합과 조화" 구축을 목표로 한다.[61] UNASUR는 안보 이슈를 어젠다에 포함을 시키긴 했지만 주요 이슈로 깊이 있게 다루지는 않았다. 하지만 미국의 동맹국인 콜롬비아와 페루의 반대가 있었지만 베네수엘라가 NATO 형태의 군 동맹의 연합체로 방향성을 제시하면서, 이 주제는 많은 논란을 불러일으켰다. 브라질은 단지 협력의 틀이자 정보 교환의 메커니즘으로 UNASUR를 고려했다.

전체적으로 보았을 때 UNASUR는 개별 국가가 국가별 현실에 따라 합의서 이행 존중을 명시하는 등 이행과 관련해서 유동적·점진적으로 다소 실용주의적 성격을 가지고 있다. UNASUR가 물론 MERCOSUR와 CAN 등 기존의 통합 기구와 중첩되며 새로운 통합 과정의 뼈대 역할을 할지의 여부는 지켜보아야 할 부분이다.

결론

거버넌스 그리고 논쟁적인 통합

2000년대는 경쟁적인 모델들이 하나로 귀결이 어려운 가운데 미주 지역통합 논쟁을 확인할 수 있다. 이전 장에서 언급한 2개 세트의 변수로 유형화된 모델을 가지고 서로 다른 통합 과정을 범주화할 수 있다(〈그림 9.2〉).[62]

한쪽은, 통합 과정이 제도화의 정도와 어젠다의 범위에 의해 측정되는 통합 단계와 관련하여 다르다. 또 다른 쪽은 참여하는 행위자 유형과 그들이 추진하는 프로젝트에 따라 통합 과정이 다르다.

〈그림 9.2〉 지역통합 모델

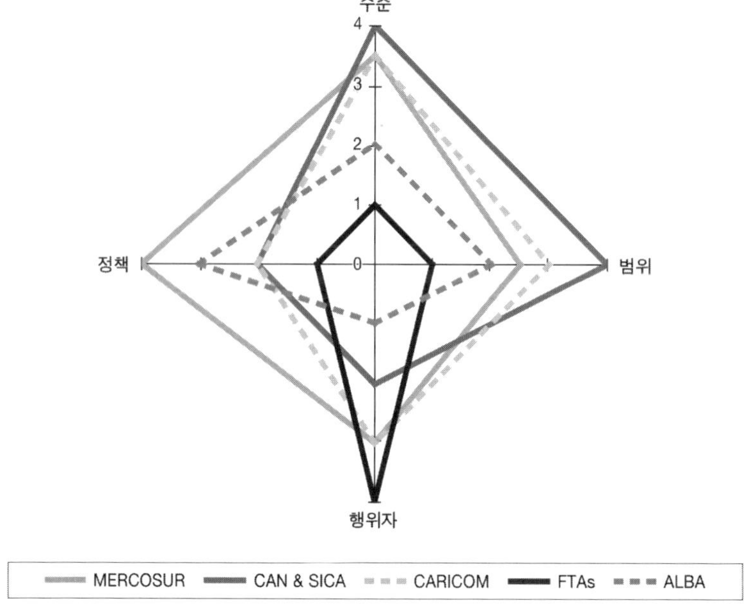

자료: 저자 작성.

각각의 범주는 거버넌스의 다른 유형을 포함한다. 이상적으로, 거버넌스와 관련해서 가장 호의적인 상황은 지역통합 과정이 균형 잡힌 것으로 전망할 수 있다. 이 통합 과정은 어젠다에 포함된 이슈 영역의 범위와 매칭되는 제도화의 정도를 나타내는 것으로, 지역 공통(긍정적 통합)을 만드는 정책을 이행하고자 하는 합의를 만드는 데 참여하는 서로 다른 유형의 행위자들이 있다. (〈그림 9.2〉의 1단계와 4단계 상관없이) "마술 광장"이다. 〈그림 9.2〉에서 잠정적으로 볼 수 있는 것은 미주 내 각 지역통합 과정은 불평등한 거버넌스의 특징을 보인다. 이전 장에서 언급한 대로, CAN과 SICA는 복잡한 제도, 과도한 어젠다, 시민사회의 적절한 개입의 특징을 보인다. 더욱이, 이 통합 과정은 실질적으로 결정을 이행하고자 할 때, 그리고 긍정적 통합의 단계를 나아갈 때 수많은 장애물에 직면하게 된다. CARICOM은 이와 유사한 유형을 따르지만 시민사회가 적극적으로 참여하는 특성을 보인다. MERCOSUR는 낮은 단계의 제도화로 더욱 단순한 어젠다 그러나 무엇보다도 재분배 정책 초기 수행으로 인한 긍정적 통합과 관련된 혁신성을 가지고 있다. NAFTA 그리고 미국 지원하의 여러 FTA의 주요 특징은 민관협력의 특성을 가지고 있다. 끝으로, ALBA는 분배적 측면이 있으나 이를 이행하기 위한 지역 제도가 온전히 마련되지는 않았다.

지역 거버넌스의 이러한 불균형적 유형이 특정 이슈 영역에 대한 다층적 지역 거버넌스의 가능성을 방해하지는 않았다. 그러나 이러한 지역 거버넌스의 불균형적 유형으로 UNASUR와 같이 다른 지역통합 과정을 통합(수렴)하고자 할 때 직면할 수 있는 일부 어려움은 예측할 수 있다.

결론

결론에서는 이 책의 각 장에서 활용한 이론적 교훈을 종합하고 지역통합 과정에서의 "좌파의 도래" 영향력에 대해 언급하며 마무리하고자 한다.

제1부는 일련의 역사적·이론적 가이드라인을 스케치한 특별한 도입부로 구성되어 있다. 첫 번째, 라틴아메리카 지역통합의 시도는 두 가지 형태의 모순, '불안정 가운데 지속성, 위기 가운데 복원성' 이 있다. 기존의 통합과 관련된 전통적 이론을 이을 수 있는 정의definition 제시를 위해 노력했다. 그러므로 지역통합은 공동의 아이디어를 공유하고, 목적을 정하며 이를 성취하기 위한 방법을 정함으로써 지역 구축에 기여하는 행위자들의 노력으로 정치적 단위(하위 국가, 국가, 초국가) 간 상호 관계의 높아진 역사적 과정으로 정의 내릴 수 있다. 이러한 정의에 세 가지 필연적 결과가 있다. (1)통합 과정은 다양한 행위자(민관), 단계(아래부터 그리고 위에서부터), 어젠다, (2)의도된 전략으로부터의 결과 또는 사회적 상호작용의 의도하지 않은 결과의 돌출, (3)특히, 제도적 구축을 수반한다.

이러한 정의가 배타적으로 폭넓은 상황에 적용할 수 있다는 이유로 비판을 받을 수 있다는 것을 인정한다. 하지만 이러한 정의가 지역통합을 이해하는 데 유용한 면이 있는 것 또한 확인되었다. 이 책의 서론은 또한 라틴아메리카의 불안정성, 목적, 방식 그리고 결과 간의 간극을 강조하면서 통합의 역사를 요약했다. 끝으로, 기존 연구물에서 충분히 설명하지 못하는 라틴아메리카의 일부 특징을 가장 적절하게 설명하는 일부 이론적 접근을 선택했다. 라틴아메리카의 일부 특징은 다음과 같다. 본질적으로 수사학적으로 오랜 시간 동안 유지되어 온 상상의 정치적 통합, 많은 장애물에도 불구하고 아래로부터의 경제적·사회적 혹은 문화적 통합, 일부 역사적 분기점에서 개진된 위로부터의 통합, 불안정성과 위기에도 불구하고 제도적 배치의 탄력성과 지속성, 통합의 범위와 단계 간의 부조화, 그리고 빈약한 정책 결과 등 이상에 대해 다음과 같이 세 가지 기본적인 질문으로 논의를 구성했다. 어떻게 그리고 왜 지역통합 과정이 시작되었는가? 어떻게 이 지역통합 과정이 발전했는가? 이 통합 과정을 어떻게 정치적·정책적으로 특징지을 수 있을까? 사용된 이론적 도구들은 근본적으로 약간의 신기능주의와 역사적 제도주의, 구성주의다. 일부 강조된 변수로는 정치화와 외부적 유인이다.

이론적 논의는 초기 정의와 이 정의의 필연적 결과를 보충한다. 지역통합 과정의 시작과 관련하여 (1)상호작용 단계의 증가는 "우연히" 발생하지는 않는다. 역사가 중요하다(역사적 분기점, 환경과 협상). (2)초기의 목적과 방법은 정치적일 뿐만 아니라 경제적으로 다양하다. (3)그들은 다양한 행위자 중 아이디어 통합에 의존한다. (4)외생적·내생적 유인이 있다. 지역통합 과정의 발전과 관련하여, (1)경제와 정치 사이에 목적의 치환(순열)과 도구화가 있을 수 있다. (2)통합 과정은 정치화와 특별한 역사적 분기점에서 공통의 이익 고려를 포함하나, 비가역성은 아니다. (3)제도 구축은 아이디어와 모델에 의해 만들어진다. (4)통합 범위와 단계 사이의 부조화가 상징적 기능을 실행할 수 있다. 끝으로, 지역통합의 정책과 정치와 관련해서, 지역통합 과정은 국제기구로서 민주주의와 책임감에 관한 세계적인 요구 상황에 예외가 될 수 없다. 이 이슈는 두 가지 단계에서 언급될 수 있다. (1)다른 지역 배치(제도)상에서 제도를 개혁하려는 시도가 있고 이를 통해 대표성, 참여성, 재분배성을 향상시키고자 한다. (2)지역 간 단계(라틴아메리카와 미국, 라틴아메리카와 유럽)에서 다층적 거버넌스가 구축되었다.

이 책의 제2부는 지역 경제통합의 정치적 도구화에 대해 고민했다.

제2장은 지역통합 과정 방식이 위기 해결 노력과 연관된 첫 번째 도구화에 대한 연구이다. 간략한 이론적 논의가 다음의 이론적 지점을 만들었다. (1)지역통합(도입 또는 재도입)을 촉발시키는 역사적 분기점(중요한 시점)을 강조하면 다음과 같은 통합의 유형, 특히 경제적 목표와 정치적 목표 간의 균형을 좀 더 잘 이해할 수 있다. (2)역사적 분기점은 "연결 정치"에 의해 설명될 수 있다. 국제적 상황, 국내 정치 그리고 이들 국내외 간 상호 관계가 중요하다. (3)일련의 사건이 매우 중요하다. (4)역사적 분기점은 역사적 유산 특히 제도와 대표성을 남긴다. 제도는 대체로 오랜 기간 살아남는다. 그러나 이러한 제도들은 영향력이 사라질 수 있고 지난 과거의 학습 효과는 점차 사라진다. (5)뒤이은 위기 해결(노력)은 경로 의존성에 의해 제약받게 된다. 하지만 그럼에도 새로운 역사적 분기점으로의 역할을 하고 부분적으로 과거를 지우며 새로운 경로의 지역통합으로 이행된다. 이 장은 1950년대와 1980년대의 중미 지역을 연구하고 이러한 논쟁에 대한 타당성을 증명한다.

제3장은 두 번째 제도화 연구로 지역통합 과정이 민주주의를 방어하고 공고화하는 방식에 대한 것이다. 이 장은 민주주의가 지역통합에 호의적인 조건이지만 충분하지는 않다는 이론적 논의를 열었다. 역으로, 제도적 배치를 제약하고, 행위자들의 행태를 형성하기 때문에 통합은 민주주의의 공고화를 돕는다고 강조할 수 있다. 이 장은 초기 시점, 확산spill over, 적격성과 사회화의 조건 등 네 가지 변수를 활용하여 유럽의 실례를 강조했다. 라틴아메리카의 경우 특히 1980년대를 전환기로 보고, 이 지역의 정치화 특성에 대한 연구이다.

MERCOSUR의 사례는 민주주의의 취약함이라는 선입견에서 어떻게 새로운 세대의 합의가 형성되었는지를 보여주기 위한 연구이다. 그러나 1990년 이 지역의 신자유주의 도래, 민주주의의 지역 확산 그리고 미국의 영향으로 인한 1991년 아순시온 조약은 민주주의 수호에 관한 어떠한 조항도 담고 있지 않다. 민주주의에 관한 이슈는 1996년 파라과이 쿠데타 시도로 다시금 수면 위로 올라오게 되고, 그 후 MERCOSUR와의 기타 합의서에 민주주의 조항이 포함되었다. 이 장은 민주주의 조항이 평판효과reputation effects 때문에 억지deterrent 역할을 한다고 결론 부분에 담고 있다. 하지만 이러한 민주주의 조항은 정치적 불안의 현재적 위협으로 그 효력은 미비했다.

이 책의 제3부는 제도의 설계와 발전과 관련된 연구다.

제4장에서 제도 구축 이슈를 담아냈다. 이론적으로, 자유무역 지역으로 제한되어 있을지라도 지역통합 과정은 매우 다른 제도화 단계를 수반한다. 이 점을 논의하면서 지역제도 배치 방식은 국내의 공식적·비공식적 제도를 반영하기 때문에 디마지오와 파월의 제도적 동형이성 이론을 더욱 고려할 것을 제안했다. 그러고 나서 먼저 안데안과 카리브의 제도적 풍성함과 이와는 반대인 MERCOSUR의 제도적 소박함에 초점을 맞추고 사례 연구를 진행했다. 일련의 이유로, MERCOSUR는 초기의 의도를 지속할 수 없었고 초국가성의 경계선을 넘지 않으며 수많은 기관을 만들어냈다. 모든 과정은 대통령의 권한 집중과 함께 증가하는 제도적 복잡성과 같은 동일한 추세를 따랐다. 이러한 통합을 국내에 영감을 받은 모방으로 설명했다.

제5장에서는 통합의 범위와 레벨에 초점을 맞추고 광범위하게 인식된 부조화를 설명하고자 노력했다. "압축화encapsulation"를 초래하는 슈미터의 "위기로 야기된 결정적 사이클" 이론에 대한 논의를 시작으로, 외부적·상징적이라는 두 가지 유인을 제시했다. 중미의 예는 이러한 이론적 명제를 설명하고 증명하기 위해 외생적 유인을 묘사하는 등 끝없는 통합 어젠다의 확장을 유도하는 소

위 우산 경주umbrella-race 묘사로 상세히 다뤘다. 그러고 나서, 수년간에 걸쳐 어젠다의 다양성을 보인 MERCOSUR와 CAN 결정을 바탕으로 양적인 분석을 통해 이 연구를 보충했다. 끝으로, 독립변수로서 통합의 범위와 단계를 연구하기 위해 멕시코와 캐나다에는 외부적 헌법(구성)으로 NAFTA의 가설을 논의하면서 NAFTA의 실례를 사용했다.

이 책의 제4부는 지역통합 과정에서의 민주주의와 지역통합 과정의 민주화 이슈를 다뤘다. 이에 대해 대표적·참여적·재분배적 민주주의라는 세 가지 관점에서 분석했다.

제6장은 의회주의 옵션에 초점을 맞춘 것으로 EU의 의회주의가 변화된 양상, 특히 투표로 선출된 의회로 바뀌게 된 논리와 점진적으로 의사결정권 특혜 부여에 대한 연구가 주로 다뤄졌다. 그러고 나서, 숙의(심의)의 라틴아메리카 여러 포럼과 MERCOSUR 의회 창설을 이끈 개혁에 대해 더욱 상세히 연구하면서 3개의 지역 의회(중미, 안데스, 카리브)도 함께 조사했다. 새 의회의 주요 특징을 분석하고 지역통합 과정 중 MERCOSUR 의회의 미래 가능성에 대해 전망했다. 의회는 어떠한 의사결정 능력도 없다. 하지만 새로운 "MERCOSUR 의회 의원들"이 형식적·비형식적 규칙을 활용하는 제도 방식의 사용 여부에 달렸다. 이 장은 첫 구성원들의 약력을 살펴보고 이들의 지리적 출신과 정치적 무게감이 참여 정도에 영향을 준다고 분석했다.

제7장에서는 "아래로부터"의 민주화 이슈에 대해 살펴보았다. 왜 비정부 행위자들이 초국가적 활동에 참여했는지 이유를 먼저 돌아보고 이익, 가치 또는 정치적 이유로 나누어 참여의 다른 유형을 구분했다. 그러고 나서, 일련의 자발적 사건, 특히 중미와 MERCOSUR를 분석했다. 이렇게 중미와 남미 지역에서 통합에 관한 수많은 국지적local 계획들이 다양한 행위자에 의해 만들어졌다. 그러나 역내 통합 기구들은 이런 계획들을 간과하는 경향을 보였다. 또한 틀에 맞춰진 참여 방식을 설명했고 지역 시민사회 관련 문헌에 관해 회의적 시

각으로 이 장을 마무리했다.

제8장에서는 민주화된 지역통합 과정이 대중적 이익에 우호적이며 지역 공공재를 생산하는 시스템으로 시민들을 위한 책임성을 확보하는 역내 기관으로 진보하고 있는 것을 다뤘다. 이론적 논의를 세 가지 단계의 질문으로 결과 중심의 민주화 개념에 적용했다. (1)지역통합 과정에서 연대성이 주요 가치인가? (2)생산된 지역 공공재가 있는가? (3)재할당 또는 재분배적 공동 정책이 있는가? 상징적이지만 복잡한 EU 케이스를 살펴본 후 라틴아메리카 사례를 상세히 연구했다. 특별한 주목은 MERCOSUR의 최근 재분배 정책이다. MERCOSUR가 제도적 성과에 대해 여러 난관에 직면했음에도 불구하고, MERCOSUR 구조 기금은 명백히 지역 공공재 제공을 위한 노력으로 볼 수 있다.

이 책의 제5부는 서반구 단위의 지역주의를 연구했다.

제9장은 미주 정상회담의 과정에 대한 상호 배타적이지 않은 서로 다른 2개의 (1)형식적(의례적) 지역주의, (2)다층적 거버넌스를 테스트했다. 먼저, 마이애미 통합 과정을 이해하는 데 있어 어떻게 국제 체제와 거버넌스 개념이 유용했는지를 알아본다. 그러고 나서 이 장은 정상회담의 상징적 기능성을 다뤘다. 즉, 각국의 정상들은 국별 행정 등 통치상의 문제 당면 시 유권자들에게 역내의 연대 정신을 활용하며 문제 해결 국면을 모색한다. 그러므로 정상회담에서 다루는 어젠다는 상당히 과적overloaded되었다. 그러고 나서 미주 정상회담 과정을 돌아보며, 마크스의 다층적 거버넌스 제2유형으로 새로운 미주 간 체제가 확립된 것에 대해 설명했다. 이 장은 통합의 경쟁적 모델과 중복된 관할 구역이 있다고 언급하고, 두 가지 세트, 즉 (범위와 단계, 행위자와 프로젝트) 변수로 구성된 유형 분류를 제시하며 마무리했다. 그러나 미국은 미주 대륙 전체에 걸쳐 다양한 이슈 영역에 성공적으로 규칙을 도입했다.

이 책의 서론은 라틴아메리카 통합 과정의 다음 단계에 대한 어떠한 전망의 시도도 제시하지 않았다. 그러나 2005~2006년 선거 기간[1]에 전반적인 좌측으로의 힘의 이동이 특이한 정치적 상황을 만들어냈다. 대부분의 새 대통령은 캠페인 기간에 지역통합의 재활성화를 약속했다. 그들은 약속을 이행했는가? 우리는 포스트 전쟁의 지역통합 역사 속에서 세 번째 단계를 촉발시킬 수 있는 새로운 역사적 분기점에 있는가?

이 부분에 대한 많은 의구심이 있다. MERCOSUR조차도 좌파의 친親통합의 수사rhetoric에서 한계가 드러난다. 제지 공장과 관련해서 아르헨티나와 우루과이 간의 충돌이 MERCOSUR의 한계, 즉 제도적 그리고 무엇보다도 정치적 관점의 미약함이 나타난다. 제4장에서는 MERCOSUR가 2004년 좀 더 심오한 통합(제2차 오우로 프레토 개혁)으로 이행할 수 있는 결정적 기회를 상실했다고 설명한다. 이전에는 예상치 못한 좌파 민족주의도 1990년대 신자유주의의 무역 중심 통합처럼 MERCOSUR 통합 발전에 별반 기여한 바가 없다.

2000년의 첫 10년이 마무리되어 감에 따라 급진적 좌파가 통합 과정을 새로운 길로 이동시키고 있다. 흥미롭게도, 영원한 볼리바리안 통합 수사rhetoric와 형재애의 선전이 현저함에도 불구하고, 우고 차베스는 오일 외교로 통합의 지형을 재형성하는 등 매우 실용적인 모습을 보였다.

그러나 제9장에서 언급한 대로, 차베스가 기여해 출범한 남미국가연합UNASUR은 인프라, 에너지, 안보, 사회적 이슈를 강조하고 오랜 습관인 과도한 제도화로 인해 통합 어젠다의 다소 이상한 혼합물 상태를 보인다. UNASUR가 MERCOSUR와 CAN을 통합할지 여부는 지켜볼 일이다. 그러나 강력한 정치적 용단 없이는 UNASUR는 또 다른 장식용 지역 기구가 될 것이다. 그리고 UNASUR는 "우리는 기대치를 낮춰야 한다"[2]는 전통적 담론과 야망이 지나친 통합 기구 간의 극명한 괴리를 좁히지는 못하지 싶다. 이 책이 아마도 이와 같은 '새로운' 실망이 왜 놀라운 일이 아닌가에 대해 독자의 이해를 도울 수 있기를 희망해 본다.

주

감사의 말과 서문

1 James Rosenau(ed.), *Linkage Politics. Essays on the Convergence of National and International Systems*, New York, Free Press, 1969.

2 Olivier Dabène, L'Amérique Latine au XXè Siècle, Paris, Armand Colin, 1994(in Spanish: *América Latina en el Siglo XX*, Madrid, Síntesis, 2000) and La *Région Amérique Latine. Interdépendance et Changement Polítique*, Paris, Presses de Sciences Po, 1997(in Spanish: *La Región América Latina. Interdependencia y Cambio Politico*, Buenos Aires, Corregidor, 2001).

3 Peter Smith, "The Politics of Integration: Concepts and Schemes," in Peter Smith(ed.), *The Challenge of Integration. Europe and the Americas*, London, Transaction, 1993, p.2.

4 http://www.opalc.org/ (accessed on April 10, 2009).

5 In the whole book, the acronyms are used in their original language as they appear in this list.

Part 1 도입

Chapter 1 역사적 그리고 이론적 길잡이

1 Gary Wynia, "Review: Central American Integration: The Paradox of Success," *International Organization* 24(2), Spring 1970, p.319.

2 Wynia, "Review: Central American Integration," p.325.

3 Leon Linberg and Stuart Scheingold(ed.), *Regional Integration: Theory and Research*, Cambridge, MA, Harvard University press, 1971, p.ix.

4 Andrew Axline, "Latin American Regional Integration: Alternative Perspectives on a Changing Reality," *Latin American Research Review* 16(1), 1981, p.176.

5 Fritz Scharpf's diagnosis of the European integration's paradox ("frustration without disintegration and resilience without progress") could apply to Latin America, except for

two differences: there is indifference rather than frustration and many more crises. See Fritz Scharpf, "The Joint Decision Trap: Lessons from German Federalism and European Integration," *Public Administration* 66, Autumn 1988, p.239.

6 Andrzej Korbonski, "Theory and Practice of Regional Integration: The Case of Comecon," in *Regional Integration: Theory and Research*, Leon Lindberg and Stuart Scheingold(ed.), Cambridge, MA, Harvard University Press, 1971, p.342.

7 Ernst Haas, "The Study of Regional Integration: Ref lections on the Joy and Anguish of Pretheorizing," *International Organization* 24(4), Autumn 1970, p.610.

8 Walter Mattli, *The Logic of Regional Integration. Europe and Beyond*, Cambridge University Press, 1999, p.41.

9 Stanley Hoffmann, "Obstinate or Obsolete? The Fate of the Nation-State and the Case of Western Europe," *Daedalus* 95(3), Summer 1966, pp.862~915. "Reflections on the Nation-State in Western Europe Today," *Journal of Common Market Studies* 21(1/2), September/December 1982, pp.21~38.

10 Raymond Aron, *Paix et Guerre entre les Nations*, Paris, Calmann-Lévy, 1962, p.733.

11 Ernst Haas, "International Integration: The European and the Universal Process," *International Organization* 15(3), Summer 1961, pp.366~367.

12 Karl Deutsch, Sidney A. Burrell, and Robert A. Kann, *Political Community and the North Atlantic Area. International Organization in the Light of Historical Experience*, Princeton University Press, 1957, p.5.

13 Donald Puchala, "The Pattern of Contemporary Regional Integration," *International Studies Quarterly* 12(1), March 1968, p.39.

14 Donald Puchala, "Of Blind Men, Elephants and International Integration," *Journal of Common Market Studies* 10(3), March 1972, p.267.

15 Puchala, "Of Blind Men," p.277.

16 Bruce Russet, "Transactions, Community, and International Political Integration," *Journal of Common Market Studies* 9(3), March 1971, p.228.

17 Leon Lindberg, "Political Integration as a Multidimensional Phenomenon Requiring Multivariate Measurement," in *Regional Integration: Theory and Research*, edited by Leon Lindberg and Stuart Scheingold, Cambridge, MA, Harvard University Press, 1971, p.46.

18 Andrew Hurrell, "Regionalism in Theoretical Perspective," in Louise Fawcett and Andrew Hurrell(eds.), *Regionalism in World Politics. Regional Organization and International Order*, Oxford University Press, 1995, pp.39~45.

19 Frederik Söderbaum, "Introduction: Theories of New Regionalism," in Frederik Soderbaum and Thimothy Shaw(eds.), *Theories of New Regionalism*, New York, Palgrave Macmil lan, 2003, pp.1~2.

20 Jean Grugel and Wil Hout, "Regions, Regionalism and the South," in Jean Grugel and Wil Hout(eds.), *Regionalism across the North-South Divide. State Strategies and Globalization*, London, Routledge, 1999, p.4.

21 Björn Hettne, "The New Regionalism Revisited," in Frederik Söderbaum and Thimothy Shaw(eds.), *Theories of New Regionalism*, New York, Palgrave Macmil lan, 2003, p.29.

22 Francesco Duina, *The Social Construction of Free Trade. The European Union, NAFTA, and MERCOSUR*, Princeton University Press, 2006.

23 Benedicte Bull and Morten Bøås, "Multilateral Development Banks as Regionalising Actors: the Asian Development Bank and the Inter-American Development Bank," *New Political Economy* 8(2), July 2003, p.245.

24 Bull and Bøås, "Multilateral Development Banks," p.258.

25 Joseph Nye(ed.), *International Regionalism. Readings*, Boston, Little, Brown, 1968, p.vii.

26 Olivier Dabene, *La Region Amerique Latine. Interdependance et Changement Politique*, Paris, Presses de Sciences Po, 1997.

27 Manuel Lucena Salmoral, "La Estructura Uniforme de Iberoamérica como Región," in Manuel Lucena Salmoral, Pablo Emilio Pérez-Mallaína, Demetrio Ramos Pérez, Antonio Gutiérrez Escudero, Lucio Mijares, Angel Sanz Tapía and alii(eds.), *Historia de Iberoamérica. Tomo II. Historia Moderna*, Madrid, Ediciones Cátedra, 1990, pp.323~420.

28 Free translation. Simon Bolivar, Letter to Jamaica, 1815, No imprint.

29 Josef Kunz, "The Idea of 'Collective Security' in Pan-American Developments," *The Western Political Quarterly* 6(4), December 1953, p.673.

30 Olivier Dabène, *L'Amerique Latine à l'Epoque Contemporaine*, Paris, Armand Colin, 2006, p.27.

31 Mary Ann Glendon, "The Forgotten Crucible: The Latin American Influence on the Universal Human Rights Idea," *Harvard Human Rights Journal* 16, Spring 2003, pp.27~39.

32 See among others: Vasant Kumar Bawa, Latin American Integration, Atlantic Highlands, NJ, Humanities Press, 1980; Hernan S anta Cruz, "La Creación de l as Naciones Unidas y de la CEPAL," *Revista de la CEPAL* 57, December 1995, pp.17~32; Albert Hirschman,

"Ideologies of Economic Development," in *Latin American Issues*, New York, Twentieth Century Fund, 1961.

33 Raul Prebisch, "El Desarrollo Economico de la America Latina y Algunos de sus Principales Problemas," *Estudio Economico de la America Latina 1948*, 1949; Hans Singer, "The Distribution of Gai ns between Investing and Borrowing Countries," *American Economic Review* 40(2), May 1950.

34 CEPAL, *Estudio Economico de America Latina 1949*, 1950.

35 See, for instance, CEPAL "Significacion del Mercado Comun en el Desarrollo Económico de América Latina," in *El Mercado Común Latinoamericano*, 1959.

36 Harold Molineu, *U.S. Policy toward Latin America. From Regionalism to Globalism*, Boulder, CO, Westview Press, 1986, pp.73~74.

37 Argentina, Brazil, Mexico, Chile, Paraguay, Peru, Uruguay. Colombia and Ecuador joined later in 1960, and Venezuela and Bolivia in 1966 and 1967.

38 CARIFTA itself replaced the West Indian Federation, a group of ten islands united under British rule between 1958 and 1962.

39 Patsy Lewis, *Surviving Small Size. Regional Integration in Caribbean Ministates*, Kingston, University of West Indies Press, 2002.

40 Gert Rosenthal, "Un Informe Crítico a 30 años de Integración en América Latina," *Nueva Sociedad* 113, May-June 1991, pp.60~65.

41 CEPAL, *Exposición del Secretario Ejecutivo de la CEPAL en el Decimotercer Periodo de Sesiones*, April 21, 1969.

42 Gabriel Valdes, "Review: The Americas in a Changing World as a Response to the Consensus of Vina de Mar," *Journal of Interamerican Studies and World Affairs* 17(2), May 1975, p.210.

43 Rosenthal, "Un Informe Crítico a 30 años," p.64.

44 *Panama Convention Establishing the Latin American Economic System*(SELA), October 17, 1975.

45 See Miguel Wioncczek and Ramón Mayorga Quirós, *Intentos de Integracion en el Marco de la Crisis Latinoamericana*, México, El Colegio de México, 1981.

46 Olivier Dabène, "La Dimensión Política de los Procesos de Integración Latinoamericana," in Georges Couffignal and Germán de la Reza(eds.), *Los Procesos de Integración en America Latina. Enfoques y Perspectivas*, Stockholm, ILAS, 1996.

47 CEPAL, *Open Regionalism in Latin America and the Caribbean. Economic Integration as a Contribution to Changing Productions Pattern with Social Equity*, September 1994.

48 Table 1.4 is available online at: http://us.macmillan.com/author/olivierdabene/.

49 CEPAL(http://www.eclac.cl/comercio/IS/default.asp, accessed on July 27, 2008). See figure 2.1.

50 Table 1.5 is available online at: http://us.macmil an.com/author/olivierdabene/.

51 In a 1967 piece, Joseph Nye described it as follows: "Whether caused by the 'instant friendship' of ill-prepared summit meetings, the search for panaceas, or the deliberate effort to divert attention from internal problems, the most prevalent form of regionalism in less developed areas is an ephemeral expression of the supra-state sense of community without any significant restructuring of interests. This might be called 'token integration' at the international level." (Joseph Nye, "Central Ameri can Regional Integration," p.377 in Joseph Nye[ed.], I*nternational Regionalism*, Boston, Little, Brown and Company, 1968, pp.377~429).

52 Of particular interest: Finn Laursen(ed.), *Comparative Regional Integration. Theoretical Perspectives*, Aldershot, UK, Ashgate, 2003; Frederik Soderbaum and Timothy Shaw(eds.), *Theories of New Regionalism. A Palgrave Reader*, New York, Palgrave Macmillan, 2003.

53 Puchala, "Of Blind Men," p.277.

54 Dimitris Chryssochoou, "New Challenges to the Study of European Integration: Implications for Theory-Building," *Journal of Common Market Studies* 35(4), December 1997, p.17.

55 Ernst Haas and Philippe Schmitter, "Economics and Differential Patterns of Political Integration: Projections about Unity in Latin America," *International Organization* 18(4), Autumn 1964, p.737.

56 Deutsch et al., *Political Community and the North Atlantic Area*, p.44.

57 Mattli, *The Logic of Regional Integration*.

58 Benedict Anderson, *Imagined Communities. Reflections on the Origin and Spread of Nationalism*(Chapter 4, "Creole Pioneers"), London, Verso, 2006, pp.47~65.

59 Anderson, *Imagined Communities,* p.6.

60 Luis Tejada Ripalda, "El Americanismo. Consideraciones sobre el Nacionalismo Latino-americano," Investigaciones Sociales 8(12), p.171.

61 José Caballero, *Problematising Regional Integration in Latin America: Regional Identity and the Enmeshed State. The Case of Central America*, UNU-CRIS Working Papers, W-2007/02, p.14.

62 Luis Tejada Ripalda, "El Americanismo. Consideraciones sobre el Nacionalismo

Latinoamericano," p.181.

63 Paul Pierson, *Politics in Time. History, Institutions and Social Analysis*, Princeton University Press, 2004.

64 Paul Pierson, "The Path to European Integration. A Historical Institutionalist Analysis," *Comparative Political Studies* 29(2), April 1996, p.126.

65 Joseph Nye, "Patterns and Catalysts in Regional Integration," *International Organization* 19(4), Autumn 1965, p.882.

66 Nye, "Patterns and Catalysts," p.883.

67 Pierson, *Politics in Time*, p.45.

68 See, for i nstance, Deutsch noticing that in Europe "men will have to work toward the building of a larger security-community without the benefit of any clear-cut automatic trend toward internationalism to help them" in *Political Community and the North Atlantic Area*, p.24.

69 James Rosenau(ed.), *Linkage Politics. Essays on the Convergence of National and International Systems*, New York, Free Press, 1969. Of particular interest is what Rosenau calls "fused linkages," a situation where "certain outputs and inputs continuously reinforce each other and are thus best viewed as forming a reciprocal relationship"(p.49).

70 Peter Evans, Harold Jacobson, and Robert Putnam(eds.), *Double-Edged Diplomacy: International Bargaining and Domestic Politics*, Berkeley, University of California Press, 1993.

71 Robert Keohane and Helen Milner(eds.), I*nternationalization and Domestic Politics*, Cambridge University Press, 1996.

72 Andrew Moravcsik, "Theorizing European Integration," *The Choice for Europe. Social Purpose and State Power from Messina to Maastricht*, Ithaca, NY, Cornell university press, 1998(Chapter 1).

73 Just one example: on September 18, 2007, Deputy Secretary of State John Negroponte declared that "Failing to pass the FTAs with Peru, Panama and especially Colombia would be a win for Hugo Chávez and a defeat for the forces of democracy in the hemisphere"(http://www.state.gov/s/d/2007/92433.htm, accessed on April 30, 2008).

74 Duina, *The Social Construction of Free Trade*.

75 Jean Coussy, "International Political Economy," in Marie-Claude Smouts(ed.), *The New International Relations. Theory and Practice*," London, Hurst, 2001, pp.140~154.

76 Puchala, "Pattern of Contemporary Regional Integration," p.41.

77 That is prior to the 1965 crisis leading to the compromise of Luxembourg(January 30, 1966).

78 Haas and Schmitter, "Economics and Differential Patterns of Political Integration," p.707.

79 Nye, "Patterns and Catalysts," p.872.

80 Nye, "Patterns and Catalysts," p.881.

81 Haas and Philippe, "Economics and Differential Patterns of Political Integration," p.707.

82 Stanley Hoffmann, "Reflectionson the Nation-State in Western Europe Today," *Journal of Common Market Studies* 21(1/2), 1982, p.29.

83 Hoffmann, "Reflections on the Nation-State," p.29.

84 Haas and Schmitter, "Economics and Differential Patterns of Political Integration," p.737.

85 I will "try," because the exercise is plagued with obstacles. See Craig Parsons, "Showing Ideas as Causes: The Origins of the European Union," *International Organization* 56(1), Winter 2002.

86 Duina, *The Social Construction of Free Trade*.

87 Pierson, *Politics in Time*.

88 Duina, *The Social Construction of Free Trade,* p.185.

89 Philippe Schmitter, "Central American Integration: Spill-over, Spill-around or Encapsulation?" *Journal of Common Market Studies* 9(1), September 1970, pp.1~48.

90 Joseph Weiler, Ulrich Haltern, and Franz Mayer, "European Democracy and its Crit ique," *West European Politics* 18(3), 1995, pp.4~39. Also available at: http://www.jeanmonnet program.org/papers/95/9501ind.html (accessed on October 10, 2008).

91 Giovanni Sartori, *The Theory of Democracy Revisited*, Chatham, UK, Chatham House, 1987, p.234.

92 Andrew Moravcsik, T*he Choice for Europe. Social Purpose and State Power from Messina to Maastricht*, Ithaca, NY, Cornell University Press, 1998.

93 Andrew Axline, "Latin American Integration: Alternative Perspectives on a Changing Reality," *Latin American Research Review* 16(1), 1981, p.168.

94 An allusion is made here to John Austin's classical *How to Do Things with Words*, Oxford, Clarendon Press, 1962.

95 Deutsch et al., *Political Community and the North Atlantic Area*, pp.31~33.

96 http://usinfo.state.gov/xarchives/display.html?p=washfile-english&y=2007&m=July&x=20070724120509lxeneerg0.4201471 (accessed on April 30, 2008).

97 Andrew Axline, "Regional Co-operati on and National Security: External Forces in Caribbean Integration," *Journal of Common Market Studies* 27(1), September 1988, p.1.

98 Duina, *The Social Construction of Free Trade*.

99 Caballero, "Problematising Regional Integration in Latin America."

100 Some further discussions are available on the Website of Sciences Po's Political Observatory of Latin America and the Caribbean: http://www.opalc.org/index.php?option=com_content&task=section&id=9&Itemid=31

Part 2 지역 경제통합의 정치도구화

Chapter 2 지역 위기 해결하기

1 Karl Deutsch, Sidney A. Burrell, and Robert A. Kann, *Political Community and the North Atlantic Area: International Organizations in the Light of Historical Experiences*, Princeton University Press, 1957.

2 "The emergence of the Russian and American superpowers created a situation that permitted wider ranging and more effective cooperation among the states of Western Europe. They became consumers of security." See Kenneth Waltz, *Theory of International Politics*, Boston, McGraw-Hil l, 1979, p.70.

3 Ernst Haas, "International Integration: The European and the Universal Process," *International Organization* 15(3), Summer 1961.

4 Ernest Haas and Philippe Schmitter, "Economic and Differential Patterns of Political Integration: Projections about Political Unity in Latin America," *International Organization* 18(4), Autumn 1964.

5 Karl Deutsch, *The Analysis of International Relations*, Englewood Cliffs, NJ, Prentice Hall, 1968.

6 Ernst Haas, "The Uniting of Europe and the Uniting of Latin America," *Journal of Common Market Studies* 5(4), June 1967.

7 Or even the not so naïve ones: Ernst Haas admits in his 1967 article that "something is missing in the exploration of the integrative process presented in *The Uniting of Europe*. The phenomenon of a de Gaulle is omitted. De Gaulle has proved us wrong." "Uniting of Europe and Uniting of Latin America," p.327.

8 Philippe Schmitter, "Three Neo-functional Hypotheses about International Integration," *International Organization* 23(1), Winter 1969, p.164.

9 Philippe Schmitter, "A Revised Theory of Regional Integration," *International Organization* 24(4), Autumn 1970.

10 Engrenage being "the impossibility of maintaining prolonged separability of different issue areas." See Schmitter, "Revised Theory of Regional Integration," p.840.

11 Philippe Schmitter, "Central American Integration: Spill-over, Spill-around or Encapsulation?" *Journal of Common Market Studies* 9(1), 1970.

12 Dorette Corbey, "Dialectical Functionalism: Stagnation as a Booster of European Integration," *International Organization* 49(2), Spring 1995.

13 Corbey, "Dialectical Functionalism," p.263.

14 Wayne Sandholtz and John Zysman, "1992: Recasting the European Bargain," *World Politics* 42(1), October 1989, p.97.

15 Andrew Moravcsik, "Negotiating the Single European Act: National Interests and Conventional Statecraft in the European Community," *International Organization* 45(1), Winter 1991.

16 The Federal Republic of Central America lasted from 1824 to 1838. Thomas Karnes mentioned eight tentative reconstructions between 1842 and 1863(Thomas Karnes, *The Failure of Union. Central America, 1824-1960*, Chapel Hill, University of North Carolina Press, 1961). Among the subsequent principal attempts to resuscitate it, it is worth mentioning: the Central American Union(1885), the Major Republic of Central America (1897), the United States of Central America(1889), and the Federal Union of Central America(1921). See Felix Fernández-Shaw, La Integración de Centroamérica, Madrid, Ediciones Cultura Hispánica, 1965; and Ralph Lee Woodward, Jr., *Central America. A Nation Divided*, New York, Oxford University Press, 1976.

17 Karnes, *The Failure of Union*, p.174.

18 Karnes, *The Failure of Union*, p.228.

19 Woodward, *Central America. A Divided Nation*, p.229.

20 ODECA, *Documentos de la Unión Centroaméricana*, 1956.

21 Table 2.1 is available online at: http://us.macmil lan.com/author/olivierdabene/.

22 Author translation. The original version is available at: http://www.sica.int/busqueda/centro%20de%20documentacion.aspx?IdItem=992&IdCat=28&IdEnt=401 (accessed onOctober 4, 2008).

23 Figures 2.1 and 2.2 are available online at: http://us.macmillan.com/author/olivier dabene/.

24 Joseph Nye, "Central American Regional Integration," p.390 in Joseph Nye(ed.), *International Regionalism*, Boston, Little, Brown, 1968, pp.377~429.

25 Haas, "International Integration," p.367.

26 Alain Rouquié, "Honduras - El Salvador. La Guerre de Cent Heures: un Cas de 'Désintégration' Régionale," *Revue Francaise de Science Politique* 21(6), December 1971.

27 Figure 2.3 is available online at: http://us.macmil lan.com/author/olivierdabene/.

28 As Isaac Cohen Orantes refers to the years 1951-1959 in *Regional Integration in Central America*, Lexington Books, 1972, pp.21~24.

29 In a constructivist vein, I analyzed the Central American crisis in: "Invention et Rémanence d'une Crise: Leçons d'Amérique Centrale," *Revue Francaise de Science Politique* 42(2), August 1992, pp.555~581.

30 There are a number of good studies of that period. See, for instance, Nora Hamilton, Jeffry Frieden, Linda Fuller, and Manuel Pastor, Jr.(eds.), *Crisis in Central America. Regional Dynamics and U.S. Policy in the 1980s*, Boulder, CO, Westview Press, 1988; John Booth and Thomas Walker, *Understanding Central America*, Boulder, CO, Westview Press, 1989.

31 See Víctor Flores Olea, *Relación de Contadora*, México, Fondo de Cultura Económica, 1988.

32 See John Booth and Mitchell Seligson(eds.), *Elections and Democracy in Central America*, Chapel Hill, University of North Carolina Press, 1989.

33 Figure 2.4 is available online at: http://us.macmil lan.com/author/olivierdabene/.

34 Figure 2.5 is available online at: http://us.macmil lan.com/author/olivierdabene/.

35 FEDEPRICAP: Federation of private entities of Central America and Panama. I will comment on civil society contribution to the reactivation of integration in Chapter seven.

36 Lucile Medina Nicolas, "Central American Borders at the Core of the Regional Integration Process," *Geopolitics* 12, 2007, pp.78~108.

37 The depoliticization is also a consequence of the tecnicos' influence in the region, as noted by different analysts(Schmitter, Wynia).

Chapter 3 집단적 민주주의 방어 구축하기

1 With few exceptions such as: Jeffrey Anderson(ed.), *Regional Integration and Democracy. Expanding on the Eu opean Experience*, Oxford, Rowman & Littlefield, 1999; A rmando Toledano Laredo, *Intégration et Démocratie*, Éditions de l'Université de Bruxelles, 1982. Strangely, even the volume edited by Laurence Whitehead, *The International Dimensions of Democratization. Europe and the Americas*, Oxford University Press, 1996, does not include a Chapter on regional integration.

2 Ernst Haas and Philippe Schmitter, "Economics and Differential Patterns of Political Integration: Projections about Unity in Latin America," *International Organization* 18(4), Autumn 1964, p.737.

3 Haas and Schmitter, "Economics and Differential Patterns of Political Integration," p.720.

4 Haas and Schmitter, "Economics and Differential Patterns of Political Integration," p.712.

5 Peter Evans, Harold Jacobson, Robert Putnam(eds.), *Double-Edged Diplomacy: International Bargaining and Domestic Politics, Berkeley*, University of California Press, 1993.

6 Helen Milner and Robert Keohane, "Internationalization and Domestic Politics: An Introduction," in Robert Keohane and Helen Milner(ed.), *Internationalization and Domestic Politics*, Cambridge University Press, 1996, p.5.

7 See Wayne Cornelius, Todd Eisenstadt, and Jane Hindley(eds.), *Subnational Politics and Democratization in Mexico*, San Diego, University of California Press, 1999, and Manuel Antonio Garretón, *La Posibilidad Democrática en Chile*, Santiago de Chile, FLACSO, 1989.

8 Philippe Schmitter, "A Revised Theory of Regional Integration," *International Organization* 24(4), Autumn 1970, pp.836~868.

9 Andrew Green, *Political Integration by Jurisprudence. The Work of the Court of Justice of the European Communities in European Political Integration*, Leyden, Sijthoff, 1969.

10 See Charles Powell, "International Aspects of Democratization: The Case of Spain," in Whitehead, *The International Dimensions of Democratization*, pp.285~314; Toledano Laredo, *Intégration et Démocratie*.

11 All the documents cited are online on the European Navigator(http://www.ena.lu, accessed on April 30, 2008).

12 Powell, "International Aspects of Democratization," p.298.

13 Philippe Schmitter, "The Inf luence of International Context upon the Choice of National Institutions and Policies in Neo-Democracies," p.44 in Whitehead, *The International Dimensions of Democratization*.

14 Table 3.1 is available online at: http://us.macmil lan.com/author/olivierdabene/.

15 http://www.parlatino.org/conteudo.php?id=21&lg=en (accessed on April 30, 2008).

16 Author's translation of: *Convencidos de que la participacion de los pueblos es necesaria para asegurar la consolidación y proyección futura del proceso global de integración de los Países de la Subregión Andina; Conscientes de que es indispensable crea un medio de acción común para afirmar los principios, valores y objetivos que se identifican con*

el ejercicio efectivo de la democracia.

17 *Art.2 — l Parlamento Andino estará constitu ido por representantes de los pueblos d e cada una d e las Partes contratantes elegidos por sufragio universal y directo, según procedimiento que los Estados miembros adoptarán mediante Protocolo adicional que incluira los adecuados criterios de representación nacional que acuerden las Partes.*

Art.3 — asta que el Protocolo adicional a que se refiere el Artículo anterior entre en vigencia, el Parlamento andino estará constituido por cinco representantes elegidos por los respectivos órganos legislativos de las Partes contratantes de entre sus integrantes, según el procedimiento que cado uno de aquellos adopte para el efecto.

18 No one could at that moment anticipate the extreme violent period that followed. On May 17, 1980, the eve of the presidential elections, the guerrilla movement Shining Pat launched its operations.

19 Tentative translation of "*Procurar un ordenamiento politico subregional generado en democracia de extraccion popular y definido character participativo" and "el respeto de los derechos humanos, politicos, economicos y socials constituye norma fundamental de la conducta interna de los Estados del Grupo Andino.*" Spanish version available online at: http://untreaty.un.org/unts/60001_120000/13/40/00025988.pdf (accessed on April 29, 2008).

20 http://www.parlatino.org/conteudo.php?id=34&lg=en (accessed on April 29, 2008).

21 See, for instance, Riordan Roett(ed.), *Mercosur. Regional Integration, World Markets*, Boulder, CO, Lynne Rienner, 1999.

22 In October 1977, the Moncloa Pact was a government sponsored agreement between the recently legalized unions and business associations in order to prevent a raise of expectations in the realm of salaries and other social claims against the backdrop of economic crisis. The agreement was also signed by political parties and approved by a vote in the parliament.

23 Cited by Domi nique Fournier i n "The A lfonsin Admi nistration and the P romotion of Democratic Values in the Southern Cone and the Andes," *Journal of Latin American Studies* 31(1), February 1999, p.44.

24 Diego Achard, Manuel Flores Silva, and Luis Eduardo González, *Las Élites Argentinas y Brasileñas Frente al MERCOSUR*, BID-INTAL, 1994, p.141.

25 Deputy Foreign Affairs Minister of Argentina Jorge Sabato, interviewed in October 1993 by Dominique Fournier. See Fournier, "The Alfonsín Administration," p.49.

26 *Declaración conjunta Argentina-Uruguay*, Montevi deo, May 26, 1987. L'acte de Monte-

video approfondit la coopération entre ces deux pays, parallèlement aux efforts de rapprochement avec le Brésil.

27 Arturo Valenzuela, "Paraguay: A Coup that Didn't Happen," *Journal of Democracy*, 8(1), January 1997, pp.43~55. Tommy Strömberg, *Did Regional Integration Save Democracy in Paraguay? An Analysis of Changing Levels of Governance*, MFS-reports 1998, Department of Economic History, Uppsala University.

28 The European Union had signed on December 15, 1995 a Framework Cooperation Agreement with MERCOSUR. In its Article 1, the agreement mentions that: "Respect for the democratic principles and fundamental human rights established by the Universal Declaration of Human Rights inspires the domestic and external policies of the Parties and constitutes an essential element of this Agreement." In addition, since 1992, the EU also had a third generation type of a bilateral agreement with Paraguay. Its Article 1 similarly mentions democracy a s a pillar of the co-operation and Article 2 details the way the EU supports Paraguay's democratization.

29 Strömberg, *Did Regional Integration Save Democracy in Paraguay?* p.20.

30 Dexter Boniface, "Is There a Democratic Norm in the Americas? An Analysis of the Organization of American States," *Global Governance* 8, 2002, p.376.

31 Fournier, "The Alfonsín Administration," p.45.

32 This Protocol entered into force on January 17, 2002. Table 3.1 is available online at: http://us.macmillan.com/author/olivierdabene/.

33 Clearly this is not to suggest that no other variable should be taken into account to have a complete picture of the consolidation of democracy in MERCOSUR. On the ambiguity of the European Union's role see Jean Grugel, "Democratization and Ideational Diffusion: Europe, MERCOSUR and Soci al Citizenship," *Journal of Common Market Studies* 45(3), 2007, pp.43~68

34 A massive display of popular unrest in the capital city of Venezuela resulted in a death toll of hundreds, if not thousands. The rioters were expressing their desperation following the implementation of neoliberal IMF sponsored reforms by President Carlos Andrés Pérez.

35 Author's translation of: *El sistema democrático constituye la norma inquebrantable, la forma de vida y el instrumento idóneo para preservar la paz, alcanzar el desarrollo y la justicia social, garantizar el pleno respeto a los derechos humanos e impulsar la cooperacion e integración entre nuestros pueblos.*

36 Table 3.2 is available online at: http://us.macmil lan.com/author/olivierdabene/.

37 Table 3.3 is available online at: http://us.macmil lan.com/author/olivierdabene/.

38 Andrew Cooper and Thomas Legler, "A Tale of Two Mesas: the OAS Defense of Democracy in Peru and Venezuela," Global Governance 11, 2005, pp.425!444.

39 Olivier Dabène, "Does the Mercosur Still Have a Project?" in Francisco Domínguez and Márcos Guedes de Oliveira(eds.), *Mercosur: Between Integration and Democracy*, Bern, Peter Lang, 2004.

Part 3 제도의 디자인과 발전

Chapter 4 제도적 동형설

1 See, for instance, Miles Kahler, *International Institutions and the Political Economy of Integration*, Washington, DC, Brookings Institution, 1995.

2 James McCall Smith, "The Politics of Dispute Settlement Design: Explaining Legalism in Regional Trade Pacts," *International Organization* 54(1), Winter 2000, pp.137~180.

3 McCall Smith, "The Politics of Dispute Settlement Design," p.143.

4 McCall Smith, "The Politics of Dispute Settlement Design," p.138.

5 McCall Smith, "The Politics of Dispute Settlement Design," p.145.

6 McCall Smith, "The Politics of Dispute Settlement Design," p.147.

7 McCall Smith, "The Politics of Dispute Settlement Design," p.150.

8 Francesco Duina, T*he Social Construction of Free Trade. The European Union, NAFTA and MERCOSUR*, Princeton, Princeton University Press, 2006.

9 Duina, *The Social Construction of Free Trade*, pp.71~72.

10 Duina, *The Social Construction of Free Trade*, p.63.

11 Paul DiMaggio and Walter Powell, "The Iron Cage Revisited: Institutional Isomorphism and Collective Rationality in Organization Fields," *American Sociological Review* 48(2), April 1983, pp.147~160.

12 Until the EU introduced flexibility in its relations with CAN during the Europe — Latin America summit of Lima(May 16~17, 2008). The final EU press declaration states: "The EC is aware that there are different approaches and sensitivities in the different CAN countries in respect of these negotiations. Therefore, the EC is ready to address sensitive matters with a great deal of f lexibility … If this f lexibility would not appear sufficient to make progress in these negotiations, other scenarios may be considered such as temporary opt out from the trade pillar of the agreements for one or the other country that is not ready for this at this moment." (*Source*: European Commission, Press

Declaration, Lima, May 17, 2008.

13 Gary Wynia, *Politics and Planners. Economic Development Policy in Central America*, Madison, University of Wisconsin Press, 1972.

14 In North's classical terms, formal constraints are "rules that human beings devise," and informal constraints are "conventions and codes of behavior." See Douglass North, *Institutions, Institutional Change and Economic Performance*, Cambridge University Press, 1990, p.4.

15 Maurice Croisat, Jean-Louis Quermonne, *L'Eur ope et le Fédéralisme. Contribution à l'Émergence d'un Federalisme Intergouvernemental*, Paris, Montchrestien, 1999.

16 Paul Pierson, *Politics in Time. History, Institutions and Social Analysis*, Princeton University Press, 2004, p.142.

17 Philippe Schmitter, "A Revised Theory of Regional Integration," *International Organization* 24(4), Autumn 1970, p.862.

18 Albert Hirschman, *Journeys toward Progress. Studies of Economic Policy-making in Latin America*, Boulder, CO, Westview Press, 1993(1963); Wynia, Politics and Planners.

19 In Article 2.d of the Declaration's Action Program, the Presidents decided "to promote the conclusion of temporary subregional agreements." See: http://www.summit-americas.org/declarat%20presidents-1967-eng.htm (accessed on May 2, 2008).

20 William A very and James Cochrane, "Subregional Integration in Latin America: The Andean Common Market," *Journal of Common Market Studies* 11(2), December 1972, pp.85~102.

21 Richard Adkisson, "The Andean Group: Institutional Evolution, Intraregional Trade, and Economic Development," *Journal of Economic Issues* 37(2), June 2003, p.378.

22 Fujimori, in his own words, "temporarily suspended" democracy as suspending constitutional rule, removing judges and dissolving Congress.

23 Article 6 of the Trujillo Protocol.

24 Table 4.2 is available online at: http://us.macmil lan.com/author/olivierdabene/.

25 According to Adkisson "there is little clear evidence of dramatic improvements corresponding with the institutional reform." See Richard Adkisson, "The Andean Group: Institutional Evolution, Intraregional Trade, and Economic Development, p.378.

26 Table 4.3 is available online at: http://us.macmil lan.com/author/olivierdabene/.

27 OAS translation: www.sice.oas.org/trade/mrcsr/TreatyAsun_e.ASP#CHAPTER_II_ (accessed on May 2, 2008).

28 For all the functions of the different bodies, see the Protocol of Ouro Preto. OAS

translation available at: http://www.sice.oas.org/trade/mrcsr/ourop/index.asp (accessed on May 2, 2008).

29 Article 32 of the Ouro Preto Protocol. Available at: http://www.sice.oas.org/trade/mrcsr/ourop/ourop_e.asp (accessed on October 4, 2008).

30 On this issue, see Deisy Ventura and Alejandro Perotti, *El Proceso Legislativo del Mercosur*, Montevideo, Fundación Konrad Adenauer, 2004.

31 Article 40 of the Protocol of Ouro Preto, available at: http://www.sice.oas.org/trade/mrcsr/ourop/ourop_e.asp (accessed on October 4, 2008).

32 Article 40 of the Protocol of Ouro Preto.

33 Roberto Bouzas and Hernan Soltz, "Institutions and Regional Integration: the Case of MERCOSUR," in Victor Bulmer-Thomas(ed.), *Regional Integration in Latin America and the Caribbean: The Political Economy of Open Regionalism*, London, Institute of Latin American Studies, 2001, pp.104~105.

34 Duina, *The Social Construction of Free Trade*, p.97.

35 Duina, *The Social Construction of Free Trade*, p.99.

36 His exact words were: "We have to make progress on MERCOSUR's institutionalization, as a claim for institutions with supranational characteristics is rising"(*Precisamos avançãr tamben na institucionalizacao do Mercosul, pois crece a demanda por instituções com características supranacionais*). The whole speech is available online at: http://www.ifhc.org.br/Upload/conteudo/01_2_87.pdf (accessed on April 29, 2008).

37 See the full list on MERCOSUR's official Web site: http://200.40.51.219/msweb/principal/contenido.asp (accessed on May 2, 2008).

38 See the full list on the MERCOSUR official Web site.

39 Celina Pena and Ricardo Rozenberg, *Mercosur: A Different Approach to Institutional Development*, FOCAL Policy Paper, 05~06. See also from the same authors, *Una Aproximacion al Desarrollo Institucional del Mercosur: sus Fortalezas y Debilidades*, INTAL-ITD, Documento de divulgación 31, October 2005.

40 Annex 1 of CMC's Decision 30/02(2002).

41 The first members of the SAT were indeed high profile academics with a will to push the logic of integration to its limit: Deisy Ventura(Law, Brazil), Alejandro Perotti(Law, Argentina), Marcel Vaillant(Economist, Uruguay) and Oscar Stark(Economist, Paraguay). Parts of my developments owe to long conversations I had with Deisy Ventura.

42 GMC's resolution 16/04(June 25, 2004) mentions that the solicitations of SAT's technical support must be include a "clear description of the work solicited and a justification of

its necessity and importance for the MERCOSUR or for the development of a particular negotiation."

43 The Article 2.b of this Annex mentions that one of the SAT's task is to elaborate a report every semester on the evolution of the process of integration, analyzing "the relevant variables affecting the process of integration." Its adds that the reports will also have to identify "in the light of a common perspective, eventual normative lacunas and specific difficulties, or themes of common interest."

44 *Un Foco para el Proceso de Integración Regional, Primer Informe Semestral de la Secretaría del MERCOSUR, Montevideo, July 2004.*

45 During the 2001 Argentine crisis, many observers pronounced MERCOSUR defunct and were quick to write its obituary. The new leftist Presidents elected in 2002(Lula in Brazil), 2003(Kirchner in Argentina), and 2004(Vázquez in Uruguay), decided to strengthen MERCOSUR macroeconomic policy coordination in particular, in order to prevent future crisis.

46 "Desafíos institucionales para el MERCOSUR," Montevideo, August 27~28, 2004.

47 Decision 07/07 mentions that the Secretariat of MERCOSUR can have up to 40 employees.

48 See Decision 11/03.

49 Respectively by GMC's resolutions 66/05 and 54/03.

50 According to the SAT, between March 1991 and May 2007 a total of 1850 norms have been approved. The CMC has taken 473 decisions out of which 210 must be incorporated, and 65 were actually incorporated(30.9%). As for the GMC, the numbers are: 1,206 resolutions out of which 798 must be incorporated and 466 were incorporated(58.4%); and the CCM took 171 directives out of which 122 must be incorporated and 74 were incorporated(60.6%).

51 For a wonderful analysis of the complex relations between institutional mimetism, domestic dynamics and international constraints in MERCOSUR, see Marcelo de A. Medeiros, *La Genèse du Mercosud*, Paris, L'Harmattan, 2000.

52 See, for instance, Juan Linz and Arturo Valenzuela(eds.), *The Failure of Presidential Democracy. The Case of Latin America Vol.2*, Baltimore, MD, and London, Johns Hopkins University Press, 1994.

53 Juan Linz, "Presidential or Parliamentary Democracy: Does It Make a Difference?" in Linz and Valenzuela, *The Failure of Presidential Democracy Vol.2*, p.36.

54 Andres Malamud, "Presidentialism and Mercosur: A Hidden Cause for a Successful

Experience," in *Comparative Regional Integration. Theoretical Perspectives*, edited by Finn Laursen, London, Ashgate, 2003, p.64.

55 Gabriel Negretto, "Government Capacities and Policy Making by Decree in Latin America. The Cases of Argentina and Brazil," *Comparative Political Studies* 37(5), 2004, pp.551~562.

56 Carlos Pereira, Timothy Power, and Lucio Rennó, *From Logrolling to Logjam: Agenda Power, Presidential Decrees, and the Unintended Consequences of Reform in the Brazilian Congress*, University of Oxford, Centre for Brazilian Studies, Working Paper CBS 71-06.

57 Wynia, *Politics and Planners*, p.12.

58 Susan Strange, *The Retreat of the State. Diffusion of Power in the World Economy*, Cambridge University Press, 1996.

59 Luis Carlos Bresser Pereira was minister of administration and state reform. He conceived the 1998 Brazilian State reform.

60 Sérgio Henrique Abranches, "O Presidencialismo de Coalizão: O Dilema Institucional Brasileiro ," *Dados* 31(1), 1988.

61 Jorge Lanzaro(ed.), *Tipos de Presidencialismo y Coaliciones Políticas en América Latina*, Buenos Aires, CLACSO, 2003.

Chapter 5 통합의 범위와 수준: 부조화 설명하기

1 Philippe Schmitter, "A Revised Theory of Regional Integration," *International Organization* 24(4), 1970, p.841.

2 Philippe Schmitter, "Central American Integration: Spill-over, Spill-around or Encapsulation?" *Journal of Common Market Studies* 9(1), September 1970, p.39.

3 Schmitter, "A Revised Theory of Regional Integration," p.840.

4 But there is also: spill-over(increase of both scope and level), build-up(increase of level), retrench(increase of level, decrease of scope), muddle-about(increase scope, decrease level), spill-back(decrease of both scope and level), encapsulation(no change).

5 Dorette Corbey, "Dialectical Functionalism: Stagnation as a Booster of European Integration," *International Organization* 49(2), Spring 1995, p.253.

6 Schmitter, "Central American Integration," p.26.

7 Table 5.1 is available online at: http://us.macmil lan.com/author/olivierdabene/.

8 Isaac Cohen Orantes, *Regional Integration in Central America*, Lexington Books, 1972,

p.32.

9 Cohen Orantes, *Regional Integration in Central America*, pp.49~54.

10 Cohen Orantes, *Regional Integration in Central America*, p.60.

11 Declaración de Alajuela, Costa Rica, January 16, 1987. This extract and the following ones have been translated by the author.

12 An English translation is a vailable online at: h ttp://www.sice.oas.org/Trade/sica/PDF/TegProtODECA91_e.pdf (accessed on May 1, 2008).

13 Author's translation. Original document available at: http://www.sica.int/busqueda/busqueda_archivo.aspx?Archivo=acue_965_4_29092005.htm

14 English translation available at: http://www.state.gov/p/wha/rls/70979.htm (accessed on May 1, 2008).

15 Interview with José Arnoldo Sermeno Lima, secretary of Central American Social Integration, San Salvador, July 19, 2007. At the time of this interview, the representative from Guatemala was the secretary of planning, the one from Honduras the minister of culture, from Nicaragua the minister of family, from Panama the minister of social development and from Costa Rica the minister of housing.

16 CEPAL-BID, *La Integración Centroamericana y la Institucionalidad Regional*, December 10, 1997.

17 Regional i tegration has never been a burden for Central American governments. According to ROCAP's figures, cited by Joseph Nye in 1965, "the price of running the integration institutions has been quite low: equivalent of roughly 1% of the five government budgets or one-tenth of 1% of the regional gross domestic product. Furthermore, the governments pay only a quarter of these costs directly, the largest part being met from earnings on services and foreign assistance." See Joseph Nye, "Central American Regional Integration," in Joseph Nye(ed.), *International Regionalism*, Boston, Little, Brown, 1968, p.400.

18 CEPAL, *Open Regionalism in Latin America and the Caribbean. Economic Integration as a Contribution to Changing Productions Patterns with Social Equity*, September 1994.

19 XIX Cumbre de Presidentes Centroamericanos, *Lineamientos para el Fortalecimiento y Racionalización de la Institucionalidad Regional*, Panamá, July 12, 2007. All the Summits Declarations are available online on SICA's oficial Web site: http://www.sica.int (accessed on May 1, 2008).

20 The text actually reads more as a declaration of intention than a real change, but since both institutions were opposed by Costa Rica (for the Parliament) and Costa Rica and

Guatemala (for the Court), it is a consolidation.

21 Reunión Extraordinaria, *Declaración de Managua*, September 2, 1997.

22 Reunión Extraordinaria de Presidentes Centroamericanos, *Declaración Conjunta*, Comalapa, El Salvador, November 8, 1998.

23 Reunión Extraordinaria de Presidentes de Centroamérica, Republica Dominicana y Belice, *Ayuda Memoria*, Tegucigalpa, Honduras, February 4, 1999.

24 Reunión Extraordinaria de Presi dentes Centroamericanos, República Dominicana y Belice con el Presidente de los Estados Unidos de América, *Declaración de Antigua*, Antigua, Guatemala, March 11, 1999.

25 The Plan was composed of eight initiatives in the sectors of energy, transportation, telecommunications, trade facilitation, sustainable development, human development, tourism, and disaster prevention. Official Web site: http://www.planpuebla-panama.org (accessed on May 1, 2008).

26 See José Arnoldo Sermeño Lima, SISCA. *Informe de Labores*, 2007. Available online at SISCA's Web site: www.sica.int/sisca (accessed on May 1, 2008)

27 Cumbre Extraordinaria de Jefes de Estado y de Gobierno de los Países del SICA, San Salvador, November 11, 2005.

28 Reunión Cumbre sobre la Iniciativa Energética Centroamericana, El Salvador, January 22, 2006.

29 Reunión Extraordinaria d e Presidentes, Declaración conjunta de los Presidentes de El Salvador, Honduras, Guatemala y Nicaragua sobre los Pandillas "Mara Salvatrucha" y "Mara 18," Guatemala, January 15, 2004; Cumbre Extraordinaria de Jefes de Estado y de Gobierno de los Países Miembros del SICA sobre Seguridad, Tegucigalpa, October 10, 2006.

30 European Commission, *Central America Regional Strategy Paper 2007-2013*, p.25 (http://ec.europa.eu/external_relations/ca/rsp/index.htm (accessed on May 1, 2008).

31 Protocolo de Reformas al Tratado Constitutivo del Parlamento Centroamericano y Otras Instancias Políticas, Reunión Extraordinaria de Jefes de Estado y de Gobierno de los Países del SICA sobre la Institucionalidad Regional, San Salvador, February 20, 2008.

32 One of the three conclusions reached by Roberto Bouzas, Pedro Da Motta Veiga and Ramón Torrent in their *In-Depth Analysis of MERCOSUR Integration, its Prospectives and the Effects Thereof on the Market Access of EU Goods, Services and Investment* (Barcelona, Observatory of Globalization, 2002) is that there are "too many legal acts with no practical effects. This has been probably the result of the need to meet

deadlines and targets and provide a sense of progress in "rule making." This has reduced transparency (i.e., it is unclear which rules are effective) and seriously challenged the credibility of the rule-making process."

33 In these tables, I used an ad hoc classification that differs from INTAL's one or, regarding MERCOSUR, from the one used by Roberto Bouzas, Pedro Da Motta Veiga, and Ramon Torrent in their *In-Depth Analysis of MERCOSUR Integration*. See figure 5.1 online at: http://us.macmillan.com/author/olivierdabene/.

34 See the figure 5.2 online at: http://us.macmillan.com/author/olivierdabene/.

35 See the figure 5.3 online at: http://us.macmillan.com/author/olivierdabene/.

36 See: Martha Isabel Gómez Lee, *Protección de los Conocimientos Tradicionales en las Negociaciones TLC*, Bogotá, Universidad Externado de Colombia, 2004.

37 Common regime on industrial property.

38 Author's translation of: *Artículo 3. — Los Países Miembros se asegurarán que la protecció n conferida a los elementos de la propiedad industrial se concedera salvaguardando y respetando su patrimonio biológico y genético, así como los conocimientos tradicionales de sus comunidades indígenas, afroamericanas o locales. En tal virtud, la concesión de patentes que versen sobre invenciones desarrolladas a partir de material obtenido de dicho patrimonio o dichos conocimientos estara supeditada a que ese material haya sido adquirido de conformidad con el ordenamiento jurídico internacional, comunitario y nacional. Los Países Miembros reconocen el derecho y la facultad para decidir de las comunidades indígenas, afroamericanas o locales, sobre sus conocimientos colectivos.*

39 WTO Web site(http://www.wto.org/english/docs_e/legal_e/27-trips_04c_e.htm#5), accessed on March 30, 2008.

40 Martha Isabel Gómez Lee, *Protección de los Conocimientos Tradicionales, Op. Cit.*, p.50.

41 See figures 5.4 and 5.5 online at: http://us.macmillan.com/author/olivierdabene/.

42 Julio Godio *El Mercosur, los Trabajadores y el ALCA*. Buenos Aires, Editorial Biblos, 2004.

43 The so-called third generation agreements negotiated by the European Union include a clause stipulating that the parties are free to add new issue areas to the agenda.

44 Stephen Clarkson, *Uncle Sam and Us, Globalization, Neoconservatism and the Canadian State*, University of Toronto Press, 2002. See also Ricardo Grinspun and Maxwell Cameron, T*he Political Economy of North American Free Trade*, New York, Saint Martin's Press, 1993.

45 John Foster and John Dil lon cite U.S. Trade Representative Clayton Yeutter having said at the time of CUSTA negotiations: "The Canadians don't understand what they signed. In twenty years, they will be sucked into the US economy. Free Trade is just the first step in a process leading to the creation of a single North American economy"("NAFTA in Canada: The Era of a Supra-Constitution," p.1 on: http://www.kai roscanada.org/e/economic/trade/NAFTACanada.pdf, accessed on May 2, 2008).

46 Clarkson, *Uncle Sam and Ue*, p.51.

47 Clarkson, *Uncle Sam and Us*, pp.71~72.

Part 4 지역통합의 민주화

Chapter 6 의회 선택

1 Author's translati on of P aul M agnette, *Contrôler l'Europe. Pouvoirs et Responsabilités dans l'Union Européenne*, Bruxelles, Editions de l'Université de Bruxelles, 2003, p.35.

2 Andreas Follesdal and Simon Hix, "Why There Is a Democratic Deficit in the EU: A Response to Majone and Moravcsik," *Journal of Common Market Studies* 44(3), 2006, pp.533~562.

3 This point is also made by Magnette, *Contrôler l'Europe*.

4 See Olivier Costa, *Le Parlement Européen, Assemblée Délibérante*, Presses de l'Université de Bruxelles, 2000.

5 With the exception of France after its transition to its Fifth Republic in 1958, adopting a more presidential regime. Nevertheless, in this country most of the parliamentarian had been socialized during the Fourth Republic(1946-1958), a parliamentary regime.

6 Table 6.1 is available online at: http://us.macmil lan.com/author/olivierdabene/.

7 In 2008, the PARLATINO is comprised of eleven South American countries (all of them but Guyana), the seven Central American countries, and Aruba, Cuba, the Dominican Republic, and the Dutch Antillas. See the official Web site: http://www.parlatino.org (accessed on April 16, 2008).

8 See the IPA official Web site: http://www.parlamentoindigena.org (accessed on April 16, 2008).

9 See the official Web site: http://www.otca.org.br (accessed on April 16, 2008).

10 See his interview on http://www.commercemonde.com/024/sommaire/une-charbonneau.html (accessed on April 17, 2008).

11 See the official Web site: http://www.e-fipa.org (accessed on April 17, 2008).

12 The Treaty, signed on May 23, 2008, stipulates in its article 17 that a protocol will later be adopted creating a Parliament with its headquarter in Cochabamba, Bolivia.

13 Trujillo Protocol, March 10, 1996.

14 Actually the first three days of each month's last week, between March and June and August and November.

15 Interviews with Pedro Montero, assistant general secretary, Bogotá, April 20, 2007 and Ruben Núñez Vélez, general secretary of PARLANDINO, Caracas, April 2, 2008.

16 Article 4 of the Agreement for the Establishment of an Assembly of Caribbean Community parliamentarian.

17 See the English version of the Treaty on http://www.sice.oas.org/trade/mrcsr/mrcsrtoc.asp (accessed on April 18, 2008).

18 Cited by Pierre Hontebeyrie in I*nforme final*, Apoyo a la Comision parlamentaria conjunta del MERCOSUR, August 2003.

19 MERCOSUR/XXV CMC/DEC. 26/03, in *Hacia el Parlamento del MERCOSUR. Una Recopilación de Documentos*, CPC/Konrad Adenauer Foundation, 2004.

20 Ricardo Alonso García, *Informe*, Apoyo a la Comisión parlamentaria conjunta del MERCOSUR, June 10 and October 2, 2003.

21 Acuerdo interinstitutional Consejo Mercado Común — Comisión del Mercado Común in *Hacia el Parlamento del MERCOSUR*.

22 See, for instance, Friedrich Ebert Foundation(FESUR), *Desafíos Institucionales para el Mercosur. Documento Preparatorio*, International Seminar, Montevideo, August 27~28, 2004.

23 MERCOSUR/CMC/Decision 05/04, "Aprobación del Programa de Estudios del SAT."

24 The following comments owe a great deal to a series of interviews and discussions with SAT members and experts during the FESUR Seminar of August 2004.

25 Figure 6.1 is available online at: http://us.macmil lan.com/author/olivierdabene/.

26 Author's translation of: "Realizar todas las actividades que correspondan al ejercicio de sus competencias."

27 At that time Venezuela had dissolved its senate. The adhesion of Venezuela had not yet been ratified by the Brazilian Senate, therefore Venezuela was granted only sixteen representatives, and the right to participate in the debates without voting.

28 And as a result of each country's electoral calendar, elections were about to take place in 2008 in Paraguay, 2009 in Argentina and Uruguay and 2010 in Brazil.

29 See the official Web site: http://www.parlamentodelmercosur.org/index1.asp# (accessed on April 19, 2008).

30 See Chapter eight.

31 (A) Legal and institutional issues; (B) Economy, finance, trade, tax, and money; (C) International, interregional, and strategic planning; (D) Education, culture, science, technology, and sports; (E) Labor, employment policy, social security, and social economy; (F) Sustainable regional development, territorial order, housing, health, environment, and tourism; (G) Domestic issues, security, and defense.

32 Argentina, Brazil, and Venezuela. Venezuela has eliminated its Senate so the following argument does not apply to this country.

33 See Chapter eight.

34 See figure 6.2 online at: http://us.macmillan.com/author/olivierdabene/.

35 See Chapter seven.

36 His brother Alberto, who was elected governor of San Luis in 2003 ran for the Presidency in 2007 and even if he lost, he secured 87.5% of the votes in his province.

Chapter 7 아래로부터의 통합

1 http://www.europarl.europa.eu/elections2004/epelection/sites/en/results1306/turnout_ep/turnout_table.html

2 There is a growing literature on the topic. See, for instance, Diana Tussie and Mercedes Botto(eds.), *El ALCA y las Cumbres de las Américas: ¿Una Nueva Relación Público-Privada?* Buenos Aires, Editorial Biblos, 2003; and on the particular role played by scholars: Mercedes Botto(ed.), *Saber y Politica en América Latina. El Uso del Conocimiento en las Negociaciones Comerciales Internacionales*, Buenos Aires, Prometeo, 2007.

3 As defined by Daphné Josselin and William Wallace: "Organizations 1) largely or entirely autonomous from central government funding and control: emanating from civil society, or from the market economy, or from political impulses beyond control and direction; 2) operating or participating in networks which extend across the boundaries or two or more states — thus engaging in 'transnational' relations, linking political systems, economies, societies; 3) acting in ways which affect political outcomes, either within one or more states or within international institutions— either purposefully or semi-purposefully, either as their primary objective or as one aspect of

their activities." (Daphné Josselin and William Wallace, "Non-state Actors in World Politics: a Framework," in Daphné Josselin and William Wallace[eds.], *Non-state Actors in World Politics*, New York, Palgrave Macmil lan, 2001, pp.3~4).

4 Margaret Keck and Kathryn Sikkink, *Activists beyond Borders. Advocacy Networks in International Politics*, Ithaca, NY, Cornell University Press, 1998. Sydney Tarrow, *The New Transnational Activism*, New York, Cambridge University Press, 2005.

5 See, for instance, the following Web sites(all accessed on April 22, 2008): World Bank: http://web.worldbank.org/WBSITE/EXTERNAL/TOPICS/CSO/0,,pagePK:220469~the SitePK:228717,00.html Organizati on for Economic Co-operati on and Development (OECD): http://www.oecd.org/document/11/0,3343,fr_21571361_38620013_38780171_1_1_1_1,00.html United Nations(UN): http://www.un.org/issues/civilsociety/European Commission: http://ec.europa.eu/civil_society/index_en.htm/.

6 See Chapter nine.

7 José Caballero, "Problematising Regional Integration in Latin America: Regional Identity and the Enmeshed State. The Central American Case," UNU-CRIS Working Papers, W-2007/2.

8 Caballero, "Problematising Regional Integration in Latin America," pp.31~32.

9 See figure 2.1.

10 FECAICA is one of the oldest Central American private sector organizations. Founded in 1959, it has consistently support the regional integration project, especially during its first phase of import-substitution and industrialization strategy.

11 Olivier Dabené, "Quelle Intégration pour quelle Amérique Centrale dans les Années Quatre-vingt-dix?" *Cahiers des Amériques Latines* no.12, 1992.

12 Cited by Mario Lungo Uclés, *El Salvador in the Eighties. Counterinsurgency and Revolution*, Philadelphia, PA, Temple University Press, 1996, p.136.

13 Table 7.1 is available online at: http://us.macmil lan.com/author/olivierdabene/.

14 Ralph Lee Woodward, Jr., *Central America. A Divided Nation*, New York, Oxford University Press, 1976.

15 U.S. Democracy Promotion Programs in particular. See William Robinson, *Transnational Conflicts. Central America, Social Change, and Globalization*, London, Verso, 2003, p.225.

16 The State of Mato Grosso do Sul joined CODESUL in 1992.

17 See figure 7.1 on the Web site: http://us.macmillan.com/author/olivierdabene/.

18 CRECENEA's provinces population: 7.5 million, with: Chaco: 0.9; Corrientes: 0.9; Entre

Ríos: 1.1; Formosa: 0.5; Misiones: 0.9; and Santa Fe: 3. CODESUL's s tates population: 25.3 million, with: Mato Grosso do Sul: 1.9; Parana: 9; Rio Grande do Sul: 9.6; Santa Catarina: 4.8.

19 See: http://www.regionnortegrande.com.ar/?noticia=9964 (accessed on April 24, 2008).

20 Table 7.2 is available online at: http://us.macmil lan.com/author/olivierdabene/.

21 These classifications ought to be taken with caution, as local politics in Brazil sometimes has partisan cleavages of its own.

22 Some Argentinean social organizations from the city of Gualeguaychú criticized the Uruguayan decision to allow the Finnish multinational Botnia and Spanish paper giant ENCE to massively invest in the construction of two paper-pulp plants on Uruguay's bank of the river. The mobilization resulted in a long blockade of the bridge, received the support of President Kirchner and governors. Busti accused Rovira and Colombi of being hypocrites because their provinces had installed the same plants on their side of the river. See www.ellitoral.com/index.php/diarios/2006/11/08/politica/POLI-12.html (accessed on April 25, 2008). For many observers, this crisis epitomizes MERCOSUR's institutional weakness, as Argentina decided to take the case to the International Court of Justice.

23 Asunción(Paraguay); Rosario, La Plata, Córdoba, Buenos Aires(Argentina); Floriano-polis, Porto Alegre, Curitiba, Rio de Janeiro, Brasilia, Salvador(Brazil); Montevideo (Uruguay).

24 Cities not only from MERCOSUR's five members(wi th Venezuela), but also from the associate members(Chile, Bolivia, Peru). See the Mercociudades' official Web site: http://www.mercociudades.net (accessed on April 25, 2008).

25 Author's translation of "Favorecer la participación de las ciudades en la estructura del MERCOSUR, persiguiendo la co-decisión en las áreas de su competencia"(Article 2.1 of its Statutes, on the official Web site).

26 Daniel Chaquetti, *El Mercosur y las Ciudades. Apuntes para una Agenda del Comité de Municipios del Foro Consultivo de Municipios, Estados Federados, Provincias y Departamentos del Mercosur*, Montevideo, FESUR, December 2006, pp.15~16.

27 A secretary was established in Montevideo and a total of ten "technical units" were created: culture, social development, youth, local economic development, tourism, citizen security, education, science and technology, environment and sustainable development, local autonomy, finance, and governance.

28 Many of them were discussed during the Seminar *Politicas de Integración Regional.*

Experiencias Locales Exitosas en el MERCOSUR, Tandi, Argentina, September 13~14, 2007. The presentations are posted on Mercoci udades official Web site (accessed on April 26, 2008): http://www.mercociudades.net/descargas/documentos/Publicaciones/libro_tandil_set_2007.pdf

29 Diego Achard, Manuel Flores Silva, Luis Eduardo González, *Las Élites Argentinas y Brasileñas frente al MERCOSUR*, Buenos Aires, BID-INTAL, 1994, p.114.

30 Ministerio de economía, *Iniciativas Intere Intraempresariales Argentino-Brasilenãs en el Marco del MERCOSUR*, Buenos Aires, 1991.

31 Rosario Domingo, Héctor Pastori, Tabaré Vera, *Comportamiento Estratégico de las Empresas Industriales frente a la Apertura*, Montevideo, Universidad de la Republica, Departamento de Economía, Documento no.4, 1994.

32 Bernardo Kosacoff, Gabriel Bezchinsky, *De la Sustitucion de Importaciones a la Globalización. Las Empresas Transnacionales en la Industria Argentina*, Buenos Aires, CEPAL, Documento de trabajo no.52, 1993.

33 The survey was based on 414 interviews of "elite members"(politicians, top government agents, entrepreneurs, selected according to their type of activity, reputation, residence, and partisan affiliation). See Achard, Flores Silva, Gonzalez, *Las Élites Argentinas y Brasileñas*.

34 Wolfram F. Klein, *El MERCOSUR. Empresarios y Sindicatos Frente a los Desafíos del Proceso de Integración*, Caracas, Editorial Nueva Sociedad, 2000.

35 Guillermo Ondarts, "Los Industriales Latinoamericanos y la Nueva Integración," *Intal* 17, 1991, pp.3~19, cited by Wolfram Klein, *El MERCOSUR, Empresarios y Sindicatos Frente a los Desafíos del Proceso de Integración*.

36 Also cited by Wolfram Klein, *El MERCOSUR, Empresarios y Sindicatos Frente a los Desafíos del Proceso de Integración*: Eduardo D'Alessio, "El MERCOSUR, la Voz de los Empresarios de los Cuatro Países," in Adeba, 7a convención de Bancos privados nacionales, Buenos Aires, August 26~28, 1991; Ciesu, *Organizaciones Empresariales y Politicas Publicas*, Fesure Instituto de Ciencias Políticas, Montevideo, 1992.

37 The group was composed of five Argentine universities(Buenos Aires, La Plata, Litoral, and Rosario), and one from Brazil(Santa Maria), Paraguay(Asuncion), and Uruguay (Republic).

38 Sílvia Helena Soares Schwab, Jose Waimer, *Asociación de Universidades Grupo de Montevideo. 15 anos de Historia*, Montevideo, AUGM, 2007, pp.12~13.

39 Sílvia Helena Soares Schwab, José Waimer, *Asociación de Universidades Grupo de*

Montevideo. 15 años de Historia, p.24.

40 See the official Web site: www.grupomontevideo.edu.uy (accessed on April 27, 2008).

41 The countries invited in 1997 included the four members of MERCOSUR, the two associate members(Chile and Bolivia), and a guest country, Venezuela. In a premonitory way, the Biennial integrated this country ten years before its actual accession to MERCOSUR. These insights are owed to discussions with the Biennial's officials in 2000~2002.

42 Peter Katzenstein, "International Interdependence: Some Long-term Trends and Recent Change," *International Organization* 29(4), 1975.

43 GMC Resolution 11/91.

44 Frequent discussions with CUT's members in charge of the MERCOSUR division in 2001 in Sao Paulo, Brazil.

45 Wolfram Klein, *El Mercosur, Empresarios y Sindicatos Frente a los Desafios del Proceso de Integración*, p.182.

46 CMC Decision O4/91.

47 Frequent d iscussions with FIESP members in charge with the MERCOSUR d ivision in 2001 in Sao Paulo, Brazil.

48 Wolfram Klein, *Empresarios y Sindicatos Frente a los Desafios del Proceso de Integracion*, pp.189~190.

49 Table 7.3 is available online at: http://us.macmil lan.com/author/olivierdabene/.

50 See the official Web site: http://www.fces-mercosur.com/es/node/35 (accessed on April 28, 2008).

51 SIECA, *El Desarrollo Integrado de Centroamérica en la Presente Década*, 11 vol., Buenos Aires, INTAL, 1973.

52 Both tables are available online at: http://us.macmil lan.com/author/olivierdabene/.

53 See the official Web site: http://www.comunidadandina.org/sai/estructura_18.html (accessed on April 28, 2008).

54 See the official Web site: http://www.comunidadandina.org/sai/estructura_19.html (accessed on April 28, 2008).

55 Alvaro de la Ossa, "Gran Caribe: Mecanismos para Profundizar la Participación de los Actores Sociales," pp.141~169 in Francine Jacome, Andrés Serbin(ed.), *Sociedad Civile Integración Regional en el Gran Caribe*, Caracas, Nueva Sociedad, 1998.

56 See the official Web site: http://www.caricom.org/jsp/secretariat/legal_instruments/chartercivilsocietyresolution.jsp?menu=secretariat (accessed on April 28, 2008). Another

example could be the Inter-American Dialogue. See, for instance, Jorge Dominguez, founding Dialogue member forecasting in 1997 as trengthening of an Inter-American civil society(Jorge Dominguez[ed.], *The Future of Inter-American Relations*, New York, Routledge, 2000).

57 Primer Foro de la sociedad civil del Gran Caribe, *Documentos*, Cartagenas de Indias, Colombia, November 23~26, 1997.

58 *Participación de la Sociedad Civil en los Procesos de Integracion, Montevideo,* ALOP, CEFIR, CLAEH, 1998.

59 This is what André Drainville calls the "double movement of social forces in the Americas"(Drainville, "Social Movements in the Americas. Regionalism from Below?" in Gordon Mace and Loui s Bélanger[eds.], *The Americas in Transition. The Contours of Regionalism*, Boulder, CO, Lynne Rienner, 1999, p.235.

Chapter 8 통합 그리고 공유재

1 Giovanni Sartori, *The Theory of Democracy Revisited*, Chatham, UK, Chatham House, 1987, p.234.

2 Sartori, *The Theory of Democracy Revisited*, p.228.

3 Sartori, *The Theory of Democracy Revisited*, p.235.

4 Fritz Scharpf, *Governing in Europe: Effective and Democratic?* Oxford University Press, 1999, p.6. This perspective has not received sufficient scholar attention. See, for instance, the otherwise extremely stimulating Philippe Schmitter's *How to Democratize the European Union … and Why Bother?* Boston, Rowman & Littlefield, 2000.

5 See the discussion in Jaime de Melo, Arvind Panagariya, and Dani Rodrik, "The New Regionalism: A Country Perspective," in Jaime de Melo and Arvind Panagariya(eds.), *New Dimensions in Regional Integration*, Cambridge University Press, 1993.

6 Willem Mole, *The Economics of European Integration. Theory, Practice, Policy*, Aldershot, UK, Ashgate, 4th edition, 2001 p.396.

7 Table 8.1 is available online at: http://us.macmil lan.com/author/olivierdabene/.

8 Like between the Eastern and Western parts of Germany after its reunification.

9 See an official definition in the Europa Glossary: http://europa.eu/scadplus/glossary/subsidiarity_en.htm (accessed on May 5, 2008).

10 Centre d'Analyse Strategique, *The European Union Budget: Some Central Issues at Stake in the 2008-2009 Revision*, July 9, 2007(online: http://www.strategie.gouv.fr/IMG/pdf/

FwkdocumentLisbonne4EN.final.pdf, accessed May 5, 2008).

11 See the research conducted at Sciences Po(Groupe d'économie mondiale): www.gem.sciences-po.fr/content/publications/pdf/PB_transparence_PR_EN170306.pdf, accessed on May 8, 2008.

12 Marco Schaub, *European Regional Policy. The Impact of Structural Transfers and the Partnership Principle since the 1988 Reform*, West Lafayette, IN, Purdue University Press, 2004, p.80.

13 Scharpf, *Governing in Europe*, p.50.

14 The notion of multilevel governance describes this type of decision-making process. See Chapter nine.

15 See Rolando Franco and Armando Di Filippo, *Las Dimensiones Sociales de la Integracion Regional en América Latina*, Santiago, CEPAL, 1999.

16 Table 8.2 is available online at: http://us.macmil lan.com/author/olivierdabene/.

17 See the official presentation: http://www.comunidadandina.org/ingles/agenda_social/pids.htm (accessed on May 5, 2008).

18 Official Web site: http://www.orasconhu.org (accessed on May 5, 2008).

19 Marco Ferroni, "Regional Public Goods: The Comparative Edge of Regional Development Banks," Paper presented at the *Conference on Financing for Development: Regional Challenges and the Regional Development Banks*, Washin gton, DC, Institute for International Economics, February 19, 2002(www.iiea.iie.com/publications/papers/ferroni0202.pdf, accessed on May 6, 2008).

20 Argentina, Bolivia, Brazil, Chile, Colombia, Ecuador, Guyana, Paraguay, Peru, Surinam, Uruguay, and Venezuela.

21 Mauricio Mesquita Moreira, *IIRSA Economic Fundamentals*, ITD-INT, August 2006. http://idbdocs.iadb.org/wsdocs/getdocument.aspx?docnum=800737 (accessed on May 5, 2008).

22 See the official Web site: http://www.iirsa.org (accessed on May 5, 2008).

23 Ricardo Carciofi, "Cooperation and Provision of Regional Public Goods. The IIRSA Case," *Integration and Trade*, n°28, January-June 2008, pp.51~82.

24 Ricardo Carciofi, "Cooperation and Provision of Regional Public Goods. The IIRSA Case," p.52.

25 See Chapter nine.

26 See Kurt-Peter Schutt and Flavio Carucci(ed.), *Retos y Perspectivas de la Integración Energética en América Latina*, Caracas, ILDIS, 2007.

27 See PVDSA's site (accessed on May 5, 2008): http://www.pdvsa.com/index.php?tpl=interface.en/design/readmenuprinc.tpl.html&newsid_temas=46

28 Interview with Dominican President Leonel Fernández, February 14, 2008.

29 When the oil prices reached $70 a barrel, Chavez offered 50%. He promised to go up to 30%if the prices reach $200 a barrel.

30 "Venezuela Pone sus Reservas a Disposición de Suramerica," *El Tiempo* (Bogota, Colombia), April 18, 2007.

31 See Chapter nine for comments on UNASUR.

32 To be sure, only the Argentine military junta believed the United States would help them conquer the islands over the United Kingdom.

33 Table 8.3 is available online at: http://us.macmil lan.com/author/olivierdabene/

34 For a more sophisticated discussion on asymmetries in the MERCOSUR, see Roberto Bouzas, "Compensati ng A symmetries i n R egional I ntegration A greements: L essons from MERCOSUR," in Paulo Giordano, Francesco Lanzafame, and Jörg Meyer-Stamer, *Asymmetries in Regional Integration and Local Development*, Washington, DC, IADB, 2005, pp.85~112.

35 The following comments are based on a study of all the debates' minutes.

36 Figure 8.1 is available online at: http://us.macmil lan.com/author/olivierdabene/.

37 Article 17.1(Decision 24/05).

38 Even for Paraguay, it represents a mere 0.15% of the GDP, as compared to the s tructural funds in Europe that at their maximum amounted to about 6% of Spain's GDP.

Part 5 통합의 논쟁적 정치성

Chapter 9 미주 지역의 다층적 거버넌스?

1 Verónica Montecinos, "Ceremonial Regionalism, Institutions and Integration in the Americas," *Studies in Comparative International Development* 31(2), Summer 1996.

2 Stephen Krasner, "Structural Causes and Regime Consequences: Regimes as Intervening Variables," in Stephen Krasner(ed.) *International Regimes*, Cornell University press, 1983, p.2.

3 Andreas Hasenclever; Peter Mayer; Volker Rittberger(eds.), *Theories of International Regimes*, New York, Cambridge University Press, 1997.

4 Inaugurated in 1983, CBI was eventually expanded in 2000 with the U.S.-Caribbean

Basin Trade Partnership Act(CBTPA), signed by nineteen countries.

5 Denver(June 30, 1995), Cartagena(March 21, 1996), Belo Horizonte(May 16, 1997), and San José(March 19, 1998). See the official Web site: http://www.ftaa-alca.org/View_e.asp (accessed on May 29, 2008).

6 General Principles and Objectives, Summit of the Americas Fourth Trade Ministerial Joint Declaration, Annex 1, San Jose, Costa Rica, March 19, 1998 See: http://www.ftaa-alca.org/Ministerials/SanJose/SanJose_e.asp#AnnexI, accessed on May 29, 2008.

7 At that time, MERCOSUR's average external tari ff was 13% against 3% for the United States.

8 General Principles and Objectives, March 19, 1998.

9 General Principles and Objectives, March 19, 1998.

10 Richard Feinberg, *Summitry in the Americas. A Progress Report*, Washington, DC, Institute for International Economics, 1997, p.103.

11 Table 9.1 is available online at: http://us.macmil lan.com/author/olivierdabene/.

12 NAFTA covers exactly the same issue areas, except competition policy. For a view on the way the "Bush and Clinton administrations adopted strategies of targeted side payments in order to enhance the prospects for ratification of the agreement," see William Avery and Richard Friman, "Who Got What and Why: Constructing North American Free Trade," in Kenneth Thomas and Mary Ann Tétreault(eds.), *Racing to Regionalize. Democracy, Capitalism, and Regional Political Economy*, Boulder, Lynne Rienner, 1999, p.111.

13 A final meeting was held on November 27~29, 1994 at Airlie House(Warrenton, VA) to draft the Plan of Action that would be approved during the Miami Summit. Feinberg, *Summitry in the Americas*, p.148.

14 James Rosenau, *Along the Domestic-Foreign Frontier. Exploring Governance in a Turbulent World*, Cambridge University Press, 1997, p.40.

15 James Rosenau, "Governance in the Twenty-first Century," *Global Governance*, 1, 1995, p.13.

16 Gary Marks, Liesbet Hooghe, and Kermit Blank, "European Integration from the 1980s: State-Centric *v.* Multi-level Governance," *Journal of Common Market Studies* 34(3), September 1996, p.346.

17 Gary Marks and Liesbet Hooghe, "Contrasting Visions of Multi-level Governance," in Ian Bache and Matthew Flinders(eds.), *Multi-level Governance*, Oxford University Press, 2004, pp.16~17.

18 Of course the notion of governance has also received many criticisms that cannot be

mentioned in the scope of this study. See in particular the March 1998 issue of the *International Social Science Journal*.

19 James Rosenau, *Turbulence in World Politics. A Theory of Continuity and Change*, Princeton University Press, 1990.

20 The Inter-American Dialogue, *Convergence and Community. The Americas in 1993*, Washington, DC, Aspen Institute, 1992, p.v.

21 Including the academic community. See, for instance, Abraham Lowenthal, "Latin America: Ready for Partnership?" *Foreign Affairs*, 72(1), 1992~1993, pp.79~92; or Robert Pastor, "The Latin American Option," *Foreign Policy* 88, Autumn 1992, pp.107~125. In Europe, the same euphoria was perceivable. See the report of the second Euro — Latin America Forum titled *A Convergência Natural*(Lisbon, IEEI, October 1993).

22 "Convergencia: la Palabra Mágica de la Integración," *Capitulos de SELA*, no.42, January — March 1995.

23 Olivier Dabène, *La Région Amérique Latine. Interdépendance et Changement Politique*, Paris, Presses de Sciences Po, 1997, pp.273~280.

24 Nicola Phillips, "Moulding Economic Governance in the Americas: U.S. Power and the New Regional Political Economy," in Michèle Rioux(ed.), *Building the Americas*, Bruxelles, Bruylant, 2007, p.25.

25 Richard Feinberg's testimony is once again interesting. The United States wanted to label the Miami summit "Partnership for prosperity." The Brazilians fought hard to include "development." See Feinberg, *Summitry in the Americas*, p.147.

26 It could also be mentioned that after a decade, NAFTA did not provide a very encouraging model, as far as Mexican development is concerned. See, for instance, René Villarreal, *TLCAN 10 Años Después. Experiencia de México y Lecciones para Amé rica Latina*, Bogota, Editori al Norma, 2004, or Dorval Brunelle and Chri sti an Deblock(eds.), *L'ALENA. Le Libre-Echange en Défaut*, Québec, Editions Fides, 2004.

27 Leaving only Market Access, Dispute Settlement and Competition Policy.

28 Originally the Contadora Group was formed in 1983 by Mexico, Panama, Colombia, and Venezuela to offer a mediation channel to Central America. Four other countries (Argentina, Brazil, Uruguay, and Peru) later joined them. In 1986, the eight countries decided to create a Political Consultation and Concertation Permanent Forum (also known as the Rio Group).

29 Laurence Whitehead and A lexandra Barahona, "Las Cumbres Mundiales y sus Versiones Latinoamericanas: ¿Haciendo una Montana de un Grano de Arena?" *América Latina Hoy*, 40, 2005, pp.15~27.

30 See http://www.opalc.org/index.php?option=com_content&task=view&id=468&Itemid=48 (accessed on June 6, 2008).

31 A few days before, Chavez had announced the mobilization of troops along the border. See http://www.opalc.org/index.php?option=com_content&task=view&id=335&Itemid=123 (accessed on June 6, 2008).

32 FLACSO's classification includes the following items: (1) Democracy, (2) Human Rights, (3) Security, (4) Economic Integration, (5) Social Development, (6) Modernization of the State, (7) Sustainable Development, (8) International Issues, (9) Culture, (10) Others. In figure 9.1, Politics corresponds to (1) + (2) + (6); Social to (5) + (7) + (9); Economy to (4); International to (3) + (8) and Other to (10).

33 See figure 9.1 on the Web site: http://us.macmillan.com/author/olivierdabene/.

34 Composed of the following summits. See the official Web site: http://www.summit-americas.org/ (accessed on June 6, 2008).

도시	일자	정상회담 형태
마이애미(미국)	1994년 12월 9~11일	제1차 미주 정상회담
산타크루스 데 라 시에라(볼리비아)	1996년 12월 7~8일	지속 가능한 개발을 위한 미주 정상회담
산티아고(칠레)	1998년 4월 18~19일	제2차 미주 정상회담
퀘벡(캐나다)	2001년 4월 20~22일	제3차 미주 정상회담
몬테레이(멕시코)	2004년 1월 12~13일	특별 미주 정상회담
마르 델 플라타(아르헨티나)	2005년 11월 4~5일	제4차 미주 정상회담

35 See the official Web site: http://www.summit-americas.org/miamiplan.htm (accessed on June 8, 2008).

36 See the official Web site: http://www.summit-americas.org/miamiplan.htm#APPENDIX (accessed on June 8, 2008).

37 Feinberg, *Summitry in the Americas*, pp.161~162.

38 Roberto Patricio Korzeniewicz and William Smith, "Protest and Collaborati on: Transnational Civil Society Networks and the Politics of Summitry and Free Trade in the Americas," *The North South Agenda Papers*, 51, September 2001.

39 Making democracy work better; Human rights and fundamental freedoms; Justice, rule of law and security of the individual; Hemispheric security; Civil society; Trade, investment and financial stability; Infrastructure and regulatory environment; Disaster management; Environmental foundation for sustainable development; Agriculture

management and rural development; Labor and employment; Growth with equity; Education; Health; Gender equality; Indigenous Peoples; Cultural diversity; and Children and youth.

40 Composed of past and present hosts of the Summits(in Quebec, United States, Chile, and Canada).

41 With Canada, Chile, the United States, Argentina, Mexico, and Brazil, and one representative from Central America, CARICOM, the Rio Group, and CAN.

42 See the official declaration on FTAA's official Web site: www.ftaa-alca.org/Ministerials/Miami/Miami_e.asp (accessed on June 20 2008).

43 Mónica Serrano rightly points out that despite several proposals made for instance by Venezuela (an Inter-American fund), the final declaration "comes out of a good governance manual: 'each country has primary responsibility for its own economic and social development through sound policies, good governance, and the rule of law' " (Mónica Serrano, "Conclusion: The Americas and Regional Dis-integration," in Louise Fawcett and Mónica Serrano[eds.], *Regionalism and Governance in the Americas. Continental Drift*, New York, Palgrave Macmil lan, 2005, p.275).

44 Point 19A: "Some member states maintain that we take into account the difficulties that the process of the Free Trade Area of the Americas(FTAA) negotiations has encountered, and we recognize the significant contribution that the process of economic integration and trade liberalization in the Americas can and should make to the achievement of the Summit objectives to create jobs to fight poverty and strengthen democratic governance. Therefore, we remain committed to the achievement of a balanced and comprehensive FTAA Agreement."

Point 19B: "Other member states maintain that the necessary conditions are not yet in place for achieving a balanced and equitable free trade agreement with effective access to markets free from subsidies and trade-distorting practices, and that takes into account the needs and sensitivities of all partners, as well as the differences in the levels of development and size of the economies."

Source: Declaration of Mar del Plata: http://www.summit-americas.org/Documents%20for%20Argentina%20Summit%202005/IV%20Summit/Declaracion/Declaracion%20IV%20Cumbre-eng%20nov5%209pm%20rev.1.pdf (accessed on June 8, 2008).

45 Other than OAS and IADB, the other partner organizations of the Summit process are: CEPAL, World Bank, OPAS, Inter-Ameri can Insti ute for Cooperation on Agri ulture

(IICA), Andean Development Bank(CAF), Central American Bank for Economic Integration(BCIE), Caribbean Development Bank(CDB), International Organization for Migration(IOM), International Labor Office(ILO), Institute for Connectivity in the Americas(ICA).

46 See, for instance, OAS, *Achievements of the Summits of the Americas. Progress since Mar del Plata, Report of the Joint Summit Working Group*, Washington, DC, 2007, pp.83~84.

47 Andrew Hurell, "Hegemony and Regional Governance in the Americas," Global Law Working Paper 05/04.

48 Stephen Clarkson, *Uncle Sam and Us. Globalization, Neoconservatism, and the Canadian State*, University of Toronto Press, 2002, pp.41~42.

49 Philipps, "Moulding Economic Governance in the Americas," p.35.

50 Mario Pujols, "Detrás de Bastidores: Percepción del Sector Privado Dominicano Frente a las Negociaciones del DR-CAFTA y del EPA," April 2008, http://www.opalc.org/images/INRE/pujols.pdf, (accessed on June 25, 2008).

51 Alba in Spanish means dawn.

52 See the historical references on ALBA's official Web site: http://www.alternativabolivariana.org/modules.php?name=Content&pa=showpage&pid=32 (accessed on June 11, 2008).

53 Interview with Osvaldo Martinez, president of the Economic Commission of the Cuban Parliament and director of Center for World Economy Studies(CIEM), La Havana, Cuba, February 20, 2008.

54 The "Barrio Adentro" Mission is a social program providing free basic health care to poorest sectors of the population.

55 See the text of the Agreement on ALBA's official Web site: http://www.alternativabolivariana.org/modules.php?name=News&file=article&sid=81 (accessed on June 11, 2008).

56 See Chapter eight.

57 Between September 2006 and November 2007, 673 projects were selected and granted a total amount of US$15 mil lion. The Venezuelan Bank for Social and Economic Development(BANDES) administers the payments, sometimes with delays. See "El Alba-TCP No Cumple Expectativas del Gobierno," *La Razón, L a Paz*, Bolivia, October 2 3, 2007; "El TCP-Alba Dará US$9.5 Mil liones Hasta Fin de Año," La Razón, La Paz, Bolivia, October 24, 2007.

58 Carlos Romero, *Jugando con el Globo. La Politica Exterior de Hugo Chávez*, Caracas, Ediciones B, 2006.

59 As of June 2008, the Brazi lian Senate had not ratified Venezuela's adhesion. Therefore, Venezuela was stil l not legally a member of MERCOSUR.

60 Cusco, Peru(December 8, 2004), Brasilia, Brazil(September 30, 2005), Cochabamba, Bolivia(December 9, 2006), Margarita, Venezuela(April 17, 2007).

61 See the text on the Brazilian Ministry of Foreign Affairs' site: http://www.mre.gov.br/portugues/imprensa/nota_detalhe3.asp?ID_RELEASE=5466 (accessed on June 24, 2008).

62 Figure 9.2 is available online at http://us.macmil lan.com/author/olivierdabene/. This figure is exploratory. My intention is no more than suggesting further discussions. For each variable, I gave a coefficient between one and four to each regional grouping, based on the previous Chapters' developments. "Level" corresponds to the degree of institutionalization; "Scope" to the number of issue areas included in the agenda; "Actors" to the importance of non State actors (the higher the coefficient the higher the participation of civil society); and "Policies" to the type of integration (the higher the coefficient the more positive the integration).

결론

1 See Olivier Dabène, *Amerique Latine. Les Elections contre la Démocratie?* Paris, Presses de Sciences Po, 2008.

2 *Tenemos que bajar el umbral de las expectativas*, said Peruvian minister of foreign affairs Fernando García Belaunde in a conference in Paris, on November 16, 2007.

참고문헌

Abranches, Sérgio Henrique. 1988. "O Presidencialismo de Coalizão: O Dilema Institucional Brasileiro." *Dados*, 31(1), pp.5~8.

Achard, Diego, Flores Silva, Manuel, and González, Luis Eduardo. 1994. *Las Élites Argentinasy Brasileñas Frente al MERCOSUR*. Buenos Aires: BID-INTAL.

Adkisson, Richard. 2003. "The Andean Group: Institutional Evolution, Intraregional Trade, and Economic Development." *Journal of Economic Issues*, 37(2), pp.371~379.

Anderson, Benedict. 2006. *Imagined Communities. Reflections on the Origin and Spread of Nationalism*. London: Verso.

Anderson, Jeffrey(ed.). 1999. *Regional Integration and Democracy. Expanding on the European Experience*. Oxford: Rowman & Littlefield.

Aron, Raymond. 1962. *Paix et Guerre entre les Nations*. Paris: Calmann-Lévy.

Austin, John. 1962. *How to Do Things with Words*. Oxford: Oxford University Press.

Avery, William and James Cochrane. 1972. "Subregional Integration in Latin America: The Andean Common Market." *Journal of Common Market Studies*, 11(2), pp.85~102.

Avery, William and Richard Friman. 1999. "Who Got What and Why: Constructing North American Free Trade." in Kenneth Thomas and Mary Ann Tétreault(eds.). *Racing to Regionalize. Democracy, Capitalism, and Regional Political Economy*. Boulder, CO: Lynne Rienner, pp.87~112.

Axline, Andrew. 1981. "Latin American Integration: Alternative Perspectives on a Changing Reality." *Latin American Research Review* 16(1), pp.167~186.

______. 1988. "Regional Co-operation and National Security: External Forces in Caribbean Integration." *Journal of Common Market Studies*, 27(1), pp.1~5.

Bawa, Vasant Kumar. 1980. *Latin American Integration*. Atlantic Highlands, NJ: Humanities Press.

Boniface, Dexter. 2002. "Is There a Democratic Norm in the Americas? An Analysis of the Organization of American States." *Global Governance*, 8(3), pp.368~381.

Booth, John and Mitchell Seligson(eds.). 1989. *Elections and Democracy in Central America*. Chapel Hill: The University of North Carolina Press.

Booth, John and Thomas Walker. 1989. *Understanding Central America*, Boulder, CO:

Westview Press.

Botto, Mercedes(ed.). 2007. *Sabery Política en América Latina. El Uso del Conocimiento en las Negociaciones Comerciales Internacionales*, Buenos Aires: Prometeo.

Bouzas, Roberto. 2005. "Compensating A symmetries in Regional Integration Agreements: Lessons from MERCOSUR." in Paulo Giordano, Francesco Lanzafame, and Jörg Meyer-Stamer(eds.), *Asymmetries in Regional Integration and Local Development*, Washington, DC: IADB, pp.85~112.

Bouzas, Roberto and Hernán Soltz. 2001. "Institutions and Regional Integration: The Case of MERCOSUR." in Victor Bulmer-Thomas(ed.). *Regional Integration in Latin America and the Caribbean: The Political Economy of Open Regionalism*. London: Institute of Latin American Studies, pp.95~118.

Bouzas, Roberto, Pedro Da Motta Veiga and Ramón Torrent. 2002. *In-Depth Analysis of MERCOSUR Integration, Its Prospectives and the Effects Thereof on the Market Access of EU Goods, Services and Investment*. Barcelona: Observatory of Globalization.

Brunelle, Dorval and Christian Deblock(eds.). 2004. *L'ALENA. Le Libre-Echange en Défaut*, Quebec: Editions Fides.

Bull, Benedicte and Morten Bøås. 2003. "Multilateral Development Banks as Regionalising Actors: The Asian Development Bank and the Inter-American Development Bank." *New Political Economy*, 8(2), pp.245~261.

Caballero, José. 2007. *Problematising Regional Integration in Latin America: Regional Identity and the Enmeshed State. The Case of Central America*. UNU-CRIS Working Papers, W-2007/02.

Carciofi, Ricardo. 2008. "Cooperation and Provision of Regional Public Goods. The IIRSA Case." *Integration and Trade* 28(January-June), pp.51~82.

Centre d'Analyse Stratégique. 2007. *The European Union Budget: Some Central Issues at Stake in the 2008-2009 Revision, July 9. www.strategie.gouv.fr/IMG/pdf/Fwkdocument Lisbonne4.final-2.pdf, accessed April 14, 2009.*

CEPAL. 1959. "Significación del Mercado Común en el Desarrollo Económico de América Latina." in *El Mercado Común Latinoamericano*. Santiago de Chile: CEPAL.

______. 1969. *Exposición del Secretario Ejecutivo de la CEPAL en el decimotercer periodo de sesiones*. Santiago de Chile: CEPAL, April 21, 1969.

______. 1994. *Open Regionalism in Latin America and the Caribbean. Economic Integration as a Contribution to Changing Productions Pattern with Social Equity*. Santiago de Chile: CEPAL, September.

CEPAL-BID. 1997. *La Integración Centroam ericana y la Institucionalidad Regional*, Santiago de Chile: CEPAL, December.

Chaquetti, Daniel. 2006. *El M ercosur y las Ciudades. Apuntes para una Agenda del Comité de Municipios del Foro Consultivo de Municipios, Estados Federados, Provincias y Departamentos del Mercosur*. Montevideo: FESUR.

Chryssochoou, Dimitris. 1997. "New Challenges to the Study of European Integration: Implications for Theory-Building." *Journal of Common Market Studies*, 35(4), 521~542.

Clarkson, Stephen. 2002. *Uncle Sam and Us, Globalization, Neoconservatism and the Canadian State*. Toronto: University of Toronto Press.

Cohen Orantes, Isaac. 1972. *Regional Integration in Central America*. Lexington, MA: *Heath* Lexington Books.

Cooper, Andrew and Thomas Legler. 2005. "A Tale of Two Mesas: The OAS Defense of Democracy in Peru and Venezuela." *Global Governance* 11: pp.425~444.

Corbey, Dorette. 1995. "Dialectical Functionalism: Stagnation as a Booster of European Integration." *International Organization*, 49(2), pp.253~284.

Cornelius, Wayne, Todd Eisenstadt, and Jane Hindley(eds.). 1999. *Subnational Politics and Democratization in 0*. San Diego: University of California Press.

Costa, Olivier. 2000. *Le Parlement Europeen, Assemblee Deliberante*. Bruxelles: Presses de l'Université de Bruxelles.

Coussy, Jean. 2001. "International Political Economy." in Marie-Claude Smouts(ed.). *The New International Relations. Theory and Practice*. London: Hurst, pp.140~154.

Croisat, Maurice and Jean-Louis Quermonne. 1999. *L'Europe et le Fédéralisme. Contribution à l'Émergence d'un Fédéralisme Intergouvernemental*. Paris: Montchrestien.

Dabène, Olivier. 1992a. "Invention et Rémanence d'une Crise: Leçons d'Amérique Centrale." *Revue Française de Science Politique*, 42(2), pp.555~581.

______. 1992b. "Quelle Intégration pour quelle Amérique Centrale dans les Années Quatrevingt-dix?" *Cahiers des Amériques Latines*, 12, pp.165~176.

______. 1994. *L'Amérique Latine au XXème Siècle*. Paris: Armand Colin (in Spanish: *Amé rica Latina en el Siglo XX*. Madrid: Síntesis, 2000).

______. 1996. "La Dimensión Política de los Procesos de Integración Latinoamericana." in Georges Couffignal and Germán de la Reza(eds.). *Los Procesos de Integración en América Latina. Enfoques y Perspectivas*. Stockholm: ILAS, pp.25~44.

______. 1997. *La Région Amérique Latine. Interdépendance et Changement Politique*. Paris: Presses de Sciences Po (in Spanish: *La Région América Latina. Interdependencia y Cambio Político*. Buenos Aires: Corregidor, 2001).

______. 2004. "Does the Mercosur Still Have a Project?" in Francisco Domínguez and Márcos Guedes de Oliveira(eds.). *Mercosur: Between Integration and Democracy*. Bern: Peter Lang, pp.141~155.

______. 2006. *L'Amérique Latine à l'Epoque Contemporaine*. Paris: Armand Colin.

______. 2008. *Amérique Latine. Les Elections contre la Democratie?* Paris: Presses de Sciences Po.

de Melo, Jaime, Arvind Panagariya, and Dani Rodrik. 1993. "The New Regionalism: A Country Perspective." in Jaime de Melo and Arvind Panagariya(eds.). *New Dimensions in Regional Integration*. Cambridge: Cambridge University Press, pp.159~201.

Deutsch, Karl, Sidney A. Burrell, and Robert A. Kann. 1957. *Political Community and the North Atlantic Area. International Organization in the Light of Historical Experience*. Princeton, NJ: Princeton University Press.

DiMaggio, Paul and Walter Powell. 1983. "The Iron Cage Revisited: Institutional Isomorphism and Collective Rationality in Organization Fields." *American Sociological Review*, 48(2), pp.147~160.

Domingo, Rosario, Hector Pastori, and Tabaré Vera. 1994. *Comportamiento Estratégico de las Em presas Industriales frente a la Apertura*. Montevideo: Universidad de la Repú blica, Departamento de Economía, Documento no.4.

Domínguez, Jörge(ed.). 2000. *The Future of Inter-American Relations*. New York: Routledge.

Drainville, André. 1999. "Social Movements in the Americas. Regionalism from Below?" in Gordon Mace and Louis Bélanger(eds.). *The Americas in Transition. The Contours of Regionalism*. Boulder, CO: Lynne Rienner: 219~237.

Duina, Francesco. 2006. *The Social Construction of Free Trade. The European Union, NAFTA, and MERCOSUR*. Princeton, NJ: Princeton University Press.

Euro-Latin America Forum. 1993. *A Convergência Natural*. Lisbon: IEEI.

Evans, Peter, Harold Jacobson, and Robert Putnam(eds.). 1993. *Double-Edged Diplomacy: International Bargaining and Domestic Politics*, Berkeley, CA: University of California Press.

Fawcett, Louise and Mónica Serrano(eds.). 2005. *Regionalism and Governance in the Americas. Continental Drift*. New York: Palgrave Macmillan.

Feinberg, Richard. 1997. *Summitry in the Americas. A Progress Report*, Washington, DC: Institute for International Economics.

Fernández-Shaw, Felix. 1965. *La Integración de Centroamérica*. Madrid, Ediciones Cultura Hispánica.

Flores Olea, Víctor. 1988. *Relación de Contadora*. México: Fondo de Cultura Económica.

Follesdal, Andreas and Simon Hix. 2006. "Why There Is a Democratic Deficit in the EU: A Response to Majone and Moravcsik." *Journal of Common Market Studies*, 44(3), pp.533~562.

Fournier, Dominique. 1999. "The Alfonsín Administration and the Promotion of Democratic

Values in the Southern Cone and the Andes." *Journal of Latin American Studies*, 31(1), pp.39~74.

Franco, Rolando and Armando Di Filippo. 1999. *Las Dimensiones Sociales de la Integración Regional en América Latina*. Santiago de Chile: CEPAL.

Garretón, Manuel Antonio. 1989. *La Posibilidad Democrática en Chile*. Santiago de Chile: FLACSO.

Glendon, Mary Ann. 2003. "The Forgotten Crucible: The Latin American Inf luence on the Universal Human Rights Idea." *Harvard Human Rights Journal* 16(Spring), pp.27~39.

Gómez Lee, Martha Isabel. 2004. *Protección de los Conocimientos Tradicionales en las Negociaciones TLC*. Bogotá: Universidad Externado de Colombia.

Green, Andrew. 1969. *Political Integration by Jurisprudence. The Work of the Court of Justice of the European Communities in European Political Integration*. Leyden: Sijthoff.

Grinspun, Ricardo and Maxwell Cameron. 1993. *The Political Economy of North American Free Trade*. New York: Saint Martin's Press.

Grugel, Jean. 2007. "Democratization and Ideational Diffusion: Europe, MERCOSUR and Social Citizenship." *Journal of Common Market Studies*, 45(3), pp.43~68.

Grugel, Jean and Wil Hout(eds.). 1999. *Regionalism across the North-South Divide. State Strategies and Globalization*. London: Routledge.

Haas, Ernst. 1961. "International Integration: The European and the Universal Process." *International Organization*, 15(3), pp.366~392.

______. 1967. "The Uniting of Europe and the Uniting of Latin America." *Journal of Common Market Studies*, 5(4), pp.315~343.

______. 1970. "The Study of Regional Integration: Reflections on the Joy and Anguish of Pretheorizing." *International Organization*, 24(4), pp.607~646.

Haas, Ernst and Philippe Schmitter. 1964. "Economics and Differential Patterns of Political Integration: Projections about Unity in Latin America." *International Organization*, 18(4), pp.705~737.

Hamilton, Nora, Jeffry Frieden, Linda Fuller and Manuel Pastor Jr.(eds.). 1988. *Crisis in Central America. Regional Dynamics and U.S. Policy in the 1980s*. Boulder, CO: Westview Press.

Hasenclever, Andreas, Peter Mayer and Volker Rittberger(eds.). 1997. *Theories of International Regimes*. New York: Cambridge University Press.

Hettne, Björn. 2003. "The New Regionalism Revisited." in Frederik Söderbaum, Timothy Shaw(eds.). *Theories of New Regionalism*. New York: Palgrave Macmillan, pp.22~42.

Hirschman, Albert. 1961. "Ideologies of Economic Development." in Albert Hirschman(ed.). *Latin American Issues*. New York: Twentieth Century Fund, pp.3~42.

______. 1993(1963). *Journeys toward Progress. Studies of Economic Policy-making in Latin America*. Boulder, CO: Westview Press.

Hoffmann, Stanley. 1966. "Obstinate or Obsolete? The Fate of the Nation-State and the Case of Western Europe." *Daedalus*, 95(3), pp.862~915.

______. 1982. "Ref lections on the Nation-State in Western Europe Today." *Journal of Common Market Studies*, 21(1/2), pp.21~38.

Hurrell, Andrew. 1995. "Regionalism in Theoretical Perspective," in Louise Fawcett and Andrew Hurrell(eds.). *Regionalism in World Politics. Regional Organization and International Order*. Oxford: Oxford University Press, pp.37~73.

______. 2005. "Hegemony and Regional Governance in the Americas." *Global Law Working Paper* 05/04.

Inter-American Dialogue. 1992. *Convergence and Community. The Americas in 1993*. Washington, DC: Aspen Institute.

Jácome, Francine and Andrés Serbin(eds.). 1998. *Sociedad Civil e Integración Regional en el Gran Caribe*. Caracas: Nueva Sociedad.

Josselin, Daphné and William Wallace(eds.). 2001. *Non-state Actors in World Politics*. New York: Palgrave Macmillan.

Kahler, Miles. 1995. *International Institutions and the Political Economy of Integration*. Washington, DC: Brookings Institution.

Karnes, Thomas. 1961. *The Failure of Union. Central America, 1824-1960*. Chapel Hill: University of North Carolina Press.

Katzenstein, Peter. 1975. "International Interdependence: Some Long-term Trends and Recent Change." *International Organization*, 29(4), pp.1021~1034.

Keck, Margaret and Kathryn Sikkink. 1998. *Activists beyond Borders. Advocacy Networks in International Politics*. Ithaca, NY: Cornell University Press.

Keohane, Robert and Helen Milner(eds.). 1996. *Internationalization and Domestic Politics*. Cambridge: Cambridge University Press.

Klein, Wolfram F. 2000. *El MERCOSUR. Empresarios y Sindicatos Frente a los Desafíos del Proceso de Integración*. Caracas: Editorial Nueva Sociedad.

Korbonski, Andrzej. 1971. "Theory and Practice of Regional Integration: The Case of Comecon." in Leon Lindberg and Stuart Scheingold(eds.). *Regional Integration: Theory and Research*. Cambridge, MA: Harvard University Press.

Korzeniewicz, Roberto Patricio and William Smith. 2001. "Protest and Collaboration: Transnational Civil Society Networks and the Politics of Summitry and Free Trade in the Americas." *The North South Agenda Papers*, 51(September).

Kosacoff, Bernardo and Gabriel Bezchinsky. 1993. *De la Sustitución de Importaciones a la*

Globalización. Las Empresas Transnacionales en la Indústria Argentina. Buenos Aires: CEPAL, Documento de trabajo no.52.

Krasner, Stephen(ed.). 1983. *International Regimes*. Ithaca, NY: Cornell University Press.

Kunz, Josef. 1953. "The Idea of 'Collective Security' in Pan-American Developments." *The Western Political Quarterly*, 6(4), pp.658~679.

Lanzaro, Jörge(ed.). 2003. *Tipos de Presidencialismo y Coaliciones Políticas en América Latina*. Buenos Aires: CLACSO.

Laursen, Finn(ed.). 2003. *Comparative Regional Integration. Theoretical Perspectives*. Aldershot, UK: Ashgate.

Lewis, Patsy. 2002. *Surviving Small Size. Regional Integration in Caribbean Ministates*. Kingston: University of West Indies Press.

Lindberg, Leon. 1971. "Political Integration as a Multidimensional Phenomenon Requiring Multivariate Measurement." in Leon Lindberg and Stuart Scheingold(eds.). *Regional Integration: Theory and Research*. Cambridge, MA: Harvard University Press, pp.45~127.

Linberg, Leon and Stuart Scheingold(eds.). 1971. *Regional Integration: Theory and Practice*. Cambridge, MA: Harvard University Press.

Linz, Juan and Arturo Valenzuela(eds.). 1994. *The Failure of Presidential Democracy. The Case of Latin America, Vol.2*. Baltimore, MD, and London: Johns Hopkins University Press.

Lowenthal, Abraham. 1993-1994. "Latin America: Ready for Partnership?" *Foreign Affairs*, 72(1), pp.74~92.

Lucena Salmoral, Manuel. 1990. "La Estructura Uniforme de Iberoamérica como Región." in Manuel Lucena Salmoral, Pablo Emilio Pérez-Mallaína, Demetrio Ramos Pérez, Antonio Gutiérrez Escudero, Lucio Mijares, Angel Sanz Tapía and alii(eds.). *Historia de Iberoamérica. Tomo II. Historia Moderna*. Madrid: Ediciones Cátedra, pp.323~420.

Lungo Uclés, Mario. 1996. *El Salvador in the Eighties. Counterinsurgency and Revolution*. Philadelphia, PA: Temple University Press.

Magnette, Paul. 2003. *Contrôler l'Europe. Pouvoirs et Responsabilités dans l'Union Européenne*. Bruxelles: Editions de l'Université de Bruxelles.

Malamud, Andrés. 2003. "Presidentialism and Mercosur: a Hidden Cause for a Successful Experience." in Finn Laursen(ed.). *Comparative Regional Integration. Theoretical Perspectives*. London: Ashgate, pp.53~73.

Marks, Gary, and Liesbet Hooghe. 2004. "Contrasting Visions of Multi-level Governance." in Ian Bache and Matthew Flinders(eds.). *Multi-level Governance*. Oxford: Oxford University Press, pp.15~30.

Marks, Gary, Liesbet Hooghe and Kermit Blank. 1996. "European Integration from the 1980s: State-Centric *v.* Multi-level Governance" *Journal of Common Market Studies*, 34(3), pp.341~378.

Mattli, Walter. 1999. *The Logic of Regional Integration. Europe and Beyond.* Cambridge: Cambridge University Press.

McCall Smith, James. 2000. "The Politics of Dispute Settlement Design: Explaining Legalism in Regional Trade Pacts." *International Organization*, 54(1), pp.137~180.

Medeiros, Marcelo de A. 2000. *La Genèse du Mercosud.* Paris: L'Harmattan.

Medina Nicolas, Lucile. 2007. "Central American Borders at the Core of the Regional Integration Process." *Geopolitics*, 12, pp.78~108.

Mole, Willem. 2001. *The Economics of European Integration. Theory, Practice, Policy*, 4th edition. Aldershot, UK: Ashgate.

Molineu, Harold. 1986. *U.S. Policy toward Latin America. From Regionalism to Globalism*, Boulder, CO: Westview Press.

Montecinos, Verónica. 1996. "Ceremonial Regionalism, Institutions and Integration in the Americas." *Studies in Comparative International Development*, 31(2), pp.110~123.

Moravcsik, Andrew. 1991. "Negotiating the Single European Act: National Interests and Conventional Statecraft in the European Community." *International Organization*, 45(1), pp.19~56.

______. 1998. *The Choice for Europe. Social Purpose and State Power from Messina to Maastricht.* Ithaca, NY: Cornell University Press.

Negretto, Gabriel. 2004. "Government Capacities and Policy Making by Decree in Latin America. The Cases of Argentina and Brazil." *Comparative Political Studies*, 37(5), pp.551~562.

North, Douglass. 1990. *Institutions, Institutional Change and Economic Performance.* Cambridge: Cambridge University Press.

Nye, Joseph(ed.). 1968. *International Regionalism. Readings.* Boston: Little, Brown.

______. 1965. "Patterns and Catalysts in Regional Integration." *International Organization*, 19(4), pp.870~884.

OAS. 2007. *Achievements of the Summits of the Americas. Progress since Mar del Plata, Report of the Joint Summit Working Group.* Washington, DC: OAS.

Ossa, Alvaro de la. 1998. "Gran Caribe: Mecanismos para Profundizar la Participación de los Actores Sociales." in Francine Jacome and Andrés Serbin(eds.). *Sociedad Civil e Integración Regional en el Gran Caribe.* Caracas: Nueva Sociedad, pp.141~169.

Parsons, Craig. 2002. "Showing Ideas as Causes: The Origins of the European Union." *International Organization*, 56(1), pp.47~84.

Participación de la Sociedad Civil en los Procesos de Integración. 1998. Montevideo: ALOP, CEFIR, CLAEH.

Pastor, Manuel. 1992. "The Latin American Option." *Foreign Policy*, 88(Autumn), pp.107~125.

Pena, Celina and Ricardo Rozenberg. 2005a. *Mercosur: A Different Approach to Institutional Development*. FOCAL Policy Paper 05~06.

______. 2005b. *Una Aproximación al Desarrollo Institucional del Mercosur: sus Fortalezas y Debilidades*. INTAL-ITD. Documento de divulgación 31. October.

Pereira, Carlos, Timothy Power, and Lucio Renno. 2006. *From Logrolling to Logjam: Agenda Power, Presidential Decrees, and the Unintended Consequences of Reform in the Brazilian Congress*. University of Oxford, Centre for Brazilian Studies. Working Paper CBS 71~06.

Phillips, Nicola. 2007. "Moulding Economic Governance in the Americas: U.S. Power and the New Regional Political Economy." in Michèle Rioux(ed.). *Building the Americas*, Bruxelles: Bruylant, pp.19~49.

Pierson, Paul. 1996. "The Path to European Integration. A Historical Institutionalist Analysis." *Comparative Political Studies*, 29(2), pp.123~163.

______. 2004. *Politics in Time. History, Institutions and Social Analysis*. Princeton, NJ: Princeton University Press.

Powell, Charles. 1996. "International Aspects of Democratization: The Case of Spain." in Laurence Whitehead(ed.). *The International Dimensions of Democratization. Europe and the Americas*. Oxford: Oxford University Press, pp.285~314.

Prebisch, Raúl. 1949. "El desarrollo económico de la América Latina y algunos de sus principales problemas." *Estudio Económico de la América Latina 1948*. Santiago de Chile: CEPAL.

Puchala, Donald. 1968. "The Pattern o f Contemporary Regional Integration." *International Studies Quarterly*, 12(1), pp.38~64.

______. 1972. "Of Blind Men, Elephants and International Integration." *Journal of Common Market Studies*, 10(3), pp.267~284.

Robinson, William. 2003. *Transnational Conflicts. Central America, Social Change, and Globalization*. London: Verso.

Roett, Riordan(ed.). 1999. *Mercosur. Regional Integration, World Markets*. Boulder, CO: Lynne Rienner.

Romero, Carlos. 2006. *Jugando con el Globo. La Política Exterior de Hugo Chávez*. Caracas: Ediciones B.

Rosenau, James(ed.). 1969. *Linkage Politics. Essays on the Convergence of National and*

International Systems. New York: Free Press.
______. 1990. *Turbulence in World Politics. A Theory of Continuity and Change*. Princeton, NJ: Princeton University Press.
______. 1995. "Governance in the Twenty-first Century." *Global Governance* 1, pp.13~43.
______. 1997. *Along the Domestic-Foreign Frontier. Exploring Governance in a Turbulent World*. Cambridge: Cambridge University Press.
Rosenthal, Gert. 1991. "Un Informe Crítico a 30 años de Integración en América Latina." *Nueva Sociedad*, 113(May-June), pp.60~65.
Rouquié, Alain. 1971. "Honduras-l Salvador. La Guerre de Cent Heures: un Cas de 'Désintégration' Régionale." *Revue Francaise de Science Politique*, 21(6), pp.1290~1316.
Russet, Bruce. 1971. "Transactions, Community, and International Political Integration." *Journal of Common Market Studies*, 9(3), pp.224~245.
Salmoral, Manuel Lucena. 1990. "La Estructura Uniforme de Iberoamérica como Región." in Manuel Lucena Salmoral, and Pablo Emilio Pérez-Mallaína, Demetrio Ramos Pérez, Antonio Gutiérrez Escudero, Lucio Mijares, Angel Sanz Tapía and alii(eds.). *Historia de Iberoamérica. Tomo II. Historia Moderna*. Madrid: Ediciones Cátedra, pp.323~420.
Sandholtz, Wayne and John Zysman. 1989. "1992: Recasting the European Bargain." *World Politics*, 42(1), pp.95~128.
Santa Cruz, Hernán. 1995. "La Creación de las Naciones Unidas y de la CEPAL." *Revista de la CEPAL*, 57, pp.17~32.
Sartori, Giovanni. 1987. *The Theory of Democracy Revisited*. Chatham, UK: Chatham House.
Scharpf, Fritz. 1988. "The Joint Decision Trap: Lessons from Germán Federalism and European Integration." *Public Administration* 66(Autumn), pp.239~278.
______. 1999. *Governing in Europe: Effective and Democratic?* Oxford: Oxford University Press.
Schaub, Marco. 2004. *European Regional Policy. The Impact of Structural Transfers and the Partnership Principle since the 1988 Reform*. West Lafayette, IN: Purdue University Press.
Schmitter, Philippe. 1969. "Three Neo-functional Hypotheses about International Integration." *International Organization*, 23(1), pp.161~166.
______. 1970a. "Central American Integration: Spill-over, Spill-around or Encapsulation?" *Journal of Common Market Studies*, 9(1), pp.1~48.
______. 1970b. "A Revised Theory of Regional Integration." *International Organization*, 24(4), pp.836~868.
______. 1996. "The Inf luence of International Context upon the Choice of National

Institutions and Policies in Neo-democracies." in Laurence Whitehead(ed.). *The International Dimensions of Democratization*. Oxford: Oxford University Press, pp. 26~54.

______. 2000. *How to Democratize the European Union … and Why Bother?* Boston: Rowman & Littlefield.

Schutt, Kurt-Peter and Flavio Carucci(ed.). 2007. *Retos y Perspectivas de la Integración Energética en América Latina*. Caracas: ILDIS.

Secretaría del MERCOSUR. 2004. *Un Foco para el Proceso de Integración Regional*. Montevideo: Primer Informe Semestral, July.

SIECA. 1973. *El Desarrollo Integrado de Centroamérica en la Presente Década*, vol.11, Buenos Aires: INTAL.

Singer, Hans. 1950. "The Distribution of Gains between Investing and Borrowing Countries." *American Economic Review*, 40(2), pp.473~485.

Smith, Peter(ed.). 1993. *The Challenge of Integration. Europe and the Americas*. London: Transaction.

Soares Schwab, Sílvia Helena, and José Waimer. 2007. *Asociación de Universidades Grupo de Montevideo. 15 años de Historia*. Montevideo: AUGM.

Söderbaum, Frederik and Timothy Shaw(eds.). 2003. *Theories of New Regionalism*. New York: Palgrave Macmillan.

Strange, Susan. 1996. *The Retreat of the State. Diffusion of Power in the World Economy*. Cambridge: Cambridge University Press.

Strömberg, Tommy. 1998. *Did Regional Integration Save Democracy in Paraguay? An Analysis of Changing Levels of Governance*. MFS-reports. Uppsala, Sweden: Department of Economic History, Uppsala University.

Tarrow, Sydney. 2005. *The New Transnational Activism*. New York: Cambridge University Press.

Tejada Ripalda, Luis. 2004. "El Americanismo. Consideraciones sobre el Nacionalismo Latinoamericano." *Investigaciones Sociales*, 8(12), pp.167~200.

Toledano Laredo, Armando. 1982. *Intégration et Démocratie*. Bruxelles: Éditions de l'Université de Bruxelles.

Tussie, Diana and Mercedes Botto(eds.). 2003. *El ALCA y las Cumbres de las Américas: ¿Una Nueva Relación Público-Privada?* Buenos Aires: Editorial Biblos.

Valdes, Gabriel. 1975. "Review: The Americas in a Changing World as a Response to the Consensus of Viña de Mar." *Journal of Interamerican Studies and World Affairs*, 17(2), pp.207~216.

Valenzuela, Arturo. 1997. "Paraguay: A Coup that Didn't Happen." *Journal of Democracy*,

8(1), pp.43~55.

Ventura, Deisy and Alejandro Perotti. 2004. *El Proceso Legislativo del Mercosur.* Montevideo: Fundación Konrad Adenauer.

Villarreal, René. 2004. *TLCAN 10 Años Después. Experiencia de México y Lecciones para América Latina.* Bogotá: Editorial Norma.

Waltz, Kenneth. 1979. *Theory of International Politics.* Boston: Mc Graw-Hill.

Weiler, Joseph, Ulrich Haltern and Franz Mayer. 1995. "European Democracy and Its Critique." *West European Politics*, 18(3), pp.4~36.

Whitehead, Laurence. 1996. *The International Dimensions of Democratization. Europe and the Americas.* Oxford: Oxford University Press.

Whitehead, Laurence and Alexandra Barahona. 2005. "Las Cumbres Mundiales y sus Versiones Latinoamericanas: ¿Haciendo una Montaña de un Grano de Arena?" *América Latina Hoy*, 40, pp.15~27.

Wionczek, Miguel and Ramón Mayorga Quirós. 1981. *Intentos de Integración en el Marco de la Crisis Latinoamericana.* México: El Colegio de México.

Woodward Jr., Ralph Lee. 1976. *Central America. A Nation Divided.* New York: Oxford University Press.

Wynia, Gary. 1970. "Review: Central American Intégration: The Paradox of Success." *International Organization*, 24(2), pp.319~334.

______. 1972. *Politics and Planners. Economic Development Policy in Central America.* Madison: University of Wisconsin Press.

옮긴이의 글

수년이 소요되었다. 생각보다 더 많은 시간이 이 책에 오롯이 담겼다. 한편, 이 기간 동안에 라틴아메리카 지역단위 통합의 변동이 있었다. 적잖은 사태가 발생한 것이다. 이 책의 저자가 결론의 마지막 문장에서 피력한 대로, 작금 남미판 EU를 자처하며 남미권을 정치적으로 통합하고자 한 남미국가연합UNASUR의 몰락을 목도하게 된다. 더불어, 정치와 경제의 이해관계를 넘어 연대를 강조하며 사람의 통합을 강조한 베네수엘라의 우고 차베스 대통령 주도하의 아메리카를 위한 볼리바르 동맹ALBA의 유명무실함을 확인할 수 있다. 이와는 결을 달리하는, 즉 정치적 스펙트럼상 반대급부에 위치한 태평양 동맹Pacific Alliance이 부상하기도 했다. 이처럼 이 책에서 제시한 것처럼 라틴아메리카 지역통합은 난장亂場으로 부침이 있다. 이것이 라틴아메리카적 지역통합의 특성이다.

이 책은 기존의 유럽 중심 지역통합 관련 학문에 대한 학습을 바탕으로 라틴아메리카 지역통합의 정치성과 결부된 진화에 대한 비판적 사고 함양을 도모했다. 특히 저자는 라틴아메리카 지역통합이 "불안정 속에서의 지속성, 위기 가운데서의 탄력성"의 모순적oxymoron 특성을 품고 있다고 주장하며, 유럽적 지역통합의 관점과 학설로 경도되어 있는 지역통합 연구에 대한 새로운 지평을 열었다. 다시 말해, 라틴아메리카 지역통합은 '다른' 특성을 품고 있는 '다른' 대륙인 것이다. 라틴아메리카는 한 시점에 유럽통합을 흉내 내며 초국가적 파워가 있는 기구들을 창설하는 데 동의했다. 하지만 개별 국가는 통합 과정에서 실질적인 지배권을 결코 내려놓지 않았다. 따라서 역내 통합에 대한 라틴아메리카적 질문은 어떻게 그리고 왜 국가들이 온전히 주권을 양보하느냐에 대한 것이 아니라, 어떻게 그리고 왜 온전한 주권 양보를 하지 않으면서도 통합 과정을 지속화하는 데 있다.

5부 9장으로 구성된 이 책은 지역통합과 관련된 라틴아메리카'성characteristics'으로 안내한다. 제1부는 지역통합과 관련된 이론적 제시와 아울러 라틴아메리카 지역통합은 어디에 그리고 어떻게 안착화 할 수 있는가에 대한 탐구다. 제2부는 라틴아메리카 지역 국가들의 정치적 위기 극복의 일환으로서 지역통합, 특히 경제적 지역통합을 주도하고 있다고 분석하며, 이는 정치적 도구화political instrumentalization라고 비판한다. 제3부는 라틴아메리카 지역통합의 제도화의 디자인 정도와 발전에 대한 연구다. 특히 디마지오DiMaggio와 파월Powell의 제도적 동형이설Institutional Isomorphism 접근으로 안데안 국가연합과 MERCOSUR 등 라틴아메리카 지역기구의 특성을 살펴보았다. 제4부는 라틴아메리카 지역통합 과정 가운데 민주주의 역할과 관련된 연구다. 특히 민주주의 특성인 대표 민주주의, 참여 민주주의, 재분배와 관련된 불평등 민주주의 등 세 가지 관점을 통해 라틴아메리카 지역통합에 대해 분석 및 고찰했다. 그리고 마지막으로 제5부는 라틴아메리카 지역통합의 연구 단위를 권역 단위sub-regional에서 미주 대륙hemispheric 전체로 확대했다. 특히, 21세기 베네수엘라의 고故 우고 차베스 대통령 등 급진적 좌파의 출현에 따른 일련의 라틴아메리카 지역통합에 대한 수사rhetoric와 실행에 대한 비판적 식견 또한 담겨 있다.

국내에 소개된 라틴아메리카 관련 저서와 역서는 미국과 라틴아메리카 현지 학자들의 연구물이다. 즉, 미국인의 시각과 라틴아메리카 개별 국가의 관점으로 투영된 라틴아메리카 관련 학술서들이 현재까지 국내 도서관과 연구실 등에 비치되어 있다. 이에, 이 책은 세계 정치학 명문대학인 프랑스 파리정치대학The Paris Institute of Political Studies; aka, Sciences Po의 저명한 학자가 라틴아메리카에 대해 연구한 결과물이다. 특히, 이 책의 저자는 유럽 지역통합과 라틴아메리카 지역통합의 제도화에 저명한 학자로서, 유럽인의 시각으로 라틴아메리카 지역통합을 면밀히 투영했다. 따라서 미국과 중남미 학자의 저서에만 경도되어 있는 국내 라틴아메리카 연구의 학문적 다양성 측면에 비추어 볼 때, 기존의 연구물과 차별성이 있다.

역자는 국제정치와 라틴아메리카와 관련 미흡하지만 소소한 논문이 있다. 하지만 번역서는 처음이다. '멋모르고 시작한다'는 말을 새삼 느꼈다. 번역서는 한 땀 한 땀 구슬을 꿰는 것과 같은 정성이 필요한, 감사하지만 동시에 지루한 시간과의 사투였다. 나 자신과의 전쟁이었다. 하지만 이 시간을 함께한 이들이 있다. '낙타 무릎'으로 늘 기도와 사랑으로 한없이 베풀며 신실하게 섬겨주신 부모님이다. 그리고, 늘 사랑하고 항상 고마운 가족이다. 또한, 학문적 영감과 자양분을 제공해 주신 부산외국어대학교 중남미지역원 식구들이다. 아울러 긴 여정 가운데 미흡한 원고를 역자인 저보다 더욱 살뜰히 살펴주신 한울엠플러스(주)에 감사의 말씀을 전하고 싶다. 이와 같이 주변의 수많은 귀중한 인연들과 함께한 줄탁동시啐啄同時가 없었다면 또 다른 수년이 흘러도 이와 같은 역자 후기를 쓰는 순간과 대면할 수 있었을지 자못 궁금하다. 이 지면을 빌려 다시 한 번 꼭 진솔한 감사의 인사를 드리고 싶다. 본인의 역량은 아주 지극히 부족하다. 하지만 이렇게 마무리할 수 있음은 전적인 하나님의 은혜다. 하나님께 모든 영광을 돌린다.

남산동 캠퍼스에서

이태혁

지은이

올리비에 다베뉴 Olivier Dabène

프랑스 파리정치대학교(SciencesPo) 정치학과 교수로, 라틴아메리카 연구소 프로그램 소장이며 국제학과 연구소(CERI)에서 연구와 강의를 진행하고 있다. 또한 다베뉴 교수는 영국 옥스퍼드(Oxford) 대학교, 스페인의 살라망카 그리고 콜롬비아 보고타의 엑스테르나도(Externado) 대학교의 방문교수를 역임했다. 더불어, 그는 코스타리카의 멕시코와 중미 연구소에서 연구를 한 바 있으며, 브라질 상파울루에서 문화 공보관 그리고 미국의 텍사스 주립대학교와 노스웨스턴 대학교에서 방문학자로 라틴아메리카 관련 연구를 진행했다. 최근 다베뉴 교수는 라틴아메리카 및 카리브 정치전망 연구소(www.opalc.org) 소장직도 겸임하고 있다. 그는 *L'Amérique latine à l'époque contemporaine*, *Summits and Regional Governance: The Americas in Comparative Perspective* 를 포함해 다수의 저서를 집필하였다.

옮긴이

이태혁 Lee, Taeheok

미국 UCLA에서 중남미지역학, 조지워싱턴 대학교(George Washington University)에서 국제정치학 석사학위를 받았으며, 영국 요크(York) 대학교에서 국제관계/협력 전공으로 박사학위를 취득했다. 현재 부산외국어대학교 중남미지역원의 HK연구교수로 있다. 논문으로는 「중국의 '일대일로' 구상, "편승"과 "균형" 사이의 라틴아메리카」, 「에콰도르의 이중성: 중국의 등장과 에콰도르 아마존지역 개발의 정치경제적 역설」, "Within and/or Beyond Perception and Ideology: The US., China and Their Relationship towards Latin America", 『라틴아메리카 원주민의 역사와 세계관』(공저, 2016), 『라틴아메리카, 세계화를 다시 묻다』(공저, 2018) 등이 있다.

한울아카데미 2316
중남미지역원 학술총서

라틴아메리카 지역통합의 정치성

이론과 비교를 통한 접근

지은이 | 올리비에 다베뉴
옮긴이 | 이태혁
펴낸이 | 김종수
펴낸곳 | 한울엠플러스(주)
편 집 | 조인순

초판 1쇄 인쇄 | 2021년 7월 20일
초판 1쇄 발행 | 2021년 7월 26일

주소 | 10881 경기도 파주시 광인사길 153 한울시소빌딩 3층
전화 | 031-955-0655
팩스 | 031-955-0656
홈페이지 | www.hanulmplus.kr
등록번호 | 제406-2015-000143호

Printed in Korea.
ISBN 978-89-460-7316-6 93950 (양장)
978-89-460-8093-5 93950 (무선)

※ 책값은 겉표지에 표시되어 있습니다.
※ 무선제본 책을 교재로 사용하시려면 본사로 연락해 주시기 바랍니다.

※ 이 저서는 2008년 정부(교육과학기술부)의 재원으로 한국연구재단의 지원을 받아 수행된 연구임(NRF-2008-362-A00003).